本丛书获「国家社科基金重大项目」12&ZD234支持

纳西学丛书

白庚胜 和自兴 和良辉◇主编

和仕勇◇执行主编

陈烈◇著

CHENLIENAXIXUELUNJI

纳西学论集

陈烈

民族出版社

致力于纳西学的崛起（代序）

白庚胜

两年前,中国社会科学院民族研究所的一位朋友在看到我的小文《纳西学发凡》后,决定将它投稿于该所一本相关专业杂志发表。谁知该杂志的一位"权威"竟说什么"纳西学何有之?"听到这一信息反馈,我心怅然,既忿然于这位权威之傲慢,同时也感慨纳西学学科建设之迟滞。

感愤之余,我并没有停止思考与行动。在从中国社会科学院调任中国民间文艺家协会常务副主席及分党组书记后,我利用工作之余穿行于首都北京与全国各地,尤其是昆明、丽江、迪庆等地纳西学学者及纳西族官员、实业家之间,决定组织一套纳西学丛书。在我的设计中,这套丛书包括30部国内外较有影响的纳西学学者的学术专集。

正如广大读者将从这套丛书中了解到的那样,纳西学的发展历程艰难备至。它的起步一般可以锁定在19世纪60年代至20世纪30年代初。那时的纳西学以西方学者、传教士、军事人员游历纳西族地区,并收藏东巴经典,翻译有关文献片断,发表有关介绍文章为主要特点。从20世纪30年代至40年代末,纳西学粗具规模,刘半农、董作宾、李霖灿、陶云逵、罗常培等内地学者开始关注纳西族历史、语言、文字研究,纳西族学者杨仲鸿、方国瑜、赵银棠亦接踵于后,进行多领域的探索,无论是其田野调查、文物收藏,还是专题性的研究都成果迭出。在国外学者中,被誉为"西方纳西学之父"的洛克以独居纳西族地区28年的传奇经历,以丰富的纳西文物收藏与传播,以深刻而全面的纳西文化诠释,在纳西学领域渐入佳境;从新中国成立到20世纪60年代中期,洛克在国际纳西学界独领风骚,并影响、育成了欧、美、日等国的一批纳西学新秀。这一时期,与之失去联系的我国纳西学界仍在踽踽前行,和志武、周汝诚、和发源等先生成为传递薪火的骨干力量。60年代至70年代末,尽管仍有雅纳特、杰克逊等人活跃于学界,但一代宗师洛克的去世使西方纳西学跌入低谷,国内的纳西学更是遭受浩劫,纳西文化生态遭受全面破坏,这是纳西学的全球性低迷时期。从80年代初至21世纪初年,纳西学进入全面复兴时期,《纳西东巴古籍译注全集》的翻译出版、国际纳西学学会的成立、国际东巴文化艺术节学术研讨会的举办等盛事都集中出现于这一时期。

对纳西学究竟是一门什么样的学问这一问题,我已在《纳西学发凡》一文中作过这样的表述:"纳西学,就是以纳西族为研究对象的学科。在时间上,它贯穿古今;在空间上,它横跨东西。它既包括对纳西族的本体性研究,也包含这种研究本身。就前者而言,有关纳西族的生存环境、存在历史、生活方式、精神信仰、组织制度、艺术创造、技术成就等都无不纳入其视野之中;就后者而言,有关纳西族研究的理论与方法、学者与成果、历史与活动、机构与组织都囊括于其内。"对于这一判断,我至今认为比较科学、正确,它同时也被学术界所接受。因此,编纂这套纳西学丛书的冲动之一,就是为了进一步为纳西学立名、正名,并全面、系统地展示纳西学的内涵。当然,这只是就目前的情况而言,继续丰富、发展它的使命已经历史性地落在后来学者的肩上。

当这套丛书即将问世之际,纳西族社会已经进入一个新的历史时期。一方面,固守万古的民族保守性已经被击破,发达的交通已突破铁甲山的阻绝、金沙江的割断,使"丽江口袋底"的神话不再;快捷的通信将古麼些人的后裔编织进全球现代信息网络之中,靠古老的象形文字及口传心授维持独立的知识系统已难以为继;农民转变为市民、乡村开发成城市的社会转型风驰电掣;以追求超额利润为目的的一库八站建设将一改玉璧金川的原生形态;每年400万的游客正在改变着丽江的一切;不断变化的行政区划,使纳西族的生存空间从汉时的六江流域退居三江并流区,继而兰州立县、拖支并维、迪怒建州、行署改市、丽江县裂身为二。从自然到社会分错杂然,到处都在发生急剧变化;由社会进而至主体光怪陆离,一切都在解构与重组。这便是纳西学今天所面对的现实,这也是纳西学学科的生长点。或许过于苛刻,但纳西学必须回答纳西文化生死存亡的问题,绝不能陶醉于古乐、古城、古文字带来的荣耀,更不能沉迷于现代社会的犬马声色、"安乐死亡"。

纳西族社会的阵痛或许正是纳西学的荣幸。阵痛,所以产生刺激,有了问题意识;阵痛,所以有新的思想诞生,可以找到解决问题的办法。

在已经走过的历史岁月里,纳西学已经产生《麼些研究》、《中国西南古纳西王国》、《英语—纳西语百科辞典》、《被遗忘的王国》、《纳西族象形文字谱》、《活着的象形文字》、《纳西族史》、《纳西族文学史》、《麼些研究论文集》、《东巴神话研究》等标志性成果,产生了巴克、洛克、雅纳特、山田胜美、君岛久子、西田龙雄、方国瑜、李霖灿、和志武、郭大烈等大家,涌现出戈阿干、杨世光、和钟华、李国文、王元鹿、詹承绪、王承权、刘龙初、喻遂生、杨焕典、伊藤清司、林向萧、王超鹰、蔡华、杨福泉、和少英、拉木·嘎吐萨、李近春、白西林、杨德鋆、余嘉华、诹访哲郎、和发源、木丽春、杨正文、李静生、王世英、李锡、李海伦、杨海涛、陈烈、赵心愚、白郎、和力民、习煜华、李丽芬、和宝林、和庆元、和云峰、和品正、牛耕勤、木基元、木仕华、周智生、冯莉、孟彻理、生明庆二、斋滕达次郎、村井幸信、荒屋丰、黑泽直道、杨杰宏等学者,成立了国际纳西学学会这样的组织,创办了《国际纳西学学会通讯》这样的杂志,出版了《纳西东巴古籍译注全集》这样的经典,举办了国际东巴文化艺术节学术研讨会这样的会议。由此我们也可以坚信:未来的纳西学将在更广的学术视野、更深的专业分工、更大的学科综合、更细的理论分析、更多的民族与国家参与、更先进的科技手段利用的基础上得到发展、得到推进,并产生新的学术成果,推出新的学术代表人物,创造出新的学术辉煌。

学术需要积累,学科也需要积累。既不要妄自菲薄,也不要骄狂自大,且让我们都来做纳西学的积累工作。纳西学存在的证明只能是实力:实实在在的队伍,实实在在的成果,实实在在的资料,实实在在的工作。

按照丽江市市委书记和自兴同志与我确定的原则,这套纳西学丛书就其作者而言,不分中外,不别纳汉,凡在纳西文化研究中成就突出者均在入选行列;就其范围来说,除文学创作以外的纳西学论文、评论、调查报告、译文都择优辑入;就其目的来说,完全是为了对纳西文化研究进行梳理,结构纳西学的框架,提炼纳西学的方法,唤醒纳西学学科建设的自觉,确立纳西学的主体。

组织出版这样一套丛书,显然需要多方面的支持,尤其需要纳

西族学术界的参与。有幸的是,我的初衷得到了同仁们的响应,更
得到丽江市古城管理局及其局长和仕勇的襄助。最难忘的是得到
民族出版社及罗焰女士的帮助,得到中国民间文艺家协会旅游文
化专业委员会李有生秘书长、李莉副秘书长的慷慨扶持。"得道
多助,失道寡助"的真理又一次得到证明。

　　我坚信,总有一天,纳西学必将成为与藏学、蒙古学等学科并
驾齐驱的显学,我的后继者将不必再为"权威们"怀疑纳西学的存
在而备感屈辱。到那一天,纳西学将不再是一个模糊的存在,它的
文字、训诂、语言、文学、哲学、历史、地理、宗教、军事、辞书、艺术、
社会、医药、天文、技术、生态、民俗等分支学科都将一一形成,并向
更深入、更细致的层次发展。

　　　　　　　　　　2006 年 5 月 13 日于北京寓所

contents 目 录

第一部分 纳西族祭天文化和《祭天古歌》研究

纳西族祭天文化概述 2

纳西族祭天文化与
　　夏商周祭天文化的比较 15

纳西族祭天神木及其文化价值 34

《祭天古歌》的篇目及内容梗概 43

口诵祭天辞 54

《祭天古歌》:独有的文献价值 59

纳西族《祭天古歌》和《楚辞·九歌》
　　艺术特色的比较 63

纳西族《祭天古歌》与《楚辞》的比较 74

纳西族《祭天古歌》的"天人合一"思想 88

第二部分 摩梭母系文化研究

摩梭母系文化概说 108

摩梭母系家庭 128

摩梭母系婚姻——阿夏婚 160

母系文化对摩梭社会的影响 187

新时期的摩梭母系文化　220

第三部分　　纳西族东巴神话研究

东巴神话的分类及其民族神祇体系　261

东巴神话的外来神祇体系

　　及其与藏文化的关系　277

主神丁巴什罗和东西方文化的交融　286

东巴神话原始审美意识的多重结构　302

第四部分　　纳西族英雄史诗《黑白战争》研究

《黑白战争》主题思想的形成　316

神坛祭献英雄歌

　　——《黑白战争》与宗教的关系　327

《黑白战争》的历史真实性与文学价值　341

《黑白战争》的美学价值　350

后　记　366

第一部分　纳西族祭天文化和《祭天古歌》研究

纳西族祭天文化概述

一、祭天文化的价值

祭天文化是纳西族古文化即东巴文化之正宗，是其最古老、最原始的部分，可以视其为纳西族传统文化之源，它与民族的形成、发展根脉相连。纳西族的祭天文化早已闻名于世，它的系统、完整、丰富以及深沉的文化积淀、与古汉民族的祭天文化的亲缘关系、对中华古文化的继承乃至对世界文化的某些因素的保存，在我国各民族中都是罕见的，显示着它的珍贵价值。20 世纪 80 年代初，我国将民间文学集成纳入"七五—八五"社科重点科研项目，反映纳西族祭天文化的东巴文学集成《祭天古歌》[①] 得到学术界的充分肯定，被有的学者称之为"重要发现"。我国著名学者、中国民间文艺家协会主席钟敬文教授，1989 年10 月在大连市举行的首届中国民间艺术节和第二届中国民间文学作品颁奖大会的新闻发布会上，欣喜地说"《祭天古歌》在中国文化史上也占有一席之地"，并对该书的《序言》探寻纳西古文化与中华古文化的"契合点"之论述，表示了热情赞赏。总

---

① 戈阿干、陈烈、和开祥主编：《东巴文学集成·祭天古歌》，北京，中国民间文艺出版社，1988。该书荣获第二届中国民间文学作品一等奖。

之，纳西族的祭天文化在我国民族文化研究领域内占有的重要地位和它在学术界、中国文化史上产生的重要影响，说明它有着弥足珍贵的价值。

二、古纳西人祭天的目的意义

纳西族祭天文化主要靠东巴象形文经书保存、传承。直至新中国成立初期，各地纳西族还保存着祭天古俗，现在有的山区又恢复了一度中断的祭天礼仪。整个纳西族社会自古以来极重视祭天，不参加祭天者，就不被承认是纳西族子孙，祭天是民族认同的标志。祖先留下的遗训曰"纳西美布迪"，"美布"，意为祭天；"迪"，意为大事、重要的事，即祭天是纳西人最重大的事，犹如古汉民族将祭天视为"国之祀典"，具有同等重要的价值和意义。又有遗训曰"纳西美布若"，意为纳西人是祭天的子民，据著名东巴和开祥老先生讲述，这就是说"纳西人是天的儿子"，"若"，纳西语意为儿子、男子。祭天在纳西族社会占有非同一般的地位，在古代社会尤其如此。祭祀天神、地祇、祖先是祭天文化的核心内容，诚如司马迁所说："天地者，生之本也；先祖者，类之本也；君师者，治之本也。……故礼上事天下事地，尊先祖而隆君师，是礼之三本也。"[①] 纳西族的祭天亦是古代祭天的"三本"之礼精神实质之体现。《满洲四礼集》解释"祭天"时说："在天者为神，在地者为祇，统言之曰祭天。"纳西族的祭天也与中国古制相符合，祭天不仅仅是祭祀天上的神，也祭祀地上的神。而天上的神也不仅仅是天神，也包括其他天界诸神；地上的神也不仅仅是地神，还有其他地祇之属的众神；祭天地诸神也祭祖先神。以上是祭天文化"三本"之礼的主要

---

① 见（汉）司马迁：《史记·八书第一·礼》，郑州，中州古籍出版社，1994。

内容。

　　古代纳西族为何如此重视祭祀天神、地祇、祖先？行祭礼的目的是什么？恩格斯指出："根据唯物主义观点，历史中的决定性因素，归根结蒂是直接生活的生产和再生产。但是，生产本身又有两种。一方面是生活资料即食物、衣服、住房以及为此所必须的工具的生产；另一方面是人类自身的生产，即'种的蕃衍'。"① 此即著名的人类社会赖以生存发展的"两种生产"论的马克思主义观点。这两种生产得以顺利进行、完成，除了靠人类的双手劳动而外，还得靠精神的力量和精神的创造，祭天文化正肩负着此任。换言之，祭天文化的作用正是为了帮助人类完成这"两种生产"。对于祭天文化的重要性和作用，古人是认识得很清楚的，或者说祭天的目的十分明确。《礼记·礼运第九》认为：先王担忧礼教不能普及于民众，于是祭天帝于郊，用来确定天的至尊地位；祭祀土神于国中，用来显示地给予人类的利益；祭祀祖庙，用来推行以孝为本的仁道；祭祀山川，用来接遇鬼神；举行'五祀'，用来追本各项事功及制度之源……像这样，礼施行于郊祀，天上众神就会各司其职；礼施行于社祭，各项财货资源就能为人们所用；礼施行于祖庙，孝慈之道就能被人们接受；礼施行于'五祀'，各种制度法则就会端正。所以郊、社、祖庙、山川、五祀等项祭祀，包含着丰富的意义，是各种礼仪的根本。② 简而言之，祭祀天地山川"五祀"、祖先是为了向大自然获得更多的财货资源，获取更多的物质生产资料，改变人类自身的生存条件，祈求天神地祇祖先恩赐福泽，繁衍子孙，保佑家族、民族（国家）兴旺发达。

---

　　① 恩格斯：《家庭、私有制和国家的起源》，见《马克思恩格斯文选》（两卷集），北京，人民出版社，1958。

　　② 参见《白话四书五经》上册，长沙，岳麓书社，1994。

但是，在人类社会初期，祭天礼仪并不如此完备、周密，目的也不如此复杂。最初求生的困难艰险，多重在物质性，以获取物质生活资料为主要目的，后来社会的发展使祭天的目的更注重精神方面，即思想意识方面，以建设社会上层建筑为其宗旨。古代社会，特别是原始社会时代，人们的生产力和认识能力极其低下，对于自然力、自然现象人们无力控制和不能科学认识，人类生活与自然界之间存在着"必然性"的矛盾。而起源于原始宗教或原始自然崇拜的祭天文化、祭天礼仪恰好生动、具体地反映着这一人与自然的矛盾，就祭祀的内容、对象来说，"它所崇拜的是被人们认为无力控制的或没有把握控制的自然力，而崇拜的目的是为着解决这些自然力与人们生活之间的矛盾"①。祭天的根本目的就是为了解决人与自然的矛盾，解决这个矛盾除了人与自然斗争的一面，还有协调的一面，求得与自然和谐相处，这是原始社会的人们更为重要的生存方式，所以他们不得不崇拜、祭祀大自然各种各样的力与物，祭祀天神地祇祖先是原始先民求生存、求发展的重要手段，也是终极目的，这在纳西族的祭天文化也是如此。

当人类社会进入高度文明的时期，当原始宗教发展起来之时，祭天文化作为宗教的主体文化之时，祭天的目的性也向高层升华，有天道、人道观念（或理论）产生，对天地万物及人类自身的认识有宗教思想，也有哲学理论，以培养人的伦理道德意识、治国安邦、建立社会秩序为主要目的。以孔子的观点认为，只要人们遵循着天地之道，以诚心祭祀天地、崇拜天地，便能获得无尽的财货，天地就能赐福于人类。孔子的天道观是强调人与自然（天地）的协调、和谐，强调人的天赋之本性"仁"与天

---

① 见［英］卡纳（Harry Cutnef）：《性崇拜》，方智弘译，长沙，湖南文艺出版社，1988。

地之道"诚"的相互结合，天人相合就能产生化育万物之功，人就能与天地并立为三了，人与自然的矛盾也就化解了。基于此，也就不难理解古代社会的人们祭祀天地祖先众神何以如此虔敬笃诚。对于天地之道、天地的恩惠和崇敬，孔子有精辟的论述，他认为：天地之道用一个字就可以全部概括：这就是"诚"。天地真诚不二，生长万物，神奇莫测。天地之道，真是广博、厚重、高大、光明、悠久、无穷啊！且说这个天，看上去只不过这么一点点光亮，但它那无穷无尽的整体，却悬挂着日月星辰，覆盖着天下万物。且说这个地，只不过是一撮一撮的土组成的，但它那厚重的整体，承受着华山却不嫌重，收容了河海却不漏一滴水，负载着万物。再说这山，只不过是一块块小石头组成，但在它那广大的整体上，草木生长，禽兽居住，发掘出丰富的宝藏。再说这水，只不过是一瓢一瓢的水组成的，但在它那浩瀚莫测的总体里，却生长着鼋鼍蛟龙鱼鳖，出产了无尽的财富。① 在这富有哲理的论述里，热情歌颂天地为人类世界提供了无穷尽的财富及其天地之道的广博，也透露了先哲天人相交相合的思想，即所谓"诚者天之道也，诚之者人之道也"。诚，是天所固有的道，人们达到诚，与天相合，就是遵循了天道，此谓天道人道相合为一，即为天人合一的思想。人们祭祀天地，一方面是为了感恩于天地诸神造福于人类，提供了丰厚的物质财富，希望获得更多的财富，诸如五谷丰登、六畜兴旺等；还希望消灾免难、无病痛、无天灾人祸，子孙得以顺利、健康成长、繁衍；还有一个目的是培养美好的人性，努力与天地"齐"，天道人道相融合，只有充分发挥人的本性（仁、善之性），才能充分发挥物的本性，充分发挥物的本性，就可以帮助天地化育、成就万物，与天地并立为三了。这里也道出了祭天文化物质与精神的关系，

————————

① 参见《白话四书五经·中庸》，长沙，岳麓出版社，1994。

简言之，天道人道的结合便可创造万物，自然力（天地）与人力都是伟大的，所谓天大，地大，人亦大。孔子在这里特别强调人的主观理性作用，同时也论述了天地的物质性。这里有人对天地万物的崇拜、歌颂、乞求、依赖，也有人对天地万物的探索、认识以及人在天地间的位置作用。人们虽然虔诚膜拜天地众神，但始终没有失去"自我"，这是孔子天道思想中可贵的人本主义或人文主义观点，一方面主张天道人道合二为一，另一方面并不忽略人的主观能动作用。进一步理解孔子的天道观或天人关系，他所说的"诚"、天地之道，就是万物生长的自然规律，如果人们离开、违背了"诚"，即离开违背了自然规律，万物就不复存在，人类本身也只有灭亡，可见"诚"、天地之道的重要。只有充分发挥天道人道，世界万物才会有生机，人类才得以生存发展，天道人道相结合，世界才会完美。纳西族的祭天文化也有着以上的思想观念，而且表现得十分形象生动、明确，整个祭天过程无论从物质方面还是思想观念方面，无不表现着古朴、原始的天人关系，也印证着先哲高深的哲学思想理论。

　　具体而言，祭天的目的、意义，在古代社会主要表现在以下几个方面：追怀初始，即慎终怀远，使子孙后代不忘先祖之恩，增强民族、家族的"根意识"，加强相互之间的血缘纽带关系和民族凝聚力；通过祭礼沟通人与天地鬼神的关系，教育人们懂得尊重在上者；开发物资、利用财货，建立物质生活保障；树立道义，以合于天地之道的伦理道德教育人们，即对人民施以教化，用合于国家、民族利益的社会道德标准规范人们的思想行为；使上下协调，提倡谦让、长幼尊卑，使人们互相间消除争夺，和睦相处，进而有利于建立安定和平的社会秩序和增强尊天法祖的传统思想意识。这些丰富而深刻的思想内容，纳西族的祭天文化都能一一展示出来。总而言之，根据纳西族祭天活动的实际表现来看，其目的性是十分明确的，为着物质和精神的两方面，祈求天

地祖先诸神赐福泽恩惠，灾害不生，财货不匮，风调雨顺；子孙
兴旺，民族发达昌盛，家庭和睦；祖传的礼仪制度、法规得以继
承发扬，培养人们良好的伦理道德观念，从而形成全民族的思想
精神和民族特有的文化心理素质。这就是纳西族特别重视祭天的
根本原因，亦即目的所在。还因为纳西族所处特殊的地理环境，
高山大河阻隔了与外界的联系，历史上长期交通不便，信息不
通，艰难的生活环境使得古纳西人更多地依靠天地神灵，祭拜祈
求众神灵能赐予更多的物质生活资料，故视天地为"父母"。又
因为，历史上纳西族所处社会政治环境同样艰难，生活在众多强
大民族之中，自己处于弱势的地位，这使得纳西族不得不更加勤
奋、顽强、进取、自强不息、奋斗不止，这是民族精神的核心，
是民族得以立足生存、发展的精神力量，此力量从何而来？仍然
是靠天地祖先。再有一个原因，古代的民族社会征战极多，尤其
古代纳西族处于"人多势众"的藏、白、彝等大民族包围之中，
除了相互间政治、军事、经济、文化等方面的正常友好交往之
外，历史证明军事冲突、政治争斗也不少。要打仗，人口是一重
要因素。纳西族的人口历来较少，至今也不过 30 万，所以他们
极重视生儿育女。纳西族社会"种的蕃衍"历来是一个严重的
问题，希望子孙兴旺、民族发达昌盛、世世代代不绝于后，历来
是他们的最大心愿，民族意识、根意识特别强盛，这靠什么？仍
然寄托于天地祖先。故生活资料的生产、"种的蕃衍"是纳西族
祭天实实在在的目的，其祭天文化的全部内容、祭天仪典的全部
过程，无不为着这两个目的。虽然各个民族都有祭天文化，也都
从事着人类社会的"两种生产"，但都不如纳西民族"体验"得
如此深切；对天地神灵的亲和感、亲近感也不如纳西民族这样
"刻骨铭心"，天地神灵与民族使命、民族命运同时铭刻在心，
祭天的宗旨、目的任何时代也没有忘怀。这大概应该是纳西族何
以如此热爱他们赖以生存的天地，何以将生态环境保护得如此完

好，何以将祭天文化保存得如此完整且长久不灭的根本原因吧！我们也才理解纳西族为何称自己是"天的儿子"的真正含义，是与他们祭天的目的、意义分不开的。也可以使我们认识到祭天文化与整个纳西文化的关系及其地位价值。

三、纳西族祭天概况

纳西族祭天文化无论是从表层形貌，还是到深层内蕴，都表现出完整性、系统性和厚重的文化积淀及幽深的渊源。它有程序严谨、隆重的祭仪，有传承不变的祭坛设置，有固定的以血缘纽带为基础的祭天社群，有共同遵守的祭祀规程和时间，有共同一致的祭祀对象和神祇体系，有卷帙浩繁的祭天象形文东巴经书，祭典有特定的祀神歌舞、禁忌、巫术等，有专门主持祭典的祭司，有传承不变的思想观念，等等，都表现出祭天文化独特的民族特色。纳西族历史上有四个氏族群体，称"束"、"麦"、"禾"、"尤"，后演变为四个主要的祭天群体：束氏族的祭天群体称"普督"；麦、禾氏族主要为"古许"祭天群体；尤氏族为"古展"群体；其他还有古禅、阿余等祭天群体。其中束氏族的"普督"群体分布最广、人数最多，据传，纳西族的祭天主要由"普督"人传承下来，他们保存的祭天文化更具代表性。束氏族在东巴象形文字中表现为"𣎴"，丽江一带和、木二姓最多，姓和者多即本支也。① 尤氏族象形字书写为"𣎴"，今丽江木姓一系皆此一支人也。② 麦氏族象形字书写为"𣎴"，是古代纳西族氏族群体中"最长一支，今永宁及'若喀'地域内多有之，如

---

①② 见李霖灿编著：《麽些象形文字字典》，国立中央研究院专刊乙种之二，云南社科院东巴文化研究室翻印，1982。"麽些"为纳西族之古称谓。

洛吉河一带自称姓习者，皆为此一支也"①。禾氏族写为"^苤"，
"今北地（今中甸县白地乡——笔者）一带多有之"②。这四个
氏族群体分布的地域基本上也是后来祭天群体的分布地域。纳西
文化的中心区丽江一带，主要是束氏族的"普督"群体分布的
地区。各地各群体均各有自己固定的祭天场地，各有祭祀时间，
各有祭祀崇拜的神灵祖先。但是，就传统礼制总体而言，纳西族
各群体的祭天文化本质因素是相同的，祭天场地无一例外均设在
郊野之地，沿袭古代社会筑坛于郊外，露天祭祀天神地祇人鬼
（祖先）之坛埠之礼制。祭天时间具体日子虽不相同，但各群体
一般都分为春祭和秋祭，春祭一律在农历正月，又称大祭天；秋
祭一律在七月半，又称小祭天。最隆重盛大的是春祭的大祭天，
要举行盛大规模的祭天大典；所祀神祇天、地、民族祖先是一致
共同的；祭献众神祇的牺牲、祭品也种色相同；祭天坛上所插祭
木、安放的神石绝不能少；各群体所念诵的祭天经书的内容也基
本相同；祭祀程序、行为模式、思想观念等等，也都基本一致。
无论哪个祭天群体，既可集体举行祭仪，也可单家独户进行，一
般以氏族群体（或祭天群体）为单位举行祭仪，称为"华仲"。
参祭者可达十几户、几十户，甚至上百户。有的地区是男女老少
全家参祭，有的地区妇女不能参加，有的是只允许妇女在祭坛外
围活动而不能进入祭坛，等等。以上祭天的种种表层民俗事象及
深含的文化内蕴，都表现出各祭天群体有着同质的文化因素，体
现着纳西族祭天文化的整体性和民族个性特征。

　　不仅在纳西族的主要聚居区保存有完整、系统的祭天古俗，
分散在川、藏地区的纳西族虽然受汉、藏文化影响、渗透，也顽
强地保存着作为民族传统文化标志的祭天古俗。居住在云南德钦

---

　　①②　见李霖灿编著：《麽些象形文字字典》，国立中央研究院专刊乙种之二，
云南社科院东巴文化研究室翻印，1982。

县藏族地区澜沧江边的燕门、佛山区的纳西族，长期与藏族杂居，却有自己的祭天群体。这里的"洼格"祭天群体与丽江的"古许"祭天群体相同，还有"普督"祭天群体，直到现当代一直保留着祭天古俗，与丽江纳西族祭天文化的核心内容一致，举行祭仪的时间相同，由东巴主祭，专设祭天坛，插祭天神木，杀祭天猪为祭牲，念诵祭天经书，分配"祭天肉"等祭品。与云南接壤的西藏盐井乡的纳西族，有"哈迪"、"哈吕"、"哈吉"三个祭天群体，与丽江的祭天文化从民俗事象到思想观念也基本相同，他们一直到1959年民主改革之时还在祭天，比丽江保留得还长久。他们没有祭天经书，就将东巴象形文经文刻在木板上，用糌粑面团压印出来。这些压印上了经文的糌粑块既可当做经书吟诵，也可用作祭品供献给天神地祇，足见其保护、继承民族传统文化的决心和强烈的民族意识。四川的巴塘藏区本来是藏族原始民族宗教兴盛之地，居住在这里的纳西族却保留着视为民族宗教信仰正宗的祭天文化。这里在历史上曾经是古代纳西族的势力范围，建立过类似祭天坛的"行宫家庙"，古代纳西族首领，包括明代的木氏土司，都以祭天为其民族宗教信仰之正宗。这里的纳西族虽与藏族融合，但他们在农历十一月初一过年时，同时要举行祭天祀典。这时不能骑马进入纳西族村寨，身上不能佩刀剑，肩上不能挎枪，不能讲别民族的语言，只能讲纳西语。祭天仪式的形式、内容与丽江相同。1984年春节，巴塘的纳西族又开始按传统古规举行祭天活动，基本上沿袭了纳西族的祭天古风。现在，丽江的一些山区也恢复了祭天古俗，巴塘、盐井、丽江、维西的塔城等地，也在按传统的规程举行祭天活动。现在这些地区的祭天活动基本上继承了古代祭天文化的精神实质，但也融入了新的时代内容，例如祭天后进行的歌舞、音乐、体育活动等就颇具现代气息。而且也打破了古传的血缘氏族界限，欢迎别的民族、外地来客参加祭天活动，使纳西族的祭天文化具有了新时代的风貌。

祭天文化是纳西族最古老的民族传统文化，是纳西先民万物
有灵的原始自然崇拜的精神产物。由于原始先民认识能力低下，
对各个自然现象之间的相互联系还不能系统地、正确地认识；同
时社会还无阶级的产生，也无统治与被统治的社会关系，故最初
的祭天坛上神祇众多，且各显其能，谁也不统治谁，也无神灵系
统。人们对每一个别神祇的崇拜，实际上是对某一个别自然力、
自然现象的直接崇拜，而并非崇拜万能的高级神灵。把各种神灵
的作用或职能（功劳）集中到一神身上，或让某一大神管辖、
统治另一些神的思想观念之产生，是阶级社会产生之后的文化现
象。人类之初对原始自然神祇的崇拜，诸如日、月、星、风、
雨、雷、电等，实际是崇拜它们的威力或神力。太阳的光、热，
星星、月亮在夜间放光，风吹动有力量，下雨滋润种子发芽、促
使草木生长，下暴雨酿成涝灾，雷电的威力更能引起原始先民的
恐惧，如此等等的自然现象和力量都被奉为"神"来崇拜。而
且各个神均各自有功能、职责，风神祇能刮风，雨神祇能下雨，
等等，所以人们向不同的神灵祈求恩惠或灾害不生，就要举行各
种不同的祀神仪式。社会的原始状态决定这时的仪式极为简单，
只是一种极简单的崇拜活动而已，谈不上有如后世的那种典礼，
"只是在语言上或姿态上向崇拜对象表示敬意、感谢、祈求、屈
服，随后才有祭品和牺牲的供奉"①。但这也是一种祭祀，也是
人和神的意识交流，只不过这种祭祀是原初的低级阶段而已。以
上种种祭天文化早期（原始自然崇拜）的内容，在纳西族的祭
天文化中都有表现，从各群体所祭祀的众多天神地祇中可以发现
远古时代的文化因素。而且这些文化因素可以证明"从人类物
质生活史和思维发展史方面加以考察，这种现象的萌芽（指自

---

① 见［英］卡纳：《性崇拜》，方智弘译，长沙，湖南文艺出版社，1988。

然崇拜和动植物崇拜曾是古代宗教盛极一时的现象——笔者）
时期肯定会早于灵魂崇拜"①，也就是早于祖先崇拜，将祖先的
灵魂作为神来崇拜是后期的事，这时的宗教已发育至成熟的
阶段。

由上可以证明祭天文化必始于如上所述的对天地之神祇的崇
拜，祖先崇拜、大一统之天神的出现及祭仪庞大、隆重，礼仪制
度规范统一，等等，都是在社会发展到有等级、有阶级产生或行
将产生的时期，在人们的思维、抽象能力发展到能认识自然界诸
现象、诸事物之间有内在联系的程度，方才有可能。也就是说，
纳西族祭天坛上的那些形形色色的天地神祇、动植物神灵是其早
期原初的神坛"主角"，其后才被神通广大、功劳齐天盖地、统
领众神的大神们所取代而处于被"管辖"的地位。众位大神中
的至尊至上者就是那位大主宰天神。祖先神这时也加入到人们
（子孙更确切）偶像崇拜的神灵队伍中来，成为又一尊或一群被
顶拜的对象。在众位天神地祇祖先神灵成为祭天坛上主要崇拜、
祭祀的对象的同时，人们并没有忘记那些处于次要地位、同样造
福人类、被大神们统辖的诸神祇，所以在祭祀主要神灵时也同时
祭祀他们，或在祭天仪礼中同时祭祀，或在祭天期间另行祭礼酬
享之，纳西族的祭天活动正是如此。概括而言，纳西族的祭天文
化既含有远古时代原始自然崇拜的丰厚文化因素，故祭天祀典须
祭祀众多的原始自然神祇；也包含着跨入文明时代的文化因素，
以社会文化因素为重，这时的祭天坛已成为社会历史的大舞台，
祭天文化已肩负起社会意识形态上层建筑的使命。所祀神祇众
多，除至上神天神外，还有众多与天神关系密切的其他天神地祇
及祖先神，因所祀神祇众多，祭仪也由简到繁。这样，使得纳西
族的祭天文化不仅规模庞大、完整、系统、内容丰富，而且渊源

---

① 见［英］卡纳：《性崇拜》，方智弘译，长沙，湖南文艺出版社，1988。

幽深，传承的时空跨度大。从远古时代就形成的这一祭天古俗，从古至今一以贯之保存至今，古今通连不断绝，且能存活于民间，民族文化的沃土赋予它生命力。

无论是在滇、川、藏地区的纳西族，或者是任何一个祭天群体或氏族或家族，也无论是象形文东巴经卷中的祭天经典，还是民间口诵的祭天辞，其内容、祭祀方法、祭仪程序都基本一致，沿袭古规。有东巴的地方由东巴主祭，无东巴的地方由懂行的长者主祭，表明其传承的完整性与牢固性，这在我国民族文化史上不能不称之为奇迹。诚然，纳西族的祭天文化也与其他文化一样，要随着社会历史的变化而变化，但其核心、主干部分的原始文化遗传"基因"并没有消亡，通过时空隧道从远古、上古时代传递到现代社会，不能不令人叹服其生命力之顽强！由此，不仅可以从纳西族祭天文化探寻纳西族文化历史的源头，也可以探寻中华民族远古、上古时代文化历史的某些遗迹，甚至可以探寻世界文化的某些遗迹。也就是说，纳西族的祭天文化不仅保存了中华古文化，而且也保存了世界文化宝库中的某些因素，因而称纳西族祭天文化是研究、重整、复活纳西古文化和中华古文化的"活化石"，也是研究世界古文化的"活化石"或"富矿"，大概也不为过吧！

本文选自拙著《东巴祭天文化》，云南人民出版社 2000 年出版。该书获 2001 年首届中国民间文艺山花奖·学术著作二等奖。

纳西族祭天文化与
夏商周祭天文化的比较

　　我国纳西族分布于滇、川、藏三省区的毗邻地带，而云南丽江是其文化的中心区。各地的纳西族民间至今仍保留着丰富的民族传统文化——祭天文化，特别是用古老的象形文书写的东巴经卷中也记载着完整、系统的祭天文化。该文化也是东巴文化——纳西古文化的正宗，是纳西文化中最古老、最原始的部分。因此，研究纳西族的祭天文化可以探寻纳西文化的源头，这个源头可以追溯到我国原始公社制前期的伏羲传说时代和以后的夏、商、周时期，从中我们可以探寻纳西文化与中原文化在历史上的某些亲缘关系，这对于研究纳西文化乃至中华民族文化都将有着不可低估的价值。本文就纳西族的祭天文化及其与商、周祭天文化的关系发表一点粗疏之见。

一

　　纳西族系我国古羌族后裔，在学术界已成定论。有的学者认为："我国古史传说的伏羲氏、神农氏、轩辕氏，便是由猎食北进的羌族与杂食移进的华族在中原地面接触以后形成的三个强大的氏族。"① 又根据古史传说，"三皇五帝"中所谓伏羲氏、女娲氏其实就是指的羌族人，那么，伏羲氏就应该是古羌族的祖先。远古时代的中华大地上属于"三个强大的氏族"之一的伏羲氏不仅是中华民族的主要族源之一，也是中华民族文化的主要源头之一，也可以说"三个强大的氏族"就是形成中原文化的三大支脉，最后由黄帝轩辕氏完成了这一伟大历史使命，"糅合了羌族文化与神农文化而形成中原文化"②。又据史所载，夏后氏属于羌，《艺文类聚》卷十一与《太平御览》卷八十二引皇甫谧《帝王世纪》说："伯禹夏后氏，姒姓也，生于石纽……长于西羌夷（人）也。"③ 我国著名学者徐中舒先生则认为"夏王朝的主要部族是羌，根据由汉至晋五百年间长期流传的羌族传说，我们没有理由再说夏不是羌。"《纳西族简史》中也说夏禹生于西羌所在地四川汶川县石纽山。殷商与羌的关系，在甲骨文中记载极多，据其内容可知殷商奴隶社会构成的基础——奴隶，其主要成分是由羌族组成，视奴隶为会说话的工具，用奴隶牲祭、殉葬、交易也是始于殷商统治者对羌族的暴政。以羌族是殷商奴隶社会构成的基础而论，羌族必定是创造该社会文化的主体，殷商与羌在长期的历史发展过程中，血统与文化也必定逐渐交互错杂，即两个种族的文化必定相互融合而发生涵化。至于周与羌的关系，大量史料都证实了周源于羌，无须赘言。而古纳西族系古羌之子孙民族，不难推断古纳西族在社会发展、民族演变的历史中与夏、商、周都曾经有过渊源关系。显然，古纳西族文化是属于古羌的亚文化，且与夏、商、周等华夏诸族的文化有亲缘关系，它的源头应该在古羌文化之中，在中原文化之中，这从纳西族的祭天文化中可以找到实证。

---

① ②　任乃强：《羌族源流探索》，重庆，重庆出版社，1984。
③　以上资料转引自冉光荣等：《羌族史》，成都，四川民族出版社，1985。

祭祀天地，在我国各民族的文化生活中都是率先而发的文化现象，且在各民族的传统文化中覆盖面极广、辐射力极强。汉文献的甲骨文中就记载了向天祈雨的最原始的祭祀活动。殷代的卜辞，之后的《诗经》、《论语》、《周礼》等典籍中也多有祭祀天地的记载。甲骨文把"礼"字写成"豐"或"豊"，意为祭祀天帝和祖先时，用两块玉石置于器皿里作供奉，表示一种礼仪。西周初期的青铜器"大豐殷"器腹内铭文中的"大豐"是指"大礼"、"衣祀"，指遍祀先王；而"喜上帝"中的"喜"与《诗经·商颂·玄鸟》中的"大糦是承"的"糦"也是指祭祀上帝。《诗经·大雅·生民》则记载了周人始祖后稷开始祭祀天地的传说（"后稷肇祀"）。后来，周代的祭典才发展、完备起来。但由于年代久远和种种历史原因，这些汉文典籍中所记载的祭天文化并不完整、系统，特别是反映整个祭祀活动全貌的祭辞很难找到，反映祭天活动从头至尾、有连贯性的、系统的祭辞更难找到，几乎"散失"殆尽！这些祭祀天地的祝辞在有的汉文献中虽有所记载，也是零星不全的，例如汉初的《大戴礼》中的《公符第七十九》就有祭天、祭地、祭日的祝辞，其内容为三段：

皇皇上天，照临下土。集地之灵，降甘风雨。庶物群生，各得其所。靡今靡古，维予一人某，敬拜皇天之祐。

薄薄之土，承天之神。兴甘风雨，庶卉百谷，莫大茂者，既安且宁。维予一人某，敬拜下土之灵。

维某年某月上日。明光于上下，勤施于四方，旁作穆穆。维予一人某，敬拜迎于郊。以正月朔日，迎日于东郊。

　　仅就这二十五句祭祀天地的祝辞也有人置疑，认为"皆是后人窜入，而非大戴礼原书所有"。但是，依靠古老的象形文字保存下来的纳西古文化中却有完整、系统的祭天这一上古文化的内容。云南省民间文学集成办公室编辑的纳西族东巴文学集成卷《祭天古歌》均系祭天祝辞，按祭祀的程序、内容共选编了八章、近七千行，全面系统地反映了祭天文化的全貌。更可贵的是，时至今日，四川的巴塘、西藏的盐井等地的纳西民间仍在进行祭天活动，而且保持了远古祭天文化的原貌，有着相同的外显和内隐的行为模式，这是研究祭天文化的活材料。丽江县鲁甸乡东巴老人和云章用象形文书写的《纳西董蒙洛格美布章佐》，即《纳西民俗中的祭天仪式细则》①，如实地记录了纳西文化中心地带的祭天仪式的详细程序，可将其主要内容与《周礼》中有关祭祀天地的内容作比较分析。这个细则首先记录了一般祭天活动中各个祭天群体（纳西族区有普督、古许、古禅三个祭天群体，按祭天群体为单位进行祭天活动，各群体祭天的时间有差异，其余均相同）的祭典程序，一般是这样的：从大年三十除夕夜开始作准备，包括"库鲁格布"（送旧岁）、"臭寿"（打醋汤）、"臭初起"（赶秽魂），用酒、菜、面粉、猪油向董神和塞神②"充巴本"（敬献），奠祭死去的人。大年初一早上，到河边取净水、烧柏香、烧青香。在天井中放一供桌，上撒一层青松针，安一口量斗，斗口里插上香炷，焚香、点供灯，用酒、肉、饭菜奠祭"什日山神"，米饭用十二碗，因为什日山神有十二个，再用芝麻、油煎的糯米条祭奠。将一束蒿枝搭在一个冷水碗上，再打醋汤禳邪解秽，接着迎请什日山神、为乌鸦喂食。之后把供桌移

---

① 该书现由云南省民间文学集成办公室保存，戈阿干翻译。
② 传说中的阳神和阴神。

到"火古罗"方向（北方），祭奠三多神①，再供上"软都软泽"（为三多神的白马喂草喂料），接着为解秽石解秽气，进行贝卜。祭完三多神就祭五谷神，要叩拜磕头，以求年丰寿益、求儿求女。之后又把供桌抬回到灶台上方，敬祭灶神，灶神有五个兄弟、五个姊妹，所以要用五碗熟米。把一把芝麻烧在灶里，把祭酒、祭菜等祭品奠烧在灶里，然后进行贝卜。接着进行拜年活动，先向神坛叩拜，后按辈位磕头叩拜。大年初二这天，背上酒食等祭品到坟地向死去的祖先拜年。这天，祭天群体中的普督人要洒洗祭天坛。初三过新年。初四到坡头的祭天坛。初五举行祭仪。初八再举一次"瓜冷苏"（"复祭天"），向天神、地神与中央许神认错赎罪。

下面是古许祭天群体祭天活动的程序：古许群体的人②，初八要"丹彪"（洒洗祭天坛），同时要过新年。父母要洗头洗脚、梳头发。然后由父亲搓制天香，由母亲来"许开许丹妹"（在搓制天香前煎一次糯米条）。要洗祭天用的箩、簸箕和盘碟等。祭米用三斗，要先舂碓，由男子踩三下碓，由女人在碓窝里翻弄祭米。把祭米从碓窝里舀出来后，再由女人筛三下、簸三下，接着由男子来量度。先量度天神的祭米，边量边数着"一担"、"两担"、"三担"的数目。照此方法为地神、中央许神量好三担祭米。量祭米时要吟诵以下的祭辞：

> 毛川格兹美，（祭米往上增殖）
> 都羽若格冷兹，（愿生养一千个男儿）
> 兴羽命格冷兹，（愿生养一百个女儿）
> 里迪勒恩察迪恩美格冷兹，（愿牛马、山羊、绵

---

① 传说中纳西族的最大保护神。
② 写这本祭仪细则的东巴和云章系古许祭天群体的人。

羊、猪儿、鸡儿往上增殖）

好吉沃泽格冷兹又贺。（愿五谷实物往上增殖）

这以后把祭米箩放到灶台边的桌面上。桌上撒一层青松毛，放六只洗净的盘子，放入一个"吉巴楞"（酒药粑粑）、一个"杜艾古"（用来抵挡许神柯西柯洛的鸡蛋）、一个"丹艾古"（用来向天神赎罪的鸡蛋），将这些祭品装进祭米箩里，在箩沿上搭一把香炷，三根青松枝。在一旁焚上柏香，点上油灯，供上祭酒，把搓制好的大香竖在上方。接着打醋汤驱邪解秽，用纯面纯油奠祭董神塞神，背上酒食饭菜向死去的人祭奠。这一夜的准备就算做得齐全。

第二天一大早起来，喝过头汤后，就到祭天坛去。大香炷和做祭木用的黄栎青枫（又称黄栗木）与柏木由男子扛上，祭箩由女人背上。到了大门外，先打醋汤。到了祭天坛场地，安好祭木，象征天神的黄栎青枫祭木插在左边，象征地神的黄栎青枫木插在右边，许神的翠柏祭木插在中央，山白杨的擎天柱插在柏木的后面。收拾好烧天香的地方，撒上青松毛，洗净神石安上，用白蒿枝垫在下面。把三种酒药粑粑盛在盘子里，晾上湿祭米。这时再打醋汤解秽，之后便烧天香，点大香炷，祝福。初十这天的凌晨，鸡叫头遍，喝过头汤后就捉拿祭天猪（祭天猪系专人饲养的肥猪），烧好解秽打醋汤的石头，解秽后就可杀猪往祭木上洒血，将大叶杜鹃和小叶杜鹃的青枝搭在祭猪上，再打一次醋汤，然后焚香磕头，行奠酒仪式，接着行"查班绍"和"蒙增"（生献牺牲）仪礼。接着就开剖牺牲。把猪头、猪脚收拾干净煮在锅里，脾脏要挂到天神的祭木上，肾脏要挂到地神的祭木上，胆囊要挂到中央许神的祭木上，"杜艾古"和"丹艾古"要煮在锅里。进行"哈适"（熟献牺牲）仪式时，要把煮熟的猪头、猪脚装在木盆里，再盛上三碗饭、一些肉和脑水，把"杜艾古"

架到山白杨的顶杆上（山柏杨的顶头用刀划开成三条，以架住鸡蛋），用大叶、小叶杜鹃枝再行解秽，观察一会，就可烧天香、点香炷。先诉说天神的来历，后诉说地神的来历，为天神、地神念诵"哈适"（熟献牺牲）颂辞，在天神、地神的祭木前祭献酒、肉、饭菜。最后诉说中央许神的来历，同时用酒、肉、饭菜向许神的翠柏祭木祭献。然后用三大神的祭品相互交换着祭献一次。接下来就行"共许"（放生）仪式，拨起山柏杨的擎天柱子，拨开架在上面的鸡蛋，用来招待许神"柯西柯洛"，并要念诵有关的祭辞（祭辞略去）。

把以上的祭品收拾好，到指定的地方用祭品喂乌鸦。把神石洗净收藏好。再舀米一点肉汤烧青香，然后用餐。人们用餐毕，背上祭天箩回家。到家后要用酒药粑粑在灶房里敬祭灶神。这样祭天活动才告结束。如果家里有新娶媳妇，大年十二这天要到别人家里去拜年。十四这天到祭天坛举行复祭天的仪式。《周礼》也记载了祭祀（也包括祭天地）的程序，但只有各司其职的官员们的职责范围及其名称，少仪式的具体内容，更无各个程序中的祭辞，不能立体形象地将祭天文化复活起来展现在人们眼前，使人看到这一文化形态更深层的内容。而纳西族的这个祭天仪式细则不仅有程序，也有仪式的具体内容，更有每一程序中的大量完整的祭辞，正好可以弥补《周礼》的不足之处。以上是中原地区与纳西族祭天文化的不同的地方。但从总体上进行比较，两者有以下几点是相同的：

首先，操持整个祭天活动的人都有专职名称。《周礼》中分大宗伯、小宗伯、肆师、司尊彝、天府等职。纳西族的祭天也有专职分工，名称虽与周人不同，但职责和作用是相同的。笔者于1986赴丽江县纳西人的祭天道场考察，所见整个祭天仪式中几十人各司其职，整个活动井然有序。主祭的大东巴称"蒙布许逊"，祭场管事称"者直"，管酒的称"日瓜"，煮肉切肉的称

"瓜人"，煮饭的称"好瓜"，杀猪的称"木柯高"，等等，恍如
周礼的再现。四川巴塘一带的纳西人称主祭司为"共咱"，且系
世袭之职，平时在乡里也颇有威望。祭天猪要派专人饲养，要观
察其毛色、体型如何，这在《周礼》中也有记载。

其次，都要进行占卜。这是祭天和其他祭祀活动中的重要内
容之一。这在《周礼》中有明确记载，"凡有祭祀，卜日，宿
戒"，"宗庙秋祭那天，（肆师）亲临卜问明年所收割草物的多
少。秋祭田猪的第一天，亲临卜问明年是否有兵事。秋季祭灶的
那天，亲临卜问明年所宜种植的谷物"。河南淅川出土的羊肩胛
骨是现在所见最早的卜骨，属于仰韶文化层骨卜；西安半坡文化
陈列馆里有留有灼点的羊肩胛骨，这说明中原华夏诸族进行骨卜
时最初只用灼的占卜方法，后来才有钻凿的方法。[①] 而纳西族的
祭天活动也用猪和羊的肩胛骨进行占卜，而且有很多专门记载骨
卜的象形文东巴经典籍。云南丽江一般用猪肩胛骨占卜；西藏盐
井的纳西人在杀了猪后，除了用猪肩胛骨占卜外，还用肝、脾作
占卜的参考，卜算年成丰歉及祸福。20 世纪 30 年代，柏林大学
的陶云逵博士曾经到纳西文化的发祥地中甸县的白地做过羊骨卜
的调查，著有论文《麽些羊骨卜及贮卜》，详细介绍、论述了白
地纳西东巴用羊肩骨进行灼骨卜的情况。陶氏指出，灼骨卜是渔
猎或畜牧社会的产物，在亚洲东北部、北部以及中亚细亚、康藏
高原一带流行。这是纳西族由北方古羌游牧民族南迁而来的又一
依据，所以同系古羌族源的周人、纳西人有着这样相同的占卜
文化。

第三，纳西族与华夏诸族的祭祀天地大神与人鬼，总是和祖
灵崇拜联系在一起的。《礼记·丧服小说》中说："王者禘其祖
之所自出，以其祖配之。"亦即《郑注》中所谓："禘大祭也。

---

① 　见《甲骨文与殷商史·周原卜辞和殷墟卜辞之异同初探》。

始祖感天而生，祭天则以祖配之。"《周礼》中记载："春天以祠祭祭享先生，夏天以礿祭祭享先王，秋天以尝祭祭享先王，冬天以烝祭祭享先王。"而《纳西民俗中的祭天仪式细则》中有详细的祭祀祖先的内容，祭天辞中也有专门的祭祀祖先的东巴经文，《素库》（《招迎家神篇》），在祭天过程中要念诵之，其祖灵崇拜的观念是与周人相同的，也认为自己的祖先来自天上，是"天神的儿子"，所以"祭天则以祖配之"。

以上是从总体上对纳西族与华夏诸族的祭天文化作比较分析，可观其基本轮廓。下面再从观念、形貌、内核对这一文化进行比较，试对纳西族与华夏诸族的祭天文化作一番层次较深的探索，从而从本质上认识纳西族祭天文化的价值。

二

从前面的论述可知祭祀天地诸神在汉民族和其他各民族中在很远古的时代就开始了，《诗经·大雅·生民》说周人的始祖后稷开始祭祀天地；纳西族祭祀天地是从始祖查热丽恩时代开始的，在《祭天古歌》中的《蒙增·查班绍》中写道：

> 在很久很久以前，当太阳还未照亮白昼，当月亮还未照亮夜间，我们便开始把天神祭祀，查热丽恩若[1]，翠红葆白命[2]，在这年冬天的三个月里，当俄罕还没有在天上发出雷鸣，就举行了第一次隆重的祭天典；在这年春日的三个月里，趁树上的绿叶还不曾枯萎，就举行了第一次庄严的祭地仪式。

---

[1] 即查热丽恩，传说中纳西族的男始祖。
[2] 即翠红葆白，天神的女儿，查热丽恩的妻子，纳西族的女始祖。

这里记载的纳西始祖祭祀天地与周人始祖"后稷肇祀"同
样都是神话时代的故事，而非信史。但是两者却可以说明一个问
题，即祭祀天地的活动在人类历史上开始很早，至少应该是与民
族的起源、形成同步。但是，"天神"这一概念在最初的祭祀中
并没有产生，天神作为具有至上神神格出现的时代是很晚的了。
据朱天顺引郭沫若的《先秦天道观之进展》一文说："周之前的
殷代卜辞中虽有天字，但是'天'字不是神称"，"卜辞称至上
神为帝，为上帝，但决不曾称之为天"；而且周人心目中的至上
神——天，"并不是由天空自然神的直接转化，其神性中，社会
属性多于自然属性，其神格的造成具有复杂的因素，因此西周时
崇拜的天不属于原始的自然崇拜"。① 关于这一论述的佐证在
《诗经》中有关周人祭祀的祀神诗歌中可以大量找到，天神都是
打上了阶级烙印的崇拜对象，是人为宗教的产物。而在纳西族的
古老象形文经典中出现了"天神"这一概念，说明它产生的时
代很远古，具体为何时，还待进一步考证。但是，从祭天古歌中
所描写的天神、地神的属性来看，显然其是由天空自然神直接转
化而来的，在把天空这一自然实体人格化、神格化的过程中，天
神形象绝少社会属性。天神虽被人格化，具有人的姓名、性格特
征，但也是与大自然混为一体的自然属性的人，而不是社会属性
起决定作用。因而天神保持着纯粹的自然属性，是属于原始的自
然崇拜。几乎在所有的祭天古歌中，纳西先民对天神的性质都是
这样认识和描绘的：

> 在最古最古的时候，从高处首先出现，斯布班羽②
> 的天。这天是能遮盖整个大地的天，这天是像一顶斗笠

---

① 朱天顺：《中国古代宗教初探》，上海，上海人民出版社，1982。
② 天神的又一称谓。

高悬在上界的天，这天是空阔而透亮的天，这天是有着
阳面和阴面的天，这天是铺着九层云锦的天，这天是闪
烁着大颗亮星的天，这天是早起太阳照暖大地的天，这
天是遮劳阿普①的天，这天是身材十分魁梧的天，这天
是两肩宽阔匀称的天，这天是衣冠齐整的天。②

　　这里把天神写成了一个美男子。天神的属性实则是纳西先民
对天空这一自然实体的认识，是原始宇宙观的真实写照，纯系自
然崇拜。而西周的天神是与"王权""天事""国家"等观念掺
杂、糅合在一起的，且对天神的描写抽象化、概念化，失去了人
类童年时代思维的灵气和天真烂漫的稚气，这是古纳西族与周人
在天神观念上的本质区别。周人、纳西人的祖先同是我国西北高
原的古羌族，周人的先民由西北进入中原一带，摩西、摩沙夷
（均系汉文献中纳西族之古称谓——笔者）由西北而南迁入西南
一带；中原地区的周人最早进入农耕社会，发展、强盛起来，社
会很快进步起来。为了适应奴隶社会乃至新兴封建社会的政治需
要而在神祇身上加上社会属性，减少其原始的自然属性，这是必
然的趋势，再加上鲁迅所说"太古荒唐之说，俱为儒者所不道，
故其后不特无所光大，而又有散亡"，就造成史前期的"荒唐之
说"见诸于汉文献极少的状况。而进入西南的与周人同族源的
古纳西族，仍然处于"逐水草而居，无君臣之分"的原始社会，
没有那么多的思想束缚，社会的后进又不可能产生精神文化的飞
跃，仍然生活在"太古荒唐之说"的精神境界里。他们居住在
滇西北高原，已从开阔、豪放、不稳定的游牧生活改为封闭、保

————————

① 天神的另一称谓。
② 见纳西族祭天古歌《蒙增·查班绍》，见《东巴文学集成·祭天古歌》，北
京，中国民间文艺出版社，1988。

守、固定的农耕生活，这种由游牧民族向农耕民族发展的历史遗迹和文化的改变在大量的祭天辞中有明显的记录和生动具体的描写。除了农耕生活固有的封闭性、保守性，再加上滇西北高原的横断山脉造成交通的阻塞，与外界几乎隔绝。虽然不同种族、不同民族的异质文化必然产生互化而促使古纳西族固有文化——古羌文化的嬗变，但这种变化毕竟很缓慢。纳西先民正好把古羌文化时代或在此之前的纯属"荒唐之说"的自然神崇拜等原始神话观念牢固地铭刻在记忆里，代代口耳相传。随着民族大迁徙，将它移植、携带到滇西北高原，使其在横断山脉的高山河谷地带获得新的生态。祭天文化也结合着这里的自然条件、社会环境、人们的精神养分而生长、扎根，又在漫长的历史长河中像化石那样积沉到文化的深层。天神观念不脱原始胚胎、天神形象保持着原始自然崇拜的特性是历史的必然。

再将纳西族和周民族的祭天文化的形貌（或外显的行为模式）作比较分析。祭祀的时间、方法、经过及祭坛的设立、祭品的准备、牺牲的处理等等，纳西族与周民族简直如出一辙。汉文献记载周人祭天要兼及三望，"三望"即是日、月、星三光；郊外筑坛，太牢三牲为祭品；且要用"实柴""燔燎"的办法把供奉的牺牲放在柴上烧。《周礼·卷第五·春官宗伯第三》载："以吉礼事邦国之鬼神示，以禋祀祀昊天上帝，以实柴祀日月星辰，以槱燎祀司中司命风师雨师，血祭祭社稷五祀五岳。"[1] 纳西族的祭天，无论是滇、川、藏地区，其模式、规范完全一样，东巴经典中记载的内容与民间口诵祭辞的内容以及民俗事象都能互相吻合印证，与前面所叙"细则"的内容也完全一样。不过，远离纳西文化中心的偏远地区因受汉文化影响、渗透少，保持的祭天文化更纯、更原始。例如西藏盐井县的纳西人用作祭品的猪

---

① 林尹：《周礼今注今译》，北京，书目文献出版社，1985。

不能用开水烫毛刮洗，而用一种叫"本崩新"的灌木树枝（即周人所谓"实柴"）烧燎破血；四川巴塘县白松乡的纳西人用的祭天猪也不用水烫洗，而用稻草或麦秆烧燎。这与周人"栖燎"、烧燎牺牲的办法完全一样。除了用猪作牺牲外，与周人一样，纳西人也用羊、牛、鸡作牲礼。在查热丽恩时代，即最初的祭天时代所用的牺牲是牛，后来才改用羊、鸡。周人"以禋祀祀昊天上帝"，即是把祭神的牲礼和玉帛置于柴上，柴烧烟起，表示告慰天上神灵和祖先；而纳西人的祭天坛旁边也要焚烧一大堆柏枝，把包括牲肉在内的各种祭品投入其中，烟雾上升，名曰"烧天香"，也表示酬享天上诸神及祖灵。在其他祭品的准备方面，《诗经》中的《召南·采蘩》就写了农家姑娘为贵族采摘白蒿祭祀的情况。纳西祭天辞《共许·放生篇》也写了用白蒿解除污秽的情形：

> 不洁净的生灵，神灵不会来享用，不洁净的东西，神祇不会来接受。……田野里不祥的秽气，靠地里的蒿草把它驱散……用根须白净的蒿草，消除大地上一切污秽。

在汉民族的观念中，自古以来认为蒿草可以避邪，至今还有在端午节时门上挂蒿枝的习俗。纳西人的祭天大典中，绝对少不了蒿草，认为它可以去污解秽，与汉民族的观念完全相同。祭天古歌《蒙增·查班绍》这样写祭品的准备：

> 我们没有遗忘洒奠祭酒，我们没有遗忘举行洛曼丹①，我们没有遗忘筹集祭米，我们没有遗忘酿制祭

---

① 一种祭祀龙王山神的仪式。

酒。在大年初三这天，我们没有忘了再次把祭米舂白；初四这天，我们没有忘了用升子把祭米量度。我们没有忘了按时来到坡头的祭天坛，我们没有忘了栽插祭木、安竖神石，我们没有忘了烧上大香与叩拜磕头。

又写了始祖查热丽恩祭天的情况：

> 他们用柏木和黄栎青枫在祭天坛的四方围圈，也用柏木和黄栎青枫竖插在神圣的祭天坛上方，他们从七条江汇集的地方舀来洁净的清泉水把神石祭奠，他们摘来大地上繁殖最早的蒿枝垫置在董和塞的神石下面。

以上的内容在《纳西民俗中的祭天仪式细则》中都完全如实地记载着，足见祭天文化在纳西族保存的完整、系统而又古老。《诗经·大雅·生民》也写了西周时代祭天的具体情况：

> 诞我祀如何（回家怎样祭祀）？或舂或揄（有的舂祭米有的量祭米），或簸或蹂（有的搓祭米有的簸谷糠）。释之叟叟（陶起米来溲溲响），烝之浮浮（蒸起饭来气腾腾）。载谋载惟（慎谋算细思考），取萧祭脂（采来白蒿和祭油），取羝以軷（再杀公羊祭路神），载燔载烈（火烧火燎请神享），以兴嗣岁（求神赐福保丰收）。卬盛于豆（我把祭品装木豆），于豆于登（装了木豆装瓦登），其香始升（祭天香烟开始往上升），上帝居歆（敬请天神安然来享用）。

两相对照，古代纳西人与周人祭天何其相似！祭品的种类、准备，牺牲的处理，祭祀的经过、场面、气氛等等都别无二致！

　　再看纳西族与华夏诸族的祭天文化之内核怎样。特别值得研究的是纳西族祭天仪式中用的几种祭木及其所表现的观念（或文化心理）。无论是什么地区、何种祭天群体，都必须用黄栗、柏、松作祭木。祭坛左边插的黄栎青桐木象征天神，右边插的黄栎青桐木象征地神，中央的柏木象征天舅许神美汝柯西柯洛（关于天舅许神与天女翠红葆白、人祖查热丽恩的故事在祭天辞《蒙增·查班绍》中有详细叙述）；离祭坛不远处栽一棵活的青松树代替含英巴达神树，同时在进入祭天场的一路上和祭坛上都要撒上一层青松针。祭坛中除了天神、地祇、人鬼中央许神以外，其他还有许多有姓名的神是用松木作象征的。古代汉民族也有立木行祭的历史，"凡建邦立社，各以其土所宜之木"，《论语·八佾》中记载，"哀公问社于宰我，宰我对曰：社，夏后氏以松，殷人以柏，周人以栗"①。夏、商、周均以西北高原为生存之地，"其土所宜之木"是松、柏、栗类高原林木是可信的。同样，由西北高原南迁的古纳西族所用祭木也是这三种，除了地理、气候条件相同（滇西与我国西北部同系高原地质结构，同属高原气候，至今的滇西北高原仍遍布松、柏、栗等高山林木——笔者）之外，更有其深刻的历史根源和文化心理。《庄子·盗跖》载："古者禽兽多而人民少，于是民皆巢居以避之，昼拾橡栗，暮栖木上，故命之曰有巢氏之民。"又据《绎史》卷四《周书》载："神农之时，天雨栗，神农遂耕而种之，作陶冶斤斧，为耒耜锄耨，以垦草莽，然后五谷兴助，百果藏实。"②可见栗在我国有巢氏的传说时代就与中华民族的文明史紧紧相连，它原来确是中华民族文明之根！难怪纳西人自古有遗言说：

---

　　① 转引自朱天顺：《中国古代宗教初探》，上海，上海人民出版社，1982。
　　② 袁珂、周明编：《中国神话资料萃编》，成都，四川省社会科学院出版社，1985。

"哪里有黄栗树，就可以在哪里住下来。"至今纳西人还用橡栗籽食用、喂猪、酿酒。先民们用掉在泥里不易腐烂的橡栗果作为食物，自然是上乘佳食，我们的祖先感恩于天神赐予的上好宝物——栗树，且用它来象征赐予自己生命的天神地祇（天父地母）而世世代代膜拜之，成为自己民族文化的起步点就不难理解了，也就解开了用栗树作祭木之谜。至于松、柏，因其四季常青，寿命极长，古人称之为"神木"，与人类企图"长命百岁"的愿望一拍即合。据史所载，轩辕黄帝是中华民族文明的始祖，其发祥地大约在今陕西黄陵一带，这里有关他的传说极多，桥山之巅的"天下第一陵"相传为其衣冠冢，而黄帝庙内的古柏系他亲手所植，可见汉民族对柏树的崇拜来历之悠远。纳西族的东巴经卷中对松、柏赞美的颂辞极多，又具本民族的特色。祭天辞《素库》（《招迎家神篇》）中就说松与柏的种子是由天女亨古拉勒命撒在高山上的；天神美利劳阿普为万物分配寿命时，柏木获得了"千年的寿命"；祭天辞《生献牺牲篇》《人类繁衍篇》这样记载着有关栗与柏的颂辞：

> 天的四周由柏木来围圈，天体变得安稳不动荡；地
> 的四周由栗木来衔接，大地变得安稳不摇晃。一株白色
> 的柏木生一千个枝丫，为人类留下千年的福泽；一株黑
> 色的柏木发一百个权丫，为人间留下百年的吉祥。

凡是纳西族的祭天坛四周都有苍劲挺拔的柏木；汉民族各地的庙宇四周也都是柏树森森，陵园墓地也都要植上几棵松、柏，这都同样隐含着一种慎终追远的虔诚感情和对神灵的崇拜信仰。以上的事实说明，古纳西族与华夏诸民族祭天文化的核心之形成都是由当时的自然条件、社会经济状况以及人们的文化心理所决定的。另一原因，是继承了古羌及中原文化的根脉所至。古氏羌

族群中除了纳西族之外的许多民族立木行祭的观念中还认为，天神上下来往与人打交道都要经由高山、树木，云南的彝族就把象征天神的黄栗树直接称为"天神树"，每年大年初一日全村男性老少都要祭拜之，纳西族也有此观念，与华夏诸族的观念是相通的。《山海经》中就谈到许多山与树是"群帝所暂休息之树"，"有帝所常住，名曰'帝屋'的树"。《淮南子·地形训》曰："建木在都广，众帝所自上下。"可见各族立木行祭目的之一是为天神"铺路"，其二是用它来连接人与天、地，暗隐着天、地与人的关系，实为一种宗教信仰。由于以上的因素，纳西族与华夏诸民族的祭天文化才有如此相同的内核。

三

以上比较分析了古代纳西族与古代汉民族祭天文化的总体形貌和内涵诸因素，剖析了这一文化本身的若干元素，又凭借古籍中流传下来的传说和史料，找出了纳西族与商周祭天文化的合成因素。"如果这一合成在神话、经济形态、社会结构、宗教形态、习俗、物质文化等各个方面都相类似，那么，其一致的内容越多，则该种族文化合成的概率就越高，从而确定该种族亲缘的可靠程度也就越高。"[1] 古纳西族与古华夏民族的祭天文化正是有着这样众多一致的内容，有着相同的外显和内隐的行为模式，显示了功能上、生态上的文化因素相同的特征，才可以确证在历史上纳西文化与华夏文化有着不可分割的亲缘关系。从以上纳西族与华夏民族祭天文化相合成的内容，笔者以为可以说明这样三点：

---

① ［日］关敬吾编著：《民俗学》，王汝澜、益善译，北京，中国民间文艺出版社，1986。

第一，古纳西族同古代中原地区的几个民族族源相同，其祭天文化与周民族的祭天文化同时产生在中原大地上，推算下来，该文化大约有三千年的历史。后来由于社会历史的巨变，该文化又在各族的社会历史发展过程中互相交融、影响而发生涵化，各自都为中华民族古文化的形成作出了贡献。因此纳西族祭天遗留文化中既有本身的固有文化因素，也渗入了中原文化的因素。在远古时代，甚至在有巢氏、伏羲氏、神农氏的传说时代，纳西先民与中华各民族的先民都共同生活在我国黄湟流域、中原大地上，同系炎黄子孙，共同创造了中华民族灿烂的古文化。纳西族的祭天文化就是中华古文化的有机组成部分，它将对研究中华文化的起源、形成、发展提供一份宝贵的活材料。

第二，说明纳西文化的根在我国西北高原的黄土地中，后来才传播到了滇西北高原的玉龙雪山下，其主要传播方式是民族迁徙。即萌发在黄河流域的西北高原的祭天文化是随着纳西先民的迁徙脚步而移植、生长在金沙江、澜沧江流域的滇西北高原的，纳西文化的中心也由西北高原移至金沙江边的丽江，并且将这一动态文化保留、固定在象形文（东巴文）经书中，特别是祭天古文化价值重大。因为汉民族的祭天文化在它的原发故土——西北高原的黄土地里已经"僵死"了，在历史文献中也只有一线微弱之光。而在世界上有着五千年文明史的灿烂的汉文化中肯定有过辉煌、雄伟、神圣的祭天活动，必定有过内容极其丰富的、光彩夺目的祭天文化，遗憾的是这一切都被历史的风风雨雨吹打殆尽！尤其是秦王朝的"焚书坑儒"对中华古文化的破坏难以估量。但是，与中原文化有着亲缘关系的纳西古文化却躲过了暴秦的一炬之灾，绵亘的横断山脉阻隔了纳西先民与中原的交通，也如屏风一样阻挡了中原的战乱，切断了对纳西古文化的冲击波。在横断山脉的环护下，在高山峡谷、激流大江纵横交错的滇西北高原土地的养育下，源于古羌、中原的纳西古文化得以保持其原发基因——古羌文化元素，受汉文化渗透极少，因而祭天文化才保持着古朴、原始的风貌。另一方面，祭天文化在中原文化中一贯是一种由贵族、统治阶级把持的主体文化，只有王、侯、大夫才有资格主持祭天等祭祀活动，且等级森严，《周礼》中就有明确记载。由于种种历史原因，汉民族的祭天文化并没有普及到民间，又因为统治政权的更替，在改朝换代中统治阶级所把持的文化也必然要被改掉、换掉一些，因而祭天文化在汉民族的观念中也渐渐淡漠，甚至使该文化失传。而深居滇西北高原的纳西族却将此文化保留下来，在汉民族统治者的手中几乎消亡了的祭天文化在纳西族中却有强大的生命力。这说明一种文化一旦变为群众的文化，被群众所掌握，它便会不断地得到养料，不断地新陈代谢而源远流长，盛传不衰。这就弄明白了纳西族为何能够如此完整、系统、全面地把祭天文化保存下来，并有上千卷的象形文经书流传下来，而且至今民间还有丰富的、活着的祭天古歌在继续流传，祭天文化仍具生命力。这就填补了我国祭天古文化研究中的一个空白，对于我国的民族文化史、中华文化史的研究是一大贡献。

第三，纳西族祭天文化可以重整、复活纳西古文化和中华民族古文化，纳西族所保存的祭天文化如此完整、系统，这在我国其他民族中是罕见的。因此我们可以凭借纳西族的祭天文化重整、复活中华民族的祭天古文化，把它作为研究纳西古文化和中华民族古文化，特别是研究殷商、周古文化的"活化石"，这也是纳西族祭天文化的重要价值所在。

本文原载《民间文艺季刊》（上海）1988年第1期，获1990年《民间文艺季刊》第一届"飞鹰奖"优秀论文奖。

纳西族祭天神木及其文化价值

纳西族是一个古老的民族，在其求生存发展、创造民族文化之初就与木、树木结下了幽深的渊源关系。依靠木、石创造出举世闻名的至今世界唯一活着的东巴象形文字，创造了以东巴象形文为标志的宝贵民族文化——东巴文化。东巴象形文纳西语称“森究鲁究”，“森”意为“木头”，“鲁”意为“石头”，“究”意为“痕迹”，“森究鲁究”意即东巴象形文就是在木石上刻下或留下的痕迹，为纳西先民在木石上创造的最原始的文字符号。木、石本是相连一体，这里着重论述木。解读、破译这些文字符号“密码”，也就能探究出木的文化意蕴及其价值。木、树木，东巴象形文写做“”，李霖灿解为“树也，泛指一切树木。画树木直含生长之形”①。另一象形文写做“”，解为“发芽也。画木之生意盎然形状，以树尖上曲折向上之线，示其生芽”②。在我国殷商甲骨文中，木写为“”，像树木之形，“当为后代木字初形”③。《说文》解为：“木也，冒地而生，万物皆始于微，故曰木。”以上说明古纳西先民与古汉先民对于木、树木的感悟、认识在本质上是一致的，它象征、标志着万物生长。发芽

---

①② 见李霖灿编著：《麼些象形文字字典》，国立中央研究院专刊乙种之二，云南社科院东巴文化研究室翻印，1982。

③ 见赵诚编著：《甲骨文简明词典》，北京，中华书局，1988。

就犹如树木细微顶尖之生意萌芽，它表示万物之生命、生机、生长。甲骨文、东巴象形文的"木"从形到义都传递了木在远古的文化信息，即所蕴含的文化深意。中国古代哲学思想赋予木更深的文化意蕴，水、火、木、金、土五行观念，构成了中国古代基本的哲学思想，而且往往与其他文化观念相结合形成更为深广的文化领域。认为木是构成世界物质的五大元素之一，它与五方顺序相配，木处东方；与天干中的甲乙相配，即称"甲乙木"，"甲木"属森林大木，"乙木"属花草小木。① 在一年四季中，木表示春季，主万物复苏、"始于微"，说明木有造化万物生命之功能。在纳西族的东巴经占卜经书《巴格图》中，木所处的方位、作用与古汉民族的观念完全相同。《史记·封禅书》说"夏得木德，青龙止于郊，草木畅茂"，万物在春季"冒地而生"，在夏季因得木德而顺利成长，生意盎然，使大地充满勃勃生机，世间人类万物得以生存，生命得以传延。此造化之功均应归功于木德，即木之功德。古人称木造化万物之功德为"木德"，木之功德，这是先民对于木的一种感恩的哲学理念，含有深深的崇拜意识。木德天下功莫大焉！

这种感恩哲学理念和信仰崇拜，在纳西先民的原始宗教观念里、在其祭天坛上得到进一步升华。纳西族的祭天文化由很多部分组成，民俗事象复杂，涉及传统文化的方方面面，具有丰富深厚的人类文化学价值。祭祀活动中立于祭天坛的神木是祭天文化的核心组成部分，整个祭天活动均围绕着几株祭木在进行。举行祭天活动时，将几种特定的树木立于祭天坛，把其神圣化为神灵的寓体、化身而顶礼膜拜。这里的木特称为祭天神木，是纳西族祭天文化永固不变的核心，具有特定的文化含义，表现了纳西先民赋予木特有的文化价值观和哲学理念以及宗教情感。纳西族祭

---

① 见亢亮、亢羽编著：《风水与建筑》，天津，百花文艺出版社，1999。

天主要在春季，在农历正月间，称为大祭天，仪式盛大隆重。正月正是木主东方春天来临之时，暗合春季"万物始于微"而沐浴木之功德的文化心理。祭天的主要祭祀对象是天神、地神、中央许神"天舅"，还有众多祖先神。天，东巴象形文写做""，纳西语称"美"，天神名叫"遮劳阿普"。用一支黄栗树枝象征其寓体，立于祭坛左边，东巴象形文写做""。地，东巴象形文写做""，称为"达"，地神名叫"翠恒翠兹达"，用一支开权的黄栗树枝象征其寓体，东巴象形文表示为，立于祭坛右边。天地中央东巴象形文表示为""，中央神用一支柏木象征其寓体，象形文表示为""，位居祭坛正中，称为"许"，民间称这位天地中央大神为"天舅"，即是柏木象征的天神。祭坛里还须插上若干松树枝象征各代祖先神。所以，可以直接称为栗木天地大神、柏木中央许神"天舅"。祭天坛上，无论念多少东巴经陈述天地万物人类的起源、发展，也无论人与神之间发生多少矛盾纠纷、演绎多少故事，均围绕这几种祭木进行，不仅表现着祭天文化丰富的内容，更是纳西族立木祭天古俗古礼兴起的标志。

立木祭天，原本是古汉民族祭天坛原初的建制，远在夏、商、周三代之前已有之，"凡建邦立社，各以其土所宜之本"。《尚书·逸篇》载："大社唯松，东社唯柏，西社唯栗，北社唯槐。"《论语·八佾》记载："哀公问社于宰我，宰我对曰：社，夏后氏以松，殷人以柏，周人以栗。"又认为三代之社"不同者，古者立社，各树其土之所宜木以为主也"。《墨子·明鬼》说："昔者虞夏、商、周三代圣王……其始建国营都日……必择木之修茂者立以丛社"，是说"三代圣王"在建国营都之时必选一片长势茂盛的树林作为祭坛神社。《淮南子·齐俗训》说："有虞氏之祀其社用土；夏后氏其社用松；殷人之社，其社用石；周人之礼，其社用栗。"以上古汉典籍的记载值得注意和研究的是，华夏三代立社之象征始终不变，夏之大社、殷之东社、周之西社"其土所宜之木"分别皆是松、柏、栗，华夏民族对这几种树木的崇拜源远流长。

纳西族的祭天坛上也是这几种祭木，尤其突出的是栗木崇拜与周民族一脉相承，这种文化现象绝非巧合，二者必然有其内隐的社会历史根源和文化渊源。首先与他们生活的自然环境和族源有关。先看"其土所宜之木"。据《后汉书·西羌传》所载，当时居住在甘、青、黄湟流域的羌人少五谷，多禽兽，以射猎为事，有的甚至处于原始狩猎经济阶段，他们较之姜人发展水平要缓慢得多，是羌人中最后进部分。① 所谓羌人中的姜人，正是周民族的女始祖姜氏之族源，与周人早有姻亲血缘关系，这部分羌人早已与周民族融合，发展处于先进之势。而古纳西族正是甘、青、黄湟流域一带的羌裔，于战国秦代之时南迁至滇西北高原玉龙雪山下定居，由西北高原的游牧民族变为以农耕为主的农业民族，所以纳西文化之根在黄土高原的古羌族，后南迁至滇西北红土高原。在古代，两地高原的气候、土质结构、海拔高度等自然因素相差不大，也都适宜这几种树木生长，所以他们所共同信仰崇拜的正是这几种高原林木，至今的滇西北高原仍然遍布松、柏、栗等树木。在纳西族东部方言区的摩梭人十月祭祖仪式上，房头上一定要压上一支朝北方的栗树枝，认为祖先发祥地是生长栗树的北方，人死后，亡灵朝着栗树指引的北方而去就可以归祖，故栗木崇拜与族源和民族迁徙历史是联系在一起的。正因为古纳西族源于古羌族，有文化上的共性，又都曾共同生活在黄土高原，南迁的纳西族把古羌母体文化因素及中原立木祭天习俗带到滇西北高原继承下来，实属顺理成章之事。

① 见冉光荣等：《羌族史》，成都，四川人民出版社，1985。

对栗树的信仰崇拜古纳西族和古汉民族还有更深的渊源和文化心理。栗树对求生存的古纳西族形成之初的现实生活意义重大，它的实用价值确实赐予了纳西先民极大的恩惠，民间留有古训说："哪里有栗树，就可以在哪里住下来。"对于生存力、生产力极其低下的原始先民，栗树的果实是其活命的最佳食物。象形文东巴经记载："它（指栗树）的果实猪儿拣食，猪儿变得体肥膘厚；它的叶子山羊嚼在嘴里，羊儿的肩胛骨上显出吉祥的好兆头；它的果实鸡儿啄进嘴里，鸡骨上显出吉庆的征兆。"至今人们还用橡栗籽喂猪、酿酒并且食用等，可见纳西族的栗木崇拜又是与它的功利价值相联系的。栗树与古汉民族的关系可以追溯到有巢氏神农氏上古传说时代，《庄子·盗跖》载："古者禽兽多而人民少，于是民皆巢居以避之，昼拾橡栗，夜栖木上，故命之曰有巢氏之民。"恩格斯有一段关于手的作用的著名论述，与这段古汉典籍的记载本质上极相同，他说："有些猿类用手在树枝中筑巢或者像黑猩猩一样在树枝间搭棚以避雨，它们用手拿着木棒抵御敌人，或者以果实和石块向敌人投掷。"① 说明人类在进化过程中，树木的作用与我国上古远古时代有巢氏时完全相同，尤其是栗树的作用意义重大。据《周书》记载："神农之时，天雨栗，神农遂耕而种之，作陶冶斤斧，为耒耜锄耨，以垦草莽，然后五谷兴助，百果藏实。"华夏先民的命运在文明的曙光初起之时就与栗树紧密相连，不论是在树上巢居还在地面穴居之时，都曾与栗树相依为命，在中华文化史上有划时代的意义，它标志着有巢氏的诞生！进而可以想象，成熟的橡栗果雨点般从天而降，"天神"赐食，华夏民族有救了，以之果腹充饥，以之防禽兽、避风寒；有了生存之本，立足之地；而后神农发明耕种

---

① 见［德］恩格斯：《劳动在从猿到人转变过程中的作用》，北京，人民出版社，1958。

之术，而后有制陶之业、冶炼之术，而后有铁农具，而后垦荒辟疆开阡陌，而后有五谷之实而粮满仓，百果藏实天下足！这段典籍记载实则是中华民族农业文明史形象化的缩写，中华民族的农业文明在栗树下起步了，中华文明史在栗树根上发芽了！简直可以说中华文明古国上万年的文明史、文化史究其肇端，竟是伟大的栗树！栗树被中华各民族始祖供奉于社稷神坛，作为至高无上的天地大神来顶礼膜拜当之无愧！栗树对人类有莫大的木德深恩，伴随着人类文明起步，古汉民族是如此，古纳西族也是如此，共同的文化心理和文化渊源，才使二者产生共同的信仰崇拜行为观念，将栗树化为神灵虔诚祭拜于祭天坛。

　　原始先民对祭天神木根深蒂固的宗教意识和文化价值观，进一步决定了它在人们精神领域中的神圣地位。无论是我国西北黄土高原，还是滇西北红土高原，"其土所宜之木"多矣，我们的先人为什么选中栗、柏、松立社祭天地祖先？除了前面论述的原因之外，在先民万物有灵的信仰崇拜意识里，对这几种树木另有特殊的认识。首先是这几种树木本身客观所具有的特性引发人们的思考认识。这几种高原林木，耐寒耐旱，天寒地冻、酷热难耐之时，其他草木衰败不生，它们却生意盎然，四季常青不衰，傲然而立。特别是栗树，不易腐朽死亡，木质坚硬如铁；其外观又是如此挺拔、高大、伟岸，豪气贯云天；它又往往生长在高山上（一般在海拔 2500 米上下），直插云霄，离天比其他树木更"近"，即更接近"天神"，所以它是天地间挑大梁负重荷的"硬汉"。这几种树木所具有的旺盛的生命力和壮美的外形，本是属于物的特性，可是在先民原始信仰崇拜的观念里，在物我不分、人神不分的神话世界和原始审美联想中，进而赋予它们人类社会的道德属性，成为一种文化精神的、具有审美性质的品性；又将这些人类社会美好的道德品性与对天神、天体的崇拜融合为一体。天神、天界也是崇高的、伟大的、永恒的、坚不可摧的，松、柏、栗的特性正好与天神所具有的性格特征相吻合。几种祭木四季常青，寿命极长，又与人们企图长命百岁的愿望一拍即合。东巴象形文祭天经书说松、柏的种子是天女撒在高山上的；天神为万物分配寿命时，柏树获得了"千年的寿命"，也获得了神灵之气，更显其神圣。所以，用它们象征天地大神符合人们的生存需求和宗教信仰观念，也符合原始审美要求，于是，它们就成了神的化身，进而取代天地大神的位置。

对于神木及天神、天体的信仰崇拜，实际上是先人对客观知识的渴求，这种渴求"是我们称作原始的人的思维中最易被忽略的方面之一。即使它们所关心的事实与近代科学所关心的事实很少处于同一水平，它仍然包含着与后者相类似的智力运用和观察方法"①。正因为如此，先民才在这种知识的渴求中，"都集中一种具有社会性质的情操，而且这种情操也就自然而然地表现在民俗信仰与仪式等上面"②。这种"社会性质的情操"在祭天古俗古礼上使纳西先民主观思想意识进一步得到淋漓尽致的宣泄和展示，具体表现是他们的主观意识认为松、柏、栗与人类血缘相亲，与自己民族的血缘、生命之源相连相融为一体。东巴经说人类与祭天神木共同出于天神之蛋，同时诞生，又共同创造人类世界。天、地、人与祭天神木就这样以血缘纽带关系融合在一起，人们赋予祭天神木与人类同等的生命价值，人的生命与祭木不存在差异。"对神话的宗教感情来说，自然成了一个巨大的社会，生命的社会……生命在其最低形式和最高的形式中都具有同等的宗教尊严，人与动物与植物，全部处在同一层次上。"③ 纳西先

① ［法］列维·斯特劳斯：《野性的思维》，李幼蒸译，北京，商务印书馆，1987。

② ［英］马林诺夫斯基：《巫术科学宗教与神话》，李安宅译，北京，中国民间文艺出版社，1986。

③ ［德］恩斯特·卡西尔：《人论》，甘阳译，上海，上海译文出版社，1985。

民正是因为将自己的生命与松、柏、栗放在"同一层次上",而使之与自己具有同样的宗教尊严和同一血缘关系,所以将它们搬进宗教圣殿。这是选择松、柏、栗作祭天神木又一重要的主观因素。既然这几种祭天神木与自己血缘相亲,便认为化为神灵的祭天神木就能够而且应该造福于人类,赐恩降福给子孙后代,祈求祭木"有福分的嘴里发出让我们生儿育女的福泽之声,发出让我们繁衍后代的福泽之声","让子孙像天上的星群一样繁衍","像骏马的鬃毛一样增生,又像肯兹草(一种生命力极强的野草)一样密密麻麻";祭木所赐的福祉"就像森林的大树一样粗壮","像大树把叶片纷纷洒落";希望"一棵翠柏生千个枝枒,我们的福祉连贯百年";"愿我们父父子子相依在一起,愿我们子子孙孙满屋满堂;愿我们求年得年,求寿得寿,身心安宁,水流满潭"。① 这正是先民立木祭天的目的意义及价值取向。

祭天神木与古汉民族、古纳西族真可谓血脉相通,根相连、情相依、魂相系!

通过以上分析论述,对于祭天神木的文化意蕴及其价值的认识,可以归纳为以下几点:

第一,立木祭天是古汉民族与古纳西族传之久远的古俗古礼,先民借祭天坛通过祭天神木发表人的宣言,告祭天地大神祖先神,向他们抒发虔敬笃诚的宗教感情,表达信仰崇拜和感恩的心愿,以维护人的生存权利,也求得天、神、人的自然和谐、和平与共同发展。这是古先民面对大自然共同的哲学理念以及祭天文化的功利价值。

第二,立木祭天,通过神木信仰崇拜宣示纳西族的万物人类皆源于天神之蛋的卵生神话宇宙观,人与天地同根同源、同宗共

① 以上引文见戈阿干、陈烈、和开祥主编:《东巴文学集成·祭天古歌》,北京,中国民间文艺出版社,1988。

祖，神木与人类同时诞生于天神之蛋，天、地、人"三才"共同组成世界又共同创造世界的观念，这正是中国古代"天人合一"哲学思想的具象描述。

第三，神木折射出人类童年时代的探索精神和创造精神，它直接参与古代先民物质文化与精神文化的创造活动。特别是栗木崇拜与中国远古农业文明乃至整个中华文化的肇始、社会的进步发展根脉相连，栗树成为人类创造自然、创造自我的物质依靠和精神力量，在宗教圣殿它是神灵，更是"民族"、"社稷"、"国家"的象征，寄托着中华各民族共同的社会理想和文化价值观。

第四，通过祭天神木可以探寻纳西古文化和中华古文化、古羌文化的亲缘关系及其契合点。这几种文化之根均在我国西北高原，而滇西北高原由于古纳西族的南迁而成为古羌文化、中原文化遗留的重要地区之一。栗木崇拜从外显的行为模式到内隐深含的宗教信仰观念，证明纳西族的祭天是远古中华民族祭天古俗古礼的继承，具有弥足珍贵的文化价值。

本文为参加 2007 年 5 月 28—31 日在南京举行的第二届木文化国际研讨会上所作的大会学术报告，笔者系特邀演讲嘉宾。

《祭天古歌》的篇目及内容梗概

　　纳西族祭天文化不仅有传承不变的祭天礼仪及一整套的祭祀仪式规程，还有与祭仪每一程序相应的祭天辞，所以，要了解纳西族的祭天文化不了解这些祭天辞不行。这些祭天辞犹如殷商时代祭祀天地祖先的"工典"，"工"即"贡"，贡献之义；"典即典册……贡典即于祭时贡献典册于神"①。中国古代的祀神"贡典"，在祭仪中很重要，它是体现祭之意义、目的的重要工具，通过这些典册将人们的祝祷、意愿通达于神。纳西族的祭天象形文东巴经正是贡献给众神的"典册"，这类祭天典册在东巴经里很丰富，将其具有代表性的祭天东巴经翻译、整理成册出版，就是目前所见的纳西族东巴文学集成《祭天古歌》。

　　《祭天古歌》全书共 10 篇，各篇目可以独立成章，但又有内部联系，由祭天程序把它们串连成一个有机的统一体。现分别介绍。

　　《蒙增·查班绍》　　这是祭天经卷和祭天仪式的开坛篇。"蒙增"意为生献牺牲，是将"一只四蹄白净的黑猪"放过血但还未剖身之前，先完整地向三位大神作一次生献，举行生献仪式时由主祭东巴念诵"蒙增"经卷。"查班绍"意为传诵人类繁衍

---

　　① 见赵诚编著：《甲骨文简明词典》，北京，中华书局，1988。

史章，也有迎请人类繁衍之神的意思，是全部祭天经书中最重要的一卷。这两卷经书，内容上各自独立，但东巴们习惯上将它们书写成一卷，共约 1400 行。前部分内容主要叙述祭天的时间、规程、牺牲的准备、祭酒的酿制、祭粮的筹集以及祭坛的设置等，表达了在神祇面前诚惶诚恐及恭谦的心理、虔诚的敬仰之情，热情歌颂天、地、中央许神（"天舅"）降临人间，歌颂祭天时日的吉祥美好。后一部分主要叙述人祖崇忍利恩①与天女衬红褒白②成婚及生下三个儿子的经过，年、月、日的来历，人类万物的起源，民族代谱的形成，祭天的来历以及祭天成为纳西族世代相传的祖规之原因。其间不但叙述了人类万物的起源、民族的形成起源，还有畜牧、农耕文化的开端，反映了纳西族从游牧经济向农业经济转变的社会历史，更有对远古人类探索生命之源的认识以及对生育繁衍人类造化万物的"奥秘"之揭示。人类与各种自然灾害的斗争也是重要内容之一。这部经文有情节、有人物或神格形象的塑造，具有宗教诗歌的特点，具有一定的文学性和原始艺术的魅力，尤其对天神、地神的形象描写很具民族特色。

《共许》　　"共许"意为"放生"。放生是祭天仪式中的一项程序。古时候举行此仪式时要用一头牛，专称为"蒙美要科盘"，意为一头银白色犄角的牦牛，后世用一只大公鸡代替。但祭天辞里仍保留古俗用牛放生的内容。这篇祭辞共约 500 行，主要叙述用银白色犄角的牦牛向三位大神放生的经过；用蒿枝和杜鹃解秽的原因以及用这两种具有神力的草木抵挡灾祸的神威；再次述说民族的起源及纳西族历史上四个氏族群体的来历；具体叙述人类的八代始祖的来历。第九代崇忍利恩出世，开始用犄角银

---

①　即查热丽恩。编辑注。
②　即翠红葆白。编辑注。

白的犏牛为上方的天神放生，为下边的地神、为天地间的中央许神放生，所以始祖才能生下三个儿子，从此以后用犄角银白犏牛为天、地、中央许神放生的祭天习俗代代传延不断，认为始祖出自天上，所以要将祭天的古规继承下来，让天赐的福泽不断，"让我们父父子子相依在一起，愿我们子子孙孙满屋满堂，愿我们求年得年，求寿得寿"；"愿上方的天盖广阔透明"、"愿下方的大地宽广殷实"、"愿我们这一家普督的子民，祖父与孙子坐在一堂，父亲身后由儿子接上；愿我们能养儿育女、繁衍后代，愿我们活着延年益寿"。这就是祭天子民的心愿。

《考赤绍》 "考赤绍"意为寻找长生不老药。"考赤"，指一种神奇的灵药；"绍"一般作"迎请"、"迎降"解，但这里译成"索取"、"寻找"更为切题。本篇共计 300 行。相传在一座叫"苏美堪盘"的山上，有一只叫"里爽堪美根"的神兽，身上有三颗胆囊，胆汁能根除人类的各种病痛甚至能起死回生。在举行此仪式和念诵该祭天辞时，要将祭猪的苦胆悬挂在许神祭木柏树枝上，肾脏挂在左边天神祭木栗树枝上，脾脏挂在右边的地神祭木栗树枝上，以象征神药。故事说，始祖崇忍利恩和衬红褒白从天上来到人间时忘了带神药下来；衬红褒白带了各类牲畜，可也忘了带一样叫"里爽堪美根"的神奇生灵。为了得到这两样东西，崇忍利恩带上各种猎犬和智者能人及善射的弓箭手，去追猎那种有三颗胆囊的神兽。他经过了太阳、月亮、天河、山岩、森林等地，获得了太阳的温暖、月亮的"乳汁"、天籁之声等大自然赐予的福泽，最后追猎到一座叫"苏美堪盘"的大山边，终于获得了神药三颗胆囊。他把最大的一颗牛马也无法运走的胆囊放在雷神居住的地方，天空顿时缀满星索，这是神药在为他迎降不寻常的福气；他又把比马儿的头颅还要大的第二颗胆囊放在人类居住的地方，大地立刻变得宽广、辽阔起来，这也是神药在为他迎降不寻常的福气；第三颗胆囊有十味苦味、九味甜味，只有斑鸠蛋大小，他运回人间，它虽不能起死回生，但能解除人们的病痛，能让开裂的石缝黏合，让断了的线头接上。崇忍利恩不仅发明了医药，在天神帮助下造化大地万物，还发明了药酒和酿酒术。相传，那种神奇的胆囊汁需要用酒来浸泡才能有治病解除痛苦的神奇之功效，故始祖要发明酒的酿制。所以酒药也具神效，把它洒到山岩上的柏木上，柏木再也不会枯败；洒到黄栎青枫树上，可以生出白银与黄金的叶片，结出玉石般的果实。柏木、黄栎青枫木变成吉祥的树木，把它们用来做天、地、中央许神的祭木，靠它们将天赐的福泽迎降到祭天坛里来。蓝天中的白鹤因吃了酒药，所以它能活千年；崇忍利恩戴了鹤翎羽的帽子，所以他在天地间能延年益寿到百岁。

　　《吉本布》　"吉本布"意为祭祀雷电神。"吉"系雷神；"本"系电神。全篇共 400 多行。仪式在祭天场举行，须另置雷神、电神的祭木和神石，方位在祭天坛的右侧。有的祭天群体不举行此仪式，普督群体有此祭仪。雷神、电神也在天界大神之列。祭辞叙述说，人们起初不知道如何祭祀自己所不熟悉的鬼神，也不懂得如何招待自己所不熟悉的客人，后经神智聪慧的酋长和耳聪目明的卜师指点，占卜得知应该祭祀雷电神的征兆。雷电神与中央许神同时出现在天地间，所以祭祀中央许神的同时也祭祀雷电神。认为不祭祀左边的雷神，蓝天不会变得明亮，大地不会变得广阔殷实。雷神名叫科督班兹，乘骑白尾的巨龙，身穿喷射火光的衣服，脚蹬光焰夺目的火鞋，威力无比。电神是雷神之妻，名叫拉勒堆兹命，乘骑白鬃的骏马，披着喷射火光的衣服，穿着火鞋，她的神威、力量与雷神一样。祭祀雷电神时，须用一只盛上火炭的木瓢，里面焚烧柏枝、碎肉片等祭品，让其生烟酬享神灵，犹如裎（烟）祀之礼，火烟上升达于天祭祀之。祭辞表达了有如天、地、中央许神一样的虔诚感情，一样要反复多次进行除秽仪式，为雷神的"火碗"（即焚烧祭品的木瓢）、祭米、祭酒、祭猪等一一解秽，不让秽魂来缠绕，要把一切不祥的秽魂、一切不祥的罪魂都驱赶到天边，好让神祇享用干净的祭品。中央许神、地神与雷电神有着亲族血缘关系，"岩头上的白根的柏木，是左手边的雷神的舅父"，也就是中央许神是他的"舅父"；"大地上的阔叶的栎木，是右手边电神的阿祖"，即地神是电神的阿祖。这是又一组母系血缘的神祇，在雷电神身上仍然沉淀着母系文化因素。也说明雷电神与其他天神地祇同等重要，人们不仅要虔诚邀请他们降临接受顶拜祭祀，同样也把它们"朝着上界欢送"，"一旦雷神、电神和许神，把恩泽降到我们身上，愿这福泽的山由千人万人来守护，愿这福泽的坡由天上的星星来看护"。雷电神赐予的福泽同样充溢天地人间。

《哈适》 本篇为熟献牺牲篇。"哈"指熟食品；"适"意为均分，全意为平均地为天神、地神、许神分献饮食，即熟献牺牲。在整个祭天仪式中，这个祭礼或祭祀程序与"蒙增·查班绍"一样重要，各地、各群体的纳西人，凡举行祭天活动，都必须行此熟祭典礼。全篇共 1600 行左右。"哈适"是整个祭天仪式的高潮部分，伴有祭祀歌舞。从祭辞内容来看，古代纳西族的祭天除了用牺牲、祭粮、祭酒等丰盛的祭品之外，还用歌舞娱神，有盛大欢乐的场面。本篇祭辞内容丰富，主要讲述如何用神木神石安置阳神、阴神，洁食祭献；赞美歌颂三大神祇的恩惠，且平均地把它们的祭品互相交换奉献，表示三位大神对于人类同样重要，人们对它们同等对待，一样尊奉虔诚。特别告祭中央许神"天舅"恩赐福泽，热情歌颂许神带来的福气、一切财富、年丰岁足、心想事成、延年益寿、生儿育女等，它们都是许神的恩赐，故要虔诚地祭祀、感恩。祭辞还说人们在很古很古的时候，最初没学会分辨好歹，不懂得石头和树木的灵性，以后才知道崇拜它们，用神石象征卢神沈神，由男子砍来祭木、敲来石头，将它们迎请到祭天坛内，于是从祭木、神石吉祥的嘴里吐放出启示人类的幸福之声。祭木用鲜血来点洒，卢神沈神的神石下用草木来铺垫，但只能用青松毛、蒿枝、杜鹃枝，不能用其他草木。熟献祭品时，必须把献给地神的食品捧到天神之前；又把奉献给天神的食物端起来献到地神的身前；并认为，不把许神面前的饮食捧来献给天神、地神，"天神的心头会不高兴"，"地神的心头会不乐意"，嘴里会发出愤懑之声，所以要将献给许神的食物端起来再献给天神、地神，主祭东巴要分别对着三位大神各跳一次舞。祭辞又叙述了富有人家的家产，有数不尽的马群、羊群、牛群，希望把这些富豪人家的"那福气，也迎请到自己的家头"，即希望富裕之神降临。向各方及天、地、中央许神祈福，表福乐之愿，最后将众神朝上方敬送，又把神石向银山顶上敬送，而且祈祝天地神祇，如果恶神柯兴柯罗降下灾害，也请两位大神把灾难抵挡消除；让巨雷打在"山那边的仇人头上；让老虎到山那边仇者的耳边去吼叫；让仇人的恶犬赶到天边，愿仇人的快马被赶到天边"。总之，希望神祇帮助人间把一切灾难消除。最后在"大吉大利"的欢呼声中把神祇欢送回去。还有几个细节，人们要从祭木柏树、黄栎青枫树上摘下一根树枝拿在手上，象征从天、地、许神身上把福泽迎请在手。仪式结束时，由负责养祭天猪的人家把三棵祭木扛回家，挂在灶房的正柱上。必须把神石收藏在指定的地点以备下次祭天时再用。均分牲肉，表示平均共享天神降下的福禄。以上几项内容，祭天辞"哈适"均有交代和要求，是祭天规程的重要内容。

《素库》 "素库"即招迎家神之意。"素"，指家神；"库"，为迎请、呼唤之意。全篇共 600 行上下。祭天坛里的仪式举行结束之后，把在"考赤绍"仪式时悬挂祭猪胆、脾、肾的祭木树枝摘下，带回家中，为家神安设一祭坛，由祭司吟诵招迎家神的祭天辞。如果是集体举行祭天仪式，此祭礼就在喂养祭天猪的这一户人家里举行。如是普督人，时间选择在正月初六或初七这一天。本篇内容首先叙述洒奠祭水求清洁干净，歌颂日子美好、吉祥；吹响树叶、指哨把家神呼唤；借喜鹊的啼声、骏马的嘶鸣、犍牛的吼叫声把家神迎请、呼唤；借九个地方寿星的声音，借七个地方福星的声音，借北方卢神、南方沈神的声音把四方的家神迎请到家中来。要迎请的家神是长寿者、富足者、强盛兴旺者，这些神祇与家庭不能分离。还要借猎犬、喜鹊、乌鸦好听的声音及东巴美好的诵经声把家神迎请，要竖上柏木桩柱象征胜利桩，在田边点上柏枝烧天香，让其象征胜利火；摇响扁铃、击响法鼓、摇着战旗、吹响白海螺招迎家神。可见在古代，此仪式热闹欢快，有音乐、器乐上场。祭辞详细讲述了人神共创居那若罗神山的经过，神山上有飞禽走兽，长满了绿草树木，开着四时不凋谢的鲜花；有神兽享用的楚水和苍水（系食盐、硝和神药）。人神共同居住在神山上，有丈量星辰的卜师，有善于狩猎的能人，有智慧者，还有石匠、大力神、虎豹、狮子、海螺、大象等，人、神、神兽共同守护着这座造福人类的神山。卢神、沈神的女儿亨古拉勒命天女从神山上下来，撒播星种、草种、水种、人种，造福人类天地。神山左边搭有银梯，世上所有的男子由此登梯上天；右边搭有金梯，所有女子可以由金梯登上天。他们又把神山上吉祥的神石拣回来安放到大地上，请回各种吉祥的神石，有"尼石诺石"，即六畜与畜神的神石；有"吾石直石"，即五谷与五谷神的神石；有"津石华石"，即人类与人类生育神的神石等，这些神石都来自居那若罗神山。天上的美利劳阿普天神也从神山上走下来，为天地间的万物和生灵分配年龄岁寿，结果石头获得一亿年，江河流水获得一万年，树木森林获得一千年，虎获得三百六十年，白鹤获得一千年，大海中的黄鸭获得一万年，天上的绿松石巨龙获得一万年，白海螺获得一千年，高山上的银色雄狮获得一千年。天神自己获得一千九百年的岁寿；先祖崇忍利恩获得一百二十年的岁寿。因为人类没有获得上千上万年的岁寿，只怪自己当初睡得太酣沉，没有听见卢神的呼唤声才酿成不能永生不老之"大错"，所以现在只有呼唤、迎请家神弥补人类自己的"过失"，而再次向天神求长寿求福气。迎请家神的祭坛设置要求，除了烧天香、竖柏木桩柱为家神搭"金银桥"之外，还须制作一个松木塔象征神山，放一支竹箭，好让家神降临神坛；坛内铺上羊毛毯作为家神下榻的"坐床"。祭辞说为家神铺上豹皮、虎皮、绸子、缎子，"好让家神坐着稳当，好让家神站着安宁"。现用羊毛毯代替古代的虎皮、豹皮，其观念认为家神降临祭坛的路程有远有近，"要赶三天三夜路程"或"七天七夜"、"九天九夜"、"十天十夜"不等。家神住在东、南、西、北及天地中央，由这五方的东巴大神将他们邀请。这些东巴大神分别是东方的格泽泽卜、南方的色日明公、西方的纳色崇鲁、北方的古色卡巴、中央的沙英威德，这些大神与家神伴随着六畜神、五谷神、人类生育神全部一起降临到主人家的祭坛，接受人们的虔诚膜拜，享用丰盛的祭品烟火，同时也接受人们的喜乐祝福和祈祷。

《鲍麻鲍》 "鲍麻鲍"意为"点抹圣洁的油"或"点圣油"，全篇100多行。"鲍麻"，相传是一位天女挤取所饲养的一头天牛的奶子制成，后世的祭祀活动用酥油代替之。纳西人的观念认为圣油来自天上，谁点抹了它谁就会获得天神降赐的福气。"鲍麻鲍"仪式是招迎家神祭仪中重要的一项内容，往往与《素库》经卷写在一起。在有的祭天群体的祭天仪式中也有此节目。本篇内容主要讲述圣油的来历和它的神奇功效。故事说崇忍利恩与衬红褒白从天上结缘来到人间大地时，带来了众多宝物，但忘了带华神（主生育之神）的九饼奶油，所以他们养的三个儿子不会说话，繁殖的马儿像山兔、猎犬像松鼠，马儿、猎犬不会奔跑、不会撵山。二位始祖从天上返回大地时，经过居那若罗神山后，无意间放跑了名叫"夸督拉本"的神牛。后来这头神牛由天女堪勒力久命饲养，天女整天狂笑，神牛也整天哞哞哼叫，只有她才能制伏这头神牛，才能挤神牛的奶子制成奶油，她每天不停地挤奶、做奶油饼，终于做成了主生育的华神的九饼奶油。第一代始祖美利董主用神女做的"鲍麻"敬祭神灵，"鲍麻"为他带来福泽，他生养了九个儿子；崇忍利恩也用天女的奶油做成九饼"鲍麻"做敬神圣物，生下三个儿子；一直到高勒趣这一代，都用女神的奶油制作圣油"鲍麻"，高勒趣生下四个儿子，成为纳西族的四个氏族祖先。从此之后，人们在祭天祭家神时要用"鲍麻"点抹。此天赐圣物有奇特的作用，点在额头上，能活到白头；点在眼皮上、耳轮上、手上、脚上，能使人眼亮耳聪、手脚麻利轻快；点在家神、胜利神的神座上，家人就得安康、长寿，就能消除妖风噩耗；点在畜神的座位上，能六畜满厩；点在门上、床上，鬼魂不进门，让人做好梦；点在锅灶上，锅里碗里四时丰盛；点在正房石基上，房基稳当如磐石；点在量斗上，能量进千担白米、百担红麦。总之神圣吉祥的"鲍麻"能给人带来无穷无尽的财富和幸福，这正是此仪式的价值、意义所在。

《素章兹》 "素章兹"意为"替家神招迎富裕之魂"，全篇100多行。"素"，指家神；"章"，本意为"富有"，但这里包含"富裕之魂"的意思；"兹"，"招迎"之意，也有"拦截"之意。"素章兹"也是"素库"仪式中不可缺少的节目，象形文祭天经也往往把这卷经书与《素库》抄写在一个本子里，作为一个仪礼，这里分开来单独成篇，与前面《鲍麻鲍》的情况一样。本篇内容说，首先招引天、地、高山的福分；天地五方的福门由五方东巴神把守、看护，"天地间再没有别的什么能像这五道福门一样充满吉祥"，所以要把五道福门的福分招迎到家中。接着祭辞讲述了各地富有人（神）的富足情况，他们有上百上千架的牛才能耕种成百的田亩，有成百成千的猪，有穿不完的绸缎衣和麻布，可以收获上百上千的白谷、红麦；富贵人家的妇女有七百枚金戒指；有成百成千的黑牦牛、白绵羊。高山上有高山上的富人，大江边有大江边的富人，要把这些地方一万户、一千户的富人家的福气，全都招迎到自家屋里来，祝愿在新的一年里，"月足年丰，吉祥有余"。

《贡恩卑初聘》 "贡恩卑初聘"意为替无后者祭天，就是替家里无后人祭天的人家举行祭天仪式，全篇共450多行。在旧时纳西人的观念里，认为如果某一家绝了后，或别的什么原因不能按古传规矩进行祭天活动，"天鬼"即"贡恩卑初"就会在天地间游荡作祟，所以要代替这些人家祭祀（驱送）"天鬼"。"聘"一词有"驱送"的意思，这篇经卷也可以直译为"驱送天鬼篇"。本卷经书系整个祭天经卷中特殊的一篇，但不在祭天坛里念诵；祭仪也选择在正式的正规的祭天活动之后举行；祭坛另设，地点要经过祭司卜算，知道村子里有"天鬼"作祟的征兆后，就在村子附近的另一座山坡边上设坛，不能与正式的祭天坛在同一座山。所以人们把驱送"天鬼"的祭天仪式叫作"崩肯布"，意为"在坡边上举行的祭仪"。从本卷祭天经反映的内容看，此祭仪同样要插象征天地、中央许神的祭木，祭木下安放神石，插顶灾柱山白杨，同样用蒿枝、杜鹃枝除秽，烧祭天香烓，同样要用牺牲祭天猪，要用牲血洒点祭木，进行生献；之后用祭品进行熟献。本篇内容，首先叙说天、地、中央许神的"身世"，歌颂三位大神的特性及其造福天地万物人类的伟大功绩，向他们说明人们最初不懂得祭祀神祇，后来在酋长、卜师的教诲指点下懂得了规矩礼仪，学会了祭祀之礼，纳西人在天地间繁衍得到了天神的庇护和爱抚。绝了后代的这一家主人，当初也曾得到过天神的保佑而生儿育女，家庭富足、出征取胜，凡事顺心逐愿，他们也有过高强的本领等等，这一切都是天、地、中央许神赐给他们的恩惠。但是后来因为"卑初"天鬼把他们缠绕使他们绝后，束、尤、禾、麦四个氏族的人，从祭天场分回的祭肉，也会被"卑初"的阴魂缠绕。所以今天特地给"卑初"捎来各种祭品，赠送给"卑初"；替那些因砍伐天神、地神、许神树木死在深山老林的人们，替那些出远门而死在异域他乡的人们，虔诚地为天神、地神、许神献上牺牲祭品。再为绝后者举行祭天仪式的人家祈福，他们"用自己虔诚的心，换取生儿育女的福气"；"用自己真诚的心，祈回繁衍后代的吉祥"。最后，东巴进行骨卜，表示对天地中央许神奉献了完整的牺牲。进行了生献，已把秽魂驱赶、把"卑初"送走之后，再次祈求三位大神为人们降下恩惠，让男儿变强壮精干，家族兴旺发达，等等。

除了以上9篇，还有一篇《祭天口诵篇》，将在后面的文章里介绍。

本文选自拙著《东巴祭天文化》一书。

口诵祭天辞

前一篇文章介绍了用东巴象形文记载于东巴经的 9 篇祭天辞，它们组成了《祭天古歌》这本纳西族的祭天祀神诗歌集。还有一篇民间的《祭天口诵经》，因其表现形式与前面 9 篇有所不同，内容丰富复杂，所以这里单独介绍。这是《祭天古歌》最后收入的篇目，虽不载于东巴经，但仍是纳西族祭天文化不可分割的部分，它与东巴经祭天辞互为补充，表现出祭天文化的完整性、系统性。纳西族祭天仪式念诵的祭天辞，主要载于东巴经上，但民间也流传有丰富的祭天辞，在内容上保持着象形文经书的特色，仍然反映了祭天文化的传承特征。这里选入集子的是一部分口诵祭天辞，是能与祭仪程序相应的、具有代表性的一部分。以丽江普督祭天群体为例，内容共分 8 个部分，反映了祭仪 8 个连贯性的基本程序，基本上代表了纳西族祭天文化的整体形貌和内容，共有 1500 行左右，现作粗略介绍。

（1）"吟诵在去祭天坛的路上"。集体举行祭天仪式的群体，祭天猪由各户轮流喂养，为初五举行的"大祭天"喂养祭猪的这一家主人称为"崩迪"；为初八复祭天（又称小祭天）喂养祭猪的这一家主人称为"崩季"。大年初四凌晨，旭日初升之时即龙时，普督人由"崩迪"扛着天香走在前，"崩季"随后，主祭东巴在"崩季"之后；再后按辈分年龄，参祭者背着祭米笼，内装祭米，笼沿搭上中、小香炷，一一相随而行。主祭东巴一边走一边高声吟诵这段祭辞。主要内容是向天、地、中央许神报告日子美好吉祥，"当新的一年到来的时刻，我们这一群普督的子民，带上祭米、香烛、醇醪，带上四蹄白净的黑猪，向三位大神敬献，迎请神祇降临"。

（2）"吟诵在到了祭坛，竖上祭木之后"。到祭场布置好祭天坛，插三棵祭木和"顶天柱"山白杨；象征天神的黄栎青枫木，不用有枝杈的；象征地神的则须用有枝丫的，表示地神为阴性神祇，天神为阳性神。山白杨插在地神祭木前（也有的插在许神祭木背后）；三棵祭木脚下垫上青松毛、蒿枝、杜鹃枝，安上神石。祭天官"美布西逊"（祭天东巴）坐在专设的"席位"，即祭坛旁的一固定石墩上；管事"增知"为全体参祭者一一漂洗祭米，这时主祭东巴念诵"凑兹命"，内容是叙述祭品如何丰盛，如何为祭品及所有器具除秽，使所有物品、祭品、祭场及空气都要保持洁净、卫生，表示对神祇的敬仰虔诚。

（3）"吟诵在点天香的时候"。数量完祭米后就点大香烛（即可燃烧一昼夜的天香）。点香时由"崩迪"先点天香，其余人按辈分长幼排成三排，各人手中捧十八根小香；由"增知"为祭木"打醋汤"除秽，念祭辞后接过众人手中的小香分别献到三位神祇跟前，同时数点三大神的名字，一一为他们插上六炷小香，分别为每位神祇念诵祭辞，追忆古代纳西族与其他民族的摩擦、争斗及其在民族成长过程中的艰难曲折。

（4）"吟诵在洒奠祭酒之时"。待敬献天香仪式结束后，祭司手持柏树枝，伸进酒坛里蘸上酒，一边向四方洒奠，一边翘首吟诵祭辞，叙述众神的出世，"盘神最早出现在高高的天上"，盘神"系开天大神，阳性"，又说"藏人皈依了盘神"，[①] 故盘

---

① 见戈阿干、陈烈、和开祥主编：《东巴文学集成·祭天古歌》，42 页，北京，中国民间文艺出版社，1988。

神又是藏族的神祇。①"禅神随即出现在天地间",禅神是辟地女神,与盘神相对应,阴性。东巴经祭天辞说"白族人皈依了禅神",故禅神是"白族之神"。② 接着天神、地神、许神出世,雷神出世,这几位大神的神格形象、性质、功能均与经书所载相同;美利董主董神出世,他生有九个儿子、九个女儿,称他为"战无不胜的董神"。创世神吾神出世,胜利神嘎神出世,"男性嘎神乘骑着犏牛,女性嘎神乘骑着牦牛",崇忍利恩那一代高勒趣那一代就把握着嘎神,而且纳西人的祖祖孙孙、父父子子都要把嘎神把握,"是嘎神战胜九座山头上的盗匪,是嘎神击溃七道沟谷里的敌兵",反映了在古代战争中,在民族成长的社会历史中,战神、胜利神是极重要的神祇,故在祭天时祭祀之,这是自古以来古纳西人崇拜的神。接着祭奠、歌颂生育神、村寨神、保护神(乌神)、风神、猎神、丰收神(或五谷神)、威力神,一一向他们奠酒。接着叙述丽江六区一带东巴的传承代谱。值得注意的是,祭辞还涉及东巴教的其他重要神性实体,例如端格神族(战神的将帅)、来久、本、优玛、亨迪等均属战神;还有禽兽之神"帕拉";龙王类"里蒙"极多,是一个庞大的神族,有十二座山上的里蒙,有十二道深谷的里蒙,有十二个地方的里蒙,有十二条江河的里蒙,还有村子的里蒙,水田里、旱地里、大树下、大石头旁的里蒙,等等,类似"署类"龙神、水神。祭辞中还祭祀"什日"类神祇,这也是一个重要的龙神族,有木、火、金、水、中央的"什日神",其分布与"里蒙"同样遍及各地各方,统统向各类龙神祭奠"格日"(祭天酒)。最后祈祷众神赐福泽。

(5)"吟诵在含英巴达树前"。在祭天坛出口处,布置祭坛

① 见和志武编译:《纳西族东巴经选译》,15 页注③。
② 见和志武编译:《纳西族东巴经选译》,15 页注④。

时早已栽上一棵青松，象征这棵神树，要在这棵神树下举行几个世俗性突出的礼仪，用柏枝蘸酒向神树奠洒，东巴同时念祭辞。有吟诵、吟唱，内容是根据神树的枝、干、叶讲述年、月、日的来历以及神树带来的幸福吉祥。仪式结束后，老、中、青各代围坐于祭坛，共品美酒，互相祝贺。并共同煮食糯米醪渣（称"诺日特"），以示民族团结兴旺，家庭和睦幸福，上下关系协调，邻里友好。

（6）"吟诵在打靶射箭之时"。祭辞内容主要叙述古代民族争战情况，追忆英雄祖先奠定民族基业的伟绩，反映了古纳西族与其他民族之间的政治、经济、军事关系。用对唱的形式叙述弓箭的来历以及用此武器与敌人作战的英勇顽强，表达了保卫家园和民族利益的决心和勇气。最后由本届"崩迪"把大弓交给下届"崩迪"。东巴继续吟诵祭辞，情绪激昂地表达了与仇敌战斗到底的决心，"誓让他们——魂飞魄落！"新的"崩迪"长吼一声射箭，众人也大吼一声，齐声高诵祭辞，同时向各方连射几箭，表示战胜仇敌、凯旋归来，一切敌人和自然灾害都"不敢同我们作对"。

（7）"吟诵在祭仪结束后的崩迪家里"。祭天仪式结束后，于初六或初七，出过祭天猪的"崩迪"要把全体普督祭天群体的人请到家里，举行一次家宴。宴席上，"崩迪"请祭司吟诵"迎请家神"的东巴经卷（见前《素库》祭天经文内容），同时还得口诵有关的祭天辞，主要内容是叙述普督子民如何用牺牲、祭米、祭酒奉献给天地中央许神，特别赞扬"崩迪"主人举止大方而真诚，博得了天神的欢心、地神的欢心和许神的欢心，众神也把福泽和吉祥"慷慨地恩赐给了普督的子民"。

（8）"吟诵在祭天坛旁边的卢神神石之前"。到初八这天，普督人又来到祭天坛，举行"瓜冷苏"仪式，即复祭天。这属于弥补性质的祭天仪式，认为在大祭天时不免对神祇有不周之处，礼仪可能有疏漏之处，故又来向神祇表达歉意和谦恭之情。口诵词的内容讲述人祖神崇忍利恩当初上天求偶之时，没有听从卢神的旨意而与貌美的竖眼天女成婚，可竖眼天女"不为人类养儿"、"不为人类育女"，他只好把她赶回天上。他后来与横眼天女衬红褒白成婚，才繁衍了人类。"再聪明的男儿，一旦有了过失"，"一生里也只好结两次伴侣"；作为崇忍利恩的苗裔普督的子民，"我们也会有过失与错误"，但是可以"改正自己的过失"，可以"弥补自己的疏漏！"

本文选自拙著《东巴祭天文化》一书。

《祭天古歌》：独有的文献价值

　　云南省民间文学集成编辑办公室编辑的纳西族《祭天古歌》已由中国民间文艺出版社出版。该书系第一次把用纳西古象形文保存下来的祭天经典和民间口诵祭天辞汇总、翻译而成的总集。全书包括古歌正文 8 章约 8000 行。另附有题解、注释、有关祭天的民俗田野考察资料、东巴小传、照片、插图以及纳西象形文、国际音标、汉译文三种对照插页若干。祭天古歌是古代纳西人在祭天大典中由承担祭司的东巴吟诵的祀神颂词。它是祭辞，也是最古老、最雄浑的诗章。该书按我国民间文学"三套集成""三性"（全面性、代表性、科学性）编辑原则编辑而成，全面广泛地搜集了分布在我国滇、川、藏地区的有关纳西族祭天的第一手资料，包括了全部象形文书面的和口头的内容。搜集者深入进行田野考察，广采博纳资料，对入选作品进行严格的科学鉴定和准确的翻译，从而使它真实、立体、动态、形象地反映了纳西族祭天古文化的全貌和传承特点。

　　我国纳西族是一个古老的民族，系古羌南迁民族之一，该民族用至今尚活着的象形文（东巴文）保存下来的纳西古文化——东巴文化中有很多极珍贵的古羌文化遗迹。通过这部《祭天古歌》，不仅可以探寻纳西文化之根，甚至可以追溯中华民族古文化之源。纳西族系古羌后裔，而古羌是中华民族古文化的重要源头之一。祭祀天地在我国各民族的文化生活中都是率先

而发的文化现象，且在各民族的传统文化中涵盖面极广。汉文献
的甲骨文中就记载了向天祈雨的最原始的启蒙祭祀活动，其他汉
文献，例如殷代的卜辞，之后的《诗经》、《论语》等典籍中虽
然也有祭祀天地的记载，但由于年代久远和种种历史原因，祭天
这一古文化在汉文献中记载得实在太少，有所记载也残缺不全，
甚至"散亡"了。属于古羌族群的云南的其他 12 个少数民族
中，至今虽然也有祭祀天地的活动，但由于各民族间文化的融
合，祭天文化也发生了嬗变。而这一珍贵的文化遗迹，却在用纳
西古象形文书写的东巴经典籍中完整地幸存下来。汉文献中记载
了汉民族古代有立木行祭的历史，《论语·八佾》中说"夏后氏
以松，殷人以柏，周人以栗"，而纳西族的祭天从古至今也用这
三种树木作祭木。《祭天古歌》中的《蒙增·查班绍》（即《生
献牺牲篇·人类繁衍篇》）就具体描述了松、柏、栗三种祭木的
来历和行祭的原因，有洋洋上千行的诗篇。又据史所载，周人祭
天要兼及"三望"，三望即是日、月、星"三光"，这些内容在
此集成卷中不仅很多，而且原始、古朴，全是原生态的古歌。再
将《诗经》中有关祭祀天地的作品与《祭天古歌》对比研究，
发现在反映祭天古文化的内容上有惊人的相似之处，例如祭坛的
设立、祭场的布置、祭祀的时间和方法、祭品的准备、牺牲的处
理、祭祀的经过等等。两相对照，古代纳西人与古代周民族很一
致。《诗经》中的《召南·采蘩》与《祭天古歌》中的《共许》
（即《放生篇》）都同时写了采白蒿祭祀的情况；《大雅·生民》
与《祭天古歌》的各章都同时写了用太牢三牲、大香、白蒿、
油、米等作祭品，都写了郊祭的祭坛、场景、气氛，所表现的观
念、心理也惊人的相似，显示了古代纳西族与古代华夏民族祭天
这一古文化有着相同的外显和内隐的文化模式。《祭天古歌》中
还有如《楚辞》中《九歌·东皇太一》那样的娱神篇章，《哈
适》（即《熟献牺牲篇》）就具体写了祭祀的排场、气氛以及娱

神的表演，歌、乐、舞并举。《东皇太一》只有 15 行诗句，而《哈适》却有 1000 多行。古歌中还有不少神格形象与《楚辞》中的很相同，且整部古歌的神韵与《楚辞》颇相似，因而纳西古文化与楚文化在历史上也可能有某些渊源关系。此外，该集成卷在原始神话思维、原始婚姻形态等方面也有大量的史前期的遗迹，例如天神这一神格观念，《祭天古歌》要比《诗经》中周人的神格观念原始、古朴，《诗经》中天神是打上了阶级烙印的崇拜对象，而古代纳西人心目中的天神是由天空自然神直接转化而来，保持着纯粹的自然属性，对天神的认识、描绘都属于原始的自然崇拜，是人类原始思维、原始宇宙观的真实写照。整部《祭天古歌》都充满了人类童年时代的探索精神，有对人与自然的关系、人与人的关系以及人类自身生命现象、人类繁衍的心理因素和生理因素的探索，有关于人类洪荒时代母系社会群婚等的神话故事，有比洪荒时代更远古的人兽婚的传说遗迹；对人类万物起源的认识有卵生说、人神通婚说、神造人类万物说等原始神话观念的内涵。由以上的种种内容构成了远古时代人类荒诞、奇异、天真、幼稚、魔幻般的原始神话的精神世界和物质世界。又由于《祭天古歌》展示了纳西文化与中原文化的同根同源关系，可以从纵向和横向考察探寻纳西文化和中华民族古文化的某些遗迹，对研究中华民族古文化，特别是研究夏、商、周时代的文化具有很高的学术价值。它以丰富、完整的内容补充了中华各民族古文化的内容，对重整中华民族古文化有极大的帮助。

该集成卷还具有特定的审美价值，它犹如一台完整、大型的活剧，是纳西族古代社会的缩影，一幕幕活生生的悲欢离合的故事情节，富于情趣的人神关系，众多的栩栩如生的神祇形象，对人物性格的刻画、心理的剖白，原始自然景观的再现，包含其中的音乐、舞蹈、歌唱、表演、服装、道具、导演、绘画等等，凡属文学艺术的诸因素都可以在《祭天古歌》中找到其原始形态，因此这本书对于艺术发生学的研究也是一份不可多得的宝贵资料。

本文原载《文艺报·文学评论》（北京）1990 年 1 月 6 日。

纳西族《祭天古歌》和《楚辞·九歌》艺术特色的比较

我国纳西族分布于滇、川、藏毗邻的金沙江、澜沧江河谷地带，人口不到 30 万，至今却保存着古老的祭天文化，古老的纳西族象形文东巴经卷和民间都保存着大量的祭天辞，在祭天活动中就要念诵这些象形文祭天经卷和民间口诵的祭天辞。无论是经卷上的或民间口传的祭天辞，都是古老的歌谣和雄浑的诗篇，均用自由体宗教诗歌形式表现于祭坛之上。这些祭天辞形成完整、系统、自成体系而又独具民族特色的《祭天古歌》，无论从形式到内容，都与辉煌不朽的中华民族瑰宝《楚辞》有相同、相似之处。整部《祭天古歌》与《楚辞》中的一部分诗篇都是颂之于祭坛的祀神宗教诗歌，尤其与《楚辞》中的《九歌》相似的因素颇多，现将二者进行比较分析。

《祭天古歌》与《楚辞·九歌》虽然均系宗教诗歌，但它们是植根于现实生活的土壤中的，所以这些诗歌荒诞神奇之中透露着明显的现实主义精神和浪漫主义色彩，具有很高的文学艺术价值和审美价值。

《祭天古歌》和《楚辞·九歌》一样，在总体上俨然如一台大型的活剧。祭坛历来是古代社会的历史舞台，也是艺术舞台，这些祀神诗歌将纳西族古代社会生活和古代荆楚之地诸民族的古

代社会生活形象地一幕幕活化出来，表演出来。《祭天古歌》与
《楚辞·九歌》在具体结构上都分章节，又各有独立的故事情
节，但相互间也有内在联系，显示出完整性。《九歌》是我国战
国时期南方湘、沅一带民间流传的一组礼神、娱神、颂神的祭
歌，有歌、乐、舞相配合的艺术表现形式，间有简单的情节。屈
原虽对这些祭歌作了艺术加工，但仍不失民间歌舞、音乐的原
型。《祭天古歌》也同样来源于民间，有关于人、神关系的故事
情节，有人物形象的描绘、性格特征的刻画、心理的剖白、自然
环境的描写，抒发了虔诚之至的宗教感情，更有歌舞、音乐、艺
术表演，等等，在流传过程中虽也经过了不断的艺术加工，具有
"神"性，但仍保留了民间歌舞、音乐的"世俗"味，与《九
歌》一样具有民间歌舞、音乐的艺术特色。《九歌·东皇太一》
是一组迎神乐，写了祭祀的排场、气氛和娱神的表演，总共有
15 行。而这样的娱神篇章在《祭天古歌》中却有上千行。在台
湾学者李霖灿编著的《麽些象形文字字典》中，"跳"字为
"夨"，解释为"跳也，象人跳跃之形"；"舞"字则为"夬"，
解释为："舞也，象人婆娑起舞之形"。① 当祭天活动进行到念诵
祭天辞《哈适》的时候，主祭东巴就要对着天、地、中央许神
（传说中天神和人类的舅父，又称"天舅"，在祭坛上是中央君
皇或人鬼的角色，名为"美汝柯西柯洛"）各跳一次舞，同时还
要唱歌，作娱神表演，此时歌、乐、舞同时并举，上面所举到的
"跳"、"舞"的象形文字反复在这一段东巴经典中出现，东巴经
典中的象形文是这样描写这一段娱神场景的：

---

① 李霖灿编著：《麽些象形文字字典》，49 页，国立中央研究院专刊乙种之二，
云南社科院东巴文化研究室翻印，1982。

这段象形文的汉译文为：

　　虽然我们没有作好起舞的准备，但也把白银的斗笠戴在头顶上，在天神面前欢舞一次，让天神望着喜形于色。我们借此请求天神喜降福泽，像大树把树叶纷纷撒落。

（众放声呼喊："嗬受尼嗬"——"大吉大利！"）

虽然我们没有作好起舞的准备，但把黄金的鞋子穿在脚上，在地神面前欢舞一次，让地神望着笑逐颜开。

（众放声呼喊："嗬受尼嗬！"——"大吉大利！"）

虽然我们没有作好起舞的准备，但把黄金的腰带系在腰间，在许神面前欢舞一场，让许神望着心花怒放。

（众放声呼喊："嗬受尼嗬！"——"大吉大利！"）①

这里传递了古代纳西族歌舞艺术的信息。据史所载，宋代时纳西族的歌舞艺术已达可观的水平，已出现群舞、独舞、双人舞；到了宋、元时代，纳西族歌舞已趋繁荣之势，登山祭天则是歌舞的盛会。元人李京在其《云南志略·诸夷风俗》中记载了登山祭天的具体盛况，文中说："男女动数百，各执其手，团旋歌舞以为乐。"这与至今纳西民间唱跳"阿哩哩"、"窝热热"等民间歌舞极相似。元人王沂也曾在其诗《么些诏》中称赞曰："么些②风俗美……衣被纷错绮"，"徘徊百态出"，"亦有善刀舞，众锋粲鲸齿"，他还认为这些动作刚劲多变，舞容美妙动人，就像擅长表演的楚国优人一般。③ 可见古人早就发现纳西族歌舞与楚国舞形似、神似的"秘密"，只不过没有探究产生这一现象的根源罢了。在这里，古人所称赞的不仅仅是祭天坛中的歌舞艺术，显然包括了古代纳西族民间的歌舞艺术。祭坛歌舞来自民间，因此，这些载入史册典籍中的描述不仅披露了宗教歌舞艺

---

① 此处引用的象形文资料系纳西族东巴和开祥诵读，纳西族作家戈阿干书写翻译。

② 纳西族之古称谓。

③ （光绪）《丽江府志稿》，转引自《东巴文化论集》，393页，昆明，云南人民出版社，1985。

术与民间歌舞艺术之间的必然联系，也为后人探寻荆楚文化与纳西古文化的关系提供了可信的依据。以上虽然是宋、元时代的纳西族歌舞艺术，而《祭天古歌》中的歌舞要比这远古、原始得多，但也透露出荆楚文化与滇文化——特别是其中的纳西文化——的某种渊源关系之端倪。

　　进一步探究纳西族《祭天古歌·哈适》与《楚辞·九歌·东皇太一》，两相对照，字里行间都使人不难想象其动作之刚健、舒展，舞容之美妙，气氛之热烈欢快，歌舞者情感之愉悦、气宇之轩昂。《楚辞·东皇太一》中所描写的主祭者身上的佩玉、长剑以及鲜艳的服饰、芬芳的花草、纷然错杂的乐调、徐缓轻曼的歌舞等等，都表现出歌舞音乐的极高水平及高雅的格调。而《祭天古歌·哈适》中描写的"黄金的鞋子"、"黄金的腰带"、"白银的斗笠"等等，不仅增添了歌舞者的美及其内心感情的激荡，还为整个舞容增辉，表现出粗犷、豪放、原始古朴的格调。再有歌词、乐调、舞蹈动作的统一和谐，确能让人感到如元人所赞誉的那样，动作刚劲多变，舞容美妙动人，就像擅长表演的楚国优人一般。至于服装道具、表演、导演的描写虽不如《东皇太一》那么富丽堂皇，光彩照人，但自有其气势雄浑、粗犷的风格。二者同时都表现了欢快热烈的气氛、壮观的场面、虔敬的宗教感情，人与神的意识交流在歌舞场上的表演中、歌舞语汇的描述中都进入了忘我入化的境地，真可谓神魂颠倒，似乎人神不分，都已如痴如醉，将娱神也娱人、人神同乐的宗教歌舞表现得神奇如画了。

　　二者在大型的活剧中表现了以上内容，还都同时在一幕幕活剧中表现了富于情趣和人情味的人神关系，构成一个个戏剧性的故事情节。《祭天古歌·人类繁衍篇》中写了中央许神美汝柯西柯洛与人祖神查热丽恩、天女翠红葆白三者之间不平凡的爱情纠葛。原来天女翠红葆白是许配给天舅美汝柯西柯洛的①，后来人祖神查热丽恩为寻配偶到了天上，天女翠红葆白与之相爱结为夫妻，下凡到人间，繁衍后代，这就是后来的纳西族子孙。而天舅失去了翠红葆白，对人类从此怀恨在心，降灾难惩罚人类。所以，从此后纳西子孙世世代代求天舅不要降灾到人间，为他烧香顶拜，将他居于祭天坛之中央位置。这个故事写得情节曲折，生动又具人情味与戏剧性。纳西先民为自己的祖先和民族的历史创造的这个故事不仅优美，且很具有凝聚力，能把整个纳西族后代子孙吸引在一起，其根意识、民族意识是那么牢不可破。这就使我们明白了为何要把这个故事放在祭天坛这神圣至上的场合来讲、唱、颂，且为之舞之蹈之。《九歌》中的《湘君》、《湘夫人》、《山鬼》也写了神及其与人们的爱情故事。荆楚之地诸民族的先民也同样把人间的爱情生活搬到了神界来表演，并创造出了一个个优美、生动的爱情故事，其具体内容、情节虽与《祭天古歌》不相同，但表现形式、韵味颇相似。除了爱情故事之外，有的祭天古歌叙说天神、地神、中央许神的来历，有的叙说圣油圣水的来历以及人类的起源、民族的形成，等等，内容丰富多彩，这些都是优美的神话史诗般的传说故事，都有或繁或简的故事情节。

　　《祭天古歌》和《楚辞·九歌》不仅是大型的活剧，同时又是古老的祭坛长歌，有相同的歌乐表现形式。音乐、舞蹈在祭坛上是为祭辞（或歌词）服务的，祭辞是向天神地祇表达心声的主要内容和主要方式。根据祭辞内容的不同需要，或吟、或诵、或念、或唱，或舞之、蹈之，等等。这必然涉及音乐，而音乐本身有感人深和化人速的特点。《祭天古歌》也好，《楚辞·九歌》也好，都属于原始音乐，在这种音乐中，也"曾就人的心理到

---

　　①　又一说是许配给天舅美汝柯西柯洛的儿子。

言行表现的发展变化过程，概括出音乐歌舞同一定情感的密切联系"①，《祭天古歌》与《楚辞·九歌》无不证实了心理活动与音乐的关系、音乐的产生与感情的关系。《礼记·檀弓》中所谓"人喜则斯陶，陶斯咏，咏斯犹，犹斯舞"，说的正是音乐与感情的关系。《东皇太一》是《九歌》的开场首章，由主祭者诵辞、祝神、邀神降临，伴以歌舞音乐，且歌且舞，在祭辞、音乐、歌舞中抒发了人们愉悦、欢庆的感情，表达了对天神的虔敬之情。《祭天古歌》一开始也有类似的开坛首章和表现形式。进入祭天坛时，首先由主祭东巴邀天神降临，配以规定的曲调，一边走一边放声高诵，参祭者不能吭声，不能抬头东张西望，因为这是神祇降临的最庄重、最神圣的时刻。这时只有主祭东巴高亢的颂祝声与脚步声配合着曲调自成一种特殊的节奏和韵律，对整个参祭者的队伍自然起着一种指挥、规整划一的作用。东巴邀神祝颂的声音雄浑、高亢，回荡在清晨的天宇、群山、旷野之间，气氛肃穆、隆重、神秘，增添了宗教诗歌的威严、神圣和崇高的格调以及祭坛音乐的特殊韵味。其实这种宗教诗歌、祭坛音乐首先也应该肇始于民间，纳西先民与楚先民一样，很早就创造了自己的音乐，善于用有组织、有规律的乐音创造多种多样的曲调，亦即音乐形象。纳西先民的这种音乐方面的创造才能在东巴经卷中也有明确的记载，"唱"一词在象形文中为"𝍖……"解释为"唱也。画人歌唱之形，以口中线条颤抖与'喊'字不同，盖唱歌有曲折高低也"。而喊为"𝍖……"解释为"喊叫也。画人口中出声之形"。② 这里可看出，已把一般的发声和乐音区别开来，且描述了发出乐音的规律和全过程：首先开口（吴），接着吐出

①　于民：《春秋前审美观念的发展》，139页，北京，中华书局，1984。
②　李霖灿编著：《麽些象形文字字典》，52页，国立中央研究院专刊乙种之二，云南社科院东巴文化研究室翻印，1982。

气流（〓〓），再是声音成高低起伏颤抖状（≈≈）。这实际上是颤音、喉浪音的生动表述，这正好是从古到今纳西族音乐的特点。仅从象形文的"唱"字便可解，纳西先民在很早便懂得了粗朴的科学发声方法，且掌握了要领，为以后民族音乐的形成奠定了基础，以至于后来在民间和祭坛上能繁衍出众多的曲和调，也使纳西族有着如此丰富多彩的古乐遗产和长兴不衰的民间音乐。起初，祭坛音乐和民间音乐是不分家的，正如老东巴们所说，那些在祭坛上唱诵的经调就是老古辈传下来的山歌。只是到了后来，由于宗教职能起了变化，才显出祭坛音乐的威严、庄重、神圣，且有了专门规定的、适应各种祭典的曲调，演化为种类繁多的经调。祭坛上的东巴经调有二三十种之多，《祭天古歌》中则以祭神的曲调为多，也间有其他东巴曲调，但重复的多，这是因为祭天辞本身大量运用套句而形成一种特殊的复沓形式，需要音乐曲调也相应反复咏唱、反复出现，这可说是祭神的主旋律，整个《祭天古歌》又借助这样的主旋律更好地抒发感情，更深刻地表达主题思想。至于《九歌》的音乐，从作品中所描写的歌舞音乐，特别是对那些乐器的描绘，便可了解楚地先民在音乐方面的智慧和才能，楚地的这些祭坛音乐无疑地为后来的"南音"的形成起着重要的作用。而"南音"，在中华民族的音乐史上是一块丰碑，为南国诸民族音乐的形成、发展也起了奠基作用。

《祭天古歌》除了用主旋律表现的内容外，还表现了祭天中的游戏、对歌、盘歌等娱乐音乐活动，这是最热闹的部分。例如其中的打靶射箭的游戏就写得很具体，不仅写了游戏本身，还有对导演、道具的说明。这个游戏是将古代氏族部落之间的争斗艺术化，其中有古战场的描写，对英雄祖先开拓疆土、创立民族基业的功德的追忆，用了盘歌对唱形式唱弓和箭的来历：

东巴问：英雄的拉瓦人在阿瓦地方聚集，拉瓦人在阿瓦地方拉弓射箭。拉瓦人的大弓从何处来？拉瓦人的大弓由谁砍成？

众答：然堆地方出产桑木，好桑木生长密林里。是精悍的增言①男子从然堆地方把桑木砍来，他按照雄鹰展翅的姿态，先把大弓的身子造成。

……

唱完弓、箭的来历，接着叙说战争的经过。这时人们的感情是慷慨激昂的，在激越的感情波浪里去追忆那血与火的血亲复仇的英雄时代，又显示出宗教诗歌、宗教音乐悲壮、崇高的美，以悲和壮感人之心，动人之情，而不是前面迎神、颂神、礼神的欢快、愉悦之情。这是在追念先辈的苦难、祖宗的伟业，感情色彩是凝重、深沉的，要具有与先祖（哪怕他们已成了"神"）同甘共苦、共患难的情感和心理活动。把战争的经过叙说或唱诵完毕之后，人们的情感波澜方能平息下来，接着是游戏的表演。这时由养祭天猪的家庭的主人"崩迪"将大弓递到主祭东巴的手中，东巴再接着念诵祭辞，内容为叙说战场上双方激烈的厮杀，接着由来年养祭天猪的新的"崩迪"射箭。东巴同时大喊一声，表示为射手高强的武艺喝彩，又继续吟诵：

东方的仇人别想蠢蠢欲动，我们的利箭要把你的脑门射穿！

众人"唔"地大吼一声，并齐声高诵：

---

① 勤劳之意。

我们把敌人射倒了，东方的仇人再也不敢蠢蠢欲
动，敌人再也不敢在新的一年里蠢蠢欲动，敌人再也不
敢在新的一月里蠢动。
……

最后由东巴高声朗诵祭辞，以示战争结束。像以上类似的祭
坛诗歌的表现形式在《九歌》中不少，例如《大司命》就由巫
师扮演大司命和迎神者对唱；《东君》的表现形式也是由巫师扮
成东君和迎神者对唱；《河伯》则是由男巫、女巫扮成不同角色
对唱。《九歌》原本就是由民间迎神赛会的巫祝歌谣而来，虽受
当时盛极一时的巫风的熏染，但仍保留着民间歌谣的表现形式，
不足为怪。自古善歌舞的纳西族也将民间歌舞、音乐的表现形式
和咏唱说白相间的歌剧表演形式——当然是雏形、原始的——保
存于东巴经典籍中、表演于祭坛上，也是理所当然的了。

以上说明，作为大型的活剧也好，祭坛长歌也好，纳西族的
《祭天古歌》和《楚辞·九歌》所共同具有的艺术特色是原始的
诗、歌、舞三结合的表现形式，在其表演整体内容的过程中不仅
具体形式多样化，且各具特色。同时也说明原始的音乐舞蹈是复
杂的，多层次的，有着丰富的文化内涵和心理结构，抒发的情感
也是复杂的，多色彩的，二者都说明"在原始音乐中，既有表
现欢庆和引人愉悦的作品，也有表现悼亡伤离和引人悲哀的作
品，以及反映征战复仇忿怒的作品"[①]，这说明原始的音乐舞蹈
一开始就不是单一的，它包容了人们复杂的情感，更有社会生活
的各个方面投射到里面的影像。从这个角度上说祭坛是历史舞
台、是艺术舞台，有一定的道理，使得《楚辞》和《祭天古歌》
同样具有宗教的情感、文学的形式、哲学的思想，从而具有不可

----

① 于民：《春秋前审美观念的发展》，北京，中华书局，1984。

企及的审美价值和学术思想价值。

纳西族的《祭天古歌》和《楚辞·九歌》在艺术特色上何以有如此多的相同、相似的地方？这不能视为偶然，除了民间歌谣均有共同的艺术表现形式这个原因之外，还应更深一步地思考滇文化与荆楚文化有无内在联系。其一，两种文化的交融和互相渗透影响是离不开环境的。纳西族与荆楚之地诸民族都共同生活在长江流域，在政治、经济、文化乃至族源上，在古代都可能相互有过交错、融合，或顺长江之头金沙江而下，或逆长江而上，相互传播影响是有可能的。其二，在族源上两者也可能有某种渊源关系。荆楚之地诸民族的族源问题有几种观点，其中有一说认为在远古时代古羌族就翻越大巴山进入荆楚之地，如果这个观点能成立、确定的话，则荆楚之地的文化也曾受古羌文化影响；再则，居于荆楚的土家族就确系古羌族后裔，属古羌族群中的分支民族，因而荆楚文化中有古羌文化因素完全有可能；而纳西族是古羌后裔在学界已成定论。由以上看来，滇文化、楚文化有相同的因素是完全有可能的，并非妄言。以上两点，笔者认为是使《祭天古歌》和《楚辞·九歌》在艺术特色上相同、相似的因素颇多的根本原因。反之，从纳西族《祭天古歌》和《楚辞·九歌》有这样的相同因素之中，是否可以探寻楚文化与滇文化尤其是其中的纳西古文化的某种渊源关系呢？那是很值得探究的课题，因这涉及中华古文化、古羌文化的研究问题，对于此问题另有拙文探讨。

本文原载《黄钟》（武汉音乐学院学报）1987年第2期，获1987年首届中国"长江歌会"（武汉）民歌研究优秀论文奖。

纳西族《祭天古歌》与《楚辞》的比较

楚文化与纳西古文化有何关系呢？本文试通过纳西族《祭天古歌》与《楚辞》的比较分析来探索二者的关系，主要从它们相同相似的表现形式、共同的文化观念和相似的审美意识三方面进行论述，现分别阐述如下。

我国纳西族至今保留着古老的祭天习俗，具体反映这一文化全貌的是流传在民间和古老象形文东巴经卷中的大量祭天辞。这些祭天辞是古老而雄浑的歌谣和诗篇，均用自由体宗教诗歌形式表现。其内容丰富、完整、系统，自成一体，形成独具民族特色的纳西族《祭天古歌》。这些祭天古歌无论从内容到形式都与汉民族的瑰宝、楚文化之丰碑《楚辞》有相同相似之处，对于探寻纳西古文化与楚文化的关系提供了极珍贵的资料和依据。

《祭天古歌》与《楚辞》中的大部分篇章都是颂之于祭坛的祀神诗歌，有相同相似的艺术表现形式，即有共同的文化生态、文化形貌。二者都具有恩格斯所说的"它们的被历史时期所发现和接受的史前内容，即目前我们不免要称之为谬论的内容"。所以，它们都于荒诞神奇中透露着明显的现实主义精神和浪漫主义色彩。它们相同相似的表现形式主要表现在以下几个方面。

总体结构上，《祭天古歌》和《楚辞》就如一台大型的活剧。二者的祭坛是古代社会的历史舞台，把古代纳西社会和荆楚社会生活形象地一幕幕活化出来。它们在结构上都分章节，各有独立的故事情节，但相互间有内在联系。在祭坛上有相似的表现形式。《楚辞·九歌》是我国战国时期南方湘沅一带民间流传的一组礼神、娱神、颂神的祭歌，有歌、乐、舞相配合的表现形式，间有简单的情节。屈原虽作了艺术加工，但仍不失民间歌谣舞乐的原型。《祭天古歌》也同样来源于民间，在其流传过程中也有艺术加工，具有"神性"，但也保留了民间歌、乐、舞的世俗味。当祭天活动进行到念诵祭辞《哈适》时，主祭东巴就要对着天、地、中央许神各跳一次舞，作娱神表演，歌、乐、舞并举，同时念诵祭天辞。

《楚辞》中的《九歌·东皇太一》同样是这样的一组迎神乐舞，且歌且舞，写祭祀的排场、气氛和娱神的表演，总共有15行，而纳西族的《祭天古歌》中有上千行。《哈适》所描写的排场虽不如《东皇太一》那么富丽堂皇、光彩照人，但自有其气势雄浑、粗犷，原始古朴的风格，但二者同时都表现了欢快、热烈而又肃穆的气氛以及壮观的场面、虔敬的宗教感情，人与神的意识交流在娱神的表演中均进入忘我入化的境地，"我如神，神似我"，将娱神也娱人、人神同乐的宗教歌舞表现得酣畅淋漓，这也是二者本质相同之所在。

在一幕幕活剧中，《祭天古歌》和《楚辞》都具体表现了富于情趣和人情味的人神关系，构成了戏剧性的故事情节，有人物形象的描绘、性格特征的刻画、心理的剖白、自然环境的描写等。例如中央许神美汝柯西柯洛与人祖神查热丽恩、天女翠红葆白三者之间就有一段不平凡的爱情纠葛，情节曲折生动，很有人情味和戏剧性。《楚辞·九歌》中的《湘君》、《湘夫人》、《山鬼》等也写了神们及其与人们的爱情故事，具体内容、情节虽与《祭天古歌·查班绍》不同，但表现形式、韵味颇为相似。

《祭天古歌》和《楚辞》不仅是一台大型的舞剧，还同样是一首祭坛长歌，其表现形式多种多样。根据内容的不同需要，或诵、或吟、或念、或唱，或舞之、蹈之，等等。《楚辞·东皇太一》是《九歌》的开场首章，以且歌且舞的方式开头，由主祭者诵辞、祝神，邀神降临，对神表至诚之敬意。《祭天古歌》一开始也有类似的开坛首章和表现方式。进入祭天坛时，首先由主祭东巴邀天神降临，配上规定的曲调，一边走一边放声高诵，参祭者特别是女人（有的祭天群体的祭典是不让女人参加祭祀的，有的则可以——笔者）不能吭声，更不能大声喧哗，或抬头东张西望，因为这是神祇降临的最庄严最神圣的时刻。此时只有主祭东巴高亢的颂祝声与脚步声，对整个参祭者的队伍自然起着一种指挥、规整划一的作用，表达了对天神地祇虔诚之至的情感。此外，《祭天古歌》还表现了祭天活动中的游戏、对歌、盘歌对唱的娱乐助兴活动内容。例如其中的《打靶射箭》一节就具体写了这一游戏，将古代氏族部落之间的争斗艺术化，其中有对古战场的描写，对英雄祖先开拓疆土、创立民族基业的功德的追忆，用了盘歌对唱的形式唱了弓和箭的来历，接着叙述战争的经过，最后由东巴高声朗诵祭辞，以示战争结束，祝贺凯旋，打靶射箭的游戏在热烈的气氛中结束。像以上类似的表现形式在《楚辞·九歌》中也有，例如《大司命》就是由巫扮的大司命和由巫扮的迎神者对唱，《东君》也是由巫分别扮东君和迎神者对唱，《河伯》是由男巫女巫分别扮不同角色对唱。《九歌》原本就是由民间迎神赛会的巫祝歌谣发展而来，保留民间歌谣的表现形式是自然的。同样，纳西族将民间歌、乐、舞的表现形式和咏唱说白相间的歌剧表演形式——当然是雏形——搬上祭坛和保存于东巴经典之中也是理所当然。以上说明，纳西族《祭天古歌》和《楚辞》作为祭坛长歌不仅有丰富多彩的内容，也有多样化的表现形式，都表现了原始宗教诗歌的生命力和艺术形式美，这说明纳西古文化和楚文化有着相同或相似的生态，或有着相同或相似的形貌。

纳西族《祭天古歌》和《楚辞》不仅有以上相同相似的文化形貌，还有着相同的文化观念，主要从二者所塑造的众多的、各种类型的神祇形象中透露出来。《祭天古歌》和《楚辞》中塑造的众多神祇形象正是纳西先民和荆楚之地的先民在改变现实和自己的斗争中的"思维的产物"。这些神祇不仅有事迹功过、家族谱系、音容笑貌、思想感情，还具有典型性的心理素质和精神风貌。例如《吉本布》中的雷电神科督班兹就很具个性特征，作品写他骑着白尾的巨龙，穿着能放射火光的衣服，脚穿光焰四射的鞋子，"他从美古托地方走来，来到堆本希地方。他出现在高山之巅，能把树上的青枝纷纷劈下；他出现在深谷里，能把地上的土层连连翻掀"。他神威无比，"能摧毁九十座敌人的村落，能扫荡七十座仇者的营寨"，男人们"不敢错砍雷神的树"，女人们"不敢错舀雷神的水"，他是那样不可侵犯，古歌完全把雷电这一自然现象按人格、神格描写，塑造了这样一个性情暴烈、喜怒无常、主宰人间生杀大权的天界神形象。类似这样的神祇形象很多，如将天神写成一位给人类带来幸福和光明的善者，将地祇写成一位养育万物、给人类万物以生命的慈母，等等。《楚辞·九歌》中也塑造了东皇太一、东君、云中君等天界神的形象。特别值得研究的是《九歌》中的大司命的形象和《祭天古歌·招迎家神》中掌管人类万物命运的美利劳阿普的形象，二者极相似。作品这样写美利劳阿普：

> 天上的美利劳阿普，头戴白银的斗笠，手杵黄金的拐杖，身穿虎皮的衣服，脚蹬金色的套靴，从居那若罗神山走下来。他用三个早晨的时光，为天下的万物分配年龄。他又用三个晚上的时光，为地上的生灵分配岁寿。……他发出第一声呼唤，"谁愿意在天地间存活一亿年？"只因人类睡得太酣沉，并不曾听见董神的呼唤

声，只有那江水冲击的石头，整夜都不曾安眠，只有它
们最早发出回应声，那一亿年的岁寿便由石头获得。

——《祭天古歌·素库》(《招迎家神篇》)

还有大河的流水、森林的树木、蓝天的白鹤、天庭的巨龙和
天神自己获得了永生，而人类终究免不了衰老死亡，"长命百
岁"也办不到！

《九歌·大司命》翻译成现代文，则是这样描绘的：

> （大司命：）九州之民，总总众多，谁长寿谁夭亡，
> 大权在我！……我身穿长长的云霞之衣，翩翩飘扬，悬
> 饰的玉佩参差相间，闪着炫目的宝光。我变化无穷，若
> 晦若明，时阴时阳，我所做何事，众人不知其详。
> （主祭者：）……神君去时乘着龙车，轮声隆隆，
> 向高远的天界飞冲驰骋。手持束好的桂杖，久久伫立凝
> 望，越是思慕天神，越加使人忧心忡忡。使人如此愁
> 苦，又可奈何？但愿不减如今事神的至情。人的生命寿
> 夭，本有一定的气数，哪能是人神的离合而起的作用？

美利劳阿普和大司命两位命运之神的形象塑造手法相同，形
貌、职能相同，其特性都来自天界，时阴时阳（或出现在早晨，
或出现在晚上），变化无常。最后的结果也相同，两位天神都没
有让自己的子民永生永存。楚先民和纳西先民在这两位神祇身上
所寄托的感情同样复杂，有对自身生命和人类社会的思考，有对
命运艰难而痛苦的求索，抒发了对命运不可抗拒的哀伤之情。同
时也都清醒而痛苦地认识到宇宙无限、人生短暂，于是"忧心
忡忡"，"愁苦"无尽，纳西先民悔恨自己睡得太舒服而未能听

见天神的呼唤，终究没有"长命百岁"，只好更加虔诚地向天神顶拜，不断祈求天神赐福寿，而楚先民则是告诫自己不要减削了"事神的至情"，二者探索人生、宇宙的有限与无限的矛盾心理和情感完全相同！但是，迷茫、忧伤、惆怅并没有使先民们停止前进的步伐，于悲叹之中蕴蓄着热望与理想，不可企及的目标更能激发他们心驰神往的追求。他们的精神支柱和力量源泉来自神祇，不屈服死亡和毁灭，要与神分享着神性，从而去"调节和控制自然力"，使他们"从追求上帝的虚幻变成欣赏上帝创造的自然的宏伟和崇高，探求宇宙的无限和奥秘"。① 二者都将文学性与哲理性熔为一炉，同时借命运之神表达了一种新的审美理想——追求更高自由的理想，在审美感情上都达到了一定的哲学深度，因而使作品的感情色彩、艺术格调、主题思想和审美效果达到了惊人相似的程度，都具有威严、雄伟、凝重、深沉的艺术特色和心理特征，从而表现出二者内含的相同的文化心态和文化观念。

这种相同的文化观念，再从其他神祇形象和神迹中也同样可以得到说明。《祭天古歌》中的女神亨古拉勒命为人类造福：

> 董神和塞神的女儿，亨古拉勒命神女，把白银的天梯搭在居那若罗神山上，沿着银梯走下来。她撒一把星种在天上，蓝天瞬间变得空阔透亮，晶莹的星索缀满天空；她撒一把草籽给大地，大地顿时变得无比宽广，碧绿的青草把大地铺满；她向群山撒一把树种，茂密的森林把群山覆盖；她撒一把水种到山谷，深深的山谷被大水注满；她撒一把人种到村头，千村万寨住满人户。

---

① 见李平晔：《人的发现》，成都，四川人民出版社，1984。

——《祭天古歌·素库》（《招迎家神篇》）

这是将现实生活中的放牧和农耕劳动生产的神化、美化。像这样的神在《楚辞》中也不少见。温柔多情的湘夫人可以在绿水中筑宫室，用荷叶作室顶，溪荪编墙壁，薜荔作幔帐；正直可爱的少司命，身穿荷叶衣，佩用蕙草带，驾着旋风之车，飘着白云之旗，乘车登上九天，手拿彗星之帚，扫除奸凶，高举长剑护卫着幼小者，她与滇西北高原上的纳西族女神亨古拉勒命同样善良可亲，辛勤地造福于人类；自称"山中人"的"山鬼"，乘着赤豹驾的车，花狸作她的侍从，活化出一个山里姑娘纯真朴实的形象。《祭天古歌》中以查热丽恩为代表的祖先神是那么粗犷、骁勇、剽悍，占有欲强烈，脚踏实地、奋斗不息、坚忍倔强，而女神们总是那么吃苦耐劳、善良敦厚、健美刚强。那个制伏天牛的堪勒之久命的笑声何等爽朗、坦荡而又野味十足；那个为人类万物分配岁寿的美利劳阿普以及性情暴烈的雷电神科督班兹又是何等威严、刚正；那个与查热丽恩、翠红葆白有着不平凡爱情纠葛的"天舅"美汝柯西柯洛，集善行与恶行于一身，人们对他又敬又畏；与查热丽恩结天地良缘的翠红葆白神女，被奉为女祖先，从天上来到人间，带来了粮种和牛羊；等等。这些神祇的性格和神迹，赋予《祭天古歌》不平凡的、庄严伟岸的史诗意境和奇异的色彩以及深刻的哲理性。作品在对神们的赞颂之中正好袒露出一种自我高扬和自我肯定的豪情，显示出人类超自然、超现实的伟大主体力量。神们的性格品性和这种主体力量正好是纳西族民族性格、民族文化中最有价值的部分，正好是民族灵魂、品格、风骨的塑造，正好是民族心理素质的真实写照。可以毫不夸张地说，祭天文化作为纳西古文化的根脉，在民族文化及其观念的形成、民族性格的铸造中都曾起着不可低估的作用。因此，这些神祇形象及整个《祭天古歌》的内容早已超越了它本身的时空范围，贯穿于整个纳西民族的历史和传统文化之中。《楚辞》中的神祇形象是那么华美、绚丽，风度翩翩、仪态万端，聪慧、善良。大司命神秘不可捉摸，不少男神带有仙家道人的风味；少司命则刚中有柔；"山鬼"圣洁烂漫、英姿飒爽；湘夫人柔情绵绵；东君光明磊落、智勇无穷，把光明洒满人间；河伯多情又俊美、忠贞又刚烈；湘君风流沉湎于情爱，他与湘夫人两情依依相思难断。可见楚地神祇除了与纳西族神祇有共同之处外，其情感比滇西高原的纳西族神祇更细腻、优雅，特别是那些坠入情网的女神们更是感情复杂、丰富、缠绵而又寓意深远。楚地仙子如那巫峡十二峰一般娟秀、美艳、深沉，如那悠悠长江水一般甜蜜，情意绵绵不断。这些神祇形象是楚文化不可分割的一部分，形成了荆楚文化之性格。不管荆楚性格也好，纳西性格也好，都为长江流域文化的形成献出了各自的一份，其二者之间既有同质的文化因素，也有异质的文化因素。

《祭天古歌》和《楚辞》在文化观念上有相同相异之处，在审美意识、审美情趣方面也有这种情况。这在前面的分析中已有涉及，这里再简略阐述之。二者的审美意识中，神驰飞越的想象是思维的核心。这里所谓的想象，当然不是指现当代诗歌的特征，而是原始神话思维范畴的，显示原始神话思维特征的心理活动，是人与神的意识交流的心理状态、心理活动，是先民们认识客观世界所表现出来的原始的社会心理结构和个体心理结构的原始意识。

"倘于自然现象没有仔细观察，倘于自然规律没有坚固信仰，倘若没有推理能力与对于这种能力的自信，无论怎样原始的艺术与行业，便都不会发明出来。"① 这种发明和创造便是先民

---

① ［英］马林诺夫斯基：《巫术科学宗教与神话》，李安宅译，北京，中国民间文艺出版社，1986。

们把自己生活的社会现实生活与自然界乃至自身完全搬到臆造、幻想的精神世界中去，这种发明和创造，包括了体验、感情和理智（或认识）两个方面，即审美意识中既有感情的因素也有认识的因素。首先是大自然的生命运动规律和变化无常激起了人们的幻想、思索与信仰。那些对人们生存、生活最有威力、最有价值，关系最密切的自然力和自然物的生命运动规律尤能引起他们的观察和思考，同时也产生奇妙的幻想和感情的冲动。而在一切奇想与欲念中，没有比获得丰富的食物更强烈的了，在一切活动中，没有比繁衍生殖（或延续生命）的意义更重大的了。所以，他们的幻想、信仰总是以寻食（或求生）和繁衍为核心、为"发酵剂"的，在其夸张、主观的想象中，"一棵白色的柏木生一千个枝丫，我们的福泽连贯千年；一棵黑色的柏木生一百个枝丫，我们的福泽贯纵百年"（《放生篇》），"祭木所赐的福泽，就像森林里的大树一样粗壮；神石所赐的福泽，就像地上的磐石一般硕大"（《熟献牺牲篇》），这里是"物"与"我"的类比、联结和融合。为着求生的目的向天地诸神祇奉献着丰美的食物和虔敬笃诚的感情，在痴迷的原始意象中似乎看到了诸神"醉迷"、"饱腹"、"心情愉快"、"心花怒放"的样子，似乎听见了从神祇们"有福分的嘴里"发出了"让我们生儿育女的吉祥之音"，"发出让我们繁衍后代的福泽之声"，于是子孙后代"像天上的星群一样繁衍"，"像茂草一般增殖，又像骏马的鬃毛一样增生，又像肯兹（一种繁殖力极强的野草——笔者）的籽粒一样密密麻麻"。在纳西先民的原始意象中，人与大自然、"物"与"我"就这样产生着大一统的生命交感。

不仅如此，在没有时空界限的原始生命观中，在幻化的心理状态中，天地诸神与人类社会一样有着血缘亲族关系，"在天神与地神中央，许神同时出现在天地间。岩头上白根的翠柏，是天神的舅父，生长在大地上的阔叶黄栎青枫，是希饶堆的地神的祖母"。又以为"天的四周由柏木来围拢，蓝天才变得不摇荡；大地由柏木来衔接，大地才变得不摇晃"。在纳西先民充满灵性的心理活动中，一草一木也具有无限的生命力、神力。蒿草、杜鹃能把人间、神界的一切秽魂驱尽；哪怕一滴奶油也可以带来吉祥、福泽；一块石头也能驱除灾难邪恶，镇住乾坤；松、柏、栗则是神祇的象征，更是吉祥、神圣之宝；高山大河、森林大地更是生存的依靠，具有永恒的生命力，高山岩石能"活一亿年"、江河流水能"活一万年"、森林树木"能活一千年"。这幻想中的生命力更能激发他们热烈的向往和渴慕，于是，那"一亿年"、"一万年"、"一千年"的岁寿便能在人类与大自然的整体交感的审美情趣中，在互渗的思维中移植到自身生命中来。靠着幻想这一精神武器去战胜大自然和一切艰难困苦，不断去思索，在不断的冥想中不断孕育新的希望、新的理想。这就是《祭天古歌》所表现出来的与大自然混为一体的"忘我"又"忘物"的原始神话思维的幻想性，亦即原始的审美意识的具体内容。纳西先民用这样的思维点染的自然物都是有生命、有灵性的，注重表现自然物本身的神性、灵性，崇拜信仰的是生命之力，这是《祭天古歌》原始审美意识重要的，也是主要的特点。

　《楚辞》所表现的楚先民的审美意识又如何呢？其思维的特点是什么呢？《楚辞》的幻想性更华美，审美意识较纳西先民更高雅，美感更强，而纳西先民的审美意识生命之感更强，楚先民的思维更"飞"得起来，主体意识较纳西先民更强。《楚辞》中所写的神（人）思想感情更丰富、细腻，《祭天古歌》的则更粗犷、原始、朴实，前面已详细分析，不再赘言。楚先民心目中的自然物不是注重自然物本身的灵性，看不到人类与大自然的生命交感，例如写芳草、薜荔、香桂等，虽也在幻化了的神界中出现，但并没有让它们发"一千个"、"一百个"枝丫，没有原始意想中的生命力，而只是一种美好事物和情感的象征，表"其旨远"之意，"为我所用"而已，是人的感情依附其物之上，而不是将神性、人性渗透于物之内，即神话思维的互渗律起的作用已很微弱。这是一种升华了的更高精神境界中人与大自然已经"疏远"了的主体意识。这种主体意识在《祭天古歌》中也有表现，例如对祖先神的歌颂，人神共创居那若罗神山、重新安排世界等事迹，都既歌颂神力也歌颂人的智慧，这时的审美活动"具有更多的社会内容，更深刻的内涵，它已不是模模糊糊的冲动，而是有着明确意志的要求，情感意志与价值观念相联系，所以更富于理智"①。与《楚辞》相比，《祭天古歌》具有人类童年时代的那种天真烂漫的"荒唐"奇想，原始古朴，散发着高山林木味，显示着高原文化的特色，而《楚辞》更具江河文化的特色。

以上分析了纳西族《祭天古歌》和《楚辞》在文化形貌（生态）、文化观念和审美意识方面的异同，其目的就是要发现文化资料、文化形成和民族相对立的情形，要发现诸文化同时或非同时兴起的情形，注意它们的互相影响。纳西文化和楚文化，一在长江上游的金沙江地段，一在长江中下游地区，均与长江流域血肉相连，互相产生影响，因而带来文化上的同质现象。另一方面，又由于各自的生存地理环境有差异，再加上政治、经济、历史等因素的差异，使得民族之间产生"互相对立的情形"，因而产生文化上的异质因素。从这对立统一的文化现象中，不难看出，在远古时代同属于长江流域的楚文化和纳西文化确实有着不可否认的某种渊源关系，留下了相互对立而又相互交融统一的踪迹。

进一步思考为何产生这种现象，还是应从文化历史的源头去寻找原因，大概才会说得比较清楚。《楚辞》产生于战国时期，

---

① 杨春时：《审美意识系统》，广州，花城出版社，1986。

纳西族《祭天古歌》产生的时间虽无确论，但从其主要内容看，应该是纳西文化中第一个层次的产物，即古纳西族由西北南迁之前，其先民还生活在西北高原的河湟流域（今甘、青地区一带）之时。据史所载，生活在西北高原的古羌族中的一支，战国时期就开始南迁，到强秦威震四海、鞭及殊俗、并吞八荒之时，古羌族有的大规模迁徙，有的则被其他民族融合。强秦的势力对羌人政治经济生活带来了很大的震动。如前所述，对文化方面的影响也是必然的。古纳西族是南迁的古羌族后裔，在学术界已成定论。那么，楚地民族与古羌有无关系呢？对于楚地民族的族源问题有几种观点，据任乃强先生的观点，还在上古时代，古羌族就进入与荆楚相连的大巴山区，"羌族原始猎人的进入大巴山区，先后经历了万年左右的时间"[①]。这支羌人翻越大巴山进入荆楚之地成为历史上称为"荆人"后改称"楚人"的祖先，就是说荆楚地区有的民族是源于古羌族的。至今聚居湘西一带的土家族就属古羌族群的民族，其他民族虽不能确定是否源于古羌，但至少有可能融合了古羌的血缘，因为迁入荆楚地区的羌人必然要与当地的土著民族相结合。任氏还认为："楚的王族应源出于羌，其庶民荆人，也出于羌。只有在熊渠（系羌族苗裔——笔者）以后，所征服的民族部落已多，才形成为异于羌俗的楚文化，并逐渐转为华族。"[②] 如果此说成立，那么，远古代的纳西族、荆楚地区的诸民族与古羌在长期历史发展过程中，在族源、血缘、文化等方面都有可能产生"互有之影响"，产生相互融合、交错的现象。因而，在荆楚文化和纳西古文化中都不同程度地共同保留了从古羌文化中带来的固有文化遗传基因，尽管后来的荆楚文化"异于羌俗"——其实后来的纳西文化何尝不"异于羌俗"——但岁月仍不能完全抹掉传统的牢固性，《祭天古歌》和

---

①②　任乃强：《羌族源流探索》，重庆，重庆出版社，1984。

《楚辞》有那么多相同、相似的外显和内隐的文化因素也可证明荆楚与纳西族和古羌在族源上有某种渊源关系。再从地理环境看，古羌族沿长江而下迁徙，有时又可能逆水而上迁居。这种游动性是合乎古人类生活规律的，古羌族本身就是逐水草而居的游牧民族，生活更无定所，所以，古羌族在长江流域播下文化种子是完全有可能的。

但是另一方面，又由于地理的以及长时期形成的心理的种种原因，迁徙到荆楚之地和滇西北高原的古羌（或其后裔）在不同的地区获得了新的生存条件，又引起了荆楚文化和纳西文化在形貌和性质上的变异。古羌苗裔纳西族在长江上游的金沙江、澜沧江大峡谷地带，背靠横断山脉，在古羌文化的基础上重新创造了自己的文化历史。而荆楚地区的诸民族先民则在长江中下游培育了自己"异于羌俗"的独特的楚文化，大大减弱了古羌文化特具的高原特色而培养了江河文化的风采。荆楚之地开阔、温湿、富庶，楚先民的生存条件比纳西先民好得多，且与发达的中原地区交往密切，政治、经济发展快，为文化的发展奠定了雄厚的物质基础，在中华民族文化史、文学史上竖起了丰碑——《楚辞》。而古纳西族由于生活环境与楚地有差别，僻居与中原隔绝的滇西北高原，与古羌生活的西北黄土高原差异不大。再则，其政治、经济、文化的发展较楚地落后，所以纳西文化保持的古羌固有的高原文化特色比楚地突出浓厚。特别是祭天文化这一活的上古文化生态在纳西族中保留得如此完整系统，更能显示古羌文化及中原文化的特色，这在其他民族中恐怕也是绝无仅有的。

总之，楚文化、纳西古文化都出生在中华民族之摇篮——黄河流域，又同时吮吸着母亲河——长江的奶汁"长大"，虽然"后天"的条件不同而引起了它们在形貌、性格上的变化，但血管里总能找到共同的文化遗传基因，对荆楚文化、纳西文化及长江流域文化的兴起、形成都曾产生过影响，这便是楚文化、纳西文化在中华古文化中所显示的渊源关系。

　　本文原载《中南民族学院学报》（哲学社会科学版）1990年第 1 期。

纳西族《祭天古歌》
的"天人合一"思想

　　东巴文学集成《祭天古歌》是用纳西族东巴象形文字书写、记载的祭天东巴经卷。浩繁的东巴经中关于祭天的祀神经卷极其丰富，《祭天古歌》是从大量的祭天东巴经中精选出的文学性较强的按祭天仪典的顺序、规程组成的一部祭坛长歌，是纳西先民奉献给天神、地祇和祖先神的神坛古歌。简言之，它是祭献天地大神、祖先神的神曲。

　　《祭天古歌》是东巴经的珍品，是纳西古文化东巴文化的瑰宝，具有多方面的人文学科价值。它"天人合一"的哲学思想最值得探讨，也是最能体现纳西族思想学说的部分，它生动具体地展示了纳西族古朴、原始、深厚的宇宙观、世界观和关于天人之际的人生哲学。现从以下几个方面来认识、探讨这一哲学思想的文化内蕴。

一、世间万物之总源的卵生说

　　《祭天古歌》关于世界万物和人类来源、生命起源有一个总的观点，是源于天神之蛋，这是古纳西族世界本原论的基本思想。认为世界万物及人类之种源全包含于这个天神之蛋，此神蛋由天神造化、生下，由地神孵化。神蛋起变化，变成气，气变露珠，露珠落进大海，人类原初始祖亨矢亨热从大海出世，一直传到第九代民族祖先崇忍利恩出世，该神格是纳西族确认的民族祖先。与此相同的人类起源之本的卵生观点还见于另一部祭天经书《创世纪》①，这是纳西族著名的创世神话史诗，亦是颂之于祭天坛的长歌。不过其在描述神蛋的变化过程时多了一个中介环节，这枚万能的神蛋是由神鸡恩余恩曼生下，其创世经过比天神直接生下人类"蛋种"又要复杂一些，动物图腾崇拜的原始神话思维更为明显，但神鸡仍出于天地。说最初天地混沌之时，有创世的善神卢神沈神在布置万物，只有天地、日月星的影子，他们变化出管天管地的善神依古阿格，此实为出世最早、东巴经中地位最高的天神；天神变出白露，白露变神鸡恩余恩曼，神鸡生下九对神蛋，这些神蛋分别变成天神、地祇，变成纳西族开天辟地的九兄弟和七姐妹，最后一对神蛋变出神牛。接着又叙述"好声好气相混合，产生了三滴白露水"；三滴白露水变成三片海洋；海洋产生海蛋；海蛋由天神孵抱，人类原初始祖亨矢亨热从海蛋出世，之后才有各代人类始祖传代，最后才有民族祖先神崇忍利恩出世繁衍各民族。以上是祭坛神歌《创世纪》卵生说的基本宇宙观，虽然其幻想的成分较丰富，神话思维活跃绚丽，但其思想核心与《祭天古歌》是相同的，人类万物源于天、源于天神之蛋，这与古汉民族的"万物本乎天"的哲学思想是一致的，只不过在纳西族的卵生说中得到曲折的反映或具体诠释。民族始祖神崇忍利恩出自天神之蛋的观念，不仅载之于祭天神曲；此神格不仅活跃于纳西族神话世界，还载于纳西族过去上层头人木氏土司的家谱，将其认定为木氏家族的远祖。土司的《木氏宦谱》载曰："草古天能古，草俸地能古，草羡古甫古，古甫古吕古，

---

① 王宗孟：《创世纪》，赵净修等译，昆明，云南人民出版社，1960。

古吕气吕古，气古露吕古，露吕陆点古，一点海娘丁，海失海羡古，海羡刺羡古，刺羡天羡古……草羡里为为。"根据李霖灿先生翻译，大意是说人类的胞蛋生于天、孵于地，人体混沌发热起变化，变成气，气变成六点露珠，一点露珠落进海里，人类始祖从海中出世。其中所谓"草羡里为为"即是始祖神崇忍利恩。①当然，作为上层统治阶层的木氏土司在家谱中如此记载，是对民族传统文化思想卵生说的一种认同，表示自己家族与整个民族的起源在思想意识上血脉相连而不是"另类"，达到与自己的民众同胞增强亲和力的目的。另一个原因是，如此神化自己的家族，表示神圣、高贵，犹如汉民族的帝王出自天上、自称"天子"是同一理，同是帝王文化心理的表现。木氏土司头人说自己的先祖出自天神之蛋与《祭天古歌》、《创世纪》的卵生说观念一致，足可说明卵生说这一宇宙观或文化思想在纳西族流传的历史幽远，成为其基本的哲学思想。这是"天人合一"思想的重要组成部分。

卵生说，实际上是融合着动物崇拜的原始图腾文化观念的宇宙观、生命观，这里人类的生命是与天、地、气、水、蛋（动物）等自然界的"物"完全融合在一起的，混同在一起的。在古纳西先民的思想里，物质的自然界无不是有生命的，人与物的生命现象、生命过程是等量齐观的，是同一体的，"万物与我同一体"，卵生说正是表达了这样的生命起源之原始生命观。根据普列汉诺夫的观点，原始部族的物我生命一体化的观念和审美意识是由心理规律产生的，这个心理规律就是联想，把受到肯定估价的实物同一定社会生活条件下产生的这种那种实际价值联结起来，即是由周围客观物质条件与主观感知相结合而产生的。②卵在天地、日

① 转引自和宝林：《东巴文化论》，昆明，云南人民出版社，1991。
② ［俄］普列汉诺夫：《没有地址的信》，北京，人民文学出版社，1962。

月、空气、水分的作用下发生自然变化，由一物变成他物，例如
卵被天地（宇宙）"孵化"变成了鸟等等诸如此类的生命现象，
必然使原始人类的主观感知活跃起来而产生联想。这时人与物的
生命便发生交感、互渗，特别是人与动物都有血肉之躯，生理现
象、生命过程颇多相似之处，相互渗透、交感更容易发生"奇
迹"，"那种被直接想象和实际感觉的互渗，很容易转到不发达民
族中间的一个十分普遍的信仰，即信仰人和动物之间，或者更确
切地说，一定集团的人们和某些特定的动物之间存在着密切的亲
族关系，这些信仰常常在神话中表现出来"①。而祭祀长歌《创世
纪》和《祭天古歌》所叙写的人类万物之起源正源于人类之初混
沌世界中人与动物（神鸡、天神之蛋）之间密切的亲族血缘关系，
一直到确认的民族祖先崇忍利恩出世并发展到尚"不发达民族"
之时，这种人与动物的生命一体的亲族血缘关系也没有割断"脐
带"，即原始动物图腾信仰的神话思维仍然盛行。这一文化现象从
东巴象形文"人"这一概念的表达上也可以得到佐证，人与动物
同体的原始图腾意识表达得明之如火。以下三个象形文字 🐦、
🐦、🐦 是人类原始各代始祖的书写或表述。第一个字读"美
蕊"，系人类始祖一代之名；第二字读"精蕊"，系人类在远古世
系一代之名；第三个字读"崇蕊"，也是人类始祖之名，就是著名
的神格形象崇忍利恩，此神格还简写做🐦。这三个象形字的共同
点是人以鸟的双翅为臂，不脱原形"大"，就象形字本身来说是一
种同音假借字，但是，可以看出造字者将人的形象融入字中极少，
至少不明显，难以确表，再插上一对翅膀，这个"人"的动物性
就更突出，更像飞翔的鸟。由此推断，纳西先民很可能有过鸟图
腾，与前面人源于神鸡之蛋、天神之蛋的联想、神话思维相吻合，

---

① ［法］列维·布留尔：《原始思维》，丁由译，北京，商务印书馆，1981。

是其具象的说明。始祖神崇忍利恩为牛首人身，虽不长翅膀而长牛角，但翅膀的抽象之形仍可辨，所以这个"人"字与动物仍有密切的亲族关系，是远古人类审美联想中物我同体的动物图腾意识或信仰的遗留。崇忍利恩这个人名的本义翻译成汉语，或用汉语解释，其当为如此解："崇忍"是上一代原始形态的连名；"利"，不论在东巴经书或纳西族的口语中，它都指有血之物，换句话说便是指动物；"恩"，是善、好、能干的意思。这个名字指的便是动物中最好的、最能干的人。[①] 这一神格之本义就将人与动物相联系，与象形文字之"形"完全相吻合。可见始祖神崇忍利恩出自天神蛋种或胞蛋从形到义均与动物有血缘亲族关系。当然，这是原始神话思维中的联想，一种关于动物的图腾崇拜信仰。"图腾集团的祖先们根本不是与现存动物完全相像的动物，但是他们在自己身上却同时神秘地包含了动物的和人的本性，原始人把它们想象成构成社会集团与其图腾动物的统一互渗……这互渗同任何一种为原逻辑思维所感知的实在一样，是以神灵的形式出现的并被感觉的。"[②] 在纳西先民造字的文化心理中，牛也好，鸟也好，神鸡也好，蛋也好，均是"以神灵的形式出现的并被感觉的"，这是卵生说的本质所在。以神灵形式出现在卵生说联想世界里的还有许多其他动植物，如《祭天古歌》所歌颂的祭天神木栗树、柏树和蒿草、杜鹃等均源出于天神之蛋；虎、牛、马等动物亦出自神蛋。东巴经《虎的来历》说，"玉绿天龙与金黄地猫做变化，生出一个金黄蛋，金黄之蛋做变化，大地红虎便出生"[③]。东巴经《马的来历》说，天上神鹏休姆生下九对蛋，经天神、风云及各种动物孵抱这九对天蛋，在海水中各种各样的骏马出世，与人类的

---

① 和宝林：《东巴文化论》，昆明，云南人民出版社，1991。

② ［法］列维·布留尔：《原始思维》，丁由译，北京，商务印书馆，1981。

③ 东巴文化研究室：《纳西族东巴经选摘》（内部资料），和志武译，东巴文化研究室编印，1984。

出世完全相同。神牛的出世也是来自于神鸡的"煞尾蛋",与人类出世同步。

二、万物生命互化的化育说

化育说与卵生说在古纳西人的天道观或天人合一的哲学思想里是相互联系的,不过在卵生的过程中又特别强调变化、转化,是万物总源一体思想的又一重要表现,也是"天人合一"思想的表现形式之一。神坛祭祀长歌《祭天古歌》、《创世纪》都讲到古纳西人祭天地必用牛作牺牲,其原因在于牛与人类均出自天神之蛋,神圣无比、圣洁无比,祭天诗歌专门讲了这头神牛的神话故事,说它从天神的煞尾蛋出世后,威胁着人类的生存,牛角牛蹄太大太重,要将天顶破,将地踏陷,天地神与开天的九兄弟、辟地的七姊妹将它砍杀、肢解。用它的头祭高天,皮祭大地,肺祭太阳,肝祭月亮,肉祭泥土,骨祭石头,血祭江河,肋祭山川,尾祭树木,肠祭道路,毛祭草丛,所以天高地广,日明月朗,草荣树茂,世间清吉。这里歌颂的是神牛造化宇宙万物的神功,它来自天上又回归天地间,其尸体仍富于灵性,其血肉之躯变化的结果证明神牛具有化育万物的神力。云南其他古羌族群的民族也有类似牛图腾崇拜的观念,牛被砍杀之后尸体直接变为天地万物,如变成日月星辰、江河大地、山川草木等,与纳西族的"祭"同样含有天人相通、万物血缘相连、互育互化的化育观念,同样解释了为何用牛作祭天牲礼的道理。

动物之躯不仅可以化为天地万物,天地神灵也可以创造、化育个体生命,即天地万物也可以化育其他动物的生命,可以转化、变化回去。例如祭天经书常歌颂的虎,是古纳西族又一重要的图腾物,它的来历更加不同凡响,东巴经《虎的来历》不仅说它出自天龙神蛋,而且它的整个肢体、身躯的各部位均受赐于天地万物，与神牛刚好相反，虎头老天赐，虎皮大地赐，肺太阳赐，肝月亮赐，虎的骨、肉、气、血分别受赐于磐石、黄土、白风、山泉水，虎的嘴、眼、声、爪、肾、脸分别受赐于坚铁、星星、天龙、苍鹰、白牛、神狼。这是明显的一事物变化为他事物的观念之具象表述，虎的生命、身躯均是天地万物赐予、化育，虎与所有天地万物血缘相融相合，它是古纳西族关于宇宙血缘整体论的象征性阐释。金黄大蛙是化育说观念中又一重要图腾物，它的神迹与纳西族的占卜术起源传说有关，东巴经《碧帕卦松》（汉译为《求取东巴卜经》）专门叙其事。故事说人类遭灾难，派能人上天求女卜神救难济世，赐给纳西人解救世人灾祸的占卜经。女卜神令善射的四位神人射杀黄金大蛙，取出了它体内藏着的东巴祭司所求取的占卜经书。结果黄金大蛙死时头朝南、尾向北，射穿身体的箭尾指向东，箭镞指向西，四方方位由此产生。神蛙死时叫了五声，木、火、铁、水、土五行从此产生。蛙皮化作东方木，蛙血化作南方火，蛙骨化作西方铁，蛙胆化作北方水，蛙肉化作中央土。神蛙化育五行即可说明它与神牛有着相同的化育神力和相同的创世之功，它们的血肉之躯化育、转变为天地自然界的万事万物。而神虎又可由天地万物化育而出。天地万物尽管千差万别，但在古纳西先民大一统的综合思维里可以把万物完全归为"一"，整个世界都是由血缘相通相连的关系组成，人类万物合为一体。这种万物合而为一的化育说、血缘整体宇宙观，对于神鹿的生死变化、来去的解释更为明确，它来自天地，去化万物回归宇宙。在原始生命观的神话世界里，生命在宇宙天地间化育不止，生与死在生命互化间没有了界限。东巴经说，鹿和马的生父是一个，生母是一个，老天是它们的生父，大地是它们的生母。神鹿死后，鹿骨会变石，鹿血变为水，鹿肉变为土，回归大自然。物我一统、"天人合一"的精神由血缘整体化育说表现得具体生动，明白如画。

三、"我"与天地同根的民族起源论

民族起源论的内容在前面的讨论中已有所涉及，接下来所讨论的这一思想观念表现形式不同，与天地同根的人神婚或天婚是民族起源论的又一重要表现形式，其"天人合一"思想表现得更直接。如果说前面的卵生说、化育说对生命的起源和对人类本身的认识是处于蒙昧、混沌的状态，那么，人与神通婚，纳西族民族始祖崇忍利恩上天与天女结成天地良缘而后生育、繁殖人类的思考就明确、"清醒"多了。这证明人类从大一统的血缘整体一元化生命观分离出来，认识到须以婚姻、男女两性结合的方式才能产生人类自身的生命并延续下去（产生后代），虽则是由人与神共同完成，但这是二元生命观的诞生，意义重大，它较前者一元化生命观进了一大步，这是《祭天古歌》最重要的思想，是"天人合一"思想的精妙之笔。其中重要的诗篇祭天开坛经《蒙增·查班绍》（汉译为《生献牺牲篇·人类繁衍篇》）专门叙述人祖神崇忍利恩上天求亲生育后代的经历，备叙详尽，曲折生动，将纳西族及人类的起源来历交代得明白清楚。卵生说虽有天神生下胞蛋，地神孵抱，但两性观念不明确，很难看出"性"观念。另外，天地万物互换、互化虽也有"父"、"母"之称，但两性交合产生生命也是混沌不清的，是因神力而起变化，其生殖观念有更多的神灵性，有更多的联想、猜想的成分。总之，以上是处于神灵性质的神话生殖观时代，人类不可能与自然天地万物分离开，人类对生命现象（自身的、自然界的）还不可能进行现实的、科学的认识与思考。认识人类两性结合、以婚姻形式繁衍后代也走过弯路，经历过曲折，而且仍少不了神力相助，这一切是由民族始祖神崇忍利恩的神迹来说明的。此神格的主要功绩或神迹是繁衍人类，传下各民族祖先，藏族、白族、纳西族的

祖先同宗共祖于此神格，《祭天古歌》和《创世纪》均有详细、曲折的神话叙其事。崇忍利恩繁衍人类的经历主要有三件事：一是他最初不按天神旨意而与魔鬼、动物相交；二是用植物木头埋入泥土造人；三是按神意与天女衬红褒白成亲。前二者均失败。前一种虽为有性相交，但不同类，生出的是魔鬼和动植物，不是人类。第二种木头造人无性繁殖失败是对无性繁殖的否定。在有的东巴经和祭天古歌中有一重要情节，是崇忍利恩时代用兄妹血缘群婚的方式繁殖后代，从而引起天神发怒用洪水淹灭了人类，之后才有了崇忍利恩上天求婚重新繁衍人类。对前面人鬼婚、人兽婚以及对木头造人的否定，寓含着人类对自身生命现象的认识思考过程，每否定一次就是一个探索过程，而每一个过程都是一个漫长的历史时期。在此否定的过程中也就否认了或动摇了对世界的血缘整体观念，与动植物产生不了人类，始祖神繁衍人类一次又一次失败说明了这一点。以洪水淹灭人类是对兄妹血缘群婚的否定，说明伦理道德观正在萌生，新的婚姻制度行将产生，正常的男女两性关系以及人类社会文明产生的曙光就在前面。这一情节的意义还在于说明人类的认识思考一步步从神话意识向现实意识进化，由血缘整体一元化生命观向男女两性交合的二元化生命观进化。人祖神与天女婚配繁衍人类，从此纳西族有婚姻制度。《祭天古歌》中说在崇忍利恩前的各代祖先也行婚配，"结良缘"，这只是说明人类祖先出世的大的历史时代，人类已认识到婚配繁衍后代传延种族的正确方法，而又以崇忍利恩为远古各代人祖神的代表而已，而并不说明在他之前就已存在一夫一妻制，事实上洪荒时代之前行的是血缘群婚。即使崇忍利恩与天女婚配繁衍后代也经历了不少曲折，《祭天古歌》记载了一个重要细节，说他们结婚多年也没有自己的儿女，他们向天父天母探索生殖的秘诀，其间还靠忠实的使者蝙蝠探秘天机。天父天母责备他们没有学会两性交合，说他们"作为这个家庭里的男子，不会将自己的身子盖在上方；作为这个家庭里的女子，也不会将自己的身子铺在下方，并用空心的大麻株秆，搭就一座男女间通畅的桥梁"。明显地将两性交合提高到生命之源的高度，几乎去掉了神灵因素而留下科学的生殖探索。诚然，完全去掉神性不可能，人类与天神天命终究不可分，还得世世代代祭祀天地与天神地祇相感应、相沟通，祈求他们恩赐幸福，保佑"我们生男，我们育女，我们富足，我们繁盛"，保佑"子孙像茂草一般增殖，又像骏马的鬃毛一样增生，又像肯兹的籽粒一样密密麻麻"，希望与天神永远保持"亲如一家"的血缘关系，这就是他们所希望的天人通婚的结果。人神婚或天婚经过多种选择而得以肯定，人类是天神的女婿、儿子，天神天母是人类的岳父母，天与人建立的这种血缘关系世代相传，故纳西族自古留有古训"纳西美布若，纳西美布迪"，意为纳西人是祭天的子民，即是天的儿子，祭天是纳西人最大的事。此古训留有明显的"天人合一"的民族思想意识和古朴的哲学因素。

人神婚或天婚还没有完全脱离原初的血缘整体宇宙观，但与原始初期大一统的血缘整体观已有本质的区别，一为一元整体生命观，一为二元生命观，这是血缘整体宇宙观的两个方面，是天人关系的发展。人神血缘婚中的天人关系是用家族血缘关系加以证明的，这与我国儒家、道家的"天人合一"学术文化思想极相类似。融儒道为一体的我国宋代理学大家张载在其反映"天人合一"思想的名著《西铭》中说："乾称父，坤称母，予兹藐焉，乃浑然中处。故天地之塞，吾其体；天地之帅，吾其性。"这显然是继承了《易经》学说中天乾地坤而为父为母的观念，天地为父母也正是《祭天古歌》的基本天道观，也是"天人合一"思想的生动诠释。

能上能下的天人关系的内容不仅在祭坛诗歌里有生动的描绘，在祭天坛的设置上更有直观的展示。在祭天坛的左右两边必须插上黄栗木，分别为天神地神的象征寓体；中间位置插上柏木象征中央许神天舅；在天地神木背后插上一棵顶端开杈的山柏杨，开杈口顶一只鸡或一个鸡蛋。这棵山柏杨象征天舅之子美汝柯西柯洛天神；顶的鸡或蛋是为了抵挡这位天神降下的自然灾害。祭坛上还须插上许多松柏枝，以象征人类各代宗祖神，以示祖先神配祭天地大神。人类与天地大神在祭天坛上便构成了血缘纽带关系。还有生动有趣的神话故事，叙述人祖神娶天女为妻，天是人之父，地是人之母，人类是"天的儿子"。为何有许神"天舅"？他如何成为"人类的舅父"？故事说，被纳西族称为天舅的中央许神是天母的兄弟；柯西柯洛是天舅的儿子，是纳西族女始祖天女衬红褒白的表哥，自然也是人类的亲戚表哥。天女原本许配给表哥，后来爱上人祖神崇忍利恩双双返回大地创世立业，繁衍人类后代。在人神"三角恋爱"关系中，失败的柯西柯洛大神"表兄"从此嫉恨人类，与人类对立。《祭天古歌·共许》（汉译为《放生篇》）里说他从天上放下各种天灾人祸危害人类，诸如让人得黄眼病、肠梗阻、呕吐腹痛等；又放下猪瘟、牛瘟、鸡瘟等瘟疫；还让白谷腐烂，红麦黄锈，五谷不结籽粒，禾苗枯萎等。祭天辞《创世纪》说他极力阻挠破坏衬红褒白和崇忍利恩的婚姻，纠集他的九个弟兄施各种魔法报复他们，企图抢走他们从天上带下的谷种、畜种；阻拦他们经过的星路、草路、水路、树路；又引来三股祸水，使二人生病，使牲畜死在半路，等等。恶神的一切报复行为最终失败，崇忍利恩与衬红褒白终于战胜表哥回到人间。从此，纳西族的祭天仪式就有抵挡柯西柯洛降下自然灾害的内容，反映出人类与大自然（天地）矛盾对立的一面以及人类与之斗争求生存发展的积极态度，不过是在人神"三角恋爱"关系中将天人关系的矛盾对立面作了戏剧性的反映罢了。这也反映了"天人合一"思想的另一面，这里的"合"既有和谐也有斗争，是对立统一思想观念的生动写照。纳西族的祭天坛所反映的人与天地自然的关系，虽有矛盾斗争，但仍然摆脱不了血缘纽带关系，称那位不友善的柯西柯洛天神之父为"天舅"，祭祀天地大神的同时也祭祀他，同时也将那位不友善的表兄也请来接受祭拜，求其"谅解"而不要降下天灾人祸，求得人与天地和平共处。这种天人关系是社会现实血缘关系的投射，纳西族历史上的婚俗曾有一条不成文的规定，兄弟的儿子有权优先选娶姐妹的女儿为妻，即是舅家优先的表亲婚。将此婚俗搬到天上，便构成了天女、人祖神、"天舅"中央许神之子之间的纠葛，在天人关系中演绎出复杂有趣的故事，不仅使"天人合一"思想具有古朴的色彩、丰富的内容，也为祭天坛增添了生活气息而凸显纳西族祭天文化的民族特色。

四、"我"与天地相连不断的"天梯"观念

纳西族的祭天坛上所插的几种祭天神木分别象征天、地、中央许神，还要插象征祖先的祭木，这些祭天神木有丰富深厚的文化寓意。与"天人合一"思想相联系的还有关于"天梯"的信仰，这是远古时代遗留下来的木石崇拜遗迹，它仍然可以表现古纳西族的"天人合一"思想。华夏民族还在三皇五帝的传说时代就有关于"天梯"的神话传说，在其原始神话思维中，天人关系亦闪耀着灿烂神奇的色彩。华夏先民认为天与地、人与天是可以相通、相连、相互往来沟通的，其中介就是天梯。据古籍所载，天梯有两种，一是山（石），一是树木。按着当时人的思想，天地相隔并不太远，可以上下相通。"交通的道路就是靠着上插云霄的高山。……上插云霄的高山就是神圣所常游的地方，尽少说，它离天不远，同它是比较容易交通的。"① 正如龚自珍所说，"人之初，天下通，人上通；

---

①　徐旭生：《中国古史的传说时代》，北京，文物出版社，1985。

旦上天，夕上天。天与人，旦有语，夕有语"①，在上古人们的思想
里，天地、天人相通绝不是一种幻想或抽象的理念，而是一种事实。
《山海经》讲得更具体，说有群帝（天神）往来聚会的"帝之下
都"，古籍所载昆仑山、嵩山等几十座名山都是群帝往来之"下
都"——处所，也是人升天之路或人与群帝交往的路、梯。相传古
代的大巫（实为神化之人）就可以登天到帝都会天神，所谓"帝
都"是指天神的栖居之所，即后世所称"天宫"。大巫可以从神山
上来来往往，《山海经·海外西经》载："巫咸……在登葆山，群巫
所以上下也。"袁珂先生认为："这里的'上下'实在有上下于天做
下宣神旨、上达民情的工作的意思。"② 这种能上天的大巫，《祭天
古歌》和其他东巴经里不少见，著名者，如像三代之巫咸的女卜神
盘兹莎美就是其总代表，还有诸如卜神派出的善神四位神射手，上
天向天神诉说人间苦难求天神相助的人间使者（也有动物神充当使
者的），被神化的东巴经师，等等，这些能"上达民情"者绝不是
普通凡人，而是具有超乎寻常智慧才能之神人——大巫师，他们能
借神山天梯上下往来于天地间。《祭天古歌》反复讴歌的居那若罗
神山就是人神、群帝上下往来的天梯，十八层天上的东巴教祖师丁
巴什罗从这座天梯上下往来于天地人间；人祖神崇忍利恩与天女衬
红褒白从这座天梯下到人间；神鹰等动物神据此神山活动栖息。这
座神山还"记录"着人神共同的创世之功，它是在天地开辟之初由
众神与人类共同创造而成，成为天神、动植物神、人神的栖居之处
和上下往来的天梯、帝都。这是古纳西族的精神产物，人神相通、
共居一处，是天人合一思想的又一表现形式。这种观念充斥于《祭
天古歌》与其他东巴经，有数不胜数的神山成为人神共有的"家
园"；现实生活中诸多的名山大川被搬进神界、天界成为"帝都"；

① 徐旭生：《中国古史的传说时代》，北京，文物出版社，1985。
② 袁珂：《中国古代神话》，北京，中华书局，1960。

摩梭人崇拜的格姆女神山，就是女神来往于天地人间、"走婚"结交男神阿夏的通途。这是神山天梯的信仰观念对现实生活的投射，使得人神"亲如一家"，至少可以使人感到离神是那么近，离天是那么近。

不仅神山可为天梯，"高插入云霄"的树木也可成为天梯。古籍中有神树，有群帝休息的树，名曰"帝休"；群帝常居住的树，名曰"帝屋"；还有"帝女之桑"等。《山海经》中的《海外北经》、《海外东经》记载有"三桑无枝，其木长百仞"，"寻木长千里"，"汤谷上有扶桑"，"扶桑长数千丈"等。这些奇异之树实为天梯、神树。袁珂先生认为树木当中具有天梯性质的只有建木一种。建木是诸多神树中更为突出者，不少古籍有记载，《淮南子》载："建木在都广，日中无影，呼而无响，盖天地之中也。"又《山海经·海内经》曰："西南黑水之间，有都广之野，盖天下之中……爰有膏菽、膏稻、膏黍、膏稷，百谷自生，冬夏播琴。鸾鸟自歌，凤鸟自舞，灵寿实华，草木所聚。爰有百兽，相群爰处。此草（木）也，冬夏不死。"建木长在天地的中央，它的生长之地是一片理想的"乐土"，百谷自生肥美，飞禽走兽相聚相嬉，草木冬夏常青不衰，叫"灵寿"的树木花美果肥，还可做老人们的拐杖；建木长在天地中央，到了中午太阳当顶时看不见它的影子，在此地大吼一声声音马上就消失。另有古籍说建木是各方天神（群帝）上下往来的梯子；还说伏羲也曾缘着这座天梯上下往来于天地间，因为伏羲"继天而王，为百王先"[1]，所以他应该是第一个缘着天梯建木上下的人（神）。

《祭天古歌》也记载有以树木为天梯的神话故事，其意义和作用与古汉典籍相类似。其中所描述的"含英巴达"神树与古汉典籍所记神树颇为相似。传说它生在米利达吉神海里，长有十

---

[1] 《汉书·帝王世纪》。

二片叶子，十二个枝杈，开十二朵花，从此有了天地十二支属，一年阴阳十二个月也从这里开始。神树开的是金花、银花，结的是碧玉果、珍珠果。神树上有鹏鸟、大雕等上千种飞禽来栖息，树下有马鹿等上万种走兽在奔跑。在祭天坛的设置中必须栽一棵活松树象征"含英巴达"神树。祭祀天神地祇群神时，首先迎请众神祇下来，到祭天坛接受人们的顶拜，众神"群帝"正是缘着祭坛上这些神木天梯从天而降；祭祀完毕，又须将众神"群帝"送回去，众神仍须缘着神木天梯回到天上，人与神正是靠着这些天梯联络、沟通，保持亲族血缘关系。祭坛上的祭天神木既是天、地、祖先神的象征实体，又兼有天梯的性质和功能，"天人合一"的思想蕴含其中。无论是以神山还是以神木为群神群帝上下往来之天梯，其目的意义都在于：其一，靠它们来连接天人关系；其二，为众神上下往来人间天地铺路搭桥。在古纳西先民的心目中，在其原始神话思维的精神世界里，雄伟的高山、长势茂盛高大的树木，全具有神灵的性质，而且与自己的生命全处在同一个层面，人神不分，自认为是"天的儿子"，要保持与天的这种同根同脉的关系，就产生了天梯，有了它于是就有了人神往来的热闹场面和亲如一家的亲族关系。因为这些神山神树"高插入云霄"，高大、挺拔、伟岸，其物质形体很容易被神化。在古先民的原始审美意识中，在其功利目的驱使下，这些不同凡响的高山大树不仅是生存的需要，更有精神的依托，认为它们离天不远，上下方便，容易与天界诸神交接来往而保持亲和关系，因而有了如同古汉民族群神栖居的"帝都"、"帝屋"、"帝休"——天梯。由上所述，天梯的信仰观念其核心仍然是"天人合一"思想神奇、多彩的再现。

总之，纳西族的祭天文化在祭坛长歌《祭天古歌》中得到集中、全面、系统的表现，其核心思想"天人合一"的哲学思想之表现不仅生动、具体，形式多样，而且还明显地有一个进化程序，表现出纳西族思想的深邃、活跃。孙中山先生在论述世界本原时说，世界由物质构成，"进化之时期有三，其一为物质进化之时期，其二为物种进化之时期，其三为人类进化之时期"①。综观《祭天古歌》的"天人合一"哲学思想，基本包含着这三方面的内容，祭神诗歌所描绘的天地万物、人类诞生之前的气、声、水、影子、蛋，正是物质构成世界的观念的体现；这些物质的变化正是世界进化过程之具象描绘；接着万物产生，人类每代祖先从蛋中、海水中诞生出世，反映的是物种进化的思想；此后民族诞生的漫长过程正是人类的进化过程。如前所述，正是脱离了动植物物种选择、进化的过程，然后才正式进入人类自身进化的阶段。其间人类所经历的卵生说、物我一体、人神不分的前神话时代和神话时代以及人兽婚、无性繁殖（木头造人）人类等过程，均是在"证明"人类自身进化的曲折性、复杂性及进化历史的漫长性，直到人神婚或天婚才有了人类社会新阶段的发展。天婚是洪水时代人类再生的内容，喻示人类社会对偶婚的产生而被人类自身所选择、肯定、接受，它符合人类自身延续的方式和规律，也喻示混乱血缘群婚制的结束及有序社会生活的开端，尔后始有家、有族，尔后始有国，尔后始有礼仪法制、伦理道德，等等。以上种种内容表现出纳西族祭天文化、《祭天古歌》的"天人合一"思想的丰富性，明显地展示着人类社会、人类思想的进程，从而表现出它在纳西族的民族文化和民族思想发展史上的重要价值。

本文选自拙著《红土足迹——民族文化研究》，大众文艺出版社 2007 年出版。

---

① 转引自肖万源：《中国近代思想家的宗教和鬼神观》，合肥，安徽人民出版社，1991。

第二部分

摩梭母系文化研究

母系氏族社会及其文化形态，在人类历史上属于旧石器时代晚期，我国考古发掘的临潼姜寨和西安半坡母系氏族村落遗址，距今至少在1.8万年前。那个时代的母系婚姻家庭构成了远古母系文化的核心。据史料记载，"中华民族的始母大神女娲，正是母系氏族社会的代表或标志"，"在万物皆神的蛮荒时代，因她功不可没而被推上神的至尊之位受世代顶礼膜拜，她极有可能是一个历史人物的神化，故可将其视为母系氏族社会的具象代表人物，也可将其视为母系文化的象征或这一时代的代称"。① 面对考古遗址文物、女娲大神，还须发挥想象才能使我们与这邈远荒古的母系文化"神会"；在中国乃至整个世界，这一人类的母系文化早已作古绝迹，但是，却在中国西南部滇西北高原一隅还存活着，这就是举世瞩目的中国摩梭母系文化，为我们提供了以母系婚姻家庭为实证的母系文化"活标本"。将临潼姜寨和西安半坡的母系氏族村落、女娲大神与摩梭母系文化相联想，这种文化何其古老幽深，离我们何其遥远，可又实实在在，穿越时空距离，如神话般回到我们身边，可以"触摸"感受，甚至可以与之"对话"。

摩梭人是我国纳西族的支系，"摩梭"称谓最早见于古汉典籍《后汉书》，其曰："笮都夷者，武帝所开以为笮都县……元鼎六年（公元前111年），以为沈黎郡。"其中的"县"、"郡"均是汉武帝时在"西南夷"大渡河流域所设郡县，是为摩梭先祖栖居之地，距今有2000多年的历史。此后中国历代正统史志对摩梭均有明确记载，称呼大同小异，后汉称"么些"，唐称

---

① 见陈烈：《中国祭天文化》，北京，宗教文化出版社，2001。

"么些"或"磨些",宋称"么些"或"摩些",元称"摩沙"或"么些",明称"磨些"或"么些",清称"摩娑"或"摩挲",等等。据《元史·地理志》载:永宁州,昔名楼头赕,接吐蕃东徼,地名答蓝(与今藏族称永宁为"塔罗",近音),么些蛮主泥月乌逐出吐蕃,遂居此赕,世属大理。据此记载,摩梭人定居滇川交界的永宁泸沽湖地区距今已有 1500 多年的历史,成为该地区古老的民族之一,元代进入封建领主制社会。一直到明、清、民国各个历史时期,摩梭社会的政治体制虽已变革,但其母系氏族社会的经济基础得以保留,母系文化的主干母系婚姻家庭形态便随之保存下来,这种状况一直到新中国成立后的 1956 年民主改革前夕也无根本变化,母系婚姻家庭仍然盛行,生产生活方式变化不大。甚至到 20 世纪 80 年代之后,摩梭母系文化仍有遗存。

从文化遗存上考察,摩梭母系文化在各个历史时期和各种社会经济政治制度变革中,从物质形态到思想观念意识形态都表现出幽深的区域和民族传统渊源,在长期发展过程中自成体系,形成独特的、鲜明的民族个性化特征,而且不断代,保持着连续性、完整性、稳固性,其文化形象、风貌有别于世界上其他民族而独树一帜、特立于世。但是,任何文化都必然随社会历史变迁而发展变化,摩梭母系文化也必然遵循变与不变的矛盾对立统一律。古代摩梭社会尽管因种种历史原因发展迟缓,但其母系文化毕竟经历了自身的自我更新、进化发展。母系形态的"阿夏婚"在发展过程中产生了一整套传统的自律禁条,自我约束走婚行为方式;母系大家庭自有一套古传的伦理道德思想用以规范家庭成员和统协整个社会群体的关系,促进整个社会有序发展。摩梭人虽然长期生活在崇山峻岭、茫茫森林、大江大河的怀抱中,交通闭塞,与外界难以交流,但内部与周边民族并不隔绝,且长期共存,互通有无,文化上相互交融,尤其现代文明也为其注入了新的文化因素。故内外因素促成摩梭母系文化在稳定发展中有变异，所以摩梭母系婚姻家庭早已经脱离了原始母系氏族社会的"原版"，不能将其视为原始社会"知其母不知其父"的原始"翻版"，不能以猎奇的观点和现代伦理道德观念看待摩梭"阿夏婚"，而应以科学、严肃的态度对待之，这不仅是对历史的尊重，更是对一个民族及其民族传统文化的尊重。

摩梭母系文化已构成古代摩梭社会重要的思想意识形态，影响渗透到社会物质生活与精神生活，对于民族心理特质、民族性格和审美意识以及个人的人生观、价值观等都产生着深刻影响。以母亲、女性为精神支柱的母系大家庭，有着崇母、尊母、恋母的深情，母爱、亲情、爱情，如阳光温暖着摩梭儿女的心田和绿水青山。摩梭母系文化的生命力绵长不绝，对整个民族的生机、创造力和凝聚力的熔铸尽在潜移默化之中。

自新中国成立以来，摩梭人和全国各民族一样，受到党和国家的关怀。民主改革前，中央和云南省政府多次组织专家学者对摩梭社会、婚姻家庭状况进行全面调查，引起国内学术界关注，对摩梭母系文化进一步考察、研究，成果不断；各方新闻媒体对"女儿国"不断进行宣传报道；改革开放以来，更有摩梭文化的传人走出家乡宣传自己的传统文化，使摩梭母系文化以其独特的文化价值和独异的风貌吸引着世人。

摩梭母系文化是摩梭人的，是中国的，是世界的。

摩梭母系文化概说

一、古羌后裔摩梭人

中国摩梭母系文化源于中国西北甘青高原的古羌族；秦时古羌后裔摩梭人南迁至中国西南部，曾经分布于四川省木里、盐源、盐边、冕宁、西昌以及云南境内的建水、晋宁、呈贡等地，定居今云南省宁蒗县永宁泸沽湖地区已有1500多年。现在永宁泸沽湖地区仍是其主要聚居区，是摩梭母系文化主要集中分布区域。云南丽江、永胜、华坪、维西和四川木里、盐源、盐边、西昌等地有散居的摩梭人。

生活在中国云南省西北一隅的宁蒗彝族自治县永宁乡的摩梭人，有近3万人，是一个古老的民族，历史悠久，据史籍记载可追溯到公元前111年，即西汉元鼎六年，距今2000多年。摩梭人的族源有大量典籍史料可查证，属于中国古羌后裔，是从中国北方南迁至滇、川古羌族中的一支，即牦牛羌。牦牛羌原聚居于中国甘青高原，过着"逐水草而居"迁徙不定的游牧生活。到了公元前7世纪中叶，正是中国北方群雄争霸夺天下的春秋战国时期，强秦崛起。慑于强秦之威，甘青高原一带的羌人向中国西南部流动迁徙而远离众羌。战国时期有个叫"邛"的羌人部落首领，为避强秦率领族人向南迁徙。据《后汉书·西羌传》载，这部分南迁的羌人部落"子孙分别各自为种，往随所之（至）或为牦牛种，越嶲羌是也"。他们到达了甘肃东南、川西北和川西南地区，即后来西汉的武都（今甘肃西和西南）、广汉（今四川广汉一带）、越嶲（今四川西昌东南）诸郡广大地区。越嶲的羌人"牦牛种"称为"越嶲羌"，分布于大渡河、雅砻江流域，即今川西北一带。而越嶲羌正是纳西族（包括摩梭人）的祖先。汉武帝时在"西南夷"地区设置郡县，把大渡河流域今汉源县一带的筰都地区设置为沈黎郡，后改为蜀郡西部，后汉时为蜀郡属国，蜀汉及晋为汉嘉郡。《后汉书》卷八十六《南蛮西南夷列传》载："筰都夷者，武帝所开以为筰都县……元鼎六年（公元前111年），以为沈黎郡。至天汉四年（公元前97年），并蜀西郡，置两都尉，一居牦牛，主徼外夷；一居青衣，主汉人。"从这些记载可以证明牦牛种、牦牛夷、牦牛羌或越嶲羌是摩梭人的祖先，是南迁羌人的一支，摩梭人是古羌后裔无疑。又据《三国志·蜀志·张嶷传》记载，蜀汉时单是汉嘉郡界即有"牦牛夷种"。《华阳国志·蜀志》越嶲郡定筰县载："县在郡（越嶲郡）西，渡泸水（今四川雅砻江）宾岗徼，曰摩沙夷，有盐池，汉末，夷固之。"这是关于摩梭人历史活动范围较为具体的记载，这段史籍说明摩梭人迁徙到滇西北高原历史悠久，且固定下来，有了制盐业。岗徼则是今四川盐源、盐边县至云南丽江县的一大片地方，这一带正是摩梭人固定生活的世居之地。

古代的"牦牛羌"或"越嶲羌"到后汉便称之为"么些"。如前所述，这一支古羌后裔在大渡河流域的年代久远，而在早期，已有一部分从这一地区迁到雅砻江一带。《西康图经·滇诸族》中说："今泸定摩梭蛮，实称摩西蛮，谓摩梭故境也，俗读么些，故讹为摩西云。"摩西蛮在今四川甘孜藏族自治州境内大渡河畔、泸定桥与安顺场之间。这说明大渡河流域曾是摩西的故居之地。后来再逐步南迁至定筰，即今四川盐源一带。古摩梭人居住在古定笮地区（包括今泸沽湖周围一带）的历史是极久远的，且颇具发展规模。《三国志·蜀志·张嶷传》载，三国后主刘禅延熙二年（239 年）诸葛亮属将张嶷来定笮时，就已经有"牦牛夷种类四千户"，说明摩梭先民在不断扩大、发展民族基业。

从"摩梭"这一称谓的历史演变也可证明其历史悠久，文化古老厚重，与古羌族渊源深厚。"摩梭"，在中国浩繁的典籍史料中，有多种异字异写的记载、解释。《史记》和《汉书》称"牦牛羌"或"牦牛夷"，而"牦"字有多种写法，如"髦"、"旄"等。据摩梭原始宗教达巴口传经说，古代摩梭为游牧民族，称为放牦牛的人。而在摩梭语中"牦"的音是"么"的弹唇音，"人"的音与现今"亨"字的音轻声相近，"亨"的轻声与"些"谐音，故将摩梭语"么儿亨"略去轻声"儿"字，音译成汉字"么西"较恰当。"么儿亨"意即放牦牛的人，而"么西"古来有之，故由"牦牛夷"变为"么西"，由"么西"变为"摩梭"，正好说明了摩梭人的族称有着深层的文化内涵，其源头幽深。"摩梭"这个称谓最早见于《后汉书》志第二十三卷《郡国五》，在校注"定笮"条里载："县在郡西，宾岗徼曰摩沙夷有盐坑……"此后唐称"么些"或"磨些"，宋称"么些"或"摩些"，元称"摩沙"或"么些"，明称"磨些"或"么西"，清称"摩娑"或"摩挲"。其他史志如《华阳国志》、《西康图经》、《蜀中广记》、《樊志》、《蛮书》等都以"么些"、"末西"、"摩西"、"摩沙"、"么夑"（读"梭"）、"摩挲"（读"梭"）、"摩娑"等同音异字或异写，记载了摩梭这一族称。正统的史志《后汉书》、《新唐书》、《元史》、《明史》、《清史稿》均有摩梭的记载，其中《元史》很明确地记载了永宁土知府和蒗蕖土知州摩梭土司的隶属关系和建制的历史沿革。又，据《西康图经·滇诸族》（二〇四节）记载：么些为康滇间最大民族，亦最优秀之民族也。些读如娑，英文作 Moso，法文作 Mosso，美国人洛克称之为 Nashi，其族在汉为越嶲诏，六朝为筰国诏，唐时为摩娑蛮，宋时曰摩些诏，为大理属部。这说明摩梭人的族称与历史演变被中国历代王朝和众多典籍屡屡记载，可见其历史悠久。

摩梭先民迁徙到永宁泸沽湖的确切时间，据《元史·地理志》载：永宁州，昔名楼头赕，接吐蕃东徼，地名答蓝（与今藏族称永宁为"塔罗"近音），么些蛮主泥月乌逐出吐蕃，遂居此赕，世属大理。宪宗三年（1253 年）其三十一世孙和字内附。说明摩梭先民在元代以前已传 31 世，按历史惯例 25 年为一代计，摩梭先民在永宁居住当时已有 800 年左右，而元朝宪宗三年距今有 700 多年，以此论证，摩梭人在永宁定居的时间确切年代已有 1500 多年。

摩梭人的迁徙历史及其路线、与古羌的亲缘关系，在其现实生活中也可找到根据。在摩梭人现存的丧葬习俗中，要由达巴念《指路经》指引死者亡灵回归祖先发祥地，这是根据死者氏族或家族的居住地、迁徙路线中的一个一个地名组成的指引路线。由于氏族或家族居住地不同、代谱不同，魂归祖地的具体路线也不相同。各个家支、氏族的送魂路线所涉及的山名、水名、村名和牧场、草地、田野、村庄的名称极多，有的可实考，有的则无以考证。各条送魂路线的近程路线虽不相同，但远程路线相同。总的是这样一条路线：永宁—四川前所（或左所）—木里丫口—溪龙—雅砻江，然后沿大渡河进入四川茂县、汶川地区，或进入松潘。值得研究的是各家族的近程路线虽不相同，但到了四川木里各条路线就都会合了，终点都是"斯波安那瓦"。这是个地名，据考证在今四川省木里县以北的地区，属古越嶲郡。"斯波"意为地名；"安那瓦"意为大黑岩子山，或为有黑色岩石的村寨之意。传说这里是摩梭先祖的发祥地，在很多达巴口诵经中都念到它。《指路经》远程路线与历史记载的古代迁徙路线由北往南的方向是一致的，而且还有相同的地名。"木里"古越嶲正是古摩梭先民重要的栖息之地。

摩梭人丧俗行火葬，民间有这方面的长诗、故事流传，文化含义深远，与其族源相关。据《吕氏春秋·义赏》篇记载："氐羌之民，其虏也，不忧其系累，而忧其死不焚也。"现今摩梭人也认为火化尸体越彻底越好，焚尸柴火燃烧得越旺越好，否则不吉利，这仍是"忧其死不焚"观念的遗留。火葬习俗是古氐羌重要的习俗之一，从民俗事象到文化心态，至今完整地保存在摩梭人的现实生活中。摩梭人的语言属汉藏语系中的彝语支。据学者们考证，彝语支诸民族（在云南境内有 12 个民族）的语言、习俗、族源等文化现象均与古氐羌有渊源关系，称这些民族为古氐羌族群，无疑摩梭人是古氐羌族群中的一员。以上摩梭人的族源、迁徙历史、习俗、语言等诸种文化因素，"如果确实是构成种族文化的重要文化要素，那么，即使只有一两个，数量不多，也是值得重视的。因为这一两个重要文化要素正是证明某一种族文化曾经存在过的标志"[1]。更何况摩梭人的种种文化因素不仅在典籍中可以查证，而且在现实生活中存活着鲜活的、第一生命形态的文化要素与古羌文化一一相印证。反之，则证明今天的摩梭人源于古羌族，是古羌族后裔，历史文化悠久。

同时，摩梭人与古老的纳西人之族源同根同种，均源于古羌族，二者同是种族相同的同一个民族，统归为纳西族，故摩梭人与纳西人是同一个民族的族群。一个属纳西人支系，以金沙江为界，金沙江以西以丽江为中心称为西部方言区；以东巴象形文字为标志，又称为纳西文化的有文字区。一个是金沙江以东以永宁为中心的摩梭人地区，称为纳西文化的东部方言区，又称为无文

① ［日］关敬吾编著：《民俗学》，王汝澜、龚益善译，北京，中国民间文艺出版社，1986。

字区。

摩梭人在历史上曾分布广、人口多，但由于历史的原因，居无定所，常常迁徙流动，生产力低下，又无自己的文字，加上与其他民族杂居，所以一些地方的摩梭人被其他民族同化融合，一些地方的摩梭人被迫迁徙，而一些又被战争、饥寒和自然灾害所迫而致死亡，所以人口锐减。到了清朝以后，摩梭人的地域范围已大大缩小，仅在四川盐源、木里、盐边和云南的宁蒗、丽江、永胜、维西等地还有摩梭人居住。根据达巴口传经记载，宁蒗的摩梭人有两大部落，永宁、拉伯为一个部落，分6个胞族、10多个氏族，从大渡河流域迁徙而来；另一个部落是蒗蕖，有4个胞族、9个氏族，从四川左所迁徙而来。到20世纪80年代末，称为摩梭人的共计约4万人，具体分布情况是：宁蒗永宁泸沽湖地区1.5万人；丽江、永胜、维西华坪等地有散居；四川盐源1.3万人；木里约7000人；盐边、冕宁、西昌等地也有散居的摩梭人。到21世纪，现在永宁泸沽湖周围地区之滇川交界地的摩梭人约有3万人。历史和地理的原因造成摩梭地区社会、经济落后，交通信息闭塞，人口无所增加，人民长期处于贫穷落后的生活境地，直到改革开放旅游经济发展起来，人民的生活、永宁乡的面貌才有了新的变化。

二、昔日的摩梭社会

摩梭人在元代进入阶级社会，永宁与蒗蕖的土司从明代开始受封，建立封建领主制经济社会，对摩梭地区实行一整套土司统治系统的管辖和治理。摩梭人被划分为以阶级表现为特征的不同等级，直至新中国成立前夕其社会性质仍属封建领主制。其社会结构，在政治上表现为建立了土司最高统治机构土知府，设有土司衙门；在经济上表现为封建土司领主阶级占有最大部分的土地，农民（或农奴）占有极少或没有土地。实行土地租佃制，农民向土司领主交地租，受到经济剥削与政治压迫。

封建土司靠土知府（州）统治机构，通过土司衙门、政治组织对农民、农奴实施统治权力，其组织系统有司匹（最高统治者）、总管、肯布（宗教最高长官）、分封土司、把事、司爷、管人、总伙头等大大小小不同等级的行政官员，对被统治者实行层层管理；民国初年实行过区、乡、闾、邻的行政划分制，基层组织的名称曾作过相应改变；之后又实行过乡、保、甲制。新中国成立前摩梭土司一直实行世袭制，土司的主要统治措施主要有严格的等级制度、政教合一、习惯法、武装组织四种。等级制度分为统治阶级内部的权力等级分配和社会上的等级划分，社会上分为司匹—责卡—娃三个等级。权力最大的是土司，司匹为分封土司，属世袭贵族集团，可以担任土司政权中的各种官职，是社会中的特权阶层。责卡等级相当于百姓，是受剥削压迫的阶层，不过他们有一部分土地，有财产支配权，有人身自由。娃等级是最底层的穷苦阶层，身份世袭不变。以上的等级制度是维持封建统治地位的基本社会制度。

政教合一是指参与到政治势力中的藏传佛教中的黄教派与土司统治的行政权力融合为一体，政权、神权、族权相结合，形成为封建领主制经济基础服务的上层建筑。藏传佛教的黄教派在永宁地区传播有700多年的历史，与土司当权者结合，互相利用，不仅靠政权保护自己的地位、扩大影响、索取财物，从经济上保障宗教活动，而且在思想意识上向摩梭社会灌输佛教思想，对摩梭人的思想行为模式、价值观、人生观都产生了深刻影响，成为封建领主制思想统治的武器。

所谓习惯法，是土司衙门为了确保以上各种措施顺利实施而定下的不成文的规章制度，例如规定人民群众严格遵守各种等级制度；要完成国家和土司衙门的征兵任务；要送男丁入寺为僧，两人中去一人、三人中去两人等；土司严格实行一夫一妻制，百姓娃子实行阿夏婚及母系家庭；缴纳各种捐税、服劳役、向土司衙门上贡，遵守土地租佃制、抵押制及相应的交纳地租制；讲礼仪法规、尊老爱幼、不欺负妇女儿童和残疾人、热情待宾客等；遵守生产、生活、宗教、节庆、放牧打猎等各种禁忌等。这是从政治、经济、文化、思想行为等各方面对社会进行规范、治理，对人民实行具体的统治。

军队是土司领主对人民实行统治、专政的重要工具，其武装组织有护卫兵，也叫亲兵；另一种叫常备队，也叫团兵。除此之外，土司衙门设有监狱和各种刑具，对反抗造反者实行挖眼、枪杀、剥皮等酷刑。不过永宁地区还保留有氏族时期遗留的民主权利，土司对百姓一般不杀戮，也很少施酷刑；蒗蕖土司则不然。

昔日摩梭社会的经济主要是土地占有制，体现出三个等级在社会生产和经济生活中的地位和对生产资料的关系。土地租佃制中的地租则构成了土司领主对责卡和娃等级的剥削关系，又是司匹等级用土地所有权借助超经济剥削强占农民剩余劳动的基本形式。以上围绕土地构成的生产关系即剥削与被剥削的关系，极大地阻碍了生产力的发展，造成农民贫困，社会经济生产发展缓慢、落后，这便是昔日摩梭社会的基本现实。

土司领主经济制度下的摩梭地区以农业经济为主，这是传统的小而全、封闭的自然经济。新中国成立前夕，永宁摩梭的封建领主经济制度比较完整，而蒗蕖则日益衰落，地主经济正在发展。农业主要靠单家独户进行生产，这些农户就是一个小而全的生产单位，是全封闭式的小国寡民的封建小农经济。整个摩梭地区基本上与外界隔绝，成为独立的农业经济小"王国"。为了抵御自然灾害，克服生产力低下带来的困难，人们建立起两三家自愿组成的协作组织，保留了古老的氏族公社遗风。摩梭地区在新中国成立前早已进入犁耕农业阶段，普遍使用各种铁农具，兼有竹木工具。耕作技术比较粗放，部分旱地和开荒地还用刀耕火种的原始方法。各家在种稗子和水稻时要服从土司衙门派定的农官和水官的统一管理和指挥，以保证耕地和牧场的正常使用。这种管理方法保留了类似古代农村公社式的管理办法。由于耕作技术落后，农作物产量比较低。依附于农业的副业是家庭手工业，主要有纺织、缝制、酿酒、榨油、铁木器制作、竹器编织、淘金及渔业工具的制作等。尤其是纺织缝制是每个摩梭女子必会的手艺，她们用圆形纺车和长木架式木质织布机纺织麻线、麻布。每个家庭都养猪，腌制特色食品猪膘肉，这是每个家庭必备的年节传统食品，也拿到市场上销售。

除农业外，摩梭人经济生活中居第二位的是畜牧业和马帮运输业，直接服务于农业经济。畜牧业历史悠久，积累了丰富的放牧和饲养牲畜的经验，这与其先民是北方游牧民族的生活生产习俗有关，是游牧生活的遗风在滇西北高原的再现。他们十分重视对牲畜的饲养，每个村寨一般由几家人联合组成数个放牧单位，每家轮流放牧。所饲养的牲畜有牛、马、羊、猪、牦牛，除了牦牛，其他家畜每家都养，数量不等。他们十分珍爱家畜，以牲口的多少作为穷富的标志。猪膘肉更是财富的重要标志，儿女的成丁礼上必用到它，是富足的象征物。对骡马非常珍爱，骡马不仅是农业劳动的主要畜力，更与马帮运输经商直接关联。各个家庭都饲养数量不等的骡马，几匹或十几匹、几十匹不等。民间有俗谚称："汉人发财靠田地，摩梭发财靠骡马。"说明马帮运输经商在其经济生活中的重要地位。赶马运输经商是他们的传统商贸活动，历史悠久。早在20世纪初叶，滇、川、藏商贸经济就十分活跃。更早可追溯至南方陆上丝绸之路的时代，至迟在4世纪，中国西南各民族祖先的马队就在这条古道上履深涉难，开拓前进。后世的摩梭子孙也不甘落后，跟着祖先的足迹行走在这条古商道上。他们的马帮运输商队近程的到达四川、大理、丽江、中甸、德钦，行程三五天、七八天不等；远程的到达西藏以及印度、尼泊尔等地区和国家，行程数月数年不论，有的人甚至一去不归，客居或客死异国他乡。马帮商队的规模大小不一，少则几匹、几个人，或十几匹骡马、十几个人，大型的可达 150 匹骡马，赶马人可达 30 多人，着实壮观！他们的马帮驮出去本地土货，换回所需各种生产资料和生活用品，诸如铁器、盐、茶、布匹、药材以及金银玉器、珠宝，还有的贩运烟土。这条曲折漫长的马帮古道穿行在群山峻岭、江河、荒漠原野，是昔日摩梭人与外界发生联系、交流信息、互通有无的唯一途径，也是他们经济生活的命脉，关系着摩梭商品经济的孕育和发展，为现在新时期摩梭社会的经济发展播下了种子。过去摩梭人所经营的产品主要有牲畜、皮毛、粗细麻布、白酒、酥油、肉、猪膘等，虽有了一定规模的商品经济，但仍属封闭式的自给自足的小农经济。

三、摩梭母系文化的特征

（一）历史传承的延续性、稳固性

所谓延续性，是从历史纵向考察，摩梭社会的重要传统文化——母系文化，在氏族社会历史发展的各个阶段、各个时期都不曾中断，一直与社会历史、民族文化同步发展。所谓稳固性，是指母系文化具有生命力，不曾因时代的变迁而动摇根基以致消亡，历经几千年，如今仍存活在摩梭人中。母系文化的遗存构成了摩梭社会文化的总体特征，甚至留有母系氏族社会的某些文化现象，主要表现在至今保存有完整的母系形态的婚姻家庭。这是摩梭人传承了几千年的传统婚姻家庭模式。摩梭人定居永宁泸沽湖已有 1500 多年的历史，也早已进入阶级社会，阶级关系代替早期的氏族血缘关系，进而建立了封建土司领主制等级社会，一

直保持到新中国成立前。但早期的母系氏族社会经济基础因种种原因并没有彻底消除，其母系文化因素得以保存下来，以母系氏族血缘关系为纽带的母系大家庭保存完好，与之相适应的以走访婚为表现形式的母系婚姻——阿夏婚继续存在。封建土司治理摩梭社会的习惯法也允许百姓们实行阿夏婚，使这一特殊的婚俗更有其合法的社会地位，使其成为当时社会的一种婚姻制度而得以顺利、稳固传延。新中国成立后实行民主改革，摩梭社会飞速进入社会主义，封建领主性质的政治经济基础虽已彻底摧毁，但作为社会上层建筑的意识形态、精神文化并不随之彻底消亡，尤其自古承袭下来的母系文化原本就深深扎根于摩梭民族文化历史的土壤之中，其根基更不易动摇。在极"左"路线时代，一连串的政治运动，尤其"文化大革命"时期对摩梭母系文化也曾产生过影响、冲击，但并没有改变这种文化的本质特征。即使到了现代文明高度发展的今天，母系大家庭、阿夏婚仍以其独特的风貌展示着摩梭母系文化固有的特质及其生命力。诚然，现今的摩梭母系文化与原始母系社会的原貌有本质的区别，不可相提并论——虽然母系形态的婚姻家庭得以完整保留至今，但绝对不是原始血缘群婚，不是原始社会的婚姻翻版，而是自有一套习惯法和自律礼制维护这种婚姻家庭的合理性，使之不仅流传于过去的时代，也流传于现当代。这一时空距离大跨度的母系文化现象，尤其它的母系形态的婚姻家庭在当今世界独具一格，充分表现出摩梭母系文化历史传承的延续性、稳固性。

（二）氏族性、群体性

摩梭母系文化所谓的氏族性，是指摩梭社会由氏族社会脱胎而来，留有氏族文化的特征，与母系文化相联系的经济形态、社会结构、宗教制度、生活习俗、礼仪制度、思想意识、伦理道德等物质文化与精神文化领域，都具有强烈的氏族观念，且强调血缘关系。突出表现在母系家庭是直接传承氏族血缘关系的集结点，母系婚姻阿夏婚是民族群体的一种氏族婚姻，是氏族外婚制的偶婚形式，族群内部各个不同的氏族之间可以通婚，而严禁在同一血缘氏族内部通婚，故这种婚姻强调的仍是氏族观念与血缘关系。所谓群体性，是指以母系婚姻家庭为核心的母系文化不是个别现象，而是广布整个摩梭社会，在整个民族群体中衍生、传播。尤其母系婚姻家庭是古代摩梭人的重要社会制度之重要内容，母系家庭是构成摩梭社会的细胞，这就更不是个别现象，故在历史上，摩梭母系文化表现出鲜明的群体性，母系婚姻家庭遍及整个民族群体，又表现出母系社会氏族文化的特征。他们至今保留着氏族、家族（或家支）、家名姓氏的专用名，甚至个人的姓名也与氏族血缘一脉相承。他们称氏族为"尔"或"嗯咪"，同一个"尔"或"嗯咪"重新分裂组成的新的血缘集团称为"斯日"，即是家族或家支；以"斯日"分裂出的新的血缘集团称为"日都"，即是家庭的称谓。一个"斯日"可有几家、十几家或几十家小的血缘亲属组织，同一个"斯日"的原本家称为"阿窝尔"。"尔"或"嗯咪"、"斯日"在摩梭语中意为"同一根骨"或"同一个根根"，即为同一个女始祖传下的后裔组成的血缘集团，这是保留着同一女始祖血缘集团的专用名，具有母系氏族的标志性特征。同一个"尔"或"嗯咪"、"斯日"、"阿窝尔"有共同的生活习俗、宗教信仰，例如同一个火葬场、同一部给死者念的《指路经》、同祭一个锅庄、同念一个祖谱、信仰崇拜共同的祖先神，等等。

摩梭人的母系家庭由母系血缘氏族分裂而来，血缘传承顺序为氏族、家族（或家支）、家庭。他们重家名，个人姓名前都冠以家名，家名多从"斯日"（家族、家支）中衍生而出，其命名方式为：以始建该家庭的主人之名为家名；以始建者的社会地位、官阶为家名；所居之地、住房位置特征、原属族源名等均可命名为家名。摩梭家庭始建者多属女性先妣，与母系氏族血缘相袭相承，而多数家名又与"斯日"名称相同，很能表现氏族观念与血缘承接关系。同一家庭的兄弟姊妹如从母屋分出另立门户，也可另取一个家名，但必须继续沿用"斯日"的名称，以保持家族血缘关系。以上命名反映了摩梭人远古母系氏族图腾崇拜、崇母观念以及以图腾崇拜组合成社会集团——氏族的脉络，凸显出摩梭社会母系文化的氏族特征。摩梭人的个人姓氏名字，多由家名与本人的名字组成，例如"拉泽高布"，"拉泽"是家名，"高布"是本人名；又例如"阿卡独玛"，"阿卡"是家名，"独玛"是本人名；等等。以上说明氏族、家族（或家支）、家庭、家名以及个人姓氏名字都与氏族血缘一脉相承，都是同一个女始祖传下来的后裔，明显具有氏族性、群体性特征。

（三）辐射性、渗透性

辐射性，是指摩梭母系文化对其他传统文化产生的互化现象。所谓互化，"是指相互的或双边的文化涵化，也即是两个当事的文化群体彼此影响的文化涵化状况"①。也即是母系文化与其他传统文化接触互动而产生的影响。这种接触是积极主动的，有时是占主导地位的，而且领域广泛，例如母系文化对生活习俗、思想意识、民族心理、宗教信仰、民族民间艺术等的影响都表现出母系文化对这些传统文化的涵化作用和辐射特征。所谓渗透性，是指母系文化对其他传统文化深层次的涵化、融合，例如它对民族原始多神教达巴教思想的渗透便是这一特征的具体表现。摩梭社会是一个宗教色彩浓厚的社会，母系文化、原始宗教以及后来的佛教文化相互渗透、融合，构成摩梭社会主要的社会

① 芮逸夫主编：《云五社会科学大辞典·人类学》，第10册，台北，台湾商务印书馆，1971。

意识形态和文化传统，这正是摩梭人思想文化的核心，而渗入其中的母系文化要素如女性崇拜、母体崇拜铸成摩梭人的思想意识之崇母特质，为其母系形态的婚姻家庭扎下牢实的思想根基。这是母系文化对其氏族传统文化思想具有辐射力、渗透力的有力证据。

（四）地域性、变异性

地域性是指摩梭母系文化有特定的生态环境和生存条件，它只能生存、发展、传承于永宁泸沽湖这一区域、摩梭人这一族群，它具有这一区域文化的共同传统，而且具有时间的深度，有许多概括性的特征（如前所述）。一旦脱离这一区域、摩梭人这一族群，摩梭母系文化便不复存在，即便有仿效，那也只能是东施效颦。所以摩梭母系文化的地域性独特到是当今世界的"唯一"，独具一格。变异性是指摩梭母系文化在其发展过程中的变化。任何一种文化都有其发生、发展乃至消亡的过程，摩梭母系文化也必然遵循事物发展变化的基本规律。摩梭社会历史从氏族社会进入封建领主制社会，再进入社会主义社会，社会性质发生了根本变化，社会秩序、社会结构、政治体制、经济基础、上层建筑等等都发生了一系列的变化。世界各民族、各国曾有过的母系文化都随母系氏族社会的消亡而消亡，而摩梭母系文化在特殊的地域环境中仍保有共同的传统特征。据有的学者调查研究，"直到 1956 年民主革命前后，纳西族（即摩梭人——笔者）还残存一些血缘婚实例"①。但是其后时代不断前进，打破了摩梭社会小农经济封闭的"小王国"，与外界有了接触，人们的思想观念、母系婚姻家庭也发生了一些变化，尽管这种变化缓慢、绵长，但终究在变。摩梭人在长期实行阿夏婚的实践过程中，自有

---

① 严汝娴、宋兆麟：《永宁纳西族的母系制》，昆明，云南人民出版社，1983。

一套规律、约束、习惯法与伦理道德准则，并非随意为之。他们也在不断自我认识、自我更新，该保留什么、该扬弃什么自有判断、自有选择。所以，杜绝早期阿夏婚中的血缘婚因素，严禁同一母系血缘的成员通婚、走婚，凸显氏族外婚制对偶婚特点，这是进化了的、根本不同于原始氏族社会血缘群婚制的母系形态婚姻。摩梭人视同一母系血缘通婚为耻辱，称违背血缘外婚的人是"脸上长毛"的人，是为禽兽之意，表明其伦理道德观已深入社会群体。在同一家名的群体中有的早已实行婚嫁，母系血统被变换而掺进父系血统，或全为父系血统家庭；一夫一妻制婚姻的兴起产生了父系家庭，使母系婚姻进一步发生质的变化，父系成分渐渐增加。尤其改革开放之后，摩梭人的婚姻家庭融进了新的思想文化因素，他们一面守护着人类母系文化的最后一道温暖的阳光，一面跟随时代的步伐前进。这就是摩梭母系文化变与不变的辩证关系。

四、摩梭母系文化的摇篮——永宁泸沽湖

永宁泸沽湖是摩梭人及其母系文化外在的地理方面及生物方面的环境，是摩梭人主要的分布聚居地区。早在元代以前摩梭人就生息繁衍在这一区域，开拓、创造自己的家园和民族历史文化，至今足有 1500 年的历史。永宁是滇西北崇山峻岭中的一个高山小平原，当地人称"坝子"，地处金沙江的小凉山山谷地带，北靠金沙江，山林茫茫，江河奔腾，气候湿热；南接彝族居住的小凉山地界，山道艰险，群峰连绵起伏，林海苍茫；西与中甸藏族毗邻，隔金沙江而望，又与丽江纳西族接界，当年元世祖忽必烈渡金沙江时的第一道雄关险隘太子关就在这里，如界碑一般耸立在群山之中；东边与四川木里县、盐源县接壤，也是古道幽幽，群山绵亘无际，难履难涉。永宁在行政区划上是属于宁蒗

彝族自治县的一个乡，地处滇川两省、三县（木里县、中甸县①、丽江县②）交界处，总面积 642 平方公里，海拔 2644 米，居住着纳西（摩梭）、汉、彝、普米、白、回等 12 个民族，摩梭人共 6500 多人。泸沽湖被摩梭人称为"谢纳咪"，意为母湖、母亲湖，位于永宁境内东部，其东与四川盐源县接邻，距宁蒗县城 73 公里，距丽江市 200 公里；湖域总面积 50.3 平方公里，湖面海拔 2690 米，最大水深 93 米，平均水深 45 米，居中国淡水湖第三位。湖水从东南四川的草海流出，经盖祖河流入雅砻江汇入金沙江。

永宁坝和泸沽湖既是摩梭人的聚居区，也是摩梭母系文化主要集中分布区，又是现在的省级自然保护区和摩梭人民俗文化保护区。现在已开发出泸沽湖旅游区，由泸沽湖水域与永宁坝区两部分组成，是玉龙雪山国家级风景名胜区的重要组成部分。更重要的是，这里是摩梭人的共同传统母系文化唯一生存、遗留、传延的区域，是摩梭母系文化的摇篮，不仅有神奇、秀美、迷人的自然风光，更有独特的摩梭母系文化，自然的、人文的资源均属得天独厚，吸引国内外的专家学者和旅游者纷至沓来。

永宁泸沽湖地区分布着几十个摩梭村落，这些村落至今还保留着氏族血缘关系和母系血缘大家庭以及与之相适应的母系形态的婚姻——阿夏婚。相传这一区域曾经分布着 6 个摩梭古老的氏族，称为"尔"，它们是西、胡、牙、峨、布、搓，曾分三路进入永宁地区。现实中摩梭人每个氏族或家族都有自己的迁徙路线与传承代谱，绝不混同，摩梭老人或达巴都能清楚记忆、背出各个氏族的迁徙路线与传承代谱。永宁泸沽湖地区是摩梭人的氏族血缘网络之地，从古至今，其氏族、家族（或家支）、家庭直至

---

① 即今香格里拉县。下同。编辑注。
② 即今丽江市古城区和玉龙县。编辑注。

个人，均由同一母系血缘贯通联结，大大小小的血缘集团不断分裂，重新组合成新的组织。他们称氏族为"尔"，由尔分裂出来的血缘组织称"斯日"，即家族、家支；"斯日"分裂出的血缘组织称"日都"，即家庭。"斯日"是介于氏族与家庭之间的重要血亲组织，一个"斯日"可以有几家、十几家甚至几十家的血亲小集团，即母系大家庭。同一个"斯日"的原本家称"阿窝尔"。所以"斯日"是血缘家庭之间重要的纽带，起到承上接下的作用。许多活动都是以"斯日"为单位举行的，例如祭天、祭祖、祭山神、红白喜事等。"斯日"虽各有名称，但大都以女始祖名称命名。而重新划定生活地点的若干母系家庭，有一类是直接从大"斯日"母家分出来的，另一类则是由共同专奉的一个女始祖血缘家族中分裂组成。所以"斯日"的血缘氏族性更为鲜明，更具共同区域传统特征。现在的摩梭村落是由这些具有氏族血缘性质的大大小小的"斯日"演变而来，再与地缘相结合，就形成了现在的血缘与地缘相结合的摩梭村落。这些村落在历史上与民族的迁徙、氏族的血缘、种族的传延、阿夏婚、母系大家庭以及物质文化精神文化的创造均是血肉相连，与各民族的交流、互化等等都有密切联系，所以这些村落有着深厚的文化积淀和历史渊源。摩梭母系文化在永宁泸沽湖由这样一个个村落世代衍生着、传播着，形成传播母系文化的集结网络，永宁泸沽湖成为名副其实的摩梭母系文化的摇篮。

五、摩梭母系文化的价值

(一) 社会历史价值

摩梭母系文化具有人文学科多种领域的研究价值，首先是它的社会历史价值。带有母系文化特征的摩梭社会的形成、发展以及它的结构、政治、经济、宗教、文化、家庭、婚姻等等各种社会形态的遗留，都构成了一部活生生的社会发展史，以活的事实为依据，为研究我国古代史、民族发展史提供了宝贵的资料，尤其对古代社会氏族制度的源流、形成、特征等都有极重要的研究价值。云南是中国世居少数民族成分最多的省份，摩梭人蕴含母系文化因素的社会形态，对研究其他少数民族的社会形态具有借鉴的作用。摩梭人作为纳西族的一支，研究摩梭母系文化，对研究纳西族的远古氏族社会历史，尤其对研究古老的东巴文化都有互补作用。

（二）对研究婚姻家庭的价值

摩梭人母系形态的婚姻家庭非常独特，既不是一夫多妻，又不是一妻多夫，更不是母系血缘群婚（即兄妹婚）和乱婚，而是含有母系文化遗存因素的一种婚姻，其家庭是母系单亲血缘性质的家庭。这种家庭是由母系氏族分裂而来，既是血缘组织，又是生产、生活单位，是构成古代摩梭社会的基本单位。家庭成员由一个始祖母的女系后裔组成，而不包括男女成员的配偶"阿夏"；财产继承和世袭权均归母系成员所有；儿童的抚养教育、老人的养老送终等等均由母系家庭成员共同承担，这些都是母系氏族公社的遗存因素。这样的单亲母系家庭，其成员只能过走访式的婚姻生活。这种婚姻是由母系家庭的性质所决定的。牢固的血缘纽带排斥了婚姻纽带，走访婚的男女双方都不能成为对方的家庭成员，这也是母系氏族文化因素的遗存。而摩梭母系婚姻家庭绝不是原始社会的母系形态婚姻家庭的翻版，而是发展、变化了的，与历史上的母系形态有本质区别的特殊婚姻家庭。其氏族内部的结构关系、氏族外婚制、婚姻形态的演变、家庭的变化发展，都为民族学、人类学的研究提供了活材料、活标本，所以它的学术研究价值极高。

（三）对民族传统文化的认识价值

第一，摩梭母系文化应该也可以启迪现在 21 世纪的人们对中国各民族传统文化有一个总体的认识。中国有 56 个民族，每个民族都有自己的文化历史，都应该得到尊重、珍惜，因为都是人类文明的部分，是人类的宝贵精神财富。犹如纳西族摩梭母系文化，就已成为研究人类婚姻家庭史的一把钥匙，被称为"活化石"。在中国 56 个民族的传统文化宝库中，焉知没有其他领域的活化石？我们应该充分认识其人文学科价值。

第二，摩梭母系文化让我们认识到民族传统文化的多元性。民族的多样性决定文化上的多元性，中国、世界分布着不同的民族，创造了不同的民族传统文化，都应该有生存、发展的空间。犹如摩梭人的母系文化，尽管它只属于中国滇西北一隅的一种文化，但它也与其他民族的文化一样传承了上千年，同样证明着本民族远古文化的源远流长，同样是中国和世界历史文化长河中扬起的一朵浪花，使我们具体认识到文化的世界性、多元性。

第三，摩梭母系文化让我们认识到民族传统文化的特殊性、不可替代性。各个民族因在社会历史发展过程中走过的道路各不相同、民族命运各不相同、民族生存的地理环境不同，所造就的民族心理素质、性格特征、民族精神、思想行为模式、生产生活方式等等人文因素也各有不同。犹如摩梭母系文化除了具有世界性，更具有独特性。其世界级的意义、地位不言而喻。对这种独具民族个性、特性的民族传统文化我们更应当珍视。独特性与世界性并不矛盾，越是民族的越是世界的。

第四，摩梭母系文化对于民族传统文化的社会价值。各民族文化不仅在民族的社会历史中具有重要作用，在现代文化的建设中也有不可忽视的作用，现代文明是对传统文明的继承和发展，传统文化中的积极因素值得当代社会汲取、继承、弘扬。摩梭母系大家庭所具有的一些特征就有不少积极的文化因素，例如对母亲的尊崇、对母爱的颂扬、家庭亲情融融、互助友爱、与人和睦相处、尊老爱幼等伦理道德观，对于促进社会稳定与和谐发展都具有积极的社会文化价值。

摩梭母系家庭

一、摩梭家庭的历史状况与发展变化

摩梭人在历史上有三种家庭并存，一是母系家庭，二是母系父系并存的双系家庭，三是父系家庭。其中以母系家庭为主、为重。三种家庭都是构成古代摩梭社会的细胞，是摩梭社会生产交换、消费的基本单位。早在元代以前这三种家庭就已并行，到了近现代其变化也是缓慢不显著的，现按时间顺序分析其变化的状况。

（一）封建领主制至民主改革时期

摩梭人在元代已进入封建土司领主社会，但政治、经济、宗教、文化、婚姻家庭都明显保留着氏族社会的遗迹，社会结构的母系文化特征明显，血缘性质的村落普遍存在，以母系血缘为纽带组成的母系大家庭在这一时期占着绝对优势；母系父系并存家庭、父系家庭也已产生，但不占优势，这种状况直到新中国成立后1956年的民主改革时期变化也不大。据1956年的调查资料，永宁坝区总的情况是母系家庭所占比例在80%以上。据统计，在335户摩梭人中，母系家庭170户，占50.7%；双系家庭144户，占43%；父系家庭21户，占6.3%。

　　金沙江边的拉伯、加泽等地也保留了少数的母系家庭。以上的百分比要说明的是，母系父系双系家庭情况比较特殊，主要表现父系成分的不稳定上。如果是男到女家，家庭成员世袭血统要按母系计算，又往往是女子当家管理财产，而不把进来的"父"看成是母家的同一个"根根"，所以按摩梭人的传统习惯和实际情况看，仍是母系为主。这种情况在当时占多数。如果是女到男家，世系按男方血统计算，而男方的母家又往往多以其母系氏族（或母系家族）的血统计算，故仍是母系血统家庭，只不过是换成另一个不同的母系血统而已，但家庭的氏族血缘传承方式不改变，总体上仍是母系家庭占绝对优势，父系家庭的比例始终占少数。所以整个摩梭社会是母系家庭在民主改革之时和之前占着绝对优势，母系父系双系家庭是一种向父系家庭过渡的、不稳定的家庭形态，而母系家庭传承则始终保持稳定。1956 年对永宁六个乡的摩梭家庭分别调查的结果显示，实际情况与总体调查的结果相同，仍是母系家庭为主。

　　摩梭家庭在民主改革前的 20 世纪三四十年代曾出现过变化、波折。首先，在 30 年代前后，外地商人、外族（特别是藏族）马帮商队大量涌入永宁，阿夏婚的走婚形式正适合这部分人的游动生活，他们与当地妇女结交阿夏。其次，封建统治阶级如土司、总管之流在内行婚嫁组成一夫一妻的父系家庭，在外又可随意占有女子建立阿夏关系。再则，在商品货币的影响下，淳朴正常的阿夏婚及其母系家庭中注入了某些物质与金钱观念。还有一部分女子不出嫁，过望门居生活，在社会上造成影响，对摩梭家庭婚姻也产生了不良影响。由于以上原因，20 世纪 30 年代期间，据传实行阿夏婚组成母系家庭的人急剧上升。到了 40 年代末 50 年代初，由于对共产党的政策不理解、对新中国不理解，很多人听到了土地改革和解放的消息，就想方设法买土地、找媳妇组成家庭，以便过稳定独立的小家庭生活。同时，由于永宁土司比较开明，拥护共产党领导，对责卡和娃等级放松了封建统治和压迫剥削，使这一阶级的人有了一些自由和经济条件，有能力寻求独立稳定的生活，便纷纷建立一夫一妻的小家庭。这样，40年代末50年代初，实行阿夏婚的人又趋于减少，相应地母系家庭也随之减少。之后，由于几千年形成的习惯势力以及氏族血缘关系的根深蒂固，民主改革使摩梭社会稳定下来，人们又纷纷回到母系大家庭，又出现了1956年期间母系大家庭占绝对优势的状况。20世纪30年代、40年代的波折并没有使阿夏婚与母系大家庭中断，而是稳步进入新的历史时期。

（二）20世纪60—80年代

从20世纪60年代中期到70年代末，又经历了一次波折，从稳定到下滑。原因是这段时间极"左"路线及"文化大革命"的干扰，以阿夏婚违反现行的婚姻法为由，采用政治和经济手段强迫人们组成一夫一妻制小家庭，放弃母系大家庭，不服从的人就不计工分、不分给基本口粮，于是父系家庭暂时呈上升趋势，而母系家庭的比例下降。可是这种不尊重民族风俗传统的做法得不到摩梭群众的拥护。"文化大革命"结束后，政策宽松，社会安定下来，一些摩梭人又回到母系大家庭，恢复阿夏婚，并要求党和国家对这一传承了几千年的婚姻家庭给予尊重和保护。到了70年代末80年代初，正处于婚育年龄的男女青年选择阿夏婚的人数占到80%。母系家庭又回升到接近民主改革时期的水平，到了85%以上，农村占到90%以上。80年代摩梭人的三种家庭具体各占多少比例，仍然可通过实地调查所得数据来说明。1983年底到1984年初，在宁蒗县委干部摩梭人秦振新同志的领导下，对永宁坝区内的20个自然村的527户摩梭人家庭进行逐一调查，结果是纯母系家庭171户，占32.4%；双系并存家庭只有144户，占27.3%；父系家庭即一夫一妻制家庭有212户，占

40.2%。要说明的是，纯母系家庭表面上只占32.4%，但实际上要远远大于这个比例数。因为如前所述，双系家庭中按习惯与实际情况而论，仍然以母系为主；还因为在"文化大革命"中的一夫一妻制家庭是强迫凑合而成，父系成分极不稳定。所以，母系形态的家庭应该是纯母系家庭的32.4%加上双系家庭的27.3%之和为59.7%，说明母系家庭在摩梭家庭的重要地位。

1956—1984年的近30年中，母系家庭从93.7%到59.7%，平均每年只下降0.61%，双系家庭下降0.51%，父系家庭平均每年上升1.13%，但上升的幅度不大，且缓慢，过渡期长，再加上双系家庭的不稳定，所以对母系家庭的性质从根本上影响不大。摩梭人仍以母系形态的婚姻家庭为主，沿袭这一古老悠久的传统选择自己的婚姻家庭生活。尽管如此，摩梭人的母系婚姻家庭从远古一直传承发展下来，历经了几个世纪、几个历史时期，特别到近现代，父系成分有所增加，摩梭母系文化在保持稳定中发生变异，这也是不争的客观事实，不过是母系与父系孰为主、孰为次而已。还有一点，是这三种家庭不是一成不变的，互相有交错现象，有的家庭前辈是母系性质，后辈又可能组成双系或父系家庭；有的是父系家庭又变成双系家庭；等等。根据家庭成员的具体情况决定选择母系婚姻或父系婚姻，从而决定选择什么样的家庭，这是摩梭婚姻家庭变化发展的又一现象，尤其到了现当代，这种交错现象仍普遍存在。

二、母爱恩泽的母系大家庭及其特征

摩梭母系大家庭是摩梭人主要的基本家庭形式，它从母系血缘氏族、家族分裂传承而来，同一个"尔、嗯咪"（氏族）的女性始祖，同一个"斯日"（家族、家支）的外曾祖母、祖母的后代组成同一个血缘大家庭，其家庭成员后辈子孙靠同一母系血缘纽带紧紧相连，绵绵长长的母爱代代相传，恩泽后辈子孙福祉不绝，正所谓"绵绵瓜瓞"，生生不息。具体而论，母系大家庭的结构及其特征有以下几点：

第一，其亲属成员完全是母方血统的成员。即只有母系血统的子女、孙辈才是家庭成员，视其为一个"根根"、一个"根骨"。家庭中女子承担着传宗接代的重任，关系到母系家庭的兴衰。他们认为：一个家庭里没有男人不要紧，没有女人就不行，就面临绝嗣的危险，要断根根，即要断香火，所以有古训曰："无男不愁儿，无女水不流。"母系家庭极力推崇妇女，是为着极力维持母系血统的延续，不要断根绝代。排斥父系血统关系，表现在家庭中男子不娶妻、女子不出嫁，男子夜晚走访女阿夏，过偶居生活，白天又回到自己母亲家生活、劳动、生产；女子只在晚上在家中接待自己的男阿夏。建立阿夏关系的男女双方不成为夫妻，不组成家庭共同生活而终身共守共处，而是各自终身生活在自己的母家。这样的走婚制保证了母系大家庭的母系血统不受干扰而得以不断传延下去，这正是母系氏族的本质特征，体现了摩梭母系文化的氏族性。

第二，过继养女以传延母系血统。基于以上母系家庭是靠母系血缘代代相传，在没有女继承人时，就用过继养女的方法解决继承人问题。要找女继承人时必须征得全家的同意，才可向其他家庭、家族提出要求，对方同意之后，送礼物，举行祭祖仪式，宴请本"斯日"的成员，向全家族表示过继了女儿。接纳女儿的家庭也要祭祖，请达巴老人念经祝福，"你去到他家后，祝你生九男九女，子孙满屋，万代不断"。然后向祖先报告家中添了新成员，为女儿命名，穿长衫，戴一种古老的花帽。接着母系大家庭共进餐庆贺。过继来的女儿与其他家庭成员一样，享有各种权利义务，成年后可以担任家庭总管女当家"达布"，主持全家的生产生活等家庭事务。过继了女子进家，母系家庭的血统便有了继续传延的保障，人丁兴旺，家业有靠。这表明氏族、家族、家庭的全部力量、全部生活能力决定于它的成员的数目，这副重担落在了女子身上，足见过继养女、增添人口的重要性，这决定着母系家族、母系家庭的命运，自然也关系着母系氏族的兴衰。

第三，母系家庭成员的血统完全以母系计算，财产按母系继承，家庭成员集体占有财产，留有"共同劳动共同享受"的原始共产制经济的遗迹。大家庭的房屋、牲畜、劳动工具、骡马猪羊等大宗财产及土地等个人无权支配，属家庭共有财产；衣物、首饰、被褥等小件用品可归个人所有。在诸兄弟姐妹中如有人要离开大家庭另过日子，一般不得析家产，不得分割土地，有的人离开大家庭时也可分得少量土地。大家庭成员遵守集体劳动、共同消费享受的原则，家庭公共财产归集体所有，由家庭成员共同继承。

第四，母系大家庭的经济管理实行"舅掌礼仪母掌财"的原则。这是母系大家庭权力分工形式和家庭成员应尽的义务和享受的权利之体现，也体现了大家庭成员男女平等、分工合理的特征。每个大家庭一般由年长、威望高、能力强的女性长辈管理家庭事务，这位女当家被称为"达布"。平时的生产计划、劳动分工、财产管理、经济收支、生活安排和宗教祭祀等等都由"达布"做主。但她并无特权，如遇重大问题，例如修建房屋、典当土地、买卖大牲畜等涉及大家庭生计的重大问题，都是由"达布"（一般由祖母、母亲或姨祖母、姨母担任）与舅舅、舅姥、兄弟姊妹共同商量定夺，绝无封建家长的独断专行，充满着民主气氛。大家庭的外部事务、社交活动则由舅舅（或有能力有主见的其他男性成员）负责处理。以上男女分工形式很难分清内外两种家庭权力哪种为主、哪种为次，只不过是男女家庭成员以平等为前提的具体分工罢了，不涉及任何个人特权与利益，"达布"、舅舅们实际上在为大家庭尽自己的义务和责任，但是他们的付出也要得到其他家庭成员的回报。由于舅舅及其他男性成员负担着家中重活，帮助姐妹抚养儿女（即外甥辈），并且终身生活在这个大家庭中，赡养孝敬母亲和姨母，甚至为她们养老送终，所以他们受到母亲、姨母以及姐妹和姐妹之儿女特别的敬畏和尊重，他们年老体衰之时也会受到晚辈的赡养与孝敬。母亲、姨母及其他女性成员也承担着家庭繁琐事务及劳动生产，并关心着同一血缘的男性亲属们的衣、食、住、行等生活问题，况且她们是作为年幼一代唯一确认的亲长，晚辈们对她们的感情更是刻骨铭心。因为有母亲和姨母们（实际上孩子们也称她们为妈妈）无私的奉献、伟大母爱的恩泽，晚辈们才长大成人，所以女性长辈更加受到家庭成员的敬爱和尊崇。由于家庭成员间的平等、互助、互利、分工合理，又具民主气氛，必然促进这个家庭的经济发展。

第五，母系大家庭亲属血缘关系单一。由于这种家庭只由同一个母系血缘的成员组成，因而父系血缘走婚的男性成员不属于这个家庭的成员，而只是女性成员的"阿夏"（情人、有性关系的男朋友），而不是丈夫、父亲，不能构成亲属关系，所以这种家庭没有姻亲关系而只有母系血亲关系，就少了父系一边的所有亲戚关系，而母系血缘纽带系紧了所有家庭成员，形成母系大家庭亲属关系的单一性。这里没有夫妻、翁婿、婆媳、姑嫂、叔嫂、妯娌等复杂关系，所有家庭成员皆从母，只有外祖母及其兄弟姐妹，或从兄弟姐妹，即母亲的姐妹之儿女。母辈只有母亲及母亲的同胞兄弟姐妹和姨母之儿女。姐妹们的儿女，无论是对自己的生母还是姨母，都称"阿咪"即妈妈，而姐妹之间也互相把子女视为自己的亲生儿女。基于以上母系家庭，其亲属成员的关系有以下五种：

（1）母亲与子女；

（2）同母兄弟姐妹；

（3）姨母与姨侄；

（4）姨兄弟姐妹（同汉族的姨表兄弟姐妹）；

（5）舅舅与外甥。

可以看出，在母系亲属中，基本成员是姨母与姨侄、姨兄弟姐妹、舅舅与（外）甥，还有（外）祖母和（外）孙、舅祖和（外）侄孙也是重要的家庭成员，但前面的姨母与姨侄、姨表兄弟姐妹是由母亲和子女这层关系引申出来的，后者是由舅舅（即由母亲的兄弟）与（外）甥这一层关系引申出来的，属于母系直系亲属成员。还有，可由姨母和姨侄这层关系派生出姨祖母和姨侄孙、堂姨母和堂姨侄等旁系亲属关系。无论是直系或旁系的亲属，都是同一母系血统，所以都可以共居一堂。这样的家庭一般不分家或很少分家，如果一个家庭姐妹多，所生养的儿女也多，繁衍的后代也多，有的三世、四世同堂不分家，人丁就更兴旺。一般少则七八人、十几人，多则二十几人、三十几人，甚至可达七八十人之多，表现出母系家庭大的特征。这一特征现在发生了一些变化，几十人的大家庭极少见。

三、摩梭母系大家庭的亲属制

母系大家庭的亲属制具体内容包括氏族、家族（家支）、家庭的形成，个人姓氏的产生及亲属称谓。

（一）氏族、家族与家名的产生

摩梭人的母系大家庭是由母系氏族血缘集团分裂成母系家族，再分裂成母系家庭而来。摩梭人称母系氏族为"尔、嗯咪"，称家族或家支为"斯日"，一个斯日可以包括若干个更小的血缘集团即母系家庭，称为"日都"。以上这些大大小小的母系血缘集团，都是由一个女性祖先的后裔组成。与以上氏族、家族、家名相应的沿袭称谓的专用俗语，都留有原始母系社会的遗风，例如"尔、嗯咪"，意为"根骨"、"主干"，特指由同一母系血缘的后裔组成的集团，可称为氏族或宗族；"斯日"是在"尔"之下、家庭之上的一种血缘集团，摩梭人所称的"斯日"就是指祭锅庄时念同一个祖谱的家族，即是同宗共祖、同一个母系"根骨"之意，每个"斯日"包括少至几家，多至十几家、几十家的血缘家庭。像拉伯的摩梭人，一个斯日就超过了五六十个母系家庭，只好由达巴和族长们共同商议，以血缘远近亲疏分成两个小一些的斯日。"尔"或"嗯咪"，在历史上是氏族，到后来摩梭人生活的地域缩小，人口减少，势力减弱，"尔"或"嗯咪"已不具氏族含义，被广泛使用，一般都用作家名，例如"拉泽尔"、"阿卡尔"，意为拉泽家、阿卡家等，犹如汉族称的张家、李家等。"嗯咪"亦即"尔"，意思更明确，在摩梭语中意为"根骨"、"主干"，追溯族源，"尔"、"嗯咪"仍是氏族的意思。相传永宁摩梭先民分属六个"尔"（氏族），即"西"、"胡"、"牙"、"峨"、"布"、"搓"。现在的摩梭老人及摩梭原始宗教巫师达巴，还能背诵出各个"尔"或"嗯咪"的传袭家谱。金沙江畔的拉伯摩梭分为"牙"、"王"、"石"、"和"四个"尔"（嗯咪），其中的"牙尔"，下分几个斯日，即"戛府"一个斯日，"年班"一个斯日。直到民主改革前夕，永宁境内还有"西"、"胡"、"牙"、"峨"四个"尔"（嗯咪）所分裂、组合的斯日。这些斯日虽各有名称，但实际上是以女始祖名称命名而重新划分生活地区的若干新的母系血缘亲属集团，即为家族（摩梭人一般称家支）。这类血缘集团分为两个类型，一类是由一个母家直接分出的近亲家庭组成；另一类是由共同尊奉的一个女始祖的血缘家族分裂组成。这些新组成的集团组织，后来逐渐演变成为血缘村落和村寨的雏形，使整个摩梭社会带上母系文化色彩。由上可知，"尔"或"嗯咪"是摩梭人早期母系氏族社会的残迹，是早期氏族或部落组织集团的称谓。

随着农业生产力的提高，劳动个体化的发展，私有制的产生，一夫一妻制家庭的产生，从母系家族中又逐渐分裂、演变出新的、更小的血缘单位"日都"，即摩梭母系家庭。给家庭命名，或家名的产生、形成，有几种方式：一是以始建那个家庭的主人之名来命名该家的家名；二是以始建那个家庭之主的地位，后辈该称呼她（他）的亲属称谓命名；三是以那个家庭所住的地名命名。如果一个家庭人口太多分成几家而家名又用同一个称谓，就以地理位置加以区分，如上下左右，或在家名下附以该家庭的主人姓名加以区别。一个斯日的原本家则称为"阿窝尔"。因为家名的来源多从斯日中衍生而来，故家名又多与斯日名称相同。当家名命定以后，整个日都（家庭）成员的名字就可以家名为姓氏，并一直由这个日都的直系女儿或儿子继承家名名称。如果兄弟姊妹从母屋分出来另立门户，他们也可以另起一个家名，或由社会其他人们习惯的称呼形成，但必须继续继承斯日的名称，即必须继承家族（或家支）的名称。而家名又多以祖先名字、女始祖的血缘嫡辈、家庭先人在本民族中曾任过的官阶职衔、住房方位和特征及原住地名、原属氏族族源等方式命名，反映了摩梭人图腾崇拜、祖先崇拜的原始宗教观念，也展示了摩梭先民原始的、以图腾崇拜与祖先崇拜组合成社会集团——氏族的脉络和过程。他们的家名与汉族的姓氏相似，又不等于汉姓。汉族的姓氏是沿袭不变的，摩梭人的家名则随血缘集团的分裂和重新组合而有变化，自基本确立一夫一妻制家庭后，摩梭人的家名才逐渐变成固定的姓氏。

不论是"嗯咪"（尔）或"斯日"，还是"日都"的成员，他们的生活习俗无一不反映着原始母系氏族社会的遗迹。表现在：有共同的始祖和"嗯咪"（尔）及"斯日"的血缘专用名；保留着一个"嗯咪"或一个"斯日"公共的火葬场和共同的给死者指送亡灵归祖的《指路经》；共同祭天祭地祭共同信奉的神灵；同烧松枝撒糌粑、祭祀山水之神或拥有共同的进行佛事活动的梭塔（烧香、磕头、祭祀、转佛圈）等祭祀场地；过年过节、杀猪宰羊时每个斯日分出去的家庭都要回到斯日本家"阿窝尔"来祭祀祖先；等等。这些传统习俗一直传延，至今不变。此外，过去还保留了世袭土司、伙头等氏族酋长制的痕迹和少量公地的原始母系氏族社会的体制。这些都充分反映了嗯咪（尔）、斯日、日都这些不同称谓的血缘集团，都是由同一母系氏族社会成员繁衍下来，与摩梭称谓语的内涵"根骨"相同，他们是祭同一个祖先、祭锅庄念同一个祖谱、血脉贯穿不可分割的血缘宗亲或家族，表现出母系家庭与氏族血缘相通相连的基本特征。

（二）个人姓氏的产生及其与家名的关系

伴随着"嗯咪"（尔）、"斯日"及"日都"等血缘集团的分裂重组及家名的产生，摩梭人个人的姓氏与名字及与血缘亲属成员相关的一些个人称谓也随之产生。摩梭人的名字多由家庭名称延续传至后代，即是家名出现才导致个人姓氏名字的产生。个人名字多由家名和本人名字组成。例如，"阿窝·独玛"一名，"阿窝"是家名，"独玛"是个人名；又如"拉泽·打史达若"一名，"拉泽"是家名，"打史达若"是个人名；如此等等。平时见面称呼一般只叫名不称姓。在个人名字前冠以家名的原因是因为摩梭人名多重复雷同，冠以家名便于区别。例如一个村子里可能有三四个甚至更多的女性叫"独玛茨尔"，冠以家名，就表明这个独玛茨尔是阿卡家的，那个独玛茨尔是拉塔家的，等等。犹如汉族的王秀兰、李秀兰、杨秀兰。在藏传佛教未传入摩梭地区时，人名多以动物名命名，例如"苦若"，意为狗之儿，"苦姆"，意为狗之女；"拉若"，意为虎之儿，"拉姆"，意为虎之女；等等。还有一部分是没什么实际意义的名字，例如"卜都齐吉""古玛""甲阿""高若""阿鲁""阿它"等等，这些名字多由宗教巫师达巴所取，是根据出生年庚及属相而取的。达巴经中说年庚八字生在东方的，一般取作"巴尔""阿巴补""拉姆"等；生在南方的，一般取作"木乌""交土""高布"等；生于西方的，一般取作"甲阿""阿再尔""古玛""那波"等；生于北方的，一般取作"补姆""汝尔""洒打""丫玛"等。藏传佛教传入（约在元末明初）后，摩梭人取名请僧人取时，多取成藏族名字，例如"打史登珠"（福禄完成之意）、"侧忍达瓦"（长命之月之意）、"尔钦拉姆"（宝贵女神之意）、"独玛"（慈悲女神之意）等。

（三）母系家庭的亲属称谓

摩梭人的称谓是血缘亲属关系亲疏远近观念的直接表现，基本上分为母系亲属称谓和父系亲属称谓两大类。这些称谓不但反映了永宁摩梭人婚姻家庭的基本现状，而且也折射出摩梭先民原始的婚姻形态和家庭组合、分裂、重新组合的过程这一历史现象。男子的称谓多接以"若"或"乌"，女子的称谓多接以"咪"或"玛"。如"高土"这个称谓男女皆可用，称"高土若"便知是男性，称"高土咪"或"高土玛"，便知是女性。又如"阿乌""惹乌"，即是称舅舅、外甥，"阿咪""姑咪"即称的是妈妈、妹妹，等等。从摩梭人的称谓中不仅能区分人们的性别，还能区分他们之间的辈分及血缘关系，听到叫"阿咪"，便知是女儿在叫妈妈；听到谈及"阿乌""惹乌"，便知是谈及舅舅与外甥；听到谈及"如乌""如咪"，就知是在谈及孙儿孙女；听见说到"汗处巴"，就知道是在说丈夫；听见说"处咪"，就知道是在谈妻子；等等。

摩梭人的亲属称谓及其特点。如果自身为女子，子称"若"，女称"姆"，兄弟的子女则是甥男和甥女，甥男称"惹乌"，甥女称"惹咪"。这一称呼也适用于兄弟的女阿夏所生的子女。

自身为男子，自己的和兄弟的婚生子女称"若"和"姆咪"，即儿女；自己和兄弟与阿夏所生子女以及姐妹的子女，称甥男甥女，即"惹乌""惹咪"。实际上自己和兄弟与阿夏所生子女，只是表面上称甥男甥女，实质上还是视为亲生子女。

自身为女子，自己姐妹的女儿所生的子女，是孙子孙女，称为"如乌""如咪"。自己和姐妹儿子的阿夏或妻所生的子女，兄弟阿夏之女儿所生子女，也称"如乌""如咪"，即是孙子孙女。

自身为男子，姐妹的儿女之子女，自己和兄弟的阿夏或妻之女儿的子女，是孙子孙女，同样称"如乌""如咪"。

母亲和母亲的姐妹，均视为母亲，一律称"阿咪"。为区别年龄大小，母亲的姐姐称为"阿咪的"，即大妈妈；母亲的妹妹称为"阿咪吉"，即小妈妈。

母亲的兄弟，是自己的舅舅，称"阿乌"；母亲的阿夏或丈夫在父系家庭中称"阿波"或"阿达"，在母系家庭中称"阿乌"。

母亲的母亲及其姐妹，是自己的祖母，通称"阿依"。祖母的兄弟是自己的祖父（舅祖父），通称"阿普"。这个称谓也适用于称呼自己阿夏的祖母和舅祖父以及母亲和舅父的阿夏或妻子的母亲和舅父。

母亲的祖母及其兄弟姐妹，不分性别一律称为"阿斯"，即曾祖，自己阿夏的曾祖母和曾祖父（也包括曾舅父），也通称"阿斯"。

兄与姐的称谓不分性别而共称，通称为"阿姆"，要加人名以区别是兄还是姐。姊妹谈及自己的兄弟时称为"麻姆"或"格日"，兄弟谈及自己的姐妹时称为"能咪"，但不作直接称呼用。

弟与妹有专称，称弟为"格日"，称妹为"姑咪"，兄弟姊妹合称为"阿姆格日"。这个称谓也适用于称呼姨兄弟姐妹和姑舅表兄弟姐妹以及阿夏或妻方、夫方的兄弟姐妹，摩梭人中没有"表兄弟姐妹"、"堂兄弟姐妹"的专用称谓，均可称"阿姆""格日""姑咪"。

由于一夫一妻制婚姻家庭很早已出现，所以适应这一家庭的亲属称谓也早已产生，称丈夫为"汉处巴"，称妻子为"处咪"。这两个称谓不作夫妻相互间的直接称呼，只作为间接谈及的称谓。称父亲的姐妹为"阿尼"，即姑妈，可作直接称谓用。称父亲和父亲的兄弟为"阿波"或"阿达"，"阿波"为直接称谓，"阿达"为间接称谓。称伯父为"阿波迪"，称"叔叔"为"阿波吉"。称自己母亲和姨妈的兄弟都为"阿乌"，称年纪比母亲大的为"阿乌迪"，年纪比母亲小的为"阿乌吉"。称叔伯的妻子和舅舅的妻子为"阿咪"，称妻或阿夏的兄弟也为"阿乌"，这是以儿女的身份用的称呼，表示对妻之兄弟的尊重；对妻或阿夏之兄弟也可称为"阿姆"或"格日"，即为兄或弟，表示亲属称谓的亲切。

以上亲属称谓可表现出摩梭母系大家庭中亲属的关系有两个特点：

第一，只有一个直系，就是母亲与女儿。由己身往上溯至母亲的母亲及之上的祖先，下延至女儿的女儿等后裔，依此类推，都是以女性己身为中心组成直系系列，因各代同胞兄弟均无子女（他们的子女不算本家母系大家庭成员，而在女阿夏的母系大家庭中，即是另一个家的成员），也只能在此直系系列之中。由于母系大家庭只承认母系世系，排除了父系，所以只有女性直系，而把一切旁系血亲的称谓全部纳入女性直系血亲之中。

第二，母系大家庭一般有四个旁系系列，如以四代计世系，四个旁系系列如下：

第一旁系，是"我"与"我"姐妹后代的关系。若己身为女，"我"和"我"姐妹的子女，都是"我"的子女，他们称其生母与"我"都叫"阿咪"，即妈妈。"我"姐妹的女儿之子女，是她们的孙辈，也是"我"的孙辈，称"如乌""如咪"，即是把姐妹的后代全部归属为"我"的后代。若己身为男，姐妹的后代是"我"的甥辈，因姐妹不出嫁，故无"外甥"之称。甥女的子女也是"我"的孙辈。将姐妹的后代视为男子（兄弟）的后代，即甥男甥女。

第二旁系，是"我"与母亲的姐妹及其后代的关系。"我"母亲的姐妹全部是我的母亲，一律称"阿咪"，所有这些母亲的子女全部是"我"的兄弟姐妹，称为"阿姆格日""阿姆姑咪"。己身为女，这些姐妹的子女全是"我"的子女；己身为男，这些子女全是"我"的甥男甥女。

第三旁系，是指"我"与母亲的母亲即"我"祖母的姐妹及其后代的关系。"我"祖母的姐妹也全是"我"的祖母，"我"（男和女）为她们的孙辈，称她们为"阿依"，祖母的兄弟称为"阿普"。祖母的子女是"我"的母亲与舅舅，这些母亲的子女是"我"的兄弟姐妹，也称"阿姆格日""阿姆姑咪"；这些兄弟姐妹的子女是"我"的子女、甥男甥女，再下一代是"我"的孙儿孙女辈。这是把祖母代的姐妹全归为祖母。

第四旁系，是"我"与祖母的母亲即"我"的曾祖母的姐妹及其后代的关系。在这一层关系上的亲属称谓的运用，与前面同一行辈的人之称谓相同，例如"我"曾祖母的姐妹也是"我"的曾祖母，同样称她们是"阿斯"。这些曾祖母的女儿是"我"的祖母，同样称"阿普"。这些祖母的女儿都是"我"的母亲，称为"阿咪"。这些母亲的儿女是"我"的兄弟姐妹。下行系列与上行系列同理类推。

　　由上可见，无论再上溯至多少代，或下延至多少代，血缘继承、传延的规律是相同的，只沿着女性直系走，亲属称谓也只是使用与女性直系血亲相同的一些称谓。总括前面母系大家庭的亲属称谓，共有十三种，计为：曾祖"阿斯"、祖母"阿依"、舅祖"阿普"、母亲"阿咪"、舅舅"阿乌"、姐妹"阿姆姑咪"、兄弟"阿姆格日"、女儿"姆咪"、儿子"若"、甥女"惹咪"、甥男"惹乌"、孙儿"如乌"、孙女"如咪"。①

四、母系大家庭中的舅与父

（一）舅与父在母系大家庭中都称"阿乌"

　　从前面的阐述中了解了母系大家庭亲属制的内容及其基本特征，其以女性单系血缘构成直系传承系列，又将旁系亲属称谓统统归纳为女性直系血亲之中，只使用与母系直系血亲称谓相同的称谓，突出表现了这种亲属制的单一性特色，更具母系文化内涵。有的学者将这种亲属制与世界上其他国家、地区的母系家庭的亲属制相比较，认为摩梭母系家庭的亲属制比世界上其他母系家庭的亲属制更单一，更具民族独特性，父系称谓不仅在母系家庭见不到，"父亲"这一称谓即使在男子娶妻之家或母系父系并存的双系之家，也都行不通，例如父亲的兄弟称"阿乌"，与称母亲的兄弟相同，也是"舅舅"的意思，而不称"叔"或"伯"；称自己的父亲不称"阿达"（父亲之意），也称"阿乌"，与对一般男性长辈的称呼一样。对母亲与父亲的姐妹一律称作"阿咪"，而不称"阿尼"（即姑妈）。在确立一夫一妻制家庭的

　　①　参考宁蒗彝族自治县志编纂委员会编：《宁蒗彝族自治县志》，昆明，云南民族出版社，1993。

金沙江畔的拉伯、加泽一带地区，父系称谓才通用，有父亲、
叔、伯、姑妈等称谓。在摩尔根著作《古代社会》一书中描绘
的美洲易洛魁亲属制（也称土兰尼亚式亲属制），其根本的特点
是在母系氏族家庭里有两个亲属制，即被严格区分的父系亲属和
母系亲属，而摩梭母系家庭只有单一的亲属制，这是本质的区
别。产生这种区别的根本原因在于，易洛魁母系家庭是原始母系
氏族社会繁盛期的产物，而摩梭母系家庭是母系氏族晚期的分裂
产物，而且还能存活于阶级社会。又，摩尔根认为土兰尼亚式亲
属制起源于集团婚配的伙婚制和氏族组织，集团婚配的伙婚制正
好说明了这种亲属制度下的主要亲属关系；同时，证明这些亲属
关系是根据这种婚姻制度而确实存在的。[①] 而永宁摩梭人的亲属
制"并不是基于婚姻形式，即不是以由婚姻纽带结合起来的配
偶及其后裔构成亲属集团，而是基于天然的血缘纽带，以母系血
亲构成亲属集团"[②]。它虽然无姻亲关系，但并不是说其家庭成
员就无婚姻生活，而有他们不组成家庭的阿夏婚生活，男女双方
只是短暂的偶居，与双方家庭都不构成亲属关系，双方的两个母
系家庭成员之间也不是亲属，也不是亲戚。阿夏婚中女方生下的
后代由女方母系家庭抚养，男子无抚养子女的义务，所以子女与
生父的感情不深，不称生父为"阿达"（父亲）而称为阿乌（舅
舅），等等。这就是历史上摩梭母系家庭亲属制的基本概况。

（二）母舅亲情难割舍

为什么有了生父又"知其父"而不称父亲要称舅舅？原因
有两点：第一，习惯使然。这种亲属制沿袭久远，传统习俗就这
样传延至今如此称呼。摩梭人认为阿乌比阿达亲切，叫起来顺

---

①② 严汝娴、宋兆麟：《永宁纳西族的母系制》，昆明，云南人民出版社，
1983。

口，习惯成自然。这实际与家庭性质相关。如果走婚男子有了后代仍与自己的姊妹生活在母系家庭中，使用阿达称呼就把他与阿夏同居的关系挑明了，会使姊妹们难堪，而称阿乌仿佛没这回事，仍然生活在母系大家庭亲情融融的亲属们当中，表示自己与亲属们的关系没有疏远，感情上没有隔膜。第二，血缘关系上的排他性。这些舅舅们按照习惯传统从来就是与自己的母系血亲成员生活在一起，终老一生，当这一传统被打破时，反而不习惯，极力继续使用母系的称谓来掩饰已经发生的变化，维护母系大家庭的亲情。有的阿夏们建立了几十年的关系，儿女成群，甚至孙辈已成人，但总不习惯与自己事实上的小家庭妻儿老小一起生活，总是"身在曹营心在汉"，恋恋不舍自己的"母屋"，在感情上总觉得母屋才是家。这是摩梭人所独有的文化心态，即母系氏族血缘排他性的遗存。过了几十年阿夏同居婚生活的男阿夏们——舅舅们，甚至到了晚年也仍然念念不忘母系大家庭，与亲人们的亲情始终割不断，家与母系血缘割不断。

（三）母系大家庭中舅的地位

舅对母系大家庭这样感情深重是与他在家庭中的地位分不开的。在现实生活中，他受到姐妹兄弟及她们子女、孙辈的尊敬，饮食起居等生活的方方面面得到他们的关心、照料。在思想观念和感情上认为姐妹及其后代才是自己最亲的人，与之相处和睦融洽。又认为家中只要有姐妹就不会断"根根"，后继有人，有依靠有寄托，生老病死有人料理，所以不愿娶妻。还认为老婆不是自己的人，娶进家反而与自己的家人相处不好，为了一个外人打破大家庭的和睦安宁划不来，这是舅们的普遍思想。舅与阿夏生的子女因不属自己的母系家庭成员，不承担抚养责任，不生活在一起。孩子出生有的男子也带上礼物去认子，也参加孩子的成丁礼，平时多少也有些接触，但对孩子的抚养、教育、成长并没尽

到全部责任，故他们与亲生子女的感情不如与姐妹的儿女那样
深。而且与亲生子女的接触也都是以"舅"的身份行事，这是
一种特殊的摩梭式传统伦理关系。舅在自己的母系大家庭里却是
尽职尽责，他们主要负责处理大家庭的外部事情，在外赶马经
商、打工、做手艺活等挣来的钱交给内当家"达布"以供家用。
有时舅也承担"达布"的责任，管理全家的生产、生活，尽抚
养、教育姐妹后代的责任，有的供甥男甥女上学，供到小学毕
业、中学毕业，甚至大学毕业。有的舅为了抚养姐妹的后代，自
己终身不娶，不离大家庭而无自己的后代，为大家庭贡献出毕生
的心血和精力。舅的无私奉献也得到后辈的深情回报，在后辈的
心中舅与母是同等重要的可依靠的亲长，有同样分量的养育之
恩，对他们怀着同样的感激之情，负有责无旁贷的赡养义务。在
后辈心中，舅与母永远占着至亲至重的位置，姐妹们对他也是感
恩戴德，在社会上得到赞扬和敬重。民间有古训说："天上飞的
鹰为大，地上走的舅为大"、"摩梭男儿英俊魁梧全靠舅舅的养
育，摩梭姑娘美貌能干全靠母亲的恩德"、"锅庄上不能抹鼻涕，
舅舅的骨头是根根"、"锅庄为大要经常擦它，舅舅为大要经常
孝敬"、"灶旁不立锅庄不行，火塘里没有火光不行"（锅庄喻
舅，火光喻母，没有他们就组不成家庭）。以上的俗谚充分表现
出舅与母系大家庭成员的深切亲情及其在家庭中的重要地位及作
用。在以上摩梭母系大家庭父与舅的双重身份中，父的身份在母
系血缘的家庭得不到认可，被排斥，而要假以"舅"的称谓纳
入母系单一直系的亲属称谓中。尽管这个父是实实在在的亲属却
不被承认是亲属；有子女却不在身边，不称儿女而称甥男甥女
（"惹乌""惹咪"）。这虽是表面文章，但仍被外界误解为"不
知其父"，将摩梭母系大家庭与原始母系氏族时代的婚姻家庭混
为一谈，实在是大错特错！在了解了摩梭式母系家庭亲属制的独
特性之后，父被称作舅的原因也就明白了，这是在其亲属制的单

一性和传统习惯势力共同作用下产生的文化现象，应充分理解这种现象的独特性及其特殊的民族文化心态。

（四）摩梭家庭中的父

在传统习俗和摩梭母系亲属制以及母系家庭中的男子的身份是兄弟、舅舅，称其为"阿姆格日"和"阿乌"，而父是一种隐性、有实无名的身份。但是，这并不是说他在家庭中的地位不重要，在社会上得不到承认。相反，随着母系家庭发展变化的轨迹一路走下来，父系成分越来越多，尤其到了近现代有了质的变化。在民主改革前的 20 世纪二三十年代，如前所述，社会政治、经济的变化，直接影响到摩梭人的婚姻家庭，父的社会地位上升。

第一，社会观念受外界影响，封建伦理和法权思想抬头。家庭外部事务诸如房地产契约的签订以及生意往来上的执照、账目多由男子们处理，认为男人签名才有效，男子说话才算数，固然历来是"舅掌礼仪母掌财"的家庭管理原则，那是在男女平等、民主的前提下行事，而这时男子们处理这些事务已掺进了官方赋予的法权思想，有轻视妇女的封建思想意识在起作用。在社会上也有某些轻视妇女的思想，如有民间俗谚说："女人当家全家不和，小孩当家饿死全家"，"男人抛弃女人就像丢一件旧衣物，女人抛弃男人一元得还九元"，"黑狗不用喂饭食，出嫁姑娘不用陪嫁土地"，"女人多，背水桶散得快"①，"你是水，我是桥，水再多也不能在桥面上过"，如此等等的谚语不少，有明显的轻视妇女的封建道德观念。佛教传入以后，对妇女在宗教信仰和生活中的禁忌也不少，诸如不能进喇嘛经堂，不能坐大门口，不能

————
① 见陈烈主编：《云南摩梭人民间文学集成》，北京，中国民间文艺出版社，1990。

爬屋顶，不能在门口挂晒裙子，不能跨主屋门槛等。

第二，男子的经济地位和社会权益受到保障，女子则受到不平等待遇。最明显的是习惯法中女子分家析产时获得的土地不如男子多，或根本没有土地。当一个大家庭人口太多，有的人要离开母屋另立门户过日子，往往是女子的损失大过男子，甚至被剥夺财产继承权。按传统习俗，男子从母屋分居可分得土地等生产资料，而女子则不行，只能分得一块屋基而得不到土地、大牲畜等生产资料。如果家中男子娶妻或引入女阿夏进门而发生家庭成员间相处不和睦，绝大多数是女子退出离家，男子占据母屋。当然，如上述分家析产的情况在母系大家庭中并不是普遍现象，并不能动摇母系家庭的根基。但以上情况毕竟在发生，说明男子地位在上升，母系家庭在变化。

第三，男子经济地位提高。由于滇西北自古以来马帮运输业发达，商贸经济活跃，马帮、商贩涌进永宁地区，促使摩梭人赶马经商，家中经济大权便往往由这部分人掌管。有的男子出家为僧，社会地位提高，他们也可掌管家庭经济大权。有的家庭不由女子当家掌权，而由有能力的男子或舅舅当主管"达布"，这种情况虽不常见，但也时有发生，证明男子在母系家庭中的经济地位在提高。

第四，母系大家庭分裂，小家庭增多。由于母系大家庭是建立在封闭的小农经济基础之上的，随着商贸经济的发展必定受到冲击，有的男子赶马经商有经济能力娶妻，从母家分离组建小家庭。因分家析产或其他经济原因引起兄弟姊妹不和睦，产生财产所有权和继承权的矛盾，有的人便自愿从大家庭中分出来，组合家庭建立自己独立的经济生活。有的因家庭过大、人口过多，生活安排、财物管理分配有困难，便自然分家组建小家庭。有的把自己的男阿夏或女阿夏引进大家庭同居，引起"外人"与家庭成员相处不融洽，也引起大家庭的分裂。过去的封建土司领主为了增加服役户数，强迫娃等级的人安家婚配，也使一部分大家庭解体而增加小家庭。以上种种原因引起母系大家庭的变异，甚至解体分裂，促使一夫一妻制小家庭和父系母系双系并存家庭的增加。这虽不是摩梭家庭的主流，而仍以母系家庭为主，但却从实质上提高了父权在家庭中的地位和作用，这一点与外界其他民族没有两样。

综上所述，摩梭母系家庭中的舅享有很高的威望，与母同样受到后辈的尊敬、爱戴与赡养，故他对母系大家庭也是亲情依依，终老相托，对家庭终生奉献，毕其一生尽到自己的责任。而父的身份也逐渐得到社会认可，地位得到提高，在新建立的小家庭中父的权、责、利是明确而实在的。故舅与父是时代赋予摩梭母系大家庭的文化因素。统而论之，就是摩梭母系文化中的男权文化因素促使母系家庭发生变化，在现存的摩梭母系大家庭仍以这种面貌展示于世人。

五、母系父系并存的"双系"家庭

（一）"双系"家庭的基本情况

这类家庭的结构，表现在同一家庭中既有母系血统亲属，又有父系血统亲属，双系血统的家庭成员共同生活在同一个家庭之中，此即为母系父系并存的"双系"家庭。这是与母系家庭相对而言的一种家庭形态。所谓"双系"家庭，更确切地说，就是母系家庭里含有或掺入了父系文化因素而导向父系家庭的一种过渡性质的家庭形态。这种家庭较之单纯母系和单纯父系家庭的结构要复杂，除了保存母系家庭亲属制外，还增加了父系亲属制的一批称谓，其家庭成员有夫妻、父子、叔伯、姑嫂、堂兄弟姐妹、姑侄、弟媳、兄嫂、婆媳、翁婿等等，母系血亲成员与父系姻亲成员合二为一，兼容并存。其基本家庭成员由成年的同胞兄弟姐妹和舅表、姑表、姨表兄弟姐妹构成。

（二）双系家庭产生的原因

双系家庭产生的原因主要有以下几点：

第一，由于母系家庭中无继承人，由男子过继养子女继嗣，因而构成双系家庭。这种家庭并无姻亲关系，也无父系亲属，因过继的养子女并不称过继男子为父，而称其为舅。这是男子过继养子女进家而形成的双系家庭，由男子自己当"达布"掌管当家权或作为一家之长。还有一种过继情况，是家中无女继承人，男子将自己阿夏所生之女过继到家中为嗣，这实际是将亲生女过继过来，属父女关系，是父系成员，故构成双系家庭。

第二，母系家庭无女继承人，男子娶妻进家生儿育女续嗣构成双系家庭。但是这种双系家庭往往传衍不长久。因妻子进家当"达布"主管家庭，习惯以母系传统重新"以我为核心"建一个新的母系家庭，妻子改变了父系成分，成为新母系家庭的创建人，改双系为母系。

第三，原母系家庭中妹不出嫁而兄娶妻，构成以妹为核心的母系和以哥为核心的父系，双系各自生育后代共同发展，是典型的双系并存家庭，其家庭亲属也比较齐全。母系亲属有舅甥、舅祖与外孙、姨母与姨侄、姨兄弟姐妹；父系亲属有父子、姑侄；母系父系关系有姑舅表兄弟姐妹；姻亲关系有夫妻、姑嫂、舅母与外甥、舅祖与外孙，① 比单纯的母系家庭的亲属制复杂。这类娶妻家庭比较稳固。这些娶妻男子过去多为官家贵族或赶马经商有经济条件者，他们都掌有政治或经济大权，有社会地位，父系

————————

① 见严汝娴、宋兆麟：《永宁纳西族的母系制》，昆明，云南人民出版社，1983。

文化因素因政治经济而扎根。

第四，有的母系家庭中，男子引进女阿夏同居共住。建立阿夏关系的男女，经过一段时间的异居生活，生了子女，且感情深，不经任何手续便共同生活在一起，类似娶妻，所生子女按男方血统计算，冠男方家名，这就为母系家庭注入了父系成分而成为双系家庭。如果是男阿夏到女方同居，所生子女须从女方计算，并没有改变母系家庭的性质。

以上是阿夏同居婚构成双系家庭的情况。以上四种原因产生了四种不同类型的母系父系并存的双系家庭。

（三）双系家庭的特征

这类家庭介于母系与父系之间，故自有其特征，主要表现在：第一，其世系按双系计算，没有了母系血统的单一性，凡是家庭成员在该家中传下的后代，都算该家庭成员，兄弟娶妻（或引进的女阿夏）所生的子女按父系计算；姐妹不出嫁所生子女按母系计算，两系子女在家庭中、社会上享有完全平等的权利。第二，财产继承权由两系家庭成员平等共享。无论是母系或父系家庭成员，只要是生活、成长在这个家庭中，均有平等的继承权。第三，双系家庭中可以联姻。摩梭家庭无论是母系或父系一律禁止在同一个家庭内通婚，即禁止同一血缘通婚。但是双系家庭包括了两个血缘的后代子孙，即姑舅表兄弟姐妹共同生活在一起，他们婚配联姻并不违背血亲禁婚的原则，反而是亲上加亲，这与历史上汉族及其他民族传统的婚俗相同，不仅对稳固家庭关系有好处，也极得社会舆论赞誉。第四，双系家庭与母系家庭往往发生交错的现象，表现为其发展过程中的不稳定性、反复性。总体上表现在两个方面，一是整个家庭传衍的几代中，其中一代为母系成员，一代又是姻亲父系成员；或连续两代为母系成员，一代为父系成员，如此等等的交错。二是在同一代的成员

中，有的是男子娶妻，女子不嫁行阿夏婚，所生子女完全同居一
家。根据 1983 年末到 1984 年初对永宁地区 527 户摩梭家庭的调
查，双系家庭有 144 户。其中的交错现象及其所占的百分比，情
况复杂，归纳起来有以下几种：

（1）前辈母系、后辈父系的 65 户，占双系家庭的 45.1%；

（2）前辈父系、后辈母系的 50 户，占双系家庭的 34.7%；

（3）同辈双系并存的 5 户，占双系家庭的 3.5%；

（4）上辈母系、下辈父系，后辈又转为母系的 7 户，占双
系家庭的 4.9%；

（5）前两代母系、下一代父系的 2 户，占双系家庭的 1.4%；

（6）前辈母系、后辈双系并存的 8 户，占双系家庭的 5.6%；

（7）前辈双系、后辈母系的 4 户，占双系家庭的 2.8%；

（8）因男到女方家，子女依母系计算的 3 户，占双系家庭
的 2.1%。[①]

从以上分类统计分析中可以看出，双系家庭的复杂性及其发
展总的趋势是不稳定，只是一种母系向父系过渡的家庭形式，总
在父系与母系之间徘徊，而又往往是偏向母系，使母系家庭占主
导地位。就从上面统计的最后结果看，后辈为母系家庭的仍有
61 户，占双系家庭总数的 44.4%。这说明摩梭母系家庭形态虽
然在向父系家庭发展，但因双系家庭延续的历史长，造成过渡期
也长，发展速度缓慢。双系家庭除了以上的特征外，在其他方面
与母系家庭的性质特征基本相同，例如家庭成员间相处和睦，平
等相待，共同劳动，共同消费，生活上分配平均；有民主气氛，
男女平等，家长"达布"男女均可担任，只要有能力管好大家
庭，都可受到家庭成员的信任拥戴；与其他家庭一样，双系家庭

① 陈烈、秦振新：《最后的母系家园——泸沽湖摩梭文化》，昆明，云南人民
出版社，1999。

也共尊一个祖先，也可在本斯日墓地占有自己的一块墓地，安葬两系成员的骨灰；祭锅庄念同一斯日的祖谱；等等，与母系家庭同具母系血缘氏族性。

六、父系家庭的产生及其特征

（一）摩梭父系家庭的历史状况

摩梭人的父系家庭与母系家庭、双系家庭的历史同样悠久，很早就是三种家庭共存，母系、父系互相影响、互相交错。据史料所载，早在公元 290 年左右，即西晋帝司马炎时代，摩梭地区就已产生父系家庭。后摩梭先祖泥月乌得势于永宁，开始建立封建土司政权，传 31 世，其职位皆由儿子或兄弟承袭，实行的是封建性质的世袭制，家庭必定是一夫一妻制的父系家庭，男娶妻生育儿女，这样才能确保父系血统，职位、财产才能依父系血统继承。封建土司的父子世袭制从元、明时代一直沿袭下来，摩梭土司卜都各吉于明初 1381 年第一个正式受皇帝封职，后传 25 世，仍为封建世袭制，其职由父传子或传兄弟继承，说明父系家庭一直传延下来。一直到清、民国时期，永宁都处于封建土司领主制社会。统治阶级为确保父系血统的纯洁性和土司领主地位得以世代传承，必须确保父在家庭中的绝对统治权，就更得保持、延续父系家庭。新中国成立后 1956 年民主改革时，摩梭家庭中的父系家庭占总数的 6.3%，有 43.0% 的家庭已含父系成分。从总的发展趋势看，历史上土司及其贵族等级的人，距今 15 代基本上例行嫁娶婚姻，建立一夫一妻制父系家庭，土司正宗需要与中央王朝保持联系，其任命必须经由中央王朝核准认可，故为了政治利益和对永宁地区的统治权而必须保持父系家庭。一般的百姓中有少部分人也早行嫁娶婚，尤其金沙江边和蒗蕖一带的摩梭人，在八九代甚至十几代人以前就确立了父系家庭制，80%的人行嫁娶建立一夫一妻父系家庭，母系和双系家庭是少数。在永宁坝区一般是近三四代人才建立父系家庭，世系短，人口少，一般只是由一对夫妻及其子女组成。以上情况说明摩梭人的婚姻家庭也有按人类社会一般规律发展的一面。但是由于种种原因，又有特殊的一面。主要表现在土司阶层维持父系家庭，而其他贵族多数是嫁娶婚和不嫁不娶的阿夏婚相间杂，致使父系家庭性质发生变化而含母系成分。占人口多数的一般百姓历代维持父系家庭的不多，往往有反复，由父系家庭变为不娶不嫁的阿夏婚家庭，或为母系，或为双系家庭，一直到近现代，父系家庭的总趋势是虽有所增加，但幅度不大，所占比例不到家庭总数的20%。根据民主改革时期的1956年的调查统计，被调查的永宁335户摩梭家庭中，父系21户，占6.3%；母系170户，占50.7%；双系并存家庭144户，占43.0%；母系与双系之和占到了93.7%，父系家庭显得更加弱势。再根据1965年永宁6个乡分别调查的结果分析，三种家庭的比例如下：

当时的温泉乡有15个自然村，摩梭人81户，居住在阿各瓦、瓦拉别、阿若瓦、衣马瓦等7个村子。母系家庭50户，占61.7%；双系家庭29户，占35.8%；父系家庭2户，占2.5%。

当时的忠实乡是永宁坝子摩梭人的主要聚居区之一，对巴奇、阿布瓦、尤米瓦、忠实、忠克等6个村的88户摩梭人的调查结果是：母系家庭42户，占47.7%；双系家庭40户，占45.5%；父系家庭6户，占6.8%。

当时的开坪乡是永宁的中心，集市和藏传佛教寺庙扎美戈寺在这里。共有17个自然村，摩梭村子14个，对95户摩梭家庭的调查结果是：母系家庭43户，占45.3%；双系家庭47户，占49.5%；父系家庭5户，占5.3%。

当时的施支乡有13个自然村，摩梭人主要居住在阿拉瓦、拖支两村，对 33 户进行调查的结果是：母系家庭 15 户，占 45.5%；双系家庭 3 户，占 9.1%，其余为别的民族的一夫一妻制家庭。

当时的落水乡下落村的摩梭人 39 户，对其中 20 户进行了调查，结果是：母系家庭 6 户，占 30%；双系家庭 12 户，占 60%；父系家庭 2 户，占 10%。

当时的八株乡有 15 个自然村，其中的 7 个是摩梭人聚居的村子，对 71 户调查的结果是：母系家庭 35 户，占 49.3%；双系家庭 28 户，占 39.4%；父系家庭 8 户，占 11.3%。[①]

1984 年又调查了一次，其结果与 1956 年相比，在近 30 年中，父系家庭上升的总百分比为 33.75%，其比例每年平均增加 7.13%；母系家庭下降的总百分比为 18.35%，平均每年减少 0.61%；双系家庭下降的总百分比为 15.4%，平均每年下降 0.51%。以上结果表明，在 20 世纪 50—80 年代的 30 年里，摩梭婚姻家庭只产生了微小的变化，父系家庭的成分比例虽有所上升，但幅度小，速度缓慢，从根本上影响不了母系和双系家庭。这种状况一直延续到 20 世纪 90 年代，以至到了 21 世纪的现当今，父系家庭也不占优势，母系双系家庭仍是摩梭人的主要选择。

（二）摩梭父系家庭产生的原因

其根本原因是在三种家庭形态同时并存的情况下，父系成分有所增加，父亲的家庭地位、社会地位上升。这为父系家庭的产生创造了条件，总之是男子的家庭、社会、经济地位的提高促使父系家庭产生，具体而言有以下几方面的主要原因：

① 以上资料见严汝娴、宋兆麟：《永宁纳西族的母系制》，昆明，云南人民出版社，1983。

第一，历史沿革。元末明初，父系家庭在摩梭地区的土司官家上层发展已趋成熟，对整个社会必然产生影响，中下层社会仿效建立这种家庭，金沙江边及滇蒗一带就有这种成熟的一夫一妻制家庭。

第二，社会生产力的发展。男子在家庭中的作用显得越来越重要，他们是猎、牧、农耕生产的主力，也是财产的主要支配者。而妇女主要从事的家务、纺织及一部分农业生产降到次要地位，经济大权也由男子掌握。财产要能父子相承必须娶妻进门，保证父系血统的传衍。再则，只有稳定的家庭，夫妻共同齐心协力，才有利于家业的发展，有利于子女的培养教育，促进家庭兴旺发达，所以有一部分人选择父系家庭。

第三，母系家庭的分裂促成父系小家庭的产生。这是摩梭社会内部家庭形态的变化，使一部分走婚的阿夏们脱离母系大家庭，自己独立成家、娶妻组成父系家庭。这部分人，主要是由于近现代永宁地区的商贸经济发展，使他们在赶马经商中赚钱而具备经济条件，这样才能娶妻建立小家庭，从而使母系大家庭产生分裂现象。还有一种情况是走婚的男女将自己的阿夏接到母系大家庭里共同生活，更是搅乱了大家庭的生活秩序，也促使家庭结构发生变化。如果男阿夏到女方的母系大家庭，势必在无形中形成对女方家庭其他男性成员的排斥；如果女子到男方的母系大家庭，也会对他家的女性成员产生排斥。"外人"参与到血缘相同的、单一的母系大家庭中，彼此不习惯、不协调，甚至产生矛盾，促使有的母系大家庭分化瓦解。永宁为此而分家析产的不乏其例，这也促使父系家庭的增加。

第四，受外民族的影响。永宁地区历来是多民族杂居之地，其他民族，如汉、藏、纳西、普米、傈僳等民族的家庭是一夫一妻的父系家庭，这对摩梭人势必产生一定的影响，而且历史上摩梭人中早有人跟普米、藏、纳西等民族通婚，组成一夫一妻父系家庭。再则，摩梭男子出外经商，外地民族的父权思想对他们产生影响，因而接受这种观念组成父系家庭。特别在民主改革后的几十年中，摩梭人与其他民族共同发展进步，涌现出一大批干部、工人、解放军官兵、学生等，这部分人受到汉文化思想的熏陶，带头兴起建立一夫一妻制父系家庭。

可见母系家庭过渡到父系家庭是一个很复杂、曲折而漫长的过程。

（三）摩梭父系家庭的特征

摩梭父系家庭的结构、形式内容与其他民族的父系家庭有相同的地方，也有不同的地方。因其处于母系家庭、母系文化的包围之中，长期与母系家庭并存，所以摩梭父系家庭自有其特征。

第一，男子是一家之主，独揽财权，管理全家的生产、生活以及担任生产活动中的主要劳动力，对外联络、社交活动等外部事务也由家长包揽，一改母系家庭中女子当家做主的传统，男子的地位大大上升，从而降低了女子的地位与作用。不但有许多轻视妇女的思想意识和社会现象，一些妇女还遭打骂，尤其在司匹等级家中的妇女多数遭打骂，没有说话的权利。过去，妻子不生育，丈夫可另娶或另找阿夏，与内地汉族的封建家庭三妻四妾没有两样，妇女无地位，男子则可独断专行。

第二，只承认父系血统，排斥女性血统。以男子为核心，家庭成员一律按父系血统计算，其世系是父传子的封建世袭制和父子连名制，以延续父系血统。如果女子不生育，男子可以另娶或另找阿夏传宗接代；如果男子无生育能力，女子也可以另找男阿夏生子，称为"借种"，所生子女归丈夫所有，仍按父系血统纳入夫家。

第三，家庭财产属男性家长所有，只有儿子有继承权，女儿则无权继承土地及大宗生产资料，分家析产时只能得到一小间房子和一些简单工具、生活用品。父死由幼子继承遗产。总之，由家长决定财产继承权，而不像母系家庭的财产继承归集体所有那样民主。

第四，父系家庭的亲属制掺杂着母系家庭亲属制的称谓。在父系家庭的基础上产生了父系亲属制，摩梭人的父系亲属受母系文化影响，留有母系亲属制的残余成分，表现出其父系亲属制是不完全成熟的，含有母系文化因素。在父系家庭中仍沿袭着应用一些母系家庭成员的称谓，例如"阿斯"，即男女曾祖，父系、母系共用；"阿普"，即祖父，"阿依"，即祖母，也是两系家庭共用。还有父亲对自己子女的称呼与对母系家庭姐妹之子女的称呼相同，男孩称"若"，女孩统称"姆"。父亲对自己兄弟的子女也用这两个称呼。夫妻称对方的父亲为"阿达"，称对方的母亲为"阿咪"；所有兄弟姊妹之孙统称"如乌"，孙女统称"如咪"。如此等等。这些称谓是从母系亲属制中引申而来。关键的一个称谓"父亲"，称"阿达"。"父亲"一词摩梭人中原本没有，据传是从附近彝族借用而来，彝族称父亲为"阿达"。父系亲属制也产生了一些新的与父系家庭相应的称谓，例如"丈夫"称"汗处巴"，"妻子"称"处咪"，这两个称谓不作直接称呼用，是叙述式用法。再如对父之姐及其姑舅表姐统称"阿牙"，即姑妈；对父亲的兄弟及其姑舅表兄弟统称"阿波"，即伯父、叔，伯伯称"阿波迪"、叔叔称"阿波吉"；对父之妹及其姑舅表妹称"阿尼"，即姑妈；翁姑称儿媳为"若处巴"，岳父称女婿为"若曼"；所有兄弟姐妹之孙媳称"如乌处咪"，所有兄弟姐妹之孙婿称"如咪汗处巴"。如此等等。由于母系、父系、双系婚姻家庭并存，相互影响、交错，也反映到亲属制中来，所以父系亲属制融合、掺杂了一些母系亲属制的称谓，这是父系家庭显著的特点之一。

第五，与母系家庭相比较，父系家庭的建房居住习俗与丧葬

习俗均以男方为主，父系家庭的小型住房代替了以母系成员为主
建造的大型院落，在家庭内的布局、座位排序一反母系家庭妇女
为尊的常规，男在右为尊，女在左为卑，反映重男轻女、男尊女
卑的观念。丧葬习俗上，母系家庭的男女阿夏实行分葬制，因不
是同一母系血统，故要分葬于各自的母系氏族公墓；而父系家庭
的夫妻死后必须合葬，其观念认为女子嫁入夫家就生是夫家人、
死是夫家鬼，这与内地汉民族的伦理观完全相同，夫权至上及父
系血统观念表现得极其突出。

摩梭母系婚姻——阿夏婚

一、阿夏婚的发展和称谓定义

（一）阿夏婚概况

摩梭母系婚姻家庭本是联系在一起的，为叙述方便才分开阐述。摩梭母系形态的婚姻称为阿夏婚。在历史上，与其三种家庭形态相适应，摩梭人也有三种婚姻形态：第一种，阿夏异居婚，与母系家庭相适应；第二种，阿夏同居婚，与母系父系并存的双系家庭相适应；第三种，一夫一妻制婚姻，与父系家庭相适应。阿夏婚是永宁泸沽湖地区特殊的婚俗，其实质是男不娶、女不嫁，男到女方走访夜宿晨归，双方都不属对方家庭成员的，独具摩梭民族特色的母系形态婚姻。这种婚姻既不是一夫多妻，也不是一妻多夫，更不是群婚乱婚，而是具有民族特色的古朴传统偶婚制婚姻习俗。

在北美洲、澳大利亚发现的母系氏族的婚姻家庭，至今已消失。而中国摩梭人中还保留着母系形态的婚姻，这是一种与其他民族的现行婚姻家庭所不同的婚姻文化。它又与原始母系氏族社会的血缘群婚有本质的区别，不是原始母系婚姻的翻版，而是在长期的历史发展过程中以变化了的形式保留着某些母系婚姻文化的本质特征，特别是母系家庭相当完整地保留到今天，所以摩梭母系婚姻家庭一并被中外学者称为研究古代人类社会婚姻家庭的"活化石"。摩梭母系婚姻从原始母系氏族社会起源，历经了摩梭社会几个不同的历史时期。它经历过摩梭氏族社会、封建土司领主制社会，又跨越到民主改革、社会主义社会。几千年过去了，它至今仍保留在摩梭人中，这是人类婚姻家庭史上的奇迹。

摩梭母系婚姻与母系家庭血脉相连，几千年来通过母系氏族血缘纽带而深深扎根在民族传统文化的土壤中。在古代，"纳西族（指摩梭人）称氏族为'尔'，传说他们早期只有六个尔，每两个尔为一组，如西与胡、牙与峨、布与搓，互为半边，彼此通婚，组成一个部落"①。相传这六个尔分三条路线迁入永宁泸沽湖地区，在不同的氏族内通婚，在整个摩梭族群中盛行这种母系形态的氏族外婚制，并代代相传成风成俗。母系婚姻成为历代摩梭人所选择的一种主要婚姻形式，有关母系婚姻家庭的思想观念、行为模式、伦理道德在其民族文化心理中占有重要地位，进而形成摩梭母系文化之核心而凸显出摩梭民族文化特质，对摩梭社会的政治、经济、生产生活、思想意识都起着举足轻重的作用。以母系婚姻家庭为核心而形成的摩梭母系文化是确认整个摩梭民族传统文化的重要途径，离开它就难以或根本不可能认识摩梭社会，足见母系婚姻家庭对于摩梭民族社会的重要意义。摩梭人至今也努力地维护其母系婚姻家庭，守护着以母系血缘为纽带的民族传统。

（二）摩梭母系婚姻称谓定义

摩梭母系婚姻在传承的过程中，对发生性关系的男女双方有特定的称谓，过去叫"阿注"、"阿宵"，最初称呼是"主若主

① 宋兆麟、黎家芳、杜耀西：《中国原始社会史》，北京，文物出版社，1983。

咪", 意为亲密的伴侣、亲密的朋友, 后来简称 "阿注", 外民族, 例如普米族、彝族、汉族等也这么称呼, 外地人士、媒体等也这么称呼。有的学者便根据这种称呼把摩梭母系婚姻称为 "阿注婚"。1986 年, 笔者为了完成《云南摩梭人民间文学集成》一书的组稿、编辑任务, 到永宁摩梭地区进行田野考察搜集资料等, 与当时参与本书编辑、时任宁蒗县人大办公室主任的秦振新同志专门讨论了摩梭母系婚姻的命名称呼问题。秦振新同志是摩梭人, 多年从事党政工作, 热爱本民族文化, 曾到中央民族大学进修有关专业, 对摩梭文化有比较深入的研究。笔者当时就 "阿注婚" 这一称呼是否恰当向他请教, 他解释说, "阿注" 一词在摩梭语中是朋友、伙伴的意思, 一般的朋友, 不管是男与男还是男与女, 都可称 "阿注", 甚至路人也可称 "阿注", 所以, 摩梭语的 "阿注" 一词是个泛义词。我们认为, 对建立了婚姻关系的男女双方称 "阿注" 不确切, 因为他们已不是一般的普通朋友, 有性关系, 不能与普通朋友混为一谈。进一步理解, 我们又认为, 用普通朋友 "阿注" 一词来命名一种婚姻制度, 从语音语义来讲都极不准确, 而且不符合摩梭母系婚姻的客观实际, 不符合本民族的传统习惯, 所以, 称 "阿注婚" 是不科学的。而 "阿夏" 一词, 摩梭语原意就是专指情人, 专指在摩梭母系婚姻中建立了性关系的男女双方, 所以用这种概念把摩梭人的母系形态婚姻命名为 "阿夏婚", 是比较准确的。我们认为, 这种命名, 即为这种特殊的婚姻下这样的定义, 既符合本民族的传统习俗和语音语义, 又具有一定的科学性, 表现了这种婚姻特殊的内涵。根据这种婚姻的命名、称谓的定义, 我们又认为, 称建立了阿夏关系的男女双方为 "阿夏" 比较准确, 阿夏就是指情人, 犹如外界所谓的 "性伙伴"。男可称女为阿夏; 女可称男为阿夏, 可谓男朋友, 进一步可称情夫, 再进一步便成为丈夫的代名词。所以我们认为男女双方都称 "阿夏" 为好, 可以不要有其他的称谓，这样与"阿夏婚"的称谓定义更贴切而不再产生歧义。更重要的是，这更符合摩梭人在长久的历史进程中形成的习惯，也更科学。尤其是外界，对阿夏婚、阿夏的界定有一个统一的理解、认识，比较方便，既对这种奇特的婚俗有一个正确的认识，又对男女阿夏们有一个准确的认知而避免产生混乱。笔者于 2005 年 11 月再次到永宁泸沽湖地区考察，到了摩梭村子里，摩梭民众现在很自然地称他们的母系婚姻家庭为阿夏婚、母系家庭、双系家庭，也称"男阿夏""女阿夏"；在永宁乡政府、宁蒗县各部门的党政干部中，他们也称"阿夏婚"，县政府的文件中也称"阿夏婚""阿夏"，等等，证明当年的讨论、研究是正确的，得到了永宁泸沽湖摩梭人地区干部群众的认可，是一件有益于摩梭母系文化研究的事情。摩梭民间称阿夏婚为"走婚"，既确切又形象。

二、阿夏关系的缔结、解除与禁忌

（一）阿夏关系的缔结

1. 缔结阿夏关系的场所方式

凡适合青年男女交往、聚会的场合，诸如节日庆祝活动以及群众性娱乐竞技场所等是最好的时机和地方。例如一年一度农历七月二十五日的民族节日转山节，永宁所有的摩梭村寨，家家户户、男女老少共同朝拜格姆女神山。这天车马、人流涌向女神山，欢乐的人们带上美酒佳肴、酥油、糌粑，身穿艳丽的民族节日服装，举行佛事活动及丰盛的郊外聚餐，野餐完毕之后，跳起狮子舞及古老的牛头马面羊角舞和凤凰舞，还举行赛马、荡秋千、跳锅庄舞、对歌等文体娱乐活动，女神山下、泸沽湖畔变成了欢乐的海洋。这正是青年男女施展才智的好机会，也正是他们谈情说爱结交阿夏的好时机。清明节前后摩梭人喜欢带上丰盛的食物骑马信步转游泸沽湖，湖光山色，春意浓浓，也正是他们缔结阿夏关系的浪漫时节。还有春节的大年初一也是摩梭人共同欢度的佳节，人们盛装前往公共娱乐场地，转杠杆秋千、做游戏、对歌等，晚上全村人围着篝火打跳，载歌载舞。这也是青年男女表达爱情、寻找阿夏的极好机会。其他时候，例如赶街、走亲戚、串门也可找到机会交阿夏。各种劳动场合也适合他们交往，例如上山砍柴、放牧、下地劳动、看守庄稼等正是唱阿夏情歌传情达意、以歌为媒的大好时光。特别是在秋收打场的时候，合着裤枷的节拍，边打边唱，劳动歌、情歌都是他们歌唱的内容。到了晚上，就在打场上烧起篝火歌舞打跳，自然是结交阿夏的大好场地。

总之，哪里有欢乐哪里就有摩梭阿夏的身影，无论是年节时期还是各种劳动场地，无论是田间山野还是草地牧场，都是他们自由结交阿夏的广阔天地。

男女双方缔结阿夏关系的决定因素是感情，没有地位、门第、等级观念的束缚，也不受家规、族权、神权的桎梏，不存在母舅之命、媒妁之言，更不受封建礼教及其道德观念的束缚，也不受经济条件的制约，也没有固定的程序礼仪和手续，更不必送财物，只要两情相悦、相互爱慕、说话投机，就可建立阿夏关系。一般有一个从秘密到公开的过程。男女双方可以当面商谈，或用对唱情歌的方式试探对方，沟通感情后，夜晚来临，男子就可到女方家里或到约定的秘密地点幽会。互送信物是他们结交阿夏常用的方法。两人感情融洽时，就将自己随身佩带的头帕、银链、腰带等物件作为信物交换，直接提出建立阿夏关系，便开始交往。还有一种方式，是男子抢女子的物件以示爱慕。如果男子看上某女子，不用言语表达感情，而是抢女子的腰带，如女子不讨回被抢的东西，就可继续下去，否则告吹。如女子同意，男子便带上抢来的东西到女方家幽会。还可通过中间人介绍，如男子看上某女子，可托朋友牵线搭桥建立阿夏关系，这是当地青年们常用的方法。也有母亲为女儿找阿夏的。过去还有一种集体的方式交阿夏。在野外，如一群小伙子遇到一群姑娘时，就大声呼喊"啊嘿嘿"以示打招呼。姑娘们如果有意，也回应"啊嘿嘿"，小伙子们便拿出自己的腰带、帕子之类的物品与女方交换和洽谈。这时如女方愿意交阿夏就拿出自己的东西相送，交换完毕双方就离开。以后男子可带上从女方交换来的信物到女方的村庄找信物的主人。如果男方要到别的村子找阿夏，一般要在女方村子里找一个男朋友传话联络，一是告诉女方村子的小伙子，我要来找你们村的某某交阿夏，请关照；二是告知女方，我现在来你家你是否愿意、方便。此举是对女方和女方村子青年伙伴的尊重，有规矩，有礼貌。如不打招呼直接闯入女方村子，很可能找不到自己的阿夏，即便找到了，也有被该村男青年赶走的危险。永宁泸沽湖一带的摩梭村庄过去有一条不成文的规矩，凡外地人来村中找阿夏时，如不事先和村中小伙子打招呼闯进来，村中小伙子可以联合起来驱逐来者，抓住他时还可拳脚相向，甚至脱掉他的衣服、拿走他的随身物品，还必须让他拿酒请罪认错，才把来者的衣服等物品归还本人。

2. 正式建立阿夏关系

在秘密结交多次后，两人关系由秘密到公开。女方的母亲们（母亲和母亲的姐妹们）知道后，如果对男方并不反感，就邀请他到正房喝茶叙谈，探问男方的身世、家庭情况等，表示承认他成为自己女儿的阿夏。如果男子拿着从女方那里抢来的东西、带上礼品找到女方家去，女方若满意就把他留下，母亲长辈也出面应酬；若女方不同意，便不出来相见，而由母亲出面与这个男子交谈，婉言拒绝并把被抢去的物件索要回来，男子便知趣地自动离开。如果女方家长不同意，而男女双方本人执意要过阿夏生活，就只好秘密进行，不让别人发现，或在野外，或去女方家翻墙爬草楼相会，而不能走大门登堂入室。得到女方家长认可确立阿夏关系后，男方就送上备好的礼品给长辈们。一般的礼物多是日常生活用品，诸如烟、酒、糖、茶、食盐、头帕、棉布之类。男方恭敬地将这些东西放到女方正房火塘上方，称为"锅庄礼"，敬祭灶神，此为举行"藏巴喇"（即祭灶神）走婚仪式和祭祖礼仪。女方则回赠男方麻布裤子或腰带等物品，阿夏关系算正式缔结。有的人家接纳女儿的阿夏时还要清祖谱、查访男方家的声誉如何及他本人的品行怎样，持慎重态度。尤其现在，改革开放后外地人来得多了，杂了，他们认为与外地人交阿夏更应当谨慎。

（二）几种阿夏关系

按结交时间的长短，可分为长期阿夏、短期阿夏、临时阿夏。长期阿夏的时间几年、十几年、几十年不等，有的可达三四十年之久，一直到终老一生。中年人结交阿夏的时间在二十几年的不在少数。青年人结交阿夏的时间十几年、七八年的也很多。短期阿夏时间一年、几个月不等。临时的三五天、十几天的也有。一般他们前后都有一个、两个或几个长期阿夏；短期的前后可交几个、十几个；临时者数量多一些，人数不定。在摩梭人的阿夏婚中，男女缔结和解除阿夏关系都很自由，为结束旧的走婚生活和过新的走婚生活提供了很多机会，也有充分的自由处理爱情问题的权利。不论结交何种阿夏，即不论阿夏关系时间的长短，都是走访形式的婚姻生活。所谓长期阿夏是指主要的配偶，一般情况是青年时期短期阿夏、临时阿夏交得多一些，到壮年以后关系稳定，交长期阿夏的居多，有了孩子更是如此。长期短期并不是绝对的。长期阿夏双方彼此都有一定的约束。交往时间长了，彼此有长期交往的愿望，男子就将卧具行李搬到女子房里，也不举行结婚仪式，不要法律手续，就具有到女方夜宿走婚的正式身份，向双方母系家庭和村邻、亲戚朋友宣告自己是某家女儿的长期阿夏，让社会承认自己的事实婚姻。有的人家还要为确立长期阿夏关系的女儿请客摆酒席，亲戚朋友要来为这对阿夏祝贺，可见长期阿夏关系是人们赞赏的。摩梭民间有一条规矩，临时阿夏要尊重长期阿夏的性优先权。建立长期阿夏关系的男方到女方家夜宿走婚，如果另有临时阿夏来访相遇，后者对前者必须礼让退出，说明女子应该尊重自己的长期阿夏。有了孩子的女阿夏也同样要求自己的长期阿夏尊重她的人格与爱情，如果阿夏随意抛弃她与孩子，她也可以有权惩治男子，要求他忠于自己。长期阿夏关系中的男方应有关心爱护女方的义务，男方应该按照古传的规矩，经常赠送女方及其家长一些礼品。过去通常是男子送自己制作的手工艺品，女子回赠自己纺织缝制的麻布裤子、腰带等。后来商业经济发展起来，打破了早期男女平等互赠礼品的常规，偏向要求男子多赠礼品，也不再是手工制品，而是头巾、灯芯绒、好的布料、皮鞋、金银玉器首饰等外来商品。按惯例，男子每年最少也要送女方一条裙子、一双鞋，女方回赠一条麻布裤子，经济条件好的送得越多越好，从一般的服饰用品扩大到对女子及其子女提供经济帮助，如为子女解决教育费用等，还要经常给女方家长们送烟、酒、糖、茶等生活日用品。短期与临时阿夏不必尽以上的义务，但是，连起码的礼尚往来也做不到，即不懂规矩，无论长期阿夏短期阿夏，关系也维持不下去，只好分手走人，这是遭女方家人不满的重要原因之一。长期阿夏还有一重要特征，即"父"的身份在阿夏婚姻中的出现越来越明显，在配偶双方的关系稳定下来后，男子接触子女的机会相应增多，家中除了生母是明确的以外，也明确了生父，尽管不叫父亲而叫"舅舅"，但他确实是生身的父亲。特别近现代，这个父亲虽仍不是母系家庭的成员，但他担负的义务与责任比过去明确多了，这是阿夏婚姻中所注入的新的时代文化因素，即新的父系文化成分。

在有了长期阿夏之后，若再结交其他阿夏只能秘密进行，绝不能公开，一是为了尊重长期阿夏，二是为了避免社会舆论谴责，败坏名声。当然，如果处理不好也是会闹纠纷的。

（三）阿夏关系的解除

男女双方在结交过程中，如果感情确实破裂就解除阿夏关系，结束走婚生活，双方都无须找任何理由和借口就可中断这种关系，更无什么法律手续，不需提任何条件与要求便可断绝来往，男子不再上女方的门夜宿，女子闭门不接待走婚者就算解除阿夏关系，与缔结阿夏关系同样自由无束缚。结合自愿、离散自由，是处理阿夏关系时摩梭男女遵守的总原则。在过走婚生活的男女中，感情稳定，交往时间也较长时，男方往往把卧具行李搬到女方家，夜宿晨归，回到自己的母亲家。如要解除阿夏关系，是女方提出时，只要对男方说一声"你明天晚上不要再来"，关系就结束了，男子心中再不情愿也无可奈何，只好离去。有的女子可以什么理由也不说，把男子的卧具行李放在自己的房间外，示意拒绝走访；或者紧关门，让他吃闭门羹，拒不接待。更有甚者，将男子生硬地、毫不客气地赶走，无论是劝说或哀求也无效。因阿夏婚是女子居家中，男子上门走访，所以接不接待走访的阿夏，女子更有主动权。反过来，如果是男子不愿意再上门走访，也有权提出分手，他可以在与女子共宿的最后一个晚上说明不再登门，或者把自己的卧具行李在次日早上拿走。也有的男子不辞而别，用不着解释什么，不再走访便罢。他们在解除阿夏婚姻关系时，双方都能心平气和，泰然处之，哪怕是有了子女的长期阿夏们，在分手时也没有怨恨，因为孩子按传统习惯是归母亲，在女方母系大家庭中抚养，故没有后顾之忧，双方也能平静和气分手。解除阿夏关系他人也无可厚非，不受社会舆论谴责，不受任何人干涉而为传统习俗和社会所允许。这就是摩梭阿夏们对待爱情的坦然态度。

造成阿夏感情破裂解除关系的原因很多，主要是双方性情不合，结交时间短，相互了解不够，其后才发现性格上的差异，相处不好而发生矛盾。有时一方远出经常不在家，另一方又结交新阿夏。不论男女，有第三者感情必遭破坏。对破坏"游戏规则"的第三者，他们认为是耻辱的，尤其对有了孩子的女方遭到遗弃人们会深表同情，有时还会惩治负心汉。男女双方有一方身体不健康，有病，可解除阿夏关系中断走婚生活。还有一种原因是有的男阿夏礼尚往来不周到，小气吝啬，不经常送礼物到女方家，引起女方家人不满而解除关系。双方性生活不协调也是解除关系的重要原因之一。解除阿夏关系的原因虽很多，但以当事者的主观因素起决定作用，缔结阿夏关系以感情为基础，解除这种关系仍是感情起决定作用。

（四）缔结阿夏关系的禁忌

有着古老文明、优秀民族传统文化的摩梭人，在其婚姻家庭长期的发展过程中，从实践中不断认识、总结、自我更新，不断向新的文明迈进，使自己古老的婚俗家庭向着更健康、更科学的方向发展。于是在他们的婚姻生活中产生了具有严格自律性的、相沿成俗的自然法，这就是禁忌。由于摩梭母系家庭是靠母系血缘纽带维系的，家庭成员是同一个母系祖先的后裔，所以与之相应地产生了与血缘有关的婚姻禁忌律条，即严格禁止在同一母系血缘内部的男女缔结阿夏关系，也就是严禁同一个始祖母繁衍的后代子孙通婚。为了繁衍后代，为了母系血统的家庭得以传延、兴旺发达，就必然采取氏族外婚的形式，即不同氏族的母系家庭成员之间可以通婚。又为了保住母系家庭血缘的单一性，也必然排斥别的血缘男性成员参与到母系家庭中来，于是只能让男子走婚，建立阿夏关系，生的后代属于母亲的母系家庭成员，男子本人却不属于这个家的成员，只属于自己母家的成员。这一禁忌的意义在于：第一，从生理科学上是一重大进步，彻底根除群婚制，对母系家庭的人丁兴旺乃至对整个族群的延续都具有重要作用。其二，说明新的家庭伦理观、社会道德观向文明迈进了一大步，如有违禁者，会遭到社会舆论的强烈谴责，视为可耻，斥之为"脸上长毛的人"，意为禽兽而不是人，伦理道德观很明确，已深入人心，成为人们必须遵守的传统古规，已具法的功效，对规范人们在阿夏婚姻中的思想行为具有积极作用和社会文化价值。

这一禁忌的具体内容是：

第一，同一母系家庭中分出去另立门户的姐妹后代禁止通婚，不能结交阿夏。有的母系大家庭因人口过多，姐妹中有人离开母亲家另立门户过日子，或招男子入赘，或出嫁，或过阿夏婚生活，因而组成了新的家庭，但是母系血缘没有变化，仍是同一个"根根"，所以这些新家庭的后代禁止缔结阿夏关系。据调查了解，有的家庭在外祖母、高祖母那一代就已分出来，这些家庭已传至三五代，但仍不能通婚，因家中的女主管"达布"之间的关系是同胞姐妹，其后代母系血缘相同。

第二，有嫁娶关系的母系血缘成员间禁止缔结婚姻关系，也不能走婚。如果一家娶另一家女子为妻，妻子的姐妹之后代不能与这家后代结交阿夏，因两家后代是同胞姐妹所生，母系血缘相同，故禁止通婚。但是，因嫁娶关系而改变了母系血缘关系的成员可以结交阿夏。因这是不同血缘的两个女子所生的后代，母系血缘已改变，故可以通婚，此即为外界所称的姑舅表兄弟姐妹间的婚姻，在摩梭人中是被允许的。

第三，有过继养子女关系的两家后代禁止缔结阿夏关系。因两家通过过继女继承人，两家的母系血缘相同。

　　由上可知，禁忌的核心是禁止同一氏族的母系血缘成员缔结阿夏关系，这是摩梭母系文化在婚姻家庭关系上反映出的氏族观念，同时十分强调血缘关系，这是核心中的核心。正如一首情歌所唱，"买狗要在近邻中寻找，娶亲不要在族内寻找"，正是这一禁忌的反映。

　　缔结阿夏关系的过程中还有一条规矩，就是男女双方都得相互尊重对方的感情与人格，不能同时结交第三者，如有违规者，则被视为品行道德有问题而被人不齿。

三、阿夏婚的几种表现形式

　　阿夏婚，其形式与内容，与摩尔根论述的偶婚制相类似。摩尔根之偶婚的定义是：丈夫可以任意离开妻子，另娶他妻而不遭非议，妇女也享有同样的权利，可以离开原夫另嫁他人，婚姻关系能否维持是由男女双方的意愿来决定。又说，这是由一对配偶建立的，但不专限与固定的配偶同居，婚姻关系只有在双方愿意的时间才有效。恩格斯在论述对偶家庭婚姻时指出："成对配偶在或长或短期间内的同居现象，在群婚时期或更早时候已经有过了；一个男性在许多妻子中间有一个正（主）妻……而他对于这个女子也是许多丈夫中间的一个主夫……可是，婚姻很容易被任何一方拆离，而子女仍然单只属于母亲。"① 对偶婚制的阿夏婚从内容到形式与摩尔根、恩格斯论述的基本相同，有鲜明的氏族母系文化特征。

　　摩梭母系形态的阿夏婚具体有以下两种表现形式。

----

　　① 《马克思恩格斯文选》（两卷集），第 2 卷，206 页，北京，人民出版社，1958。

（一）阿夏异居婚——纯母系婚姻

所谓阿夏异居婚，是指建立了阿夏关系的男女双方不建立家庭，不共同生产生活，双方无共同的经济基础，即男不娶女不嫁，各自生活在自己的母系家庭中；双方家庭的亲属也不构成姻亲关系；男方夜晚到女方家走访，与女阿夏过偶居生活，清晨返回母家生产劳动，处理日常家务；所生子女不归生父所有，"依然单只属于母亲"，归入女方的母系大家庭，姓氏血统世系皆随母，由女方的母系大家庭成员共同抚养，母亲的兄弟"阿乌"（舅舅）、姐妹"阿咪"（大小妈妈们）具体承担抚育孩子的责任义务。而生父与子女则不生活在一个家庭里，子女也不称他为父亲"阿达"，而仍称其为"阿乌"（舅舅）。这个"舅舅"与子女也没有经济财产上的必然联系，也无法律保障，即生父没有法定的抚养子女的权利义务。

过异居婚生活的男女双方就没有其他联系了吗？不是的。男子虽不承担家庭责任义务，也无法定亲权，但按传统习俗应有道义上的交往，否则被视为无德、无义、无情。一般正式建立比较稳定的阿夏婚姻关系的男女，保持互赠礼品的礼尚往来关系，已成为不成文的规矩。如男方经济富裕，还送金银首饰、玉器、漂亮衣裙之类贵重物品。女阿夏们也会亲手绣制图案漂亮的麻布裤子和腰带回赠爱人。男女阿夏互赠的礼品饰物往往在秋收打稗子时展示出来，在公众场合炫耀，相互比赛，甜蜜的爱情伴着丰收的喜悦。可以说秋收的季节是丰收的节日，也是阿夏们收获爱情的节日，是他们的"情人节"。

在生产劳动或经济方面，有稳定的比较长期的走婚生活时，男女双方可以建立互助协作关系。男阿夏正式登堂入室到女方家走婚时，要关心女方的家庭，帮助解决一些生产上的、生活上的困难，如女方人手少，缺劳动力，要主动帮助。通常是帮助女方干一些田间活与家务活，诸如修理房屋、畜厩及犁地、薅锄、打场收割、上山找柴等，有时为帮女方家干活可以连续住上几天。双方的家庭因晚辈阿夏婚关系好，还可以建立一种生产组织叫"依底"，意为两家合伙使用耕牛，合伙赶马经商做生意。在许多摩梭村庄里，建立了"依底"协作组织的人家，多是有阿夏婚姻关系的。如果一家有一头耕牛，农活多，牛力不够用，而另一家有两头牛，就可联合起来，三头牛一起干活，一家农活完了又去另一家。这实为小型的互助组，有利于解决两家的役力问题，自然对农业生产有利。由于有阿夏婚姻这一层关系，经济上更可以互信互助，两家联合赶马经商，把两家的骡马凑在一起，马帮力量更大，赚钱更多，经济上互惠互利。一般建立了长期阿夏婚姻关系的家庭中，普遍都建有这种"依底"组织。短期的、临时的走婚就不会有这种"依底"组织了。如果阿夏婚拆离，"依底"也就散伙了。有这种组织的两家要互相支援协作，男阿夏要出远门赶马经商，女阿夏要为其准备路上的食用物品。有的两家阿夏婚姻长达数十年，生产、经济协作关系也一直不中断，少数经济富裕的男子，还会慷慨地帮女方家庭解决一些生活费用，帮助克服生活上的困难。

异居阿夏有了孩子，双方的联系就更密切一些，男方到女方家走动更勤，会受到女方家人的欢迎和热情款待。每逢年节，走婚男子要带上礼品到女方家拜访，看望她的舅舅和母亲们，甚至有的还参加女方家的祭祖活动。女子虽很少到男方家走动来往，但在农历大年初一也须带上食品去赠送给男方的母亲与舅舅，向他们拜年问候，如此的相互走动会使双方的感情更融洽。当女子怀孕后，男子会经常带礼物看望孕妇，给予物质上的一些帮助；小孩出生后要"认子"，男方的姐妹、母亲要带上甜酒、酥油、鸡、蛋以及小孩的衣物去探望，有的男子还亲自带上礼物去探望，照料女阿夏"坐月子"，这是名副其实的父亲去认子。在孩

子的成长期间，有的生父还负担一些生活费用，读书时负担教育
费用，有的还经常把孩子带到生父家，让他参加祭祖仪式；更有
甚者，把孩子领来自己家里抚养，成为自己家的一员，这样的例
子过去几十年里也不少见。现在生父们对孩子的抚养、教育责任
感普遍增强，特别是阿夏婚关系长达十几年、几十年的异居长期
阿夏，关系一般都趋于稳定，双方在生产、生活、经济等方面的
联系也越来越多，尤其对孩子的教育成长也都共同肩负责任。有
了父亲的"认子"，更可增强父子亲情，两家关系也更密切。孩
子长大后，生父生活有困难、年老体衰时，孩子也会带上礼物去
看望，给予经济上的帮助。感情好的，当生父无人赡养时，还会
接到自己家中养老送终，尽儿女之孝道。这些良好的道德风尚比
外界一些专偶婚家庭做得还好。

异居阿夏婚双方及其家庭虽有以上生产、生活、经济以及感
情上的某些联系，但终究没有生活在一起，又无法律保障，仍然
离散自由，一旦感情破裂就断绝来往，男的不登门，女的不接
待，有了孩子也如此。之后各自又去寻找新的阿夏，男女双方和
社会都无权干涉阻挠。这也表现出这种婚姻的不稳定的一面。

（二）阿夏同居婚——母系父系并存的"双系"婚姻

这种婚姻形式是在阿夏异居婚的基础上发展起来的，既含有
母系文化因素，又含有父系文化因素，因而称为母系父系并存的
"双系"婚姻，它与母系父系并存的"双系"家庭相适应。阿夏
同居婚的缔结也是以男女双方的个人性爱和感情为基础，结合自
愿，婚姻关系比阿夏异居婚稳固。男女双方的结合没有特定的条
件，以双方家庭人口多少、劳动力多少而决定，不带有政治意图
和钱财的利害关系，所以男女双方无论到谁家，都不必花费大笔
的聘娶礼金或入赘的金钱财物，只须举行一个简单的"藏巴喇"
仪式，祭祀灶神菩萨和祖先神，就表示缔结同居阿夏婚关系。经

过一段时间的走婚生活之后，互相有了进一步了解，感情加深，"谁也离不开谁"的时候，就同住一家。特别是有了孩子，双方都有了更多的牵挂，生活、生产上有更多的问题需要共同承担、面对、解决。因子女的出生又加深了感情，为双方的物质生活、精神生活增加了新的色彩和内容，为人父为人母，这时更加"谁也离不开谁"，就可以不经任何手续居住在一起，共同组织家庭，共同生活，共同生产，有共同的经济财产，共同抚养教育子女。举行"藏巴喇"仪式的目的，一是表示祝贺同居关系的缔结，二是向双方家人及社会公开确定婚姻关系，也意在告知其他伙伴不要再来与她（他）交阿夏插足当"第三者"，表现了男女双方的独占观念，要求忠于相互间的感情。

阿夏同居婚有两种形式，一是男到女家，二是女到男家。两种形式都不属于法定意义上的婚嫁关系。产生同居婚的具体原因主要有：第一，过阿夏异居婚姻生活的男女双方年纪大了，希望过稳定的家庭生活，尤其有了子女以后，更希望安定下来，不愿再走来走去，对子女的教育成长也不利，于是共同生活。第二，与兄弟姐妹相处不和睦，从家中搬出与阿夏同居。第三，为了延续血统传宗接代，或把女阿夏接进家中，或将男阿夏引进家门，以便生育子女。第四，家中不缺劳力、无绝嗣之虑，也有兄弟姐妹，仍有引进阿夏同居的现象。阿夏同居婚虽然比异居婚稳固，但这是相对而论，它在整个阿夏婚的发展过程中也是不稳定的，与异居婚同样是结合自愿、离散自由，男女双方对对方都无约束，都不能限制对方的感情生活，更无专一独占权，也不受习惯法和神权、族权以及其他人的干涉，只要一方不再爱另一方，双方觉得没有爱情的生活无意思，便可结束同居婚姻生活，或女方闭门不接，或男方出走离开不再登门，或找人传口信不来往，各自回到自己的母亲家，不会遭到家庭和社会的非议指责，母亲家的所有成员也表示欢迎归来的同一个"根根"的亲人。如果有了子女，离散时双方可以协商解决，但不会因此引起双方间的矛盾，不会吵闹，双方家庭也不会斗殴冲突，更不会索要抚养子女的钱财。如果孩子尚幼，一般是随母亲回到外祖母的母系家庭。如果孩子大了，可以征得其本人的意愿，随父随母由其本人选择。离散后，即使子女随母去，有的男阿夏也会自觉承担起抚养教育子女的责任，尽父亲的义务。解除阿夏同居婚的男女双方，相互间也无怨言忌恨，一般都会好说好散，泰然处之，各自又会去寻找自己的爱情。阿夏同居婚以上的各种情况与阿夏异居婚无本质上的区别。

四、阿夏走婚不成家是阿夏婚的本质特征

阿夏婚在其发展、传承，经历若干代的实践过程中，表现出以下一些特征。

（一）男女双方完全平等

阿夏婚及其母系家庭与恩格斯、摩尔根所研究论述的"普那路亚"式偶婚制家庭，从内容到形式极相类似，但其爱的方式与古代和现代普遍的爱不同。婚姻关系的核心是性爱与情爱，古代的爱绝不是一向都征得妇女同意的；而近现代社会的婚姻关系不乏以经济、政治条件作为基础而权衡利害，即所谓的政治联姻、包办买卖婚姻等。而摩梭人的爱、性爱、情爱则是以男女双方处于完全平等地位为前提的、自由的爱，双方都完全尊重对方的人格尊严，真正体现了在爱情婚姻关系上的男女完全平等和自由。这种婚姻男女之间、男与男之间、女与女之间，都确实体现了互相尊重人权、人格、人性的原则，互不干涉强求。双方均无独占专有的权利，与谁结交阿夏、与多少人结交阿夏，双方均无权干涉，完全处于男女平等的地位。

（二）结合自愿，离散自由

缔结阿夏婚姻关系的男女双方，共同遵奉结合自愿、离散自由的原则，实则是享有男女平等自由之权利。其婚媾关系在遵守相关禁忌的基础上，不受习惯法约束，不受家规、族权、神权之桎梏，不受封建伦理道德观念及其礼教的残害，无男女授受不亲、重男轻女思想的束缚，不受母亲舅舅的干涉，他们只起指导作用，不存在母舅之命、媒妁之言，更无包办买卖婚姻存在，完全由自己主宰自己的命运，自由选择自己的婚姻生活方式。三种婚姻、三种家庭完全有选择的自由，不受干涉、不受阻挠。建立阿夏关系完全以个人性爱和爱情为基础，解除阿夏关系、感情破裂分手也完全尊重对方的爱之权利和人格尊严，结合自愿，离散自由。

（三）无等级观念、经济条件限制

古代摩梭社会是封建土司领主制社会，有严格的等级制度，可是阿夏婚却不受封建等级观念的限制，最高等级的土司小姐与最低等级的娃子也可结交阿夏。一旦产生了爱情，无论对方怎样穷困，地位如何卑微低贱，都不会影响成为阿夏乃至终身相伴共白头。这样的例子不少，责卡等级与娃等级、司匹等级与责卡等级、土司等级与娃等级等等，均可缔结阿夏婚，不受门第等级的制约。例如永宁摩梭土司阿少云和宗教长官阿福，他俩的妻子就是土司府的佣人和侍女，他们却能白头到老。

从以上缔结阿夏同居婚的情况看，延续血统、传宗接代、保持家庭人丁兴旺和增加劳动力是主要原因。从对家庭血统的影响来看，男到女方家同居，所生子女仍按母亲血缘计算，女方的母系血缘不会发生变化。女子到男方家，所生子女按男方父系血缘计算，改变了母系血缘。从形式上看，男到女家是"入赘"，但实际上并没改变女方原来的母系血缘，子女归属母亲所有，这是与入赘的本质区别。由于男女双方同居的方式不同，或男到女家，或女到男家，对家庭血缘的影响也不同。但是，无论是何种方式，同居婚都为母系家庭增添了父系文化因素，形成母系父系并存的婚姻家庭，虽然父系成分微弱，但它也为母系婚姻家庭向父系婚姻家庭过渡创造了条件，打下了基础。

在历史发展过程中，摩梭人的婚姻历来都以母系婚为主，在母系父系并存的双系婚中母系成分居多，说明双系婚只是母系婚向父系婚过渡的婚姻形式，最突出的特点是不稳定，变化大，母系、父系、双系、同居、异居相互交错、变化是经常发生的，这种变化交错的情况较为复杂。

阿夏婚中的男女双方，无论是异居或同居都不受经济条件的制约，不带任何背景意图和金钱财物的利害关系，只有一些相互间礼仪性的联系和生产、生活上的互相协作资助，既不存在经济上的相互依赖关系，也没有法律责任。由于所生子女是由女方母系家庭承担抚养责任，男子不承担经济责任和抚养子女的义务，女方本人和社会因传统习俗不予责难，所以阿夏婚及其母系大家庭只有爱的契约，而无经济羁绊。但是，正由于男子与女方家庭无经济上的法定关系，自然在母系家庭就没有他在经济上的合法地位，与自己的女阿夏不可能有共同的经济基础。母系家庭以共产制式经营的所有产品、财产全归集体公有，供全家共同消费，不属个人所有，所以男子在这个家庭里不能掌控经济大权，只能服从家庭利益。正如恩格斯所说："这种对偶家庭本身还很脆弱，还很不稳定，不能使人需要或者只是愿意有私自家庭经济，因此它根本没有使早期所传下来的共产制家庭经济解体。"[1] 阿夏婚与经济无关，男女阿夏失去了成家的根本条件，所以母系家

_____

① 《马克思恩格斯文选》（两卷集），第 2 卷，北京，人民出版社，1958。

庭中的男子只能处于客体地位，建立不了自己的家庭。

（四）母系血统为正宗，子女归母系家庭

母系家庭的血统传代只承认母系血统为正宗，家庭成员由单一的母系血缘为纽带紧密相连，而男子血缘是被排斥在外的。走婚时也是以女方为主动，男子处于被动地位。因母系血缘为家庭正宗，走婚阿夏成不了家。即使"双系"家庭有男子的血统，也很难独立成家，因母系血统随时有可能恢复。几种家庭形态并不稳定，母系血缘却难动摇根基，所以阿夏成家先天不足。

恩格斯在论述"普那路亚"式母系家庭时说："他们全体有一个共同的始祖母，由于出自同一个始祖母，每一后代的女性都是姊妹。但这些姊妹们的丈夫，已经不能是她们的兄弟，不能是出自这个始祖母，因而也就不能包括在后来成为氏族的这个血缘集团，然而他们的子女是属于这个集团的，因为只有唯一确知的母系方面的血统才具有决定的作用。"① 阿夏婚及其母系大家庭正是这样的，男子是被排斥在"这个血缘集团"即母系氏族、母系家庭之外的，但阿夏走婚所生的子女属于这个集团，属于母亲及其母系家庭，世系血统按母系家庭计算，而不归男子所有，因为只有"母系方面的血统才具有决定的作用"，这便从子女归属上割断了父与子的血脉，走婚的阿夏自然成不了家。以上阿夏婚所具有的几个特征决定了阿夏走婚不成家，这也是阿夏婚的本质特征，也正是摩梭母系文化的特质所在。

---

① 《马克思恩格斯文选》（两卷集），第 2 卷，202 页，北京，人民出版社，1958。

五、阿夏婚的物质基础与精神支柱

阿夏婚及其母系大家庭是特定历史条件下的产物，它能长期保存、延续下来，各个历史时期都具有生命力，摩梭母系文化至今仍有活力，在物质和精神两方面必有其根源。

（一）社会体制为其保全物质基础

母系大家庭是氏族血缘集团，从诞生之日起，"这种集团从此就愈益由其他种种共同的社会体制和宗教体制巩固起来"。摩梭地区的社会体制，远在唐代中叶云南南诏及后来的大理国时期仍处于母系氏族社会状态，元、明时期进入封建领主制社会，政治体制得到改革，但旧时的母系婚姻家庭结构却保留下来。当时的元代中央王朝对摩梭社会采取"顺俗施政"的政策，《元史·仁宗本纪》载："从本俗职权以行，对蛮夷土官，不改其旧顺俗施政。"对摩梭社会内部的结构、家庭婚姻"不改其旧顺俗施政"，连同它的生产力、生产资料、生产关系，即母系家庭的原始共产制经济基础都得以保全，这是旧体制保全了母系家庭赖以生存立足的物质基础。作为新体制的代表，土司阶层本身与母系婚姻家庭有割不断的"脐带"。永宁土司家族就是从母系氏族"峨尔"分离出来的，其物质生活与社会政治生活环境都脱离不了母系文化氛围。实际上土司贵族阶层在内部实行父系婚姻家庭制，以保与中央王朝的联系，巩固统治地位；在社会上他们又行阿夏婚姻，与民众同俗，也是为了便于统治。同时，习惯法也允许百姓继续实行阿夏婚，所以新体制也保全了母系制。中央王朝与地方政权把封建领主制与原来的母系氏族制结合起来，使母系家庭沦为领主制下的百姓与娃等级，致使这一阶层更加贫穷，有的人失去人身自由，沦为土司衙门的奴婢，无钱娶妻成家，只好过走婚生活。以上就是摩梭社会昔日的"种种共同的社会体制",使其母系婚姻家庭得以合法存在。这种状况从古代一直保持到新中国成立前。

(二) 母系家庭的"造血功能"为其提供物质保障

旧时摩梭社会的经济主体是封闭的、自给自足的农业自然经济,母系大家庭的结构与这种不发达的生产经济形态相适应,成为有活力的社会细胞。母系家庭的经济生活有两大特点:其一是小而全,自给自足;其二是劳动生产的组织、产品的分配和消费实行共产公有制。在生产力低下、劳动工具落后、生产生活条件艰苦的情况下,人口多、劳力充足的母系大家庭,按性别、年龄合理分工,集体劳动,同心协力共同经营,可以比较有效地战胜天灾人祸,克服困难,创造比较多的物质财富。家庭成员中有的务农,有的赶马经商,有的出家为僧,年老的料理家务、带小孩,"达布"管理、安排、计划全家的生产生活,整个家庭有序发展,兴旺发达。还有因阿夏关系而建立的"依底"互助组织也有利于家庭经济发展。母系家庭因适应社会的农业自然经济而促进自身的发展,具"造血功能",成为阿夏婚的物质后盾。摩梭男女结交阿夏,无论是异居或同居均不受经济条件限制,所生子女又归母系大家庭照料抚养,故解除了阿夏们在物质经济上的后顾之忧,有母系大家庭在后面支持他们,为其提供物质保障。

(三) 尊崇女性的传统是其思想根源

摩梭人自古以来形成以尊崇女性为核心的特殊的伦理道德观念和民族文化心理,并进而发展成为全社会的思想意识及良好的社会习俗风尚,这是阿夏婚和母系家庭长期保存传延的重要思想根源之一。对妇女、母亲、舅舅的热爱、歌颂、尊敬,可以说是整个摩梭社会伦理道德的中心,是构成民族传统文化最有特色的部分。对母爱的伟大，摩梭人体会得十分深刻，对母亲、舅舅赞颂热爱虔敬笃诚，其祖传遗训这样训诫自己的后代："阿夏可找十个百个，妈妈一生只有一个"，"象牙不能丢进浑浊河，虎骨不能丢给摇尾狗"（象牙喻母亲，虎骨喻舅舅），"灶上无锅庄不行，火塘无火苗不亮"（灶和火塘指家庭，锅庄喻舅舅，火苗喻母亲），"家中无父不要紧，不可一日没有妈"。摩梭古经的箴言说："云山亮晃晃，光芒来自天；松柏翠青青，根子出于山；花儿红艳艳，蒂与树相连；果儿甜滋滋，原是花所变；甥男俊伟伟，全靠舅舅牵；女儿美俏俏，全靠妈妈爱；母舅养育恩，胜过三春晖。"以上的格言、遗训、箴言道出了摩梭人对母亲、舅舅恩德的至诚感激，表达了对母亲、舅舅的热情赞美和歌颂，教育后代尊奉敬爱他们。这已形成全社会公认的行为准则和不能违背的纲纪伦常。这样的民族文化思想意识指导、支配着摩梭人维护母亲、女性的崇高地位，从而成为阿夏婚和母系大家庭生存发展的重要思想根源。

（四）宗教信仰是其精神支柱

达巴教教义彰显尊重女性、敬奉母亲的思想观念，宣扬万灵之中以母为尊为大的世界观，认为一切生灵皆来自母体，不论是皇帝、伟人或是平民百姓均由母腹孕育，世间万物、人类及一切生灵的生命皆由母亲恩赐。达巴经说："石头不分大小，大地是它们的母亲；地上有千万条溪流，大河是它们的母亲；地上有血肉有灵魂的人，祖先的骨血才是根根。"这是世间万物源于母体的血缘整体宇宙观及哲学思想的具体写照。将此观念与社会现实相结合，便形成尊母崇母的社会文化思想及母系文化传统。达巴教的不少巫术、经咒直接服务于妇女儿童，祈祝其孕产顺利，母子平安、健康，祈神灵保佑他们，表现出摩梭社会对妇女儿童的关怀爱护。达巴教的"巫术仪式充满了神话典据，而在宣讲了之后，便发动了古来的权能，应用到现在的事物"①。女神崇拜正是其重要的神话典据，将其应用到"现在的事物"婚姻中，让女神的"权能"保护阿夏婚。他们普遍信仰的格姆女神结交数个男神阿夏，与人们过着走婚生活，将阿夏婚搬到神殿，为其戴上神圣的光环。摩梭人为自己的婚姻找到了最充足的理由，"神可以交阿夏我们也可以交阿夏"，这是强有力的理论支持。"当某种宗教信仰成为人们共同的社会契约行为后，人们就会创造出一个神祇来作为维系某种信念和共同契约的偶像来崇拜，反过来又作用于人们的生活生产方式和道德观念。"② 对格姆女神及其他女神的崇拜正是如此，宗教"古来的权能"及众女神成为阿夏婚和母系大家庭强有力的精神支柱，成为强大的支撑力量。综上所述，由于特殊的社会历史条件、政治体制、经济基础、传统道德观以及宗教的体制等诸种因素的综合作用，摩梭阿夏婚母系大家庭扎根于民族历史文化土壤而根深叶茂，将摩梭母系文化培植成一棵不死树而独立于世。

六、一夫一妻制父系婚姻及其特征

（一）实行父系婚姻的决定因素及其形式内容

父系婚姻与父系家庭相适应。从元代以来摩梭人中就并行着父系婚姻、母系婚姻和双系婚姻。实行父系婚姻主要的是土司头人、贵族阶级，其历史至少在500年以上。实行父系婚姻的决定因素是为了适应封建领主的政治体制。由于封建中央王朝实行的是政权嫡长继承制，当时土司继位须报上级官府审核批准，所

①② ［英］马林诺夫斯基：《巫术科学宗教与神话》，李安宅译，北京，中国民间文艺出版社，1986。

以，土司正宗为了政治目的与中央王朝打交道，必须实行嫁娶父系婚姻。为了确保嫡长子血统的清正纯洁，以保土司官职统治地位得以世代相传，只有明媒正娶妻室延续父系血脉。故封建父系世袭制决定了永宁地区的统治阶级必须实行父系婚姻，也就是说中央王朝的体制是摩梭地区实行父系婚姻的决定性因素。但是高层统治机构并没有将一夫一妻制在广大民众中提倡推行，而是采取"顺俗施政"的方针，再加上贵族阶层中的多数人在内部实行一夫一妻制婚姻的同时，在社会上又实行阿夏婚，一般百姓在上层统治集团和周围其他民族的影响下，虽然早已有嫁娶婚存在，但因种种原因造成父系婚往往有反复，所以父系婚在摩梭地区总是处于劣势，而母系婚姻阿夏婚在历史上总是处于压倒的优势。与前面所述阿夏婚长期保存流传的原因相比较，二者地位差异的根源便可一目了然。

摩梭父系婚姻主要盛行于永宁西部金沙江边拉伯、加泽、托甸一带区域以及永宁南部的滇蒗摩梭人中。这些地方的父系婚形式与内容与汉族地区基本相同，结婚的程序一般分为说媒、订婚、请同一斯日的亲属吃喜酒、男方送彩礼、迎娶、回门6个项目，也即是婚姻礼仪的具体内容。过去摩梭地区的嫁娶婚配偶双方必须经过父母做主，请媒说合，所谓父母之命、媒妁之言少不了。虽无专职媒婆，也要请亲戚长辈，或村中德高望重之人，或自己的朋友去代为求亲。被请去求亲的人称"古普"，说合以后要请"古普"带上鱼、酥油、糌粑、盐、茶去聘娶。鱼象征婚姻顺利，就像鱼在水中游一样无障碍；酥油、糌粑象征报答父母的养育之恩；盐象征这件婚事像高山一样永固；茶象征双方感情像茂盛的树木一般长青。盐、茶的搭配还象征祝福男女双方感情融洽、夫妻和美。求婚成功之后，要以重礼去见家长，请长辈主婚，举行仪式，宴请亲朋好友、村邻喝喜酒，甚至念经祭祖先等。过去娶媳妇聘礼很重，须送大量的金银财物、牛羊骡马，银元上千数，人们不堪重负，如女子才貌出众、家里有声望，男方的聘礼更多。这里的父系婚缔结有两种方式，一种是男娶女嫁，明媒正娶，有隆重的婚礼，男子是统治家庭的一家之长，是财产的所有者，妻子处于从属地位，所生子女归男方，随父姓，实行父系家庭亲属制，有父子、夫妻、婆媳、姑嫂、叔侄、翁媳等亲属称谓，世系按父系血统计算、继承等。另一种是招赘，即男人赘到女方，由女方举办婚礼，男居女方，子女随母姓，世系按女方血统计算、继承，男子地位较低，受到母系血统排斥，女子是家庭的主体，虽也有夫妻、父子等亲属关系，也是一夫一妻制家庭，但夫妻双方主次有别。父系婚姻与母系婚姻相比较，从形式到内容、文化观念都截然不同，其中的招赘与母系婚姻有不同之处，也有相同之处，前者须举行入赘仪式即办婚礼，组成的是一夫一妻形式的家庭，有姻亲关系；后者则无婚礼，性质属母系婚。二者的相同之处是子女都随母姓，世系按母系血统继承。

（二）摩梭父系婚的特点

摩梭人的父系婚与其他民族相比较而言，有以下一些特点：

第一，它处于母系婚阿夏婚的包围之中，致使其脆弱，缺乏稳定性。主要表现在这种婚姻反复性大，结婚的男女本不应再过阿夏走婚生活，但往往在走婚积习的影响下明里暗里去找各自的阿夏。有些夫妻在结婚前基本都有阿夏婚史，婚后不愿受束缚，不习惯过单偶婚生活，又恢复走婚。故在实行父系婚的地区大多数家庭与母系婚有联系，总是父系、母系、双系三种婚姻相互交错、更替。具体情况可参看前面所述双系家庭的特征，如此便可清楚了解父系婚姻脆弱而不稳定的特性。再有父系婚姻家庭世系传承短，一般只有两三代，不如母系婚姻家庭传延代数长，母系家庭传延四五代、七八代甚至十几代的都有，这也是表现其脆弱性的重要之点。

第二，上层统治阶级是行父系婚的重点范围，民众百姓行父系婚不普遍。虽然永宁地区的父系婚与母系婚的历史同样悠久，但父系婚通婚的范围狭窄，多数在土司贵族中盛行。因前述种种原因，阿夏婚在整个摩梭人族群中盛行，具有群集性特征，而父系婚只有少数百姓民众中有条件实行。阿夏婚的传统根基深厚，而父系婚则先天不足，在摩梭人的婚姻家庭史上发展缓慢，范围狭窄。这种状况直到新中国成立后才有所改变。

第三，以父系血统为核心的联姻、对私生子的不同处理。父系婚姻家庭严禁父系血统通婚，刚好与母系婚相反。父系婚中，父亲的兄弟与姐妹的子女间可以通婚，姐妹间的子女也可联姻，即姑舅表姊妹、姨表姊妹可以联姻。按父系血统而论，嫁出去的姐妹血统已改变，是另一个氏族的血统，故可联姻。而在母系婚家庭之间，姨表婚却是严禁的，依母系血统，是没有改变的。行父系婚的金沙江边的摩梭人有种不成文的规矩，叫"舅权优先"，即舅舅的儿子可优先娶姐妹的女儿，如联姻不成，姐妹的女儿才可另配他人。舅舅的女儿不一定要嫁给姑妈的儿子，这是单向姑舅表联姻。以上是以父系为核心的氏族外婚制。对于女子婚前所生的私生子有两种处理方法。远离泸沽湖一带的金沙江边因盛行父系婚姻，是极其歧视私生子的。在泸沽湖永宁中心区，对私生子承认其合法性，可以随母"嫁"到男方家。以上是就永宁泸沽湖地区而言，其父系婚姻所具有的地域特色和民族特色。

母系文化对摩梭社会的影响

一、母系文化对宗教信仰习俗的影响

母系文化是摩梭民族传统文化的核心，它乃是一种文化中所含有的一组基本特征。"这一组基本特征也出现在同形态的其他文化之中，文化核心的组成成分和生计活动及经济安排关系最为密切。它所包括的那些社会的、政治的及宗教的模式，是由经验使它们和这些安排发生密切关系的。"[①] 摩梭母系文化是古代摩梭社会若干族群文化融合、渗透而形成，并获得本民族和外界公认的多元文化。它的核心作用不仅出现在各族群文化之中，还表现出它与这些族群文化的亲缘关系，具体表现在以下几方面。

（一）母系文化与达巴教

达巴教是摩梭人信奉的古老的原始民族宗教，在历史上与母系文化相互融合、渗透而形成摩梭社会两大系统的主体文化，与摩梭人的社会生活紧密相连。达巴教是母系婚姻家庭的精神支柱，前面的叙述已涉及达巴教与母系文化的关系，但二者还有更

[①] 芮逸夫主编：《云五社会科学大辞典·人类学》，第 10 册，台北，台湾商务印书馆，1971。

深的渊源。母系文化对达巴教有着深层的渗透，生殖崇拜就是母系文化对其渗透影响而形成的重要思想。达巴教有两尊主神，称"母鲁阿巴督"与"塞夏拉"，也是祖先神，简称"督神"、"塞神"。这与纳西族东巴经中的"卢神""沈神"不仅语音相同，文化内涵也相同。"督"与"卢"发音基本相同，只是声母有差异，韵母完全相同，都是 u 韵；"塞"与"沈"声母前者是 s，后者是卷舌音 sh，而丽江与永宁两个方言区对这两个字的发音声母都不卷舌，完全相同，只是韵母不同，所以这是同一个民族的两个方言区发音稍有区别而已。"督神""塞神"是阳神、阴神，寓含着达巴教的阴、阳哲学思想；东巴教的"卢神""沈神"其本质含义就是阳神、阴神，均为造物神，是东巴教阴、阳哲学思想的体现，所以这两组大神在不同的方言区有着相同的文化内涵与文化价值。阴阳观念在我国传统哲学思想中占有极重要的地位，《易经·系辞》以"—"为阳，"--"为阴，郭沫若认为，"阴阳很鲜明地可以看出是生殖崇拜的孑遗，画一以象征男根，分而二以象征女阴，由此演出男女、父母、阴阳、刚柔、天地的观念"。达巴教的督神是男神、阳神，塞神是女神、阴神，二神均为始祖神、生殖神，祖先崇拜、生殖崇拜、男女阴阳观念包含于其中。据纳西族东巴口传，卢神、沈神（即达巴经中的督神、塞神）原本不分开，无性别之分，合称"卢沈神"，反映了远古、上古代的一元生命观、生殖观。其后自然变化易为二神，是为阴阳、男女二性之神，是二元化生命观、生殖观的哲学思想，从此世界万物、人类在两性交合中诞生、繁衍。不过摩梭人的生命观、生殖观又往往将生命的创造归功于女性、母体，仍留有一元化生殖观的孑遗，是对于生命、生殖更原始古朴的信仰崇拜，构成达巴经教义的重要内容。摩梭人现实生活中以女性、母体为尊为大，母系家庭中母亲地位崇高，女性是家庭兴旺的主体，是人类自身生产重任的承担者，是一个民族种的延续的

"根根"，以女性为主的根意识、民族心理等思想观念，与生命之神、生殖之神的原初文化含义一脉相承，更见其母系文化渊源之幽深，对达巴教的思想影响之深刻。

达巴教有一种算日子的卜书，用图画文字书写，是原始古老的经典，突出表现了母系氏族社会女性崇拜、生殖崇拜的观念，其中以女性生殖器为内容的图画文字居多，而且以生殖为直接表现内容，文字含义多是大吉、大喜之日。例如，以下的图画文字的形与义分别为：表示初一日，读音为"潘咪尼直"，意为女性生殖器，表示大吉日；表示初三日，读音为"包夸"，意为女性阴道，表示大吉日；表示初四日，读音为"包几"，意为女性乳房；表示初五，读音为"几给"，意为男女性交；表示十七日，读音为"波基"，意为猪生殖器；表示二十六日，读音为"耍瓜"，意为男性生殖器。其他如"　"表示二十九日，读音为"潘咪"，意为男女性交，表吉日；"△"表女性生殖器，"　"、"　"均表女性乳房。① 以上的图画文字都表达了生殖崇拜观念。对于生殖崇拜，黑格尔精辟论述道："东方所强调和崇敬的往往是自然界的普遍生命力，不是思想意识精神性和威力，而是生殖力。"达巴教的算日子卜书以及对督神、塞神阴阳神的信仰，都是将祖先崇拜和生殖崇拜的双重文化观念融为一体的宗教信仰，其中突出含有母系文化的因素。达巴图画文字符号"△"之义为女性生殖器，这正是将其化为生命之神、女始祖而加以崇拜，又与我国古代的宗教信仰相一致。甲骨文的"土"写做△、　、△、⊥，"卜辞用来指称土神，和岳河一样，既是自然神，又是先祖神"②。达巴教的"△"与甲骨文的

① 以上图画文字见《东巴文化论集》，65页，昆明，云南人民出版社，1985。
② 赵诚编著：《甲骨文简明词典》，北京，中华书局，1988。

土神、先祖神"△"含义基本相同，都是祖先崇拜、生殖崇拜之义，不同在于甲骨文的"△"符号表示男根，象征男性祖先，而达巴教指的是女阴，象征女性祖先，强调的是母系氏族的文化特征，"只知其母不知其父"，即表达了母系氏族的时代特征女性崇拜，在此崇拜信仰中，"个人的情感和社会情感中都充满了这种信念：人的生命在空间和时间中根本没有确定的界限，它扩展到自然的全部领域和人的全部历史"①。摩梭人所信仰的女神、女始祖、生命之神，正是将其神力无穷尽扩展到从古至今的"全部历史"，乃至全部的自然领域，这正是母系文化对达巴教乃至整个摩梭社会思想意识的深刻影响。

（二）母系文化与丧葬习俗

摩梭人自古以来行火葬，认为人死灵魂不灭，死者的最后归宿是灵魂回归祖先发祥地，与祖先团聚一起，生从哪里来，死归哪里去。整个礼俗繁冗，隆重，其中所含母系文化因素主要表现在这几个方面：

其一，尸体的处理。要用麻布带子捆扎，捆尸时先将死者放成蹲坐式，两腿屈起，双脚交叉，双臂交叉于胸前，男子左脚左手压右脚右手；女子反之。麻布带子套住脚尖绕过脖子，在腰和下肢处捆扎，男子9道，女子7道，捆扎成胎儿状。其观念认为死者从母腹来到人世前就是这个姿势形状，是蹲坐式的胎儿状，回归也应该是这个形状，来世投胎才能又回到母腹中，希望死者灵魂早日重新投胎人世。这里除了轮回转世的观念，还有母体崇拜的观念。宗教信仰与母系文化融为一体。

其二，母系婚姻家庭观念在葬俗中的表现。出殡火化前，要将送给死者的随葬品带上，没有大宗的贵重生产生活用品，因为

---

① ［德］恩斯特·卡西尔：《人论》，甘阳译，上海，上海译文出版社，1985。

这样的用品是属于整个母系大家庭集体所有，不能由个人带走，所以随葬品只是个人的简单物件。死者如是女性，只能带衣裙、包头、织麻布的梭子、耳环等小物件；死者是男性，只能带帽子、长刀、烟锅、茶罐等物件。生前在母系大家庭怎样生活，死后照样怎样生活。共产式集体经济制不变，这是母系大家庭成员生死不变的原则，这一文化观念在此表现得清清楚楚。死去的男女阿夏不能葬在一起，不能像汉民族那样"生同床死同穴"，因为双方不是同一氏族的同一血脉，要表示男女双方的情义，只能找代替物，如死者是女性便陪葬一只公鸡，死者是男性陪葬一只母鸡，代替阿夏情侣相随陪伴。所谓"陪伴"，就是将鸡杀了为死者出殡开路，达巴念经："鸡是你的阿夏，现在打发给你了，一会点火烧尸时，你要迅速离开，希望你俩并肩而行，早点去找你们的祖先，他们在等待你们。"这里明确表达的思想是，生前怎样过阿夏婚生活，死后也同样这样过，双方都不是对方的家庭成员，死后也不能同葬一墓穴，各自葬在自己家族的公墓中。

其三，母系文化与氏族血缘观念。可以说这一观念贯穿于整个丧葬习俗中，从报丧、洗尸、捆尸、停尸寄葬悼念到送魂、火化、尸骨下葬等过程，都是母系文化的大展演，前面阐述了几个典型的民俗事象，这里重点阐述有关氏族血缘观念的行为模式。氏族血缘观念是母系文化的重要内容。在停尸悼念活动中，氏族成员是主要的，即同一斯日的成员要来悼念死者，其他斯日成员可来可不来，生者与死者的关系是以血缘而定的。悼念活动中，多数女阿夏是不能参与男阿夏的葬礼的，因她不是同一血缘的成员，而只能派自己的子女带上丧礼去悼念"舅舅"，并参加火化仪式，是以甥男的身份或甥女的身份来的，转换身份才能代表是同一家人的意思。还有一个特别的悼念女性死者的节目叫"斯克阿乌"，即舅舅送毛毯奔丧，死者儿女备重礼迎接舅舅的到来，举行一个悲壮的仪式，唱《斯克》悼亡歌，又名《添一根柴的舅父》，甥男甥女唱歌颂、赞美舅舅的歌，感激舅舅抚养教育的深重恩德。火化时舅舅在柴火堆上添一根柴火，姐妹的尸体便能化尽，灵魂方能升天。这是传统的母舅为大的观念的生动描绘，更表现了血缘手足情深的思想意识，生时是同一母系血缘大家庭的成员，死时离别也要血缘亲情相伴随灵魂归祖升天。别的氏族成员来悼念叫"寄酒"，带上礼品祭献死者，目的是托死者给自己的氏族祖先带上一份礼品，表示活着的家人对去世亲人的追忆缅怀，生者与死者亲情相连不断，仍是家族血缘观念在起作用。为死者念的《指路经》，也是为了让他顺利地沿着氏族迁徙的路线回到祖先跟前去团聚，氏族血缘在生时是联系同一家庭、同一家族成员的纽带，死后也仍然靠这一纽带认祖归宗，氏族血缘对他们从生到死都是断不了的"根根"，与生命共存亡。最后尸骨下葬也只认血缘关系。每个氏族有一公共墓地，在公墓里各母系家庭又有各自不同的安葬骨灰的地方，有的葬在山洞，有的葬在树洞，有的葬在树脚下等。骨灰安放，在家庭内部长幼有序、男女有别，长者在上方、晚辈在下方，男在左、女在右，犹如生时在母屋所居位置一样。他们认为一个氏族的成员都是一个女始祖的后代，血缘相连，在世时共同生活在一个大家庭，相亲相爱，死时也是血缘相亲，要葬在一起，同宗同血脉，生死相依。男女阿夏是不能安葬在一个氏族公墓里的，因为他们不是一个血缘的成员，生时不生活在一个家庭，死时也不同葬一个墓穴，而是各自安息在自己的氏族公墓里，与自己的祖先团聚在一处，生前如何走婚过阿夏婚生活，死后也同样照办，阿夏关系生死一个样，母系血缘起决定作用。母系文化的渗透作用在这里是对人们的思想行为起着指导作用的，充分显示着核心文化的权威性。

（三）母系文化与信仰习俗对经咒、巫术的信仰

在母系大家庭里，妇女是肩负传宗接代重任的主力军，延续母系家庭血缘，男子是被排斥在外的，女子才是传代继嗣的"根根"，所以女子能否生育对母系家庭意义重大。如果女子不能生育将直接危及家庭传代。由此，民间便有了一系列与宗教信仰相联系的孕、产习俗，以求多子多孙、儿孙满堂，以确保家庭血统的传衍和家庭财产、权力后继有人。自古以来摩梭人尊重、关心妇女，爱护、珍视儿童，已成为社会传统习惯和良好的民风。在达巴教里，妇女儿童也占有重要地位，对他们有很强的保护意识。旧时代生活条件差，缺医少药，妇女生儿育女得不到保障，甚至威胁到她们的生命，婴幼儿死亡率高，所以只有求助于神灵保佑母子平安、健康。达巴利用经咒、巫术、医药施展法术，对妇女儿童施行保护措施，为其驱逐妖魔灾祸、祈神灵保佑平安、赐福赐寿等。摩梭民间巫术繁多，其中保育、保孕、保婴是主要的。达巴有丰富的、全凭口耳相传的口诵经，其中不乏庞大的鬼神体系和神奇的巫神话故事。其经咒、巫术、鬼神行迹以及达巴本身的种种教业活动虽有迷信的一面，但这一切又都与民众的生产生活、精神思想联系密切，而人与大自然的关系是达巴教所有题材的源泉和所要表达的主题。几乎所有达巴巫师都有一段学习继承教业的奇异经历和一套动人的神话传说，又总是与巫术、魔法联系在一起，或有战胜驱逐妖魔鬼怪的超凡技能，或有医病施药的秘诀高招，或有解人危难的奇功，或有帮助你实现企愿的本领，等等，在民众中他们是智者、能人，人们相信他们，也信仰他们的经咒、巫术、医药等。达巴们也总是全心全意奉献自己的才能智慧，利用经咒巫术是其重要手段。例如口诵经《瞅多》是为有儿有女的妇女得重病时念诵的经文，祈求神灵保佑她病愈，早日康复，好让她生养更多的儿女，同时祈求她的年

庚、属相无论转到何方，都能得到神灵佑助，消除她身上的秽气和免除其他道德上因魔鬼缠身而发生的过错。《那体补》是专为孕妇念的经，祝愿她健康、平安，胎儿正常，分娩顺利等。《咱补》是在新生婴儿和母亲有小恙时念诵的经，祈祷神灵保佑婴儿健康、母亲无病痛。《优家优里》是在娶媳妇时念诵，祝愿家庭和睦，新妇聪明、健康，母亲无疾病。《巫补》是生小孩时念的经，感谢神灵为母系家庭增添新人，祈祷神灵保佑孩子成长顺利，长大后有福有寿。孩子出生后，要举行一个"树保"仪式，找一棵结果多的果树作为新生儿的保护神，以保孩子和母亲平安、健康，由达巴主持仪式，念诵祷词：

这棵果树粗壮又结实，果实累累，大雪压不弯，大风吹不倒。请你做孩子的保护人（神），保佑孩子健康，长命百岁！

这实质上是一种移植巫术，将果树"粗壮又结实"的生命力"移植"、"转化"到孩子身上，潜意识中是对自然物（果树）旺盛生命力的崇拜歌颂，通过语言（经咒）的力量达到"移植"的神效。不管念这些祈愿经有效无效，这已成为传统习俗，人们当然信它。因为"历来如此"，"自古有之"，约定俗成。对于这些经咒，"我们在分析一切巫术行为的时候也永远见得到仪式是集中在咒语底念诵的。咒语永远是巫术行为底核心"①。它出自达巴之口，对语言神奇力量的信仰也是坚定不移的。母系文化在达巴念诵的口诵经及施行的巫术、仪式中得以直观形象化的展示。

---

① ［英］马林诺夫斯基：《巫术宗教科学与神话》，李安宅译，北京，中国民间文艺出版社，1986。

1. 求子求育习俗

摩梭民间盛行求子求育习俗，笃信生育女神能赐子赐福。普遍信仰的生育女神叫"巴丁拉姆"，"巴丁"意为青蛙，象征龙；"拉姆"意为母老虎，故此神即是像青蛙龙（纳西人东巴经里有青蛙龙形象及神迹）和母老虎一样的女神。因青蛙产子多，母虎产子威猛有力，故人们崇拜此生育神实际是崇拜其旺盛的生殖力，其形象更让盼望生儿育女的摩梭妇女产生生理上的联想，将其视为如青蛙和母老虎那样有极强的繁殖力和勇猛的威力。在摩梭人的宗教史上，青蛙与老虎都是重要的动物图腾、文化英雄，将此图腾意识集中于巴丁拉姆女神身上，自然相信她有掌控生育之神威，连同洞中的泉水也具有生殖的神性功能。每年的三月，不孕不育的摩梭妇女在达巴带领下进岩洞虔诚祭拜该生育女神，须带上该女神的画像，点灯、烧香、供祭品、长跪膜拜，聆听达巴念诵祈求女神赐儿女的祭辞。祭拜者还必须喝一碗洞中的泉水，此为"产子露"，以确保求子有效。远道而来的人，在岩洞自搭帐篷住宿，等待进洞祭拜巴丁拉姆生育女神。还有不育妇女祭拜石祖（象征男根）的求子习俗，将山洞中一钟乳石柱称为"久木鲁"，意为生儿石，石柱顶上凹坑内有积水，称为"合吉"，意为男精。求祭者在丈夫陪同下由达巴带领举行转山洞即转灵洞的仪式，在洞内平台上立三块石头，烧香跪拜，由达巴念求子祭辞。之后女子在洞内水池洗浴，意为洗去身上污秽邪气，再喝下"合吉"（男精象征物），认为从此便获得生育能力。这是将男根信仰融合于母系文化中的生育习俗，真实反映了摩梭母系文化中的父系文化成分的存在。与之对应的是女阴崇拜，她们将永宁上者波山背后的一条山沟视为女阴，结交阿夏多年不生育的妇女举行火把节，在村子周围游行，祭祀象征生育神的形似女阴的山沟，用火光驱赶秽气灾祸以求生育。有了身孕的妇女，为确保孕产顺利、母子平安，须祭祀"那蹄"生育女神。用糌粑捏成女神偶像，腹部放一个鸡蛋，阴部突出妇女特征，神体丰乳、大肚，是一夸张的多产妇女形象，突出母体特征。由达巴用麻秆编造一间方形房子，中央插一根竹竿，拴上彩布条，摆上各种祭品，再将"那蹄"女神偶体放进"房间"，由达巴念祷词祈女神保佑孕妇母子平安。要经常祭祀，直到顺利产下婴儿。还要将女神住的"房子"挂到果树上作为婴孩的保护神，不忘时时敬祭。此外还有信仰"打儿窝"、"鸡儿洞"的求子求育习俗。"格姆"女神是摩梭民间和达巴教信奉的女神的典型代表，有多种功能，是整个永宁泸沽湖地区的保护神，其中也有生育神的母系文化价值。其他的神迹及功能随后再议。以上对灵石、灵洞及生育女神的信仰，有丰富的文化价值，首先它"是一种思辨的信仰，即是信仰有一种超越人类的力量存在"；也是"一种道德信仰，即是相信这个伟大的力量，以超越的制裁指导人生"；"又是一种感情的信仰，即是认为这力量是爱护其子女的"。① 在以上宗教意识支配下产生了各种生育习俗，母系文化直接参与渗透其中。民俗事象中的喝"产子露"、"合吉"，又是达巴教"接触巫术"的介入，是相信神力物质化的具体表现，使母系文化在精神与物质双重作用下尽显其摩梭民族文化风采。

2. 祭祖习俗

摩梭人是一个母系氏族血缘观念浓厚、崇拜祖先笃诚的民族群体，有传统的祭祀祖先的节日。农历十月由达巴或喇嘛择吉日杀年猪，这天即为祭日，一般在十月二十五日前后。此俗反映的观念，其核心是原初女性始祖亡魂崇拜和以后的男性祖先崇拜。届时全斯日即全家族或氏族的同一女始祖传下的后代集中在一起，共同举行公祭仪式，祭礼隆重，由同一斯日的母系家庭轮流

主持操办祭礼事宜。在主办家庭井院内设祭坛，用泥土捏成四方坛，插上松、栗、柏青香树枝以象征男女祖先，放一尖形钟乳石以象征"母鲁阿巴督神"（见前述）；在树枝下放上用炒面捏的各种神像以及六畜、动物形象，再摆上各种祭品。杀猪时达巴先念《杀生赎罪经》，猪刚杀好立刻炒一盘瘦肉敬祭祖先及诸神灵，再将猪血及牲肉供到祭坛上。达巴继续念经述祖谱和氏族的历史渊源，敬请众先祖回来与家中亲人共度佳节。之后将祭坛上的祭木拿到房顶上，枝头朝北指向祖先居住地，压上祭肉祭品，再压上石头，表祭祀天、地、日、月、星和山水之神，同时祭祀北方祖先灵魂。有的祭坛用一块方形木板，凿 12 个孔，象征 12 个月，每个孔上放石子，插三块顶端尖形染上猪血的木片，象征先祖回家的路标，再设一长条形供桌，祭品与前面所述基本相同。祭祖辞曰："众祖先啊，沿着送你们去的路（《指路经》送亡灵的路线）回来，要看清途中的路标顺顺利利回家来。"并呼唤众祖先的名字，最后送他们回去，祭辞说："你们回去时，路上会平安吉利，像老虎豹子奔跑，像飞鹅山鹰一样飞翔……走到斯布阿纳瓦，上村是有纠纷的村，那个村子去不得；下村是不干净的村，那个村子去不得；中间那个村是你的村，纳木阿佳（女始祖）住在那里，你们就在祖先眼前住下来。"[①] 此俗值得研究的是：其一，同一斯日的母系家庭成员参祭共同的祖先，并共同进餐，将煮熟的牲肉各家分一份带回去，表示所祭始祖是同一斯日共同的保护神，参祭者是同一个女始祖的同一血缘的后裔，增强氏族认同感，彼此牢记是同一血缘的子孙，要团结亲密无间。祭祀目的十分明确，"祭祀祖先，也并非通过这种信仰和祷告以谋求自身的某种特殊利益，而是为了整个家族的繁荣"。而且，"一族的宗教尊严和道德、秩序都借后代对祖先的郑重祭祀

---

① 参见《云南民俗》，云南民协编印，1989（6）。

而得以绵延不绝"。① 正因为氏族观念、母系血缘纽带这些母系
文化的核心成分渗透于祭祖习俗，才增强了家庭、家族乃至整个
民族的向心力、亲和力以达繁荣昌盛之目的，这便是母系文化在
此俗中的价值意义。其二，此俗以石头、树枝象征祖灵而无偶
像，祖先无形，灵魂不灭，与生者血缘相连，这是远古母系氏族
时代的文化遗迹，极其古老，还无偶像崇拜观念，只是立木石象
征祭祀而已。其三，整个祭仪以突出女性祖先为重。祭祀呼唤始
祖名字时，要先敬祭母系始祖，所念祖先名几乎全是女始祖，时
有舅舅出现，其后有父系祖先，这与现实生活中以母系家庭为主
的事实相符合，反映了母系家庭以母系血统为正宗、继嗣传代的
特征，说明祭祖也只认血缘而无其他。在送众祖先回归的最后归
宿，是居住在"斯布阿纳瓦"村的女始祖"纳木阿佳"跟前，
这位女始祖是摩梭人确认的全民族共同的母系血缘始祖。由她生
下的后代形成了不同的六个氏族，尔后才有了各氏族的"斯
日"、"阿窝尔"、"日都"。这位英雄女祖先的感召力在神界、现
实生活中仍在起作用。沉沉一脉母系血缘贯通古今，凸显出母系
文化的生命力。

（四）母系文化与藏传佛教

藏传佛教的黄教元末明初传入永宁摩梭地区，因其参与地方
政治势力组成政教合一的政治体制而势力强大，尤其在摩梭社会
后期掀起出家为僧的热潮，时人以出家为僧为荣，家有两男就要
送一个去寺院出家，摩梭家庭长期以来形成"男当喇嘛女不出
嫁"的基本格局。出家为僧的摩梭男子虽称出家，除参加寺院
佛事活动外，多数时间仍居家料理家务，不脱离母系大家庭，过

---

① ［日］关敬吾编著：《民俗学》，王汝澜、龚益善译，北京，中国民间文艺出
版社，1986。

着圣与俗相结合的生活。他们平时在外从事教业，与社会人事有
广泛接触，与摩梭达巴并驾齐驱，所以形成佛教文化、达巴文
化、母系文化和平共处之局面，产生三者相互交融、互化的现
象。例如对"格姆"女神的信仰，就是几种文化交融的产物，
以朝拜格姆女神山而兴起的民族传统节日转山节（也转泸沽湖）
就寓含着这几种文化因素。据史记载，元代称格姆女神山为
"喇踏寨山"，意为虎山；明代称"干木山"，民间称"黑底干
木"，意为永宁女山。此源于原始山水自然崇拜，表现了本土原
始宗教达巴教自然崇拜、女性崇拜的思想。藏传佛教的传入赋予
"永宁女山"、"虎山"佛教文化思想色彩。藏语称永宁为"塔
垅"，称形如卧狮的山为"森格格姆"，全称为"塔垅森格格
姆"，意为"永宁狮子山"。① 狮崇拜原本是佛教的文化思想，融
入原初的永宁女山。摩梭本土文化思想女性崇拜是基本元素，使
此山成为女性的化身、象征，称之为格姆女神山，因其融入佛教
文化，又称"狮子山"，故格姆女神山是藏文化与摩梭母系文化
相互影响渗透的复合体。

二、母系文化与生活习俗

（一）民居建筑与居住习俗

　　摩梭人的住房建筑结构、布局、居住方式与其婚姻形式、家
庭组织结构、宗教信仰相适应，阿夏婚、母系大家庭、民居建筑
共同组成相互联系的摩梭母系风情文化。摩梭村落房舍相邻，具
有血缘相连的遗风，表现出互相协作、相互依靠的群居意识，其

---

① 宁蒗彝族自治县志编纂委员会编：《宁蒗彝族自治县志》，昆明，云南民族
出版社，1993。

住房建筑具有统一的民族传统特色。其民居房屋称木楞房，木结构，四壁由原木垒制而成；房上盖木板，俗称黄板，再压上石头便成。四栋房子围成一个四合院，中间是天井，井院大，有红白喜事可在院内操办。院子具体由正房、经堂、宿舍楼即花楼、门楼组成。正房是供家庭集体活动、议事、炊事、祭祀、接待客人的场所；经堂楼上住僧人、供神佛，进行佛事活动，楼下住单身男子或客人；门楼楼上放草，楼下是大门，其两边是畜厩；宿舍楼或花楼供成年女子居住。住房建筑结构与居住习俗所表现出的母系文化因素主要在以下几方面。

（1）正房"一梅"是家庭的中心，是女主管"达布"的首席领地。摩梭人称正房为"一梅"，是母系家庭中心，呈长方形，约160平方米，空阔宽敞，由走廊、主室、上室、下室和仓库组成。其正面墙壁后设有夹壁，约有2平方米宽，做仓库用，储藏粮食、肉油等全家公用食物。正房门前有宽绰的走廊，右边放一水槽。正房左侧通往上室，分里外两间，里间放农具等杂物，外间住老年男子。右侧是下室，设有大灶煮猪食、酿酒，放石磨、碓和生产工具。主室约60平方米，是家庭的公共住宿地，也是炊事、用餐的地方。主室中央立有两根中柱；右侧墙上供有灶神"藏巴喇"，其下是灶"瓜格拉"，紧靠其下是用石头砌成的方形大火塘，放铁三脚架，组成火塘灶，此称下火塘，全家一日三餐离不开它。下火塘周围铺有地板，白天全家人在此议事、共餐、席地而坐，晚上是年老的家长、妇女或主管"达布"与未成年人和小孩们的住宿之处，靠大火塘终年不熄的火取暖。正房主室更是当家"达布"的首席领地和起居之地，是全家最尊贵的心脏之位。"达布"主管着全家的住宅、仓库、公共财产、公共火塘，使火终年不熄、水不干，象征香火不断、子孙绵长。"达布"在这里安排全家的生产生活，计划吃穿用度，分配平均享用的食物等消费品。"达布"是家中集体财产管理分配权的执行者，是母系大家庭的守护者，体现了氏族社会共产制经济特征及妇女的崇高地位，这是正房主室所寓含的母系文化之物化展示。

（2）上室的母系血缘观念的表现。正房左侧的上室居住着家中的老年男子，即各代的舅舅们，由甥男甥女赡养他们。他们在这里度晚年，死后这里也是停尸房。人死后洗净尸体，捆扎成胎儿状（见前述），在上室里挖一土坑，将装尸的白布袋子放进"寄葬"，之后举行一系列悼念活动。死者亡灵由达巴念《指路经》，在这里启程回归祖地。他们十分忌讳死在外面别的家族中，一旦病重，如果走婚夜里还住在女阿夏家，也要立刻让甥男背回到自己母屋的上室里，认为这里是他的降生之地（摩梭妇女生小孩在正房的后室），回归祖地也必须在这里由达巴指引亡灵上路不迷惑。还认为亲人死后亡灵居住在火塘上方的"瓜格拉"（灶）上，享受家人一日三餐的供奉，家长"达布"吃饭时口中要念道："阿斯、阿依、阿普，祖祖代代请你们用餐！"①。本家族的人绝不能死在别家，否则亡灵无所依，得不到母家的供奉。这表达了同一母系血缘生者与死者永不断根的血缘亲情，表达了强烈的氏族血缘观念。

（3）正室中柱的母系文化观念。正室中央立有两根左右平行的中柱，这不仅是支撑房屋的梁柱，也是整个母系家庭成员的精神支柱。摩梭人建房时对这两根中柱极为重视，必须精心选择，砍伐前，杀一只白羽毛的鸡祭献山神。按传统规定，两根中柱必须砍同一棵树，顶上一截立为左柱，根底一截立为右柱。永宁的摩梭人称左柱为男柱，右柱为女柱，也有称为兄妹柱或夫妻柱的。在其氏族传统观念里，这两根大柱象征着男女或兄妹同出于一个"根根"，一个母系血缘，同心协力，团结一致，共同支

---

① 严汝娴、宋兆麟：《永宁纳西族的母系制》，昆明，云南人民出版社，1983。

撑母系家园的一片天，以母系血缘为纽带的家庭根基坚固如磐石。具体而言，这里的"女"实指母亲，"男"实指舅舅。现实的母系大家庭靠母亲与舅舅支撑掌管，"舅管礼仪母掌财"的家庭管理原则在这里得到极生动的象征性表现，将母权、舅权化为支撑家屋的根基和大柱，突出母舅在家庭中的重要地位。必须用一棵树的下截做右柱、女柱，右在家庭起居位置中为主位，左为客位。平时吃饭、议事的时候都在火塘边，座次为男左女右，右边为大、为尊、为主，妇女坐在火塘右边，女家长居首席，其余女性成员按辈分、年龄长幼就座；男性成员也在左边如是安排座位。这样的座次顺序绝不混乱，约定俗成，家庭成员必须自觉遵守，否则被视为不懂规矩。故右柱为女柱也是妇女为尊为大的家庭地位之体现。树的下截为女柱，隐含母系家庭以母系血缘为"根根"的观念，母亲、妇女才是母系家庭延续血缘的正宗传人，再次凸显妇女在家庭中的绝对重要。

（4）成年妇女居住的花楼为阿夏婚提供专用居室。母系大家庭为成年妇女提供的单独房间，是由主管"达布"分配给她们的，她们只有使用权，无所属权，也不可转让给其他氏族成员，这是家庭公共财产。她们年纪大了不再过阿夏婚生活时，就搬出花楼单间，到正房"一梅"居住，由"达布"再将小房间分给适龄的女子住。这样的房间一般只有 12 平方米，内部陈设简单，有一张板床、一个火塘、一口木箱，木箱内装女子个人的衣物、装饰品等。火塘只供取暖、照明用，而不供炊事用，所以房内没有炊具、粮食、生产工具，故这里不是一个消费单位，只有酥油桶、茶叶和食盐，可以烧水喝。女主人白天除农业劳动外，还要做家务劳动，到晚上才回自己的小屋等待走访的男阿夏到来。走婚男子一般不在客房放东西，关系固定者可把卧具放到女子房间，这是要感情深的阿夏们才如此。所以，母系家庭单身女子的花楼房间只是供阿夏走婚夜宿的临时居所，而不是男女配偶长久性的"家室"。这种居住习俗反映了阿夏婚是女方居住制，女方居于主导地位，女子不出嫁，终身居住生活在自己氏族内部的母系家庭里；男子则过着到女方处住宿的走婚生活，夜宿而晨离。女子的住房及其居住习俗具体反映出阿夏婚的本质特征。

从以上可以总括出母系家庭成员的居住习俗，即老年男女成员居住在正房；未成年的少年及小孩们跟着长辈住在正房。小孩成年后离开正房，女的住到花楼单间，老年时又回到正房主室"一梅"居住；男子青壮年一般不住在自己家中，而是到女阿夏家的花楼住宿。僧人有经楼可住，因过去摩梭人家有儿子几乎都出家为僧，故为他们备有经楼供其进行佛事活动和住宿。如前所述，有专门的地方关牲畜、堆放柴草（门楼上面）和放置农具等，整个四合院合理分配利用，其中正房和花楼集中体现出母系文化特征，整个木楞四合院的建筑结构、布局是以妇女为中心，与阿夏婚和母系血缘家庭的组织结构相适应，表现了摩梭建筑古朴的民族特色和母系文化价值。

（二）节日生活习俗的母系文化因素

1. 节日习俗的母系文化因素

春节是其隆重的节日，摩梭人称"库史"，意为新年。其庆祝方式、禁忌与汉民族基本相似。所不同的是大年三十的团圆年夜饭不同于一夫一妻家庭的庆祝，而是母系血缘家族的大团圆。同一个斯日（家族、家支）的母系家庭成员要回到"阿窝尔"即原本家团圆。如果斯日人口过多，分出的家庭也多，不能全部的人都来，每个家庭也要至少来一个长辈或当家人作代表。除夕晚餐前，必须先请达巴或藏传佛教僧人念诵祭祖经，烧香点灯、设供案，供献祭品，念诵家谱，致送岁辞，各母系家庭的老人们在宴席上唱送岁歌。正月初一，凡属于同一斯日的家庭，都要带着晚辈儿孙，带上厚礼到"阿窝尔"斯日本家拜年，"阿窝尔"
的长辈则回赠晚辈礼物。母系家庭之间，阿夏关系公开的儿女，
平时虽不与生父生活在一家，这天也要带上礼物到生父家拜年磕
头，祝贺节日。以上表明摩梭人的春节重视血缘家族内部的和
睦、团结、友爱，增强以母系血缘为核心的根意识，正是其母系
文化积极社会价值之所在。

　　转山节的时间在农历七月二十五日，最初不是集中在格姆山
（即狮子山），而是敬祭靠近村子的山，永宁东南边的敬祭格姆
山，西北边的敬祭古尔山，等等，这是摩梭人山水崇拜形成的节
日。现在集中在格姆山和泸沽湖，祭拜格姆女神山，转山又转湖
（水），成为摩梭人全民庆祝的民族传统节日。对于格姆女神山
的信仰和该节日的起源前面已作介绍，其核心是母系文化因素融
入山水自然崇拜，将格姆山神化为女神朝拜，便有此转山节。格
姆女神信仰还与气候节令、农业生产有密切联系，有俗谚称
"格姆山戴帽，长江睡大觉"，是说云雾罩住了山顶，永宁坝就
要下雨，人们把自然气候纳入女神信仰中，以为气候也由女神主
宰。农历七月二十五日一般是在处暑与白露两个节令之时，而以
白露前后几天为多，七月底又是决定粮食产量增减的最后关键，
所以渐渐形成一种社会契约，每年七月二十五这天，村村寨寨所
有摩梭人集中共同敬拜格姆女神，祈求她保佑五谷丰登，人畜兴
旺，将其敬奉为民族保护神，主宰着庄稼的丰歉、人类的生存灾
祥。当灾难降临永宁坝、猛兽猛禽要叼走牲畜、牲口在糟踏庄稼
时，她就会发出呼喊，警告人们躲避灾难。人们赋予女神母亲般
的形象，美丽、聪明、贤惠、安详。佛教传入，转山节融入佛教
文化成分，这天僧人也身着盛装，带着佛事用具，骑着马，吹着
大号和唢呐，到格姆山下烧香念经，祈祷神佛帮助格姆女神保护
摩梭人。转山节这天，摩梭人云集成队前往格姆山，身着节日盛
装庆佳节。除举行祭祀格姆女神的盛大仪式外，还举行各种庆祝

活动，歌舞狂欢，娱神也娱人。夜幕降临，青年男女谈情说爱，结交阿夏。转山节的文化内涵以母系文化为主，体现出摩梭氏族文化血缘相亲的关系而保有本民族文化特质。

2. 孕产习俗及儿童教育的母系文化因素

摩梭妇女的怀孕与生产所要注意的保孕保产事项及禁忌很多，因摩梭家庭十分重视添丁加口，整个社会也极为重视。孩子的出生不仅有生物学上"种"的传延意义，更有社会学的重要文化价值，也就是说，"生育除了是一种生物作用以外，永远是一件重要的社会事件，往往与宗教有关，许多传统的习惯都聚集在这种事件上。所以就是母子之间这种最自然的最直接的生物系结，除了决定于其生理方面外，也决定于其社会方面"①。摩梭孩子一出生就生活在浓郁的母系文化氛围之中，许多传统的习惯都聚集在家庭环境影响中，项目繁多。典型的习俗有这样几项：孩子出生后要请达巴念祝福经《巫补》，感谢神灵为母系大家庭增添新人，祈祷神灵保佑孩子成长顺利，长大后有福有寿。要举行一个"树保"仪式，前面已介绍不再赘言。孩子出生三天后有一个"拜太阳"的仪式，这天太阳出来时，在井院里烧上松明火，产妇或产妇的母亲左手抱着婴孩，右手拿一把镰刀、一根麻秆（象征长矛）和一页经书，走出正房"一梅"，到天井里站立一会，让孩子沐浴阳光见天日，祈祷太阳神保佑孩子。在其观念中，太阳是一位女人（神），天上以她为大，只有她存在才有万物人类出生生长，这与母系家庭中以女性为尊为大的崇母尊母的文化心理一致。新生儿拜了这位至高至尊的太阳女神就会成长迅速、发育健全、身体健康。镰刀、长矛可以避邪驱妖魔，保婴孩平安吉祥。拜太阳这天，村中同斯日的老妈妈要带上礼品来看

---

① ［英］马林诺夫斯基：《两性社会学》，李安宅译，北京，中国民间文艺出版社，1986。

望产妇母子，主人家要用甜酒、鸡蛋、猪膘肉等饮食宴请她们，产妇则当众把乳房露出示人，表示自己身体强健奶水足，孩子不缺"口粮"。产妇生孩子在正房"一梅"后面的后屋内，这天她与婴孩从后屋迁出，住到正房右边下火塘旁边，从此母子就居住在这里，右边的母柱、下火塘灶将伴孩子度过童年时光。孩子满月时要做满月酒，同时有一个"认子"习俗，可由孩子的生父前往认子，一般多由生父的女眷母亲或姐妹代为前往祝贺（详见前述），表现出母系婚姻家庭特有的生育习俗。

母系家庭的孩子们跟着母亲及母亲的姐妹（妈妈们）、兄弟（舅舅们）以及其他母系亲长们度过童年，并接受这些长辈们的各种教育，向他们学习生产技能、求生立足的本领，例如农耕、牧猎、赶马经商等，主要跟着舅舅学习。伦理道德教育内容多是氏族制度的传统习俗，氏族、家族的历史渊源，男女老幼的区别、辈分的大小，礼貌规矩如尊敬老人乃至坐卧行走等，这些都得在母系家庭学习、训练。特别教育孩子从小要爱护母系家庭，培养他们的集体主义精神，爱惜家庭财物，不私自动用集体财物。在家中要男女分开坐卧，男左女右，绝不混乱；吃饭要盘坐在下火塘灶周围，不能抢食，即便是两三岁的孩子也要与大人一起等着"达布"分食物，从小养成尊重"达布"的习惯，"达布"的权威、母亲为大为尊的意识从小就得培养。在母系家庭里，孩子不属母亲个人所有，而属于家庭集体，他们自幼生活在公共住宅正房，所有家庭成员都负有教育、关心孩子成长的责任，所有长者都是他们的教师。母亲和一家之女家长"达布"是他们接触最多的长者，故特别受到他们的敬爱与尊重。对儿童的教育方式和内容，是以适应母系家庭的要求为目的，母系大家庭的生存方式、思想意识、伦理道德标准决定着儿童的成长教育，他们从小在母系文化的熏陶下，在母爱的恩泽下长大成人而成为母系大家庭的传人。

　　成丁礼是摩梭人的成年礼俗，男女少年年满 13 岁时举行，男孩称"穿裤子礼"，女孩称"穿裙子礼"。这是母系氏族重要的文化遗存，是摩梭人步入人生的重要一步。13 岁的男女少年已经历人生中的十二生肖的第一个周期，表示已成人。他们生活在母系家庭中，母亲及其姐妹兄弟直接抚养他们成人，母系血统的亲属，母亲、舅舅、大小妈妈（姨妈）们是他们确认的亲长，其母子、舅甥亲情比双亲家庭要深厚得多。在母系血缘浓郁深沉的亲情中举行的成丁礼，无论从外显的行为模式，还是从内隐的观念意识，都打上了母系文化的烙印。"人生的各种圣礼将人们集合起来，不仅是为着举行非个人的礼仪，并且是为着促进彼此的利益和保证彼此的责任。"① 这是对家庭、社会的重要意义。对个人的意义在于从此结束孩提时代，步入成年，有了思想灵魂，在家庭享有财产、地位、继承权，可以参加各种生产劳动、社交活动，过阿夏婚生活，成为家中正式成员而受到尊重，等等。其观念认为，没有举行成丁礼者不算真正成人，不算男人或女人，不能参加社交活动，得不到社会认可，甚至死后也不能安葬在氏族公墓里，更不能举行隆重的葬礼，灵魂不能归祖居地，因未成年者无灵魂，不算氏族或家族内部的正式成员。故成丁礼关系着摩梭人生的依托与死后灵魂的归宿，与母系氏族、家庭生死相连，意义重大。

　　成丁礼的标志是男女有别的服饰更改。孩子们 13 岁之前一律穿大襟长衫，系一条腰带。在大年初一喜庆的节日举行此仪式，于母系家庭正房火塘边的中柱前进行。男站在左边男柱下，女站在右边女（母）柱下，双脚分别踩在一整只猪膘和一个粮袋上；男左手拿长刀，右手拿银元、钱币或布匹；女孩左手拿项

---

① ［英］马林诺夫斯基：《文化论》，费孝通等译，北京，中国民间文艺出版社，1987。

链、耳环，右手拿镯子，象征富足、喜庆、吉祥。这之前母亲早为他们备好从头到脚的衣裤、裙子及各种饰物。换装前孩子先喂狗吃饭，表示感激狗将 60 岁的寿命换给了人类。接着站在中柱前，男左女右，脱光长衫，男孩由舅舅穿新衣裤，女孩由母亲或属相相生的女眷更衣打扮。男孩和女孩的上衣相同，都是黑色或蓝色的金边长袖衫，以布或绒为面料；胸前戴项链或佛珠串；内衣为红色薄衣，腰束红、蓝相间的花条宽腰带，一般为自制毛料质地，精美鲜亮，做工考究。男孩下穿大脚裤，打绑腿，头戴礼帽，脚穿长统皮靴。女孩穿拖地百褶长裙，多为天蓝色或白色；裙子中间有手工绣制的一条弯弯曲曲的粗线条环绕裙子一周，象征回归祖先发祥地的路线，否则灵魂将迷失方向找不到回归的路。女孩头发里掺入牦牛尾或黑丝线做成假发辫，或盘在头上或拖在背后。假发辫上系五彩珠子，丝线长穗垂在耳边，头顶再盖一块四方形的布或围巾。穿戴完毕，向祖先牌位、"藏巴喇"灶神以及母舅等长辈磕头谢恩。这天来庆贺的人多是母亲各家支母系亲属及生父，他们带上贺礼来庆祝，村邻好友也热情地前来道贺。还必须请"达巴"念成丁祝福经，唱传统的《成丁歌》，主要内容是祝贺孩子成年，进行传统教育，希望他们不忘祖宗、守古规、敬长辈、尽孝道、睦邻里、讲礼貌，牢记母亲和舅舅的养育之恩，挑起家庭重担，等等。唱完祝福歌，宾客论资排辈入座，主人以丰盛的美酒佳肴招待客人。这时须将几样成丁者的衣物供在祖先牌位前的供桌上，以示纪念。礼毕之后，母亲带着孩子到同一个氏族、斯日的各家去拜访，大人们送礼相贺。母亲再选一个吉日摆酒席，答谢来祝贺的亲友及"达巴"老人。这天晚上，村中青年男女举行热烈欢乐的歌舞会，表示祝贺青年伙伴已长大成人。成丁者参与，大家一起唱跳传统的歌舞直至通宵达旦，从此他（她）可以参加社交娱乐活动，有谈情说爱、择友和结交阿夏的自由和权利。歌舞活动往往是青年男女互赠信物或结交阿夏的最好时机。摩梭人的成丁礼成为弘扬、继承民族传统最好的演习场，血缘关系、根意识、先辈的期望、对家庭社会的责任感、对母舅权威的崇拜等民族文化心理都在这里迸发而生。成丁礼对于摩梭人"不但使个人生活具有社会意义，而且发生精神上的变化。这等变化既与生理有关，复在重要意义之上超出生理阶段……这类行为在社会上的功用就在于创造心理习惯与社会风俗，对于群与文明有不可测量的价值"①。而这一切都脱离不了母系文化这一摩梭民族文化的核心作用。

三、母系文化与民间文学

民间文学是摩梭传统文化重要的载体，母系文化也借各种民间文学作品展示出丰富多彩的面貌。如果说母系文化在生产生活、宗教信仰、礼仪习俗等方面以精神和物质文化的力量影响渗透摩梭社会，那么，在民间文学领域则是借情感形象渗入人们社会生活的各个方面，在民间文学作品的感染力和审美意识中体现母系文化自身的价值特征。下面介绍具有代表性的民间文学作品所蕴含的母系文化因素。

（一）民间故事

1. 神话

典型的是女神神话，前面的信仰习俗已涉及女神的宗教信仰，这里着重讲女神的神迹、故事所表现出的母系文化成分。其代表作是《格姆女神的故事》，盛传于摩梭民间，深受喜爱。女神的神迹丰富，主要有：

---

① ［英］马林诺夫斯基：《巫术科学宗教与神话》，李安宅译，北京，中国民间文艺出版社，1986。

（1）格姆女神由一位美丽的摩梭姑娘变成。故事说有位姑娘长到十八岁，美丽、聪慧、迷人，天下所有小伙子都来对她唱情歌求婚。天上的男神变成一股龙卷风把她卷到天上，地上的人们呼救，男神只好放手。但姑娘已无法回到人间，变成格姆山耸立在永宁坝子东南边，魂化女神，骑白马，左手握珍珠树，右手拿竹笛，每当暴风雨来临她就变成云彩飘到山顶，向人们发出警告。女神永远巡游、护卫着永宁坝，保佑这里庄稼丰收、人畜平安兴旺。这是造福人类的民族保护女神形象，表达出热爱、崇敬女性的民族心理。

（2）格姆女神广交阿夏。故事说她有长阿夏与临时阿夏，长阿夏是瓦如卜拉男神，还有则枝、哈瓦、高沙等男山神是她的短期阿夏。当她与则枝山神夜宿时，长阿夏瓦如卜拉男神回来撞见，砍掉了则枝山神的生殖器，长阿夏从此与格姆女神一起过着阿夏婚生活。永宁的则枝山直至现在还缺着一角，相传是当年被男神砍下的痕迹。女神又趁长阿夏不在时与高沙山神幽会，二人闹别扭，高沙山神要离去，女神扯着他的衣襟不让走，二人闹到天快亮公鸡打鸣，回不了天上，只好趴在地上永远连在一起。直到现在高沙山神的衣襟还扯在格姆女神手里。这是根据格姆山与周围的山相连起伏的形状创造出的神话，核心是阿夏婚在神界得到形象化描绘。

（3）女神的眼泪化为泸沽湖。仍然讲的是走婚生活。故事说女神与周围许多男山神建立了多方阿夏关系，远方的男神也来与她交阿夏。当她与附近的男山神夜宿时，远方男神碰到只好掉转马头。三声马嘶鸣引女神追出来，男神远去，女神站在马蹄印边哭泣，泪水注满马蹄窝变成现在的泸沽湖；远去的男神万分留恋而撒下几粒珍珠与花种在女神的泪中，变成湖中小岛，花种飘到湖边开出数十种鲜花。故事描绘了融入湖光山色的格姆女神浪漫的阿夏婚生活，其文化价值仍是阿夏婚之被神化。类似此类神话是现实阿夏婚的折射，摩梭人为自己的婚姻找到了神圣化的依据——女神可以结交阿夏，人也可以过阿夏婚生活，合情合理。女神的阿夏婚源于现实又反过来影响现实。格姆女神是民族保护神，又是爱之神、生殖神，保护着摩梭人的婚姻家庭。赋予女神的这些人文因素，正是此神话所具有的母系文化价值和审美价值。

2. 传说

《火葬的来历》说古代有个母亲养了三个儿子，老大的父亲是藏族，老二的父亲是汉族，老三的父亲是摩梭人。三个儿子就母亲死后如何安葬意见不统一，老大说水葬，老二说土葬，老三在蜜蜂的帮助下按天神旨意将母亲火葬。此传说解释了摩梭火葬的来由，还反映了族外的阿夏婚，历史上摩梭人与汉、藏等民族通婚的史实得到反映，母系形态的婚姻家庭子女不同一个生父，正是摩梭母系文化的现象之一。《通瓜括找父亲》是关于啄木鸟的传说，故事说通瓜括生下后没有父亲，长大后为寻找父亲不得不变成啄木鸟继续找下去。这反映了古代的母系氏族社会"知母不知父"的婚姻家庭生活，"找父亲"暗示父系婚姻家庭的曙光已出现，这是氏族社会晚期母系文化的真实面貌。《舅父奔丧》是流传于永宁泸沽湖很著名的传说，故事说出嫁的妹妹为儿子娶媳妇怠慢了哥哥（即故事中的舅舅），哥哥愤而离去，妹妹死后尸体火化不尽，因心中惦记哥哥，最后哥哥来奔丧，原谅了妹妹，将身上披的羊毛毡割下一块和衣服的碎片一起放到尸体上，妹妹的灵魂得到宽恕，尸体才得以火化尽。此传说反映了舅权至上的观念，母舅在母系家庭中有至尊之位，以母系血缘相连的家庭成员手足情深，哪怕在行婚嫁的父系家庭这种亲情仍是血浓于水，舅权仍在父权之上，这也正是摩梭母系婚姻家庭占优势的形象化描述。联系到前面母系父系婚姻家庭的介绍，此传说既有艺术的真实，也有现实的写照，母系父系之间的母系文化现象得以真实的反映。

(二) 创世史诗

摩梭人中流传的创世史诗称《子吐丛吐》①，主要叙述始祖曹治鲁依若创造世界、繁衍人类、传下摩梭子孙后代的事迹、神迹。他的名字在摩梭民间广为流传，在原始宗教达巴教礼仪习俗、神话传说、歌谣故事、民族历史等传统文化中几乎都有这位始祖的英名。达巴、民间歌手、故事家都各自用不同的方式传颂这位始祖的创世功业。作品表现的母系文化因素主要体现在：

其一，始祖与神鹰解救人类灾难被作为母舅歌功颂德。天女生下曹治鲁依若，人类经受洪荒与旱魔之灾，始祖求天神解救灾难，天神派神鹰除掉妖魔蛇王，人类得救，曹治鲁依若感谢神鹰，烧香祭拜祝愿它寿长命大。从此摩梭后代尊神鹰为大，尊始祖曹治鲁依若为至尊之人祖神，从此留下古训"天上飞的鹰为大，地上走的舅为大"，以示训诫子孙永远铭记神恩祖德。关键在于始祖是作为舅权歌颂的，即男始祖是母系血统成员，这符合远古摩梭社会的母系制特征，因为"几乎在所有的母系制度中，权力均在男人。在这种情形之下，权力是由其母之兄弟掌握的，而承产与袭职则由其人传与其姊妹之子。换言之，前者是指舅父权，后者是指外甥继承"②。这更符合摩梭母系家庭现实生活中舅舅的权力与地位，故史诗所蕴含的母系文化特质既符合历史的真实，也符合现实的真实。

其二，作品描绘了远古母系农业社会的经济生活。作品充满着浓郁的古代母系农业社会的生活气氛，将人间"女儿国"的

---

① 全文见陈烈主编：《云南摩梭人民间文学集成》，北京，中国民间文艺出版社，1990。

② 芮逸夫主编：《云五社会科学大辞典·人类学》，第10册，台北，台湾商务印书馆，1971。

生产劳动搬到神界描绘。始祖为求偶上天遭到天母刁难，对他进行多种考验，让他砍伐森林、烧荒（山）、撒播收割荞子、猎虎挤虎奶，等等。始祖与天女回到人间的牧猎农耕生活的描写，完全就是母系农业经济的现实翻版。

其三，作品反映了以天母为核心的母系家庭生活模式。天上的大神是天母，由她掌管天界家庭生活，也掌管人祖神曹治鲁依若的命运而考验他的智慧、勇气与各种农业生产技能；天母与三个女儿组成的家庭以她为尊为大，对女儿的婚姻使尽手段刁难，显示她的权威与至尊地位；天上的山林、土地、粮食甚至飞禽走兽等都是她掌管的财产，所以天母是一个掌权又管财的天界母系家庭的女主管、女"达布"，她是人间母系家庭女"达布"的化身，显示其在家庭、社会中的权威及至尊之地位。

其四，史诗着力描写人祖神寻求繁衍人类的途径以及与天女的婚姻关系，直接反映了蛮荒远古时代的婚姻状况，无性婚、人兽婚以及血缘群婚的原始面貌，在一定程度上反映了人类母系婚姻最初的无序状态及婚姻发展史。

以上几点是创世史诗《子吐丛吐》所具有的母系文化价值。

（三）民　歌

这是最丰富、蕴藏量极大的一类民间文学作品，涉及社会生活的各个方面。与母系文化有密切联系的民歌、古歌谣典型的有以下这些。

1. 歌颂格姆女神的民歌

以浪漫的手法描绘了格姆女神的美丽形象，摩梭姑娘是其原形，在想象中描绘女神的容貌、服饰，将格姆山拟人化，赋予格姆山、泸沽湖女性柔美的人文审美情调，更表达出对女性、女神的热情歌颂与赞美、崇敬，在美的意境中反映出崇尚女性的社会道德思想。

2. 歌唱母亲的歌

这类歌谣在摩梭人中极为普遍，流行面极广。由于摩梭孩子从小生活在无父亲直接抚养的单亲母系大家庭中，以母亲为核心的母系大家庭抚育他们成长，母亲、舅舅不仅是衣食之靠，更有伟大的母爱和家庭亲情温暖着他们的心灵。母系大家庭的各种习俗和传统思想意识，尤其尊母崇母的根意识深深扎根于心。母系大家庭特有的教育方式及伦理道德观念形成的母系文化氛围，都对摩梭人的成长营造出不同于外界家庭的特殊环境，在思想感情、灵魂深处，他们对母亲、舅舅、家庭亲人怀有刻骨铭心的感激之情和爱恋，母系文化的氏族观念、血缘亲情得到生动的反映。大量的歌谣唱出了摩梭儿女对母亲的热爱、崇敬及无限的眷恋之情。对母爱的神圣伟大他们体会最深刻，对母亲的热爱、歌颂虔敬笃诚，把母亲比喻成"太阳"、"月亮"、"眼睛"、"仙女"等，唱出了摩梭母亲在家庭和社会中的崇高地位，塑造出无数个善良、勤劳、慈祥的摩梭母亲崇高而又平凡的形象，显示了摩梭妇女在家庭和社会中的脊梁作用。这些歌谣直观地展示了摩梭母系大家庭的精神世界及家庭成员之间的血缘亲情关系，这是母系文化最具生命力的部分。

3. 阿夏情歌

这是直接描述、反映阿夏婚的极有母系文化特质的一类民间文学作品，是研究母系婚姻家庭的活材料。这类情歌首先表达了他们对美好爱情的追求。摩梭人无论选择何种婚姻家庭生活方式，男女双方的恋爱、阿夏关系的建立都是自由的，双方真正平等、自愿，不受社会舆论和家庭的干涉，充分享受着爱情的甜蜜、幸福。"爱"一词在他们的婚恋习俗中是找不到的，不必挂在口头上。但是走访、结交阿夏时，对自己情人（阿夏）的赞美、歌颂正是对爱的表白，《唱给阿夏的赞歌》正是青年男女阿夏表白爱情的心声，表现出对爱情热烈、大胆的追求。其次表现了阿夏们在阿夏婚姻生活中的波折，曲尽其缠绵、复杂难述的感情。摩梭妇女的爱情生活并不像格姆女神那样自由，虽无父母之命、媒妁之言，或其他社会政治势力的干扰，但来自自身心灵、感情的折磨和精神的重负却使她们尝尽爱情的酸甜苦辣，在结交阿夏、走婚时，除了情投意合的一面，还有感情上的磨难。互相担心、猜疑、埋怨感情的不专一，流露出忧伤与怨气，《走访阿夏》可说是表现阿夏们内心世界的一组"特写"。还有的阿夏情歌倾诉了有情人的隐衷。有的人交往多年过着稳定的走婚生活，甚至有了孩子，但又不能住在一个家庭中，少不了相互间的思念及对亲骨肉的牵挂。还有的人虽相恋终生，结交阿夏数个，但也不能忘却初恋情人，又因种种原因不能结合。在《永驻心中的阿夏》中，一位女歌手就唱出了自己一生曲折、坎坷的阿夏婚恋生活经历及对苦难命运的悲叹。情歌还表述了男女阿夏感情破裂时双方的痛苦，《半路的阿夏情意散》是其生动写照。分手尤其对有了孩子后的妇女们创伤更大，她们在母系家庭中是"中柱"，处于被尊重的地位，但抚养孩子的责任在她们肩上，生产生活的重担压在她们身上，物质生活、精神生活都有压力。阿夏情歌所反映的以上内容可以让人们从不同角度了解、认识阿夏婚，尤其对这种婚姻家庭形态下摩梭妇女的命运、感情世界能增加一些实感。阿夏婚虽结合自愿、离散自由，但在精神上、感情上，甚至在物质生活上仍有许多"绳索"的束缚，更表现出无法律保障的阿夏婚之不稳定的一面，这一特征在阿夏情歌中也得到生动具体的表现，具体可参考阿夏情歌的内容。

4. 风俗歌

风俗歌是反映各种习俗的歌谣，有关各种宗教信仰习俗、节日生活习俗的风俗歌所表现的文化观念，都蕴含在各种习俗事象中。这里主要强调表现母系文化内涵的一类习俗歌，例如《成丁歌》、《祭锅庄》、《指路经》等，都表现出母系文化与摩梭民俗文化相互融合、影响的亲缘关系。

四、母系文化与社会伦理道德观念

（一）崇拜女神、女性的民族心理

这是摩梭社会长期形成的民族文化心理，对于女神的崇拜，与原始本土宗教达巴教崇拜母体与生殖力的基本思想一脉相承，且渗透民间成习尚。对于女性、女始祖的崇拜歌颂，也包括对舅权的敬重，进而形成摩梭人尊古规、敬祖德的民族文化心理，谚语说："不是老马翻不过山梁，不是老人不懂得古规"，"铁水不能饮，泥土吃不得，后代不能羞祖先"，"后代聪明伶俐全靠祖宗的积德"；《献给母亲的歌》唱道："养我身体的是阿妈，养我心灵的是古规"；达巴经《祖先留下的礼仪和法规》中说："世上有血肉有灵魂的人，祖先的骨血才是根根。礼仪和法规由祖先传给我们，我们才和祖先根连根。祖先为我们创下的经典，就是我们的礼仪和法规，这是子孙行为的规矩，这是后代做人的准则"；谚语还说："锅庄上不能抹鼻涕，舅父的骨头是根根"。摩梭人认为女始祖母鲁古谷咪是天神给先祖曹治鲁依若的"贤惠的伴侣"，"是天女母鲁古谷咪，养育了聪明的摩梭后代，从此地上才有了理智和情感。是勤劳智慧的母鲁古谷咪，从天上带来五谷的种子，人间才有了智慧的财富"。女始祖母鲁古谷咪不仅是血缘始祖，还是开启人智、发明农业文明的人文祖先，是聪明才智的象征和源泉。所信仰的女神、崇拜的母舅先祖以及重大民俗活动中歌颂缅怀的女始祖、达巴教教义思想等，形成了以女性为核心的社会全民的民族心理，尊祖、崇祖、敬神、重礼仪法规、承祖德是摩梭人重要的民族精神元素，更是对他们言行具有指导、规范作用的社会文化思想，而这一切渊源都与母系文化分不开。

（二）提倡阴柔、和谐的审美标准

因母系文化对摩梭社会各个领域进行渗透、浸润，故也影响到人们性情、心灵的陶冶，这主要由达巴教思想体现出来。达巴教教义既歌颂阳刚之气，更赞颂阴柔之美，所歌颂的仍是女性的特质。达巴经《祭天》表达了阳刚与阴柔相济、相合、相生的审美意识，认为"智慧和力量，是天神赐给男儿的美德；聪明和善良，是地祇赐给女儿的品性。神祇创造了男儿，世间才有了阳刚之美；神祇创造了女儿，世间才有了阴柔之德。阴阳相媾和，人间才有了繁荣昌盛的生灵，山水才有高低左右的区分"。祭天辞热情歌颂了太阳神，又歌颂柔美的月亮神，"是月亮神给大地注入情感，是月亮神给人类宁静与安谧"；"因为有了月亮的柔情"，"地上的花儿才能在夜晚吐芳菲"，"世间的男女才懂得相爱的感情"；月亮神"像个美丽多情的少女，你是家庭的温暖，你是人间的笑容，你是爱的象征"。所歌颂的月亮神之阴柔之美正是女性德之标准。太阳与月亮、男与女、阴与阳相合、相生正是摩梭人现实社会生活所推崇、追求的审美标准和境界。

这种充满女性阴柔之美的意识扩展到整个人类社会，便是主张和平、宁静、和睦、和谐的道德思想。达巴教认为宇宙分为天、地、地下三层，人居宇宙中间，地下一层是"小人"，上层为上天神灵。作为中间地上的人类，一方面得到上天的爱怜和救助，另一方面又受到地下"小人"的尊崇，所以居于宇宙中间地上的人类是最幸福的。由此引申出达巴教义的核心思想，要求人类团结和睦、乐善好施、扬善抑恶，平衡人类的强弱贫富，和平和谐相处，上天诸神"教人间的姐妹们相亲相爱，教人间的兄弟们和睦相处"，视人类为兄弟姐妹，大家都应该靠自己的勤劳勇敢和聪明才智去争取自由与幸福，创造和谐美好的人类社会，表现出受母系文化熏陶的珍爱和平自由的民族意识以及提倡仁、善、美的社会道德修养标准。

（三）恋母恋乡的民族性格

摩梭人是有着恋母情结和爱恋家乡的民族群体，对于母亲的热爱、眷恋，《献给母亲的歌》以及其他民族文化载体有充分的表现。与母爱、母亲紧密相连的是对家乡故土的热爱与依恋，认为家乡故土是永远背叛不了的，谚语说："人可以逃出穷家乡，但逃不出心中的家乡。"《歌唱祖先的恩德》唱道："世上有许多门，让你自由进出的只有一道门；地上有许多房屋，属于你的只会有一个家；天下有许多肥沃的土地，让你安心的只会有一块；泥巴也会有数百种，合你心意的只是这一块地。"《丧葬歌》唱道："家乡的山上松柏青青，家乡山上的石头也是金子……你要学那竹根一样，很快复生回家乡。洪水冲箐沟，只有菖蒲根冲不走，你要学那菖蒲根一样，不要离去自己的家乡。"谚语还说："别人的地方再漂亮，也没有我们的家乡美"，"外地的江湖很漂亮，也没有我们的泸沽湖水美"，等等。歌颂家乡的民歌极为丰富，表达了摩梭人以母爱亲情为核心的恋母恋乡的深情。随之而来的是对母系大家庭的团结和睦的珍惜，谚语说："同一窝鸡子不相欺，同一个母亲的儿女心相连"，"一根柴燃不起火，一个人成不了家"，"牛马关在一个圈里一个晚上都合不拢，不同血缘的人住一家一天日子也难过"。《歌唱祖先的恩德》唱道："你是这个家族的种子，就要传下这个家族的规矩。"《成丁歌》唱道："如果是舅舅，就要教好自己的外甥；如果是母亲，就要教好自己的女儿。"谚语还说："不是一个根，不是一条心"，"最亲的是一个尔的人，最暖的地方是一梅"。① 类似以上对摩梭儿女的告诫之词在民间极为丰富，表达了对母系大家庭的团结、母系血缘纽带的极端重视。恋母、恋家、爱家乡故土是摩梭人自古以来民族性格、民族精神的重要内容，是渗入民族血液中的母系文化之深层积淀。

（四）尊崇女性、尊崇母舅的社会伦理道德观

整个摩梭社会对妇女、母亲、舅舅、家庭的尊敬热爱是社会伦理道德的核心和评判是非的道德标准，而且升华到宗教的殿堂，增强了母权、舅权的神圣性、权威性，崇尚母权、舅权已成为人们自觉遵守的道德条律。特别强调女性在家庭及社会中的地位、权威，认为"没有铧口犁不成地，没有达布成不了家"。母系家庭的特性决定了妇女在家庭中重要的、主导的地位，认为"无男不愁儿，无女水不流"，"生女重于男，女儿是根根"。②女性是家庭血统传延的关键，家中无女就"水不流"，就要"断根根"，极危险，故要过继养女传宗接代，这与外界男子传宗脉的观念完全相反，系由婚姻家庭制度所决定。所以这里"男人上门是去当仆人，姑娘出嫁是去当主人"③。妇女不仅是继承血统的主体，也是家庭和社会创造财富的主力。

从以上几个方面所阐述的母系文化对摩梭社会广泛而深刻的影响，也可证明母系文化本身在摩梭社会所具有的辐射性、渗透力与生命力，它已融合在民族的血液里，与民族的命运、生存、发展相伴随。

---

① 以上两条谚语见严汝娴、宋兆麟：《永宁纳西族的母系制》，昆明，云南人民出版社，1983。

②③ 以上谚语见严汝娴、宋兆麟：《永宁纳西族的母系制》，昆明，云南人民出版社，1983。

新时期的摩梭母系文化

一、摩梭人对其婚姻家庭的态度

摩梭人对他们的阿夏婚和母系家庭的态度，总体上是持肯定的观点。民族区域自治法保障摩梭人有选择婚姻家庭生活方式的自由，宁蒗县自治条例也明确规定尊重摩梭人的风俗习惯。在20世纪80年代的交谈调查中，老、中、青干部及农民、知识分子、民间艺人、宗教界人士等广大摩梭干部群众，对此多持肯定态度。时隔二十多年，笔者于2005年11月再次到永宁泸沽湖考察，与县、乡、村的干部群众交谈，他们认为这种婚姻家庭形式具体有以下优越性：

一是家庭和睦团结。由于家庭成员全都是同一母系血缘的亲属，加上摩梭人根本的道德意识——崇母观念的遗传和弘扬，全体家庭成员之间关系和睦、亲密。又由于母系家庭成员关系单纯，无父系血统的亲属关系，既没有翁婿、婆媳、姑嫂、妯娌、叔侄等关系，也无姻亲关系，所以家庭里没有公婆矛盾，也无夫妻、婆媳、妯娌、姑嫂之间的家庭纠纷、财产纠纷。全体家庭成员都能服从母亲或"达布"统一安排，日常生活中的饮食起居、尊卑长幼严格有序，先敬长辈，后及晚辈，尊老爱幼，礼让为先，宽怀谦恭，绝无虐待和遗弃老弱残疾者之现象，更无家庭暴力，彼此关怀爱护，各尽其责，家庭祥和、温暖、共享天伦之乐。

二是尊重双方的感情。男女之间从建立阿夏关系到走婚的过程中，双方绝对平等，都相互尊重对方的爱情和人格尊严，不强求对方按自己的意愿生活，不同时结交第三者，以当第三者为耻辱。爱和被爱都是以感情而定，结合自愿，离散自由，没有感情压抑，也无经济纠葛、法律干涉，所以不会发生情斗、情杀和婚姻纠纷，更不会对簿公堂打官司，有利于社会稳定。

三是睦邻里。母系大家庭成员的团结友爱精神影响社会环境，人们人际关系良好，待人热情，不分贵贱一律烟茶款待。奉行助人为乐、济人为荣、行善为本的传统道德原则，对邻里左右有难相帮、有喜相庆，无论是喜吉之事或遭了灾祸，都要带上礼品钱粮去看望，以示济助、安慰、祝贺，友情促进了人与人、家与家、村与村的团结友爱。家庭是社会的细胞，家庭文明是社会文明的基础，由于摩梭母系家庭历来奉行仁善、礼仪、和平、安宁的处世哲学，所以摩梭地区邻里关系和谐，无论纵横关系都是良好的，对于民族团结、社会安定都起到了促进作用。

四是不给社会增加负担。母系家庭关爱每个家庭成员，老有所养，少有所依，不虐待和遗弃家中的残疾者和鳏寡孤独者，如有这类家庭成员从不推给国家、社会，而是由母系家庭自己解决，不增加社会负担。母系家庭有尊崇妇女的传统，重女而又不轻男，尤其重视无儿女的姐妹，不歧视她们。

五是有利于勤俭持家、节约耕地及合理的社会分工。母系大家庭一般不分家，可以集中人力物力财力扩大再生产，提高家庭物质文化生活水平。住房占地少，避免重复建设和购置家具农具等，节约经费，勤俭持家。家庭人手多，合理统一分工协作，优化劳动组合，经商、生产、放牧、外出打工等都能兼顾，并形成规模化发展，有利于家庭生产、经济的发展，从而提高生活水平，脱贫致富。

六是有利于后代教育。母系家庭承担着生育抚养、教育培养后代的责任。母系家庭对孩子的教育历来重视，主要由老祖母"阿斯"执掌德育教育的职责。用传统的伦理道德思想教育后代，例如不偷、不抢、不骗、不做不道德的事，学习古规礼仪，讲规矩礼貌；在家里忌讳讲脏话、丑话、粗话，禁止粗暴行为，尊敬长辈，饮食起居听从家长或"达布"的安排，等等，一旦发现不道德的行为，就会受到家庭和社会的谴责。

由于阿夏婚与母系大家庭有以上的优越性，大多数摩梭群众选择这种长期以来形成的传统婚姻家庭形式。从新中国成立初期的民主改革到现在，50年过去了，母系婚姻家庭始终保持稳定，在整个婚姻家庭中仍占优势，这也符合摩梭群众的愿望要求。下面是笔者2005年11月采访永宁乡干部、摩梭人杨××的记录资料，可以具体了解目前摩梭干部群众对阿夏婚与母系家庭的态度。实录整理如下：

"五六十年代的走婚由于时代的变化，与现在有差别，这之后（走婚）是面临危险还是生命力旺盛地继续在走？走到什么程度？我认为走婚经历了几个时代，解放前不说了，解放以后，三反、五反、'四清'运动、'文革'，一直以来坎坎坷坷走过来，都没有驳倒过（走婚）。特别是母系文化、走婚问题，在70年代作为整顿的矛头，就是让我们摩梭人不要走婚，也不要搞大家庭，强制性地执行这个东西。由于过去一段时间，政策不让走婚，出现了很多小家庭，这以后政府把土地分给农户，人们更看出大家庭的好处。两口子作一家带着孩子劳动，牛马也叫，孩子也叫，饭吃不上，火烧不上，大家庭就不是这样，比较之后认为大家庭好。摩梭小伙子除了极个别极个别以外，都是走婚。在过去政策不让走婚的情况下，我们照样维护了这个走婚习俗和母系大家庭，像雨后春笋一样就是堵不住，说明我们摩梭人的婚姻习俗是非常有生命力的，这可以用很多例子来说明。"

又谈到母系婚姻家庭有生命力的原因："关键在什么地方呢？我认为第一点，它以母亲为中心，这是最关键的一点；第二点，它以亲情为中心（纽带）。有了这两点以后，人的凝聚力就非常强。又引申一个问题，就是摩梭人在情爱、婚姻生活中为什么会走婚？是根据家庭发展需要才形成走婚这种婚姻形式，你要维护以母亲为中心的母系大家庭，如果像汉族一样把媳妇娶进家来，那么这个家庭就不成其为母系大家庭。每个儿子都需要母亲，就必须保持母系家庭。自古以来摩梭人就形成了舅舅抚养自己姐妹的孩子的传统习俗，舅舅一心为这个家庭奔波，维持着这个大家庭，自己的婚姻生活就采取了不娶媳妇的走婚方式，晚上到女方家过夜，白天又回到自己家里。这种走婚形式促成了母系家庭的旺盛。也可以相反地说，由于有了母系大家庭，才使走婚习俗有更强的生命力。我们摩梭家庭成员始终是离不开妈妈的，现在的家庭全部人员到齐也可达二三十人，七八十人的极少。现在有的人出去打工了，有的参加工作了，但仍是这大家庭的成员，不会离开妈妈的。"

谈到对摩梭母系文化的总体认识时，他认为："这个文化可以说是我们的，也可以说是世界的，对外界不应该有什么掩盖、保密的，应该实事求是对待"；"摩梭人的习俗、婚俗、母系大家庭不必要掩盖，也不必要去篡改，因为自古以来就有这些一整套一整套的习俗，关键是看我们的专家学者如何认识理解，以什么样的立场态度对待、宣传摩梭母系文化"。

以上这番谈话在摩梭人中有一定的代表性，从中可以了解母系婚姻家庭是这个地区不易更改的传统习俗，在摩梭人中仍有生命力，而且希望得到外界尤其是专家学者的理解，以正确科学的态度对待整个摩梭母系文化。他们对本民族的传统文化肯定、热爱的态度和感情应当得到尊重和保护。

二、新时期母系婚姻家庭的现状与未来

（一）旅游经济对摩梭人生活的影响

21 世纪新时期的永宁泸沽湖地区旧貌换新颜，二十年前与现在相比简直不可同日而语，总括而言是摩梭传统文化与现代文明共生共荣。摩梭人并不拒绝现代化，而是努力跟上新时代的步伐，同时极力守护着自己的民族传统文化、母系婚姻家庭，使传统与现代生活相协调，走一条共同发展的道路。各级领导抓住增加农民经济收入这一"三农"问题的核心，发展小集镇和旅游业，这是发展经济、改善人民生活、改变家乡面貌的重要措施。充分利用自然与人文资源、泸沽湖自然景观和摩梭风情、母系文化，为旅游业提供了国家级乃至世界级的高品位旅游资源，他们将自然优势和民族风情文化优势转变为经济优势，充分把握好开发利用价值，为摩梭人脱贫致富奔小康创造条件。广大摩梭群众热情赞扬党和政府的改革开放、搞活经济的政策，抓住机遇搞创收。首先将泸沽湖景区开辟为改革开放发展旅游业的前沿。这里有完好的自然生态环境，湖光山色秀美，湖畔摩梭村庄保存的阿夏婚和母系大家庭是其重要的母系文化资源，自然景观与人文资源相结合，使这里成为最具民族特色的旅游胜地。这里有一个旅游接待度假中心，泸沽湖与永宁坝构成两个游赏主景区和两个游览主环线。旅游业发展十多年，经济迅速发展起来。沿湖建起了各式楼房和民居住房，并还在不断大兴土木搞建设，沿湖的酒店、饭店、各种工艺品商店、私家旅店客栈等星罗棋布。国内外、省内外的游客如潮涌来，游人如织，一派欣欣向荣的景象。从 1992 年开始，摩梭人自发搞起了旅游服务业，1993 年，在各级政府的领导下规范了旅游市场秩序，使之走上正轨，经济收入

年年大幅上升。1993 年旅游综合收入达 460 万元；2003 年达 7500 万元；2004 年达 1.268 亿元；2005 年达到 1.5 亿元。摩梭群众也得到实惠，经济收入增加，生活大为改观。泸沽湖景区的摩梭人家全部都参与到旅游服务行业中来，他们开旅店、饭店、商店，开出租车，摇猪槽船，牵马游湖，举行民族传统歌舞表演，等等。村庄里盖起了新式楼房和改良的木楞房四合院；不少人家买了摩托车、汽车，彩电、冰箱、洗衣机等电器几乎家家都有，电话、手机比比皆是，已成普遍的通信工具。目前泸沽湖的酒店、饭店和私家客房近 80 家，生意兴隆，不分淡季和旺季。富裕起来的摩梭人家很多，存款在十几万、几十万、上百万元的不在少数。湖畔的落水村是丽江市的十大富裕村之一。

另一重要景区永宁坝，虽不如泸沽湖发展得那样红火，但也发生了根本变化。永宁皮匠街是历史上茶马古道上的重要驿站，与外界有商贸互市的传统，在新时期，带小集镇特色的商贸经济发展起来。首先是基础设施建设得到很大改善。永宁乡多数农村通电、通路。坝区农村多数修起了乡村公路和机耕路，这是农民致富的第一步。过去摩梭人生活环境艰苦，交通闭塞，与外界几近隔绝，崇山峻岭，道路难行。现在各式大小汽车、机动车穿行在林木掩映下的盘山公路上。永宁皮匠街宽敞、整洁，街道两旁修满了新房，新式的、传统的民居住房整齐美观，商店、饭店、网吧、马店、农贸市场都表现出乡间小集镇的繁荣；卡车、出租车、旅游车、马车、拖拉机、马帮穿行在街道上；外地游客来来往往，进出自便，与本地群众交往融洽，没有了过去的戒心与隔膜。永宁坝以秀美的风光、热情的胸怀迎接着八方游客。

农村的面貌也有很大改观，一扫过去的贫穷，旅游经济的发展使人们得到了经济实惠。笔者到了温泉村委会以及永宁村委会的忠实、扎实、纳哈瓦等村，一路之上所见新房很多，传统的用木板当瓦盖的木楞房全部改用瓦盖房顶，旧式的木楞房很少见，十成中有八九成的人家盖了新房或正在兴土木，有的农家还盖了楼房。农民家的陈设也颇有现代气息，尤其经堂都装饰得很漂亮。每家都饲养很多猪、鸡、牛、羊、骡、马，粮食、猪膘肉堆满库房。衣食住行都透着时代特色与民族特色，城里人的服饰在农村普遍流行。家里多是老人与小孩，青年们多出去打工、上学，劳务输出也是增加农民收入的方式之一，他们有的到丽江、昆明甚至到省外打工挣钱。妇女们农闲时做手工艺品赚钱增加收入。例如温泉村委会成立了一个手工纺织传承点，用传统的纺织技术制作旅游手工艺品，用毛线、绒线纺织桌布、披巾、头巾、床上和沙发用品以及衣裙服饰用品等，销路不错，除满足了游客的需求外，还销到外地。旅游经济也带动了农村的发展。

总之，改革开放发展旅游经济使摩梭人走上了致富的道路，改变了历史上贫穷落后的永宁泸沽湖面貌，与全国各族人民一道奔小康。他们高兴地告诉笔者，由于旅游经济的发展，永宁乡的变化发展提前了十多年。如今，一个改革开放的、热情友好的、不断繁荣的永宁展示在世人面前。

（二）旅游经济对阿夏婚母系家庭的影响

旅游经济的发展增加了摩梭人的经济收入，使他们摆脱了贫穷落后的困境，改变了家乡的社会面貌，促进了摩梭社会的发展，人们由衷地感到喜悦。可是旅游经济的发展与民族传统文化的关系问题也摆在摩梭人面前，特别是在现代文明与现代物质生活条件下如何认识、处理传统的阿夏婚母系大家庭。在交谈与采访中，摩梭干部群众有以下几种观点：

第一种观点，阿夏婚母系家庭不会受冲击。他们认为外界有些人，特别是专家学者担心母系文化、阿夏婚与母系大家庭在改革开放后会受旅游经济的冲击而消亡，似乎处于濒危的境地，其实不必担心。泸沽湖景区处于改革开放旅游经济发展的前沿，可这里的母系大家庭比其他地方保存得更好。他们认为旅游经济不但不会冲击破坏它，还会为它提供更好的物质条件，使它继续保存下去。泸沽湖一带绝大多数摩梭人现在仍然实行阿夏走婚，绝大多数家庭是母系大家庭。改革开放二十多年，这里的旅游业市场也开放了十几年，并没有损害摩梭人的婚姻家庭，只会带来好处。有的人认为经济发展了，母系家庭更会存在下去，比如落水村，富起来了，就不用花心思搞别的事，也不用到外面打工挣钱，就靠旅游业的经济收入就可以了，一家兄弟姊妹和和睦睦地住在一起，安居乐业，日子过得也好。不像过去穷得没有办法，这个舅舅出去找收入，那个姑娘为了找经济收入出去了，往往就不回来了，或者不习惯大家庭生活，因为贫穷，大家庭也保不住。母系婚姻家庭是濒危还是兴旺，泸沽湖景区的情况是个很好的例子。他们认为摩梭人是个古老的民族，有优秀的民族传统文化，所传承的阿夏婚母系家庭是历史上长久以来形成的传统婚姻家庭制度，是整个族群传承的古老婚俗，是民族传统文化不可分割的组成部分。但是摩梭人不排斥现代文明，在中华民族大家庭里摩梭人并不比其他民族落后，过去在经济上贫穷，但其他各方面不比其他民族差，有较高的文化素养，母系大家庭中也培养出了不少的国家干部、解放军、大中专毕业生等。例如永宁扎实村更××家，更××她已85岁，她的四个儿子中有三个是国家干部，老大是解放军部队副师级干部，老二是县劳动局副局长，老三是永宁医院院长，老奶奶家是四代的走婚母系家庭。新中国成立后摩梭家庭出了不少知识分子，这一方面是由于国家重视培养少数民族知识分子；另一方面是由于摩梭人历来重视青少年的培养教育，重视文化。所以善于学习、勇于进取的摩梭人完全可以融入现代社会生活，阿夏婚母系家庭以及其他母系文化可以继续存在下去，与旅游业相结合，可以走一条可持续发展的道路。持以上观点的人在摩梭人中占大多数。

第二种观点，经济发展了，阿夏婚要变化，走婚不存在。他们认为现在的母系婚姻家庭不会变，走婚的人占多数，但是，十多年二十年后要变化。如果经济发展了，男女双方有了经济条件，就一家人一起过日子，生活在一个家庭里，像汉族的一夫一妻那样，以后的一二十年可能会这样，那时母系大家庭也不存在了。现在的阿夏婚也有变化，主要是有了法制观念。现在五十几岁、六十几岁的人过去走婚频繁一些，有了小孩男人可以不管，可以再去找新阿夏。现在不行，一般有了孩子就不分手了，男人不能丢下孩子不管。如果女方有了孩子，男人抛弃她不管，就要打官司，要抚养费，女人有了孩子权利大一点，观念变了，有了法制观念。但是不结婚，男女结交阿夏法律不干涉。如果双方分手，女的不要男的而又有了孩子，男的仍然要负担，这跟以前不同。舅舅负担、抚养甥男甥女这一条是不会变的，十年二十年后一直不会变，只是男方与女阿夏有了孩子以后，对甥男甥女可能负担少一点。现在结交阿夏没有过去频繁，结交长阿夏的多，关系也比过去稳定。现在母系家庭的人口有减少的趋势，外出打工、上学、参加工作的人多了，出去不回来的人，例如到了昆明、北京等其他地方，就不能走婚，只能在外面组建小家庭，过一夫一妻制生活。这是新时期摩梭婚姻家庭的又一变化。

第三种观点，旅游经济的发展带进外来文化，担心阿夏婚受外来文化的不良影响。他们认为自己本民族的这种婚姻家庭形式有优越性，有生命力，努力守护以母亲为核心的婚姻家庭。可是担心外界对这一独特的婚姻家庭不了解或知之甚少，用一般现行的伦理道德观念来对待阿夏婚，以为摩梭人走婚是乱伦，可以乱来，可以随便和当地姑娘结交阿夏。现在的影视传媒中的不健康的东西也冲击着摩梭人的传统教育。过去是由老人在火塘边对孩子、青少年进行民族传统道德教育，传授各种知识。而现在不行了。

（三）新时期阿夏婚母系家庭的现状与未来

如前所述，摩梭阿夏婚与母系家庭从新中国成立初期一直到20世纪的90年代，都处于稳定发展状态，所占比例在整个婚姻家庭中都是占压倒优势，在各个历史时期绝大多数摩梭人选择这种传统的婚姻家庭生活。到了21世纪的新时期，基本情况也仍然如此。作者采访了永宁温泉及永宁乡旁边的几个村子，与群众交谈得知母系婚姻家庭在当地占到80%～90%以上，有的村子是100%。根据永宁乡2001年10月组织调查整个永宁乡摩梭村寨的婚姻情况的结果看，阿夏异居婚和阿夏同居婚的比例，两项之和占到了92%，这是全乡1049户摩梭人家的平均百分比。其中落水竹地村占到98.7%、里格村占到100%，温泉阿若瓦村占到100%、阿各瓦占到95.5%，瓦拉别村占到100%，永宁泥鳅沟的4个村子有两个在73%左右，其余的为100%与98.9%。又根据1999年12月永宁乡政府对1049户摩梭人家的调查，其家庭结构情况是母系家庭为69%，双系家庭为11%，二者之和为80%，即是母系成分为主的家庭；父系占20%，仍处于弱势。2001年10月，永宁乡政府又抽调了永宁忠实村民小组与温泉阿若瓦村民小组的摩梭母系婚姻状况，两个小组共54户摩梭家庭，抽调的结果是实行阿夏婚的38户，其他有独子娶妻7户，共同生活在一起的夫妻16户，结婚的3户，走婚占大多数。①

20世纪70年代极"左"路线之后的第二代、第三代子女绝大多数人实行阿夏婚，占到90%以上，他们认为阿夏婚男不娶、女不嫁，没有抚养与赡养等经济负担，是一种理想的婚姻形式，只要有感情，可以走婚走到老。

---

① 以上资料由宁蒗县政协提供。

（四）对摩梭婚姻家庭未来的展望

摩梭婚姻家庭的历史和现状证明，可能在今后很长时期内三种婚姻仍然并驾齐驱、互不排斥，人们自由选择，而母系成分也将在很长时期内保持相对的稳定。虽然在新的历史时期摩梭婚姻家庭也发生了某些变化，但其母系文化的内核氏族观念、母系血缘不变，这使其婚姻家庭的基本特征得以保持，只是稳中有变，还没有形成质变的主流。阿夏婚母系家庭又有可能经过一定的改革，形成新型的婚姻家庭形式。当然，到底如何发展、如何定格，尚难断言，只能依从事物发展的客观规律。

为便于了解摩梭母系婚姻家庭在新时期的状况之具体内容，现附上《永宁乡摩梭村寨人口家庭形态分析表》和《永宁乡摩梭村寨婚姻分析表》[①]，以供参考。

---

① 以上两份资料由宁蒗县政协提供。

表1 永宁乡摩梭村寨人口家庭形态分析表

序号	村名	户数	人口总数	家庭形态								摩梭		其他		男		女		备注
				母系		父系		双系				数量	%	数量	%	数量	%	数量	%	
				数量	%	数量	%	数量	%											
1	永宁海玉角	30	205	29	96.68	1	3.34					203	99.2	2	0.8	105	51.21	100	48.79	
2	永宁忠实	36	170	23	64	13	58					160	94	10	6	76	86	77	84	
3	永宁中瓦	39	255	29	74.35	10	25.65					250	98.43	5	1.57	127	49.80	128	50.2	
4	永宁思乐	34	257	34	100							257	100			126	49.02	131	50.98	
5	永宁嘎拉村	15	95	13	87	1	6.5	1	6.5			94	99	1	1	43	45	52	55	
6	永宁烂瓦村	30	104	23	76.7	6	20	1	5.8			163	99.4	1	0.6	72	43.9	52	56.1	
7	永宁下开基村	25	172	23	92			2	8			168	97.7	4	2.3	70	41	102	59	
8	永宁黑瓦落村	16	81	15	93.8			1	6.2			81	100			40	49.4	41	50.6	

续表

序号	村名	户数	人口总数	家庭形态						摩梭		其他		男		女		备注
				母系		父系		双系										
				数量	%	数量	%	数量	%	数量	%	数量	%	数量	%	数量	%	
9	永宁纳哈瓦	38	281	20	52.6	2	5	16	42.4	278	98.9	3	1.1	142	50.5	139	49.5	
10	永宁高明村	29	260	29	100					239	99.6	1	0.4	117	48.8	123	51.2	
11	永宁八一七村	41	246	24	58.5	11	26.8	6	14.7	227	92.3	19	7.7	130	52.8	116	47.2	
12	永宁上开基村	42	305	38	90.5			4	9.5	305	100			145	47.5	160	52.5	
13	永宁达史村	62	316	15	24	31	50	16	26	307	97	9	3	165	52	151	48	
14	永宁陈家湾	32	207	14	43.75	5	15.63	13	40.62	207	100			103	49.8	104	50.2	
15	永宁平静村	42	213	33	78.6	6	11.9	4	9.6	107	92.5	16	7.5	91	46.2	106	53.8	
16	永宁拖支大村	50	247	16	32	15	30	19	38	246	99.6	1	0.4	124	50.2	123	49.8	

续表

序号	村名	户数	人口总数	家庭形态						摩梭		其他		男		女		备注
				母系		父系		双系										
				数量	%	数量	%	数量	%	数量	%	数量	%	数量	%	数量	%	
17	拖支格洛村	23	122	7	30.4	9	39.2	7	30.4	122	100			63	51.6	59	48.4	
18	落水上下村	75	476	48	64	19	25	8	11	368	76	113	24	226	47	250	68	1998年资料
19	落水竹地村	22	172	20	90.8			2	9.1	171	99.4	1	0.6	75	48.00	97	56.4	
20	落水里格村	19	139	15	78.9			4	21.1	139	100			65	46.8	74	53.2	
21	落水你色村	14	81	11	78.6	3	21.4			81	100			38	46.9	43	53.1	
22	落水小村	21	119	15	71.4	5	23.8	1	4.8	118	99.2	1	0.8	59	49.60	60	50.4	
23	落水山兮村	27	154	24	88.9			3	11.1	154	100			99	64.3	55	35.7	
24	温泉阿若瓦	23	196	23	100					196	100			92	47	104	53	
25	温泉阿各瓦	21	190	21	100					190	100			93	48.9	97	51.1	

续表

序号	村名	户数	人口总数	家庭形态						摩梭		其他		男		女		备注
				母系		父系		双系										
				数量	%	数量	%	数量	%	数量	%	数量	%	数量	%	数量	%	
26	温泉瓦拉片	45	357	42	93.33			3	6.67	356	99.71	1	0.29	172	48.17	185	51.83	
27	温泉依满湾	21	127	20	95	1	5			127	100			67	53	60	47	
28	泥鳅沟上村	45	313	29	61	16	36			250	80	63	20	154	49	159	51	
29	泥鳅沟中村	30	240	22	73	8	27			240	100			124	57.66	116	42.34	
30	泥鳅沟下村	29	233	22	76	7	24			233	100			117	50	114	50	
31	泥鳅沟八珠村	73	392	31	42.46	42	57.64			261	66.58	131	33.42	206	52.55	186	47.45	
	1～31项总计	1049	6765	728	69	210	20	111	11	6383	94	382	6	3326	49	3439	51	

注：①云南省宁蒗县永宁乡人民政府1999年12月调查数据，2005年11月宁蒗县政协提供。

②此表数据数据部分有误，因年代久远无法核查，故未作修改，保持原样，仅作参考。编辑注。

表 2　永宁乡摩梭村寨婚姻分析表

序号	村名	户数	人口总数	有婚史总数	阿夏异居						阿夏同居						一夫一妻						备注 其他民族与摩梭结阿夏
					总数	%	40岁以上人数	%	40岁以下人数	%	总数	%	40岁以上人数	%	40岁以下人数	%	总数	%	40岁以上人数	%	40岁以下人数	%	
1	永宁海王角	30	205	117	80	68	41	51	39	49	35	30	21	60	14	40	2	2	2	100			
2	永宁忠实	30	170	99	49	50	12	24	37	76	43	43	33	76.7	10	23.3	7	7	2	28.6	5	71.4	
3	永宁中瓦	39	255	134	83	62	27	33	56	67	49	36.6	36	73.5	13	26.5	2	1.4	2	100			1
4	永宁思乐	34	257	128	82	64	24	29	58	71	42	32.8	34	80.9	8	19.1	4	3.2			4	100	
5	永宁鹰拉村	15	95	49	22	45	8	36	14	64	27	55	16	59	11	41							1
6	永宁烂瓦村	30	164	80	42	52.50	14	33.3	28	66.7	32	40	26	81	6	19	6	7.5	4	66.67	2	33.33	1
7	永宁下基村	25	172	82	34	41.5	18	52.9	16	47.1	46	56	26	56.5	20	43.5	2	2.5			2	100	4
8	永宁黑瓦落村	16	31	14	23	52.3	5	21.7	18	78.3	15	34	14	93.3	1	6.7	6	13.7			0	100	
9	永宁纳哈瓦	38	281	113	55	48.7	22	40	33	60	56	49.0	40	71.4	16	28.6	2	1.7			2	100	3

续表

序号	村名	户数	人口总数	有婚史总数	阿夏异居						阿夏同居						一夫一妻						其他民族与摩梭结婚阿夏	备注
					总数	%	40岁以上 人数	%	40岁以下 人数	%	总数	%	40岁以上 人数	%	40岁以下 人数	%	总数	%	40岁以上 人数	%	40岁以下 人数	%		
10	永宁高明村	29	240	110	78	70.9	14	17.9	64	82.1	32	28	30	73.8	2	6.2							1	
11	永宁八七村	41	246	122	62	50.8	27	43.5	35	56.5	50	41.8	37	72.5	14	27.5	9	7.4	5	55.56	4	44.44	3	
12	永宁上开基村	42	305	131	59	45	17	28.8	42	71.2	72	55	47	65.3	25	34.7								
13	永宁达史村	62	316	156	58	37	26	44.8	32	55.2	84	53.8	51	60.7	33	39.3	14	9.2	4	28.6	10	71.4	9	
14	永宁陈家湾	32	207	77	39	50:6	12	30.8	27	69.2	17	22.1	10	94	1	6	21	27.3	13	61.9	8	38.1		
15	永宁平静村	42	213	196	16	15.1	4	25	12	75	49	46	32	95.3	17	34.7	41	38.7	18	43.9	23	56.1	10	
16	永宁拖支大村	50	247	116	42	36.2	18	42.9	24	57.1	74	63.8	38	50.4	36	48.6							1	
17	拖支格洛村	23	122	57	19	33.33	12	63.2	7	36.8	38	66.67	18	42	22	58								
18	落水上下村	75	476	233	122	52	58	47.5	64	52.5	65	28	46	70	19	30	46	20	14	30	32	70		1998年资料

续表

序号	村名	户数	人口总数	有婚史总数	阿夏异居						阿夏同居						一夫一妻						备注 其他民族与摩梭结婚 阿夏
					总数	%	40岁以上人数	%	40岁以下人数	%	总数	%	40岁以上人数	%	40岁以下人数	%	总数	%	40岁以上人数	%	40岁以下人数	%	
19	落水竹地村	22	172	77	55	71.4	21	38.2	34	61.8	21	27.3	15	71.4	6	28.6	1	1.3	1	100			1
20	落水里格村	19	139	59	39	66	25	64	14	36	20	34	13	65	7	35							
21	落水你色村	14	81	40	21	52.5	8	38.1	13	61.9	19	47.5	13	68.4	6	31.6							
22	落水小村	21	119	53	26	49	4	15.3	22	84.7	21	39.6	11	52.4	10	47.6	6	11.4	5	71.4	2	28.6	1
23	落水山夸村	27	154	76	36	47.4	7	19.4	29	80.6	35	46	26	74.3	9	25.7	5	6.6	1	20	4	80	
24	温泉阿若瓦	23	196	89	78	88	31	40	47	60	11	12.0	11	100									
25	温泉阿各瓦	21	190	88	72	81.8	30	41.7	42	58.3	12	13.6	8	66.67	4	33.33	4	4.6	3	75	1	25	
26	温泉瓦拉别	45	357	173	137	79.2	48	35	89	65	36	20.8	22	61	14	39							2
27	温泉依满湾	21	127	59	79	83	22	45	27	55	10	17	6	60	4	40							

续表

序号	村名	户数	人口总数	有婚史总数	阿夏异居						阿夏同居						一夫一妻						其他民族与摩梭结婚	备注
					总数	%	40岁以上人数	%	40岁以下人数	%	总数	%	40岁以上人数	%	40岁以下人数	%	总数	%	40岁以上人数	%	40岁以下人数	%		
28	泥鳅沟上村	45	313	151	73	48	14	19	59	81	40	26.50	32	80	8	20	38	25.5	22	57.9	16	42.1	5	阿夏
29	泥鳅沟中村	30	240	107	73	68	27	37	46	63	32	29.9	29	90.6	3	19.4	2	2.1	2	100				
30	泥鳅沟下村	29	233	99	61	62	28	46	33	54	38	38	25	65.80	13	34.2								
31	八珠村	73	392	199	77	39	24	31	53	69	66	33	46	69.7	20	30.3	56	28	23	41	33	59	13	
1～31项总计		1049	6765	3224	1762	55	648	37	1114	63	1188	37	816	69	372	31	274	8	121	44	153	56	62	

注：①云南省宁蒗县永宁乡乡政府2001年10月调查数据，2005年11月宁蒗县政协提供。

②此表数据部分有误，因年代久远无法核查，故未作修改，保持原样，仅作参考。编辑注。

三、母系家庭调查

20 世纪 90 年代及近几年的最新调查资料证明，母系家庭的本质特征不变，保存完好。下面是一些比较典型的母系家庭实例，可供了解现在的摩梭家庭性质、家庭结构及婚姻习俗。

（一）温泉村民委员会瓦拉别村（2001 年调查）

A. 公真××家：11 人，阿夏同居、阿夏异居，双系家庭。

那中××，女，82 岁；次尔××，女，60 岁；次××，女，47 岁；曹××，男，58 岁，与次××同居；打×，男，40 岁；生×，女，27 岁，其走婚对象在施柒村；给×，男，25 岁，其走婚对象在八家村；拉×，女，21 岁，其走婚对象是瓦拉别八瓦村 52 号家庭的打史××；那×，女，18 岁，在丽江打工；鲁×，男，4 岁；丁×，男，2 岁。

B. 阿玛·××家：8 人，阿夏同居、阿夏异居，双系家庭。

阿玛·××，男，69 岁；次××，女，65 岁，与阿玛·××同居；打史×，女，33 岁，与四川前所的沈×走婚；独×，女，32 岁；生×，男，29 岁，走婚对象是本村 13 号的独玛××；拉×，女，13 岁；给×，女，11 岁；品×，男，10 岁。

C. 首布·×××家：11 人，一人出家为僧，阿夏异居，母系家庭。

次尔××，男，79 岁；寸×，女，60 岁；独玛××，女，36 岁，其走婚对象是本村 34 号的独×；甲×，男，32 岁，与本村 46 号的沙布×××走婚；次××，女，27 岁，其走婚对象是本村 39 号的甲×；尼×，男，24 岁；拉×，女，17 岁；品×，男，16 岁；岩×，男，15 岁，僧人；鲁×，男，11 岁；琪×，女，9 岁。

D. 首古·××家：10 人，接进女阿夏同居，双系家庭。

首古·××，男，64 岁；结×，女，65 岁，首古家此代无女子，故共居于首古家；若×，男，49 岁；独×，女，45 岁，其走婚对象是本村 39 号的高×；打史××，男，23 岁，大专毕业后在宁蒗县政协工作；给若××，女，20 岁；益×，男，17 岁；打史××，男，15 岁；次×，男，12 岁；永×，女，10 岁。

E. 友×家：15 人，一人出家为僧，男入赘女家，母系家庭。

打史××，女，71 岁；独玛××，女 67 岁；品×，男，67 岁，此家这一代无男子，故品×是被接进家中同居的入赘者；独×，女，46 岁，其走婚对象是永宁开基村的男子，已中断来往；尔×，男，37 岁，走婚对象是本村 27 号的次××；布×，女，34 岁，其走婚对象是永宁一男子；次×，男，29 岁，走婚对象是四川前所一女子；独玛××，女，25 岁，其走婚对象是本村 4 号的生×；独枝××，女，18 岁，在丽江打工；品×，男，25 岁；次×，男，17 岁；斯×，男，16 岁，僧人；达×，男，7 岁；斯给××，女，3 岁；打史××，女，2 岁。

F. 阿其××家：9 人，前代为父系，后代走婚为母系。

独×，女，72 岁；打×，男，52 岁；依×，女，49 岁，与打×结婚成夫妻；比×，男，37 岁，走婚对象在四川前所，因路远不方便，已中断关系；独×，男，28 岁，正走婚；品×，男，25 岁，秘密与邻村的女子走婚；尔××，女，23 岁，正走婚；斯×，女，19 岁；独玛××，女，3 岁。

(二) 永宁村民委员会中实村 (2001 年调查)

A. 让××，夫妻共同生活在一家，共 8 人，其所生二男二女都实行走婚，长女育有一男一女。此家庭前代为父系，后代子女走婚变为母系家庭。

B. 杨××，家中 7 人，母系家庭，有二男二女，长女育有一男孩，次女育一女孩，二男均走婚。

C. 思格×××，独儿子娶妻组成父系家庭，共 5 人；二男一女全实行走婚，又变为母系家庭。

D. 思格×××，母系家庭，共 8 人。本人有一女，招女婿进家，女儿家有一男二女，都实行走婚；大女儿生育一男，二女儿生育一女。

E，九起××，结婚组成父系家庭，共 4 人，生育一男一女，两个子女均走婚，又变为母系家庭。①

（三）其他摩梭家庭调查情况（2005 年调查）

A. 永宁村民委员会扎实村更××家：更××，女，85 岁，四个儿子，三个儿子是国家干部。老大在部队是副师级干部，现已退休；老二是县劳动局副局长；老三是永宁医院院长。小儿子留在家中娶媳妇，生育二子。更××老奶奶这一代人走婚，她的前三代也走婚，这个家庭至少四代人实行阿夏婚，组成母系家庭。到了她的下一代实行婚嫁，家庭结构、性质、血缘世系变为父系。家中现有五人，有儿、媳、孙子二人及更××本人。

B. 永宁村民委员会扎实村巴×家：这代人五姊妹，二男三女。大姐更若××，32 岁，是家中主管"达布"，走婚，其走婚对象是忠实村的阿珠××，34 岁。两家互相帮忙干农活，谁家忙不过来就到谁家。他们已交往十几年，生有一孩子，男方也照顾小孩，生活费、学费他负担，孩子上学有时也到他的母家吃饭，与汉族的一夫一妻家庭差不多。孩子叫他"阿乌"而不称"爸爸"。更若××不想再生孩子，负担重。二姐已嫁出去当媳妇。妹妹永×已结婚。老二是儿子，在外地出家为僧。另一个儿子娶妻，叫更×，已生有一小孩，15 岁。这家五姊妹有走婚，

_____

① 以上资料由宁蒗县政协提供。

有婚嫁，家庭性质为双系。他们认为现在的家庭有变化，有走婚的，有不走婚的，但是，女子受重视永远不变。

C. 永宁泥鳅沟八珠村贺各家：家庭主管"达布"名叫贺各××，60多岁。这是一个典型的阿夏婚母系大家庭，贺各××过阿夏婚生活，她的母亲、祖母、曾祖母，再追溯上去，全是走婚，她现在的后代也走婚，她家走婚的历史能记忆的至少也有十几代人。20世纪80年代中央电视台曾采访过她，她当时是中年妇女，对自己的走婚生活毫不保留地对人讲出来。她有十几个阿夏（情人），她很坦率地说出这些情况。当时能找到的男阿夏有七八人，她的好多情人现在已不在世了。她家有儿女七八个，自己生了二男三女，她的孩子有好几个不是一个父亲的。她家的人口新中国成立前很多，有二十几个，新中国成立后一直保持在十二三个，现在也有十来口人。她的大女儿过走婚生活，与她走婚的人数量比较多，现在她出去打工不在家。她的儿子也走婚，走婚对象数量少一点。

D. 永宁村民委员会纳哈瓦村梭××家：阿×，女，71岁，家中主管"达布"，青年时代过走婚生活，家中现有15人。阿×这一代共有兄弟姊妹六人，四女二男，一个兄弟出家为僧；一个兄弟在家，过走婚生活；一个姊妹去世，三个姊妹都走婚，是这家的三个妈妈，她们一共有四个女儿，现两个走婚。阿×的侄儿邓珠××在扎美寺为僧，中国高级藏传佛学院毕业，享受国家大专待遇，在永宁有较高的威望。这个家庭能记忆的走婚历史至少有五代，至今仍保持母系家庭的性质特征。

四、摩梭母系文化传人调查

（一）吾茨戛若

吾茨戛若，男，摩梭人，现年44岁，是温泉瓦拉别村吾茨家姓成员，任该村村长。家中共十人，兄弟四人、一个姐姐及其所生子女四人。兄弟姊妹五人全部走婚，是母系家庭。他的走婚对象是本村的苏古家姓成员古×，二人建立阿夏关系 22 年，已生有儿女共六人，但直到现在也没有正式住在一起，即没有生活在一起。儿女们生活在古×家，是她家的人，而他不算她家的人，仍然生活在自己母家。因为他的母亲不同意他到古×家入赘，所以现在仍是异居长阿夏。如果他的母亲同意他到女方家，还要请客办事，好像汉族举行婚礼那样，请全村的亲戚朋友做客，意为向大家宣告夫妻关系。他还说到过去的情况，年轻时他交过短期阿夏，隔三五晚上走婚是有的，年轻时走婚多一点是自然的事情。直到二十几岁还没有结交正式的长阿夏，是因为穷困，好的鞋子自己也没穿过一双，又没有上过学。正式公开结交建立阿夏关系要送礼，她的衣服他要买，她舅舅、母亲的衣服也要买，还要买糖果请亲戚朋友吃。带上礼物跟着自己的母亲到她家征得她的母亲同意。如果她的母亲同意，就杀上一只鸡，请吃晚饭，这样就算建立了阿夏婚姻关系，向村中人表示自己的女儿已正式结交阿夏。以后三五天或一个星期晚上来她家走婚，男女双方都不再找其他人结交阿夏，关系既公开也稳定下来。

他说现在与古×的阿夏婚姻关系已完全稳定下来，一心考虑的是如何供养孩子上学，六个孩子，最大的参加工作了，其余的全部读书，至少要把他们供到高中毕业，提高他们的素质和文化水平，办事才有能力。没有文化，这些地方再开发也不行。还有一点是以前工作好找，现在困难了，所以他再困难也要坚持让孩子读到高中毕业，将来工作好找一点。

他的长期阿夏古×今年 48 岁，是独女，很需要吾茨夏若长住家中，共同生活，共同抚养孩子。由于吾茨夏若的母亲不同意，只好保持异居现状。古×的父亲也是独子，故其父必须要古×的母亲住到家中，于是组成双系家庭。古×与父亲住在一起，加上六个孩子，组成母系家庭，因古×不嫁，与吾茨戛若走婚生养儿女。由于古×是独女，很辛苦，所以吾茨戛若经常在她家帮忙。古×家无兄弟，即无舅舅，而男方家有兄弟四人，舅舅多，所以吾茨戛若对母亲家的甥男甥女照顾少一点，主要精力放在古×家，有经济能力的话，要负担孩子的费用，也要负担姐姐的孩子，即甥男甥女也要负担；这是传统，不会改变，只不过负担少一点。吾茨戛若希望经济好起来，可以一家人在一起过日子，生活在一个家庭里，像汉族的一夫一妻那样。将来孩子工作了，他和古×就在家里养鸡、养猪，孩子们回来了也好为他们杀一只鸡、杀一头猪——这是既是舅舅又是父亲的吾茨戛若所憧憬的生活。

（二）阿其独芝

阿其独芝，女，摩梭人，现年42岁，初中毕业，汉名杨立新，永宁温泉村民委员会瓦拉别村阿其××家姓成员。任该村妇女主任、农业技术员、计划生育宣传员等职，曾被评为县优秀计划生育宣传员、"三八"红旗手；曾被选为宁蒗县第八届、第十届、第十二届、第十四届人民代表，2006年被选为永宁乡党代表。阿其独芝全家十六人，七个姐妹，三人出嫁结婚，四人过阿夏同居婚生活，其家庭是阿夏同居婚的母系家庭，母亲已去世，父亲是当家"达布"。阿其独芝的走婚阿夏是本村的男子尔×，四个姐妹的走婚阿夏有山东、四川、桂林等地的汉族男子，也有外村的摩梭男子。她们年轻时有短期走婚的男阿夏，很自然。阿其独芝现在有固定关系的长期阿夏，已保持关系22年之久，虽有阿夏婚姻关系，但无家庭经济关系，仍是各自母亲家的成员，与男阿夏已生有两个小孩，并不共同生活在一个家庭中，孩子属她的家庭成员。她认为年轻时结交阿夏多是好事，自然有短期阿夏。

阿其独芝是本村第一个初中毕业生，自幼聪明，勤奋好学，跟母亲学得了一手好的传统纺织手工艺技术。其母曾在土司家当过丫环，在土司家受过纺织训练，掌握了全套传统纺织技艺，所以阿其独芝继承了母亲的技艺而成为手工纺织能手。她念过书，接受新生事物快，不仅能熟练掌握传统的纺织术，还能结合现代的纺织技术有所创新，在品种、色彩、功用上满足现代人的需求。五年以前学成，2001 年开始创办纺织传承点，温泉村的妇女在农闲时间都可来传承点学习纺织术，阿其独芝带领姐妹们走上了共同富裕的道路。传承点已初见成效，产品繁多，花色美观，工艺精湛，她们生产的衣裙、披巾、头巾、腰带、桌布、沙发套和床上用品等，都极受当地群众和外地游客的欢迎，还作为旅游产品远销至丽江、昆明、广东、广西以及日本、英国、韩国及中国的香港、台湾等，近二十位国内外专家学者采访过她。阿其独芝制作的摩梭传统民族服装在国内外的好几个博物馆有收藏，2004 年还到成都参加了"首届中国民间艺术百艳群英展览"。她领导的纺织传承点将失传二十多年的摩梭纺织工艺恢复起来，为民族传统工艺的复苏作出了贡献。

（三）直巴尔车

直巴尔车，男，摩梭人，现年 53 岁，永宁八珠××家成员，现在永宁乡政府工作，主任科员。他于 1970 年参加中国人民解放军，在部队加入中国共产党，1976 年退伍回乡，80 年代调永宁乡文化站工作。直巴尔车自幼喜爱民族歌舞和本民族传统文化，勤奋自学，努力向民族宗教传人"达巴"老人及其他民间艺人学习，搜集和掌握了部分民间文化艺术，如民间故事、山歌民谣、情歌及劳动舞曲等，并进行民族歌舞音乐创作，1998 年与人合作创作了音乐磁带《泸沽湖情韵》，由云南音像出版社出版发行；2001 年推出个人第一张创作专辑《神秘女儿国》。他创作的节目《赞美格姆女神》参加全省农民调演，被评为一等创作奖，并有数十个创作节目参加省、市、县的文艺调演，受到有关单位好评。在云南省《山茶》杂志、丽江市《玉龙山》杂志等刊物发表了数万字的摩梭民间文学作品。在部队生活的五年中，他各方面的锻炼提高都很大。因他爱好文艺，吹拉弹唱样样会，被安排到文艺宣传班，正规学习简谱、五线谱知识和节目编导基础知识，同时写了一些作品，创作了一些舞蹈，把摩梭歌舞音乐带到了部队。部队是他的大学，对提高、发挥他的音乐歌舞艺术才能起了决定性的作用，把他培养成为一名民族传统文化继承人。在政府派遣和支持下，他曾经在云南省及广东深圳市的民族村工作，还到过武汉、上海、杭州、扬州等地，为宣传摩梭民族传统文化做了大量工作。

笔者于 2005 年 11 月采访过直巴尔车，采访了他的婚姻家庭情况，下面是他的谈话内容：

> 我的家名叫八珠××家，我的上一代四个叔叔，一个姨妈，他们全部都走婚。姨妈身体不好，我父亲一直到西藏赶马，这样家中一个女的支撑不了，我的父亲就把我母亲从开基村领过来，也没搞什么登记，也不办结婚的事，他们走婚走了一段时间，有了我，就把母亲带到直巴家去。后来姨妈结婚，举行的是集体戴红花的仪式，自己组成了小家庭。从此我父母组成一家，生了我们八个姊妹，四男四女，我是老大。我的家庭总体是母系家庭，后来有变化，有的出去打工，有的经商，有的参加工作。我的大妹叫苟尔××，走婚四五年之后有了孩子，她的阿夏家只有父母两人，下一代没有女人（传宗接代），就把我的妹妹领过去了，也不叫嫁，就是领过去长期住在男方家了，一起生了三个孩子。至于他们住

在一起之后，是否还与其他人走婚就不知道了。从她丈夫家看，从走婚到同居一直到现在也住在一起。这是从阿夏异居婚到同居婚形式，与一夫一妻制家庭没有多少区别。我们家八个姊妹全部走婚，是母系大家庭。

我的婚姻是走婚。我从 16 岁开始走婚，当兵以前悄悄走，感情非常好，不久我参军离开家乡，我和她一直保持联系。遗憾的是 1972 年农村进行阶级复查，我的阿夏家被划成了漏划富农，她成为富农子女，成了批斗对象。我退伍回乡继续与她走婚，因我是复员军人，又是党员，人们说我和富农子女走婚是阶级不分，受到村里民兵监视，人们不与我来往，使我受到孤立。党支部给了我一个警告处分，同时责令我停止与她走婚，改造世界观，站到贫下中农一边，重新做人。但我认为自己没有错，婚姻是自由的，我俩铁了心要在一起，我便主动到大队登记结婚。结果被大队党支部书记大骂一顿，说我是党员她是富农，羊和狼怎么能在一起？别说登记，如果我再继续走婚就要开除我的党籍。我就与我的阿夏商量，我们不结婚也不登记，让她跟着我，我到哪里她就到哪里，他们就没什么话好说了，从此她就一直跟在我身边了，从那以后党组织也没再干涉我们的走婚生活。但是在无形中我的政治权利被剥夺了，开会学习不让我参加，年轻人也很少与我打交道，完全把我们孤立起来。这时我便与是"牛鬼蛇神"的"达巴"老人在一起，学习"达巴"文化，并开始搜集民间文学作品。我在这段时间对民族传统文化有了更多的了解，为我后来的工作打下了基础，坏事变成了好事。我跟我母亲这个家从来也没离开过，但是参加工作后生活不固定。我从来都是把我的阿夏（爱人）带在身边的，是长期同居的阿夏婚形式。我们一共生了三个孩子，大女儿、大儿子都有了孩子，二儿子刚刚大学毕业，读的云南民族大学外语系英语专业。我跟我的阿夏走婚八年，后来同居直到现在，我们的婚姻关系共保持了 30 年。

至于问我是否有短期阿夏，不好说了，几个、十几个都有可能。这些东西不用保密，也不用公开。有了长期女阿夏在身边，是不是还与其他女人走婚，这就要根据自己的情况了，有些感情的东西外界是干扰不了的。但是摩梭人认为生活中有情感是一种幸福，所以在结交新情人（阿夏）时绝对不能损伤原有的情人的感情，所以一句话，就是保密。我们有这样一个好处，本身要有感情才走婚，不像其他，今天跟这个好，明天跟那个好，一旦有了性关系就缠着你不放，麻烦多。我们摩梭人有这样的习惯，尤其是短期的这种走婚，女方如果有了孩子，她会非常高兴，不会纠缠男方，而认为自己有了孩子是当然的、正常的，这样男方就没有后患。她的心态是怎样的呢？她会认为：我需要，与他有了感情才跟他过，何必不在一块就要纠缠他、敲诈他呢？摩梭妇女性情开朗，性格开放，因为性爱是我自己的需要，而并不是为了谋求某种利益才与男方交往，这是关键的一点。有的人就不是这样，有了性关系就要抓住你不放，要敲诈你了。摩梭人中是绝对没有这种现象的，主要体现的是以情义为重，重感情。

以上是直巴尔车自己的阿夏婚姻经历以及他对这种婚姻中男女双方性爱关系的认识看法，对本氏族的婚姻家庭肯定、维护的态度和对母系文化的热爱之情溢于言表。

（四）达史拉措

达史拉措，女，33 岁，摩梭人，是泸沽湖里格村戛阿家成员，现任永宁乡政府妇女主任，是摩梭妇女中的第一个高中毕业生，教过小学，获乡级优秀教师称号，函授大专毕业，现就读本科，即将成为永宁摩梭妇女中的第一个大学生。曾分别获得县级、市级三八红旗手，2003—2004 年被评为云南省行政学院"优秀班干部"，2005 年被评为丽江市工会系统"优秀共产党员"和乡级"优秀公务员"，还曾赴香港地区演说，宣传摩梭文化。2005 年 11 月 12 日笔者采访了达史拉措，面对面交谈了解摩梭母系文化在现当代社会的面貌。下面是根据这次录音整理的访谈录。

"这里（永宁）好像是两个家庭的转运站"

问：达史主任，你的家庭情况怎样？

答：我家说起来有三个家庭，爸爸一个大家庭，妈妈一个大家庭，我们在乡上上班，好像又是一个家庭。

问：你爸爸现在没有与你们住在一起吗？

答：爸爸以前在这里工作，他同我们一起抚养（照顾）娃娃。这里好像是两个家庭的转运站，因为这里有医院，有学校，娃娃们读书方便。我们七八个小孩集中在这里读书。永宁乡过去叫永宁镇。

问：是一个大家庭的成员吗？

答：是两个大家庭的，我们这边（母亲这边）四个，他们那边（父亲那边）有几个我记不清了。小孩是我妈妈一个人带，有妈妈姐妹的小孩，爸爸姐妹的小孩，都要集中到这里来读书。我爸爸跟妈妈在这里住在一起，是不得不这样，这个家只是一个转运站而已。

"妈妈一个大家庭，爸爸一个大家庭"

问：请你先谈谈妈妈的家庭，你妈妈有几个姊妹？

答：有四个姊妹，有两个过世了，一个舅舅娶了另外家族的一个姑娘，他们原来是走婚的，后来女方人口太多，舅舅与她长期住在一起不行，就另修房子从母家搬出来了，与女阿夏长期住在一起，仍然是走婚（阿夏同居形式）。他们的孩子都二十几岁了，舅舅和舅妈也近60岁了。他们的两个儿子都在农村，将来他们也肯定是走婚。

问：你妈妈这个家有多少人？

答：现在有23个人。妈妈这一代两人，是妈妈和舅舅。姨妈已过世，舅舅已搬出去。我们这代子女共八人，姨妈生了五个，妈妈生了三个。八个人中有四个在家，工作的有四个人。目前我家有两个大学生，我和我大姐后来参加工作读的大学。我们这个家庭大，在外工作读书的共有12个人，在家劳动的有11个人。我家23人不包括姐夫他们，只是妈妈我们自己这个血缘关系的人。

问：你们这个家是典型的母系大家庭。你们这23个人的大家庭共有几代人？

答：我们是母系大家庭，共有四代人。外婆92岁了，她这一代有九人，七男二女，外婆有一个弟弟一直不走婚，没有后代，帮着外婆抚养后代，现在76岁，从没有走婚。只有二男走婚。外婆的一个妹妹也没有生养孩子，也帮着外婆养孩子。外婆那一代是所有的舅舅全力以赴抚养外婆生的四个孩子，就是我妈妈这一代的四个人。外婆、妈妈、我和我的下一代共四代人。外婆有九个妹妹，虽然是母系大家庭，但是只有三个人有孩子，别的人都没有走婚，因为那代人多，家里又穷，如果所有的人都生孩子抚养不起，其他人就共同抚养这几个人生的孩子。

问：你姨妈生的五个孩子都是同一个父亲吗？

答：都是同一个父亲的，我家三个也是同一个父亲的。但是，我妈妈那一代就不是同一个父亲的，外婆所生的四个孩子不是同一个父亲的。我妈妈的时代条件好一点，我的舅舅可以抚养我们。我的一个舅舅是乡干部，一个舅舅是老师，所以条件好一点，养得起我们。过去老一代人就可怜了，娃娃养不起，遇到经济条件好一点的人来找，她们就去了，看见喜欢一点的也跟去了。

问：现在请谈谈你爸爸的家庭。你爸爸叫什么名字？家名是什么？

答：我爸爸叫杨××，是永宁忠实村阿××家的。他原来是县里面的宣传部长。

问：你爸爸的家庭是不是走婚家庭？

答：全部走婚，我爸爸的大哥、二哥、姐姐全部走婚。

问：他家有多少人？几代还在？

答：他家三个儿子一个女儿，他的妈妈不在世了。我爸爸是老四，最小，也65岁了，现在三代人。我爸爸那边的人比较少，只有一个姑妈，姑妈的女儿也是独姑娘，他们三代人都是独姑娘，所以摩梭人姑娘少了人丁是不兴旺的。像我们家，你看，八个里面有六个姑娘，热闹死了！你看我家爸爸那边，老人四个，加上我家姐姐，就是那个表姐嘛！是不是喊表姐我搞不清楚。哈！哈！哈！他的两个哥哥，再加上两个娃娃，一共才九个人，我妈妈这边我们共有 23 个人。

问：你妈妈这边是母系大家庭，你爸爸的家庭也是吗？

答：我爸爸的家庭也是母系大家庭，他们兄弟姐妹不分家，全都住在一起，也全部走婚。

"我爸爸的思想还是传统得很哩！"

问：你的父母亲是分开住的吗？

答：没有，我的父母住在一起将近二十年，但是固定的在一起二十年也没有，只有十年，这之前他们各自生活在自己的母亲家庭中。

问：参加工作以后呢？

答：他们原来走婚，后来参加工作，没有大家庭的背景。摩梭人在外面工作必须组成一个家庭，因为孩子要双方共同抚养。

问：是这样。没有大家庭的兄弟姐妹帮着抚养孩子，只有自己生的自己抚养了？

答：如果回到农村，又完全分开，双方各自回到自己的母亲家，娃娃当然是妈妈带走了。例如我的父母共同生活了二十年，春节我爸爸从来不在我家过，不在永宁过，要回他家（忠实村的母亲家）过。

问：大年三十必须回到母亲家？

答：是的，必须回去，不然是不吃年饭的。我爸爸在年三十这天下午两三点钟就慌起来了，为他家里准备东西，要回去了。妈妈我们几个也准备回家去了（妈妈的母屋，即外婆家）。我们是浩浩荡荡地回去了，我爸爸一个人回家去了。

问：你们确实热闹了！平时你跟爸爸来往吗？

答：来往的嘛！他跟我们住在一起，他是工作干部，住在乡上。他虽是宣传部长，思想还是传统得很哩！

问：表现在什么地方？

答：如果他家里有啥子事情就马上回去了，他家有啥子事他是全力以赴的。他现在工资都是自己用嘛！他家里有事就拿他的工资去应付。

问：你们小时候读书他负担吗？

答：负担的。那时候他有工资嘛！他还负担他姐姐、哥哥的孩子，还多的，一起负担。

问：负担得了吗？

答：以前负担不用拿钱，拿出粮食就行了。农村家庭，我们没有吃没有穿，亲戚也会给我们。

问：现在你的父母是不是住在一起？人老了要互相照顾嘛！

答：住倒是住在一起，只是形式上才是，感情上还是各人各家哦！我家爸爸还是不很习惯和我们住在一起，还是经常回他家去。他来我家的时间少，我妈妈家来的人就多了，这里的家庭转运站又变成母屋，妈妈的家。哈！哈！哈！我们女娃娃多，跟着妈妈很好！

问：你去爸爸的母亲家吗？

答：去得很不勤。实在有事，非去不可才去帮忙，感到陌生哦！平时照顾自己家多（指母亲这边的家）。

问：你看，这就是恋母情结，是不是？

答：对，都离不开妈妈。

"一直是走婚的哦!""我也走婚嘛!"

问：你的外婆、妈妈这两代人是走婚的，到你这一代是第三代，也走婚吗？

答：还有我的下一代，第四代。

问：你们夏阿家走婚走了多少代？

答：走婚哦！一直走婚哦！我都走婚的嘛！

问：你外婆的上代上代呢？

答：那更是走婚哦！"文化大革命"时期我妈妈和姨妈都是强制地搞一夫一妻家庭，强制性地去了我父亲家和姨父家。后来红卫兵离开，听说政策松一点，她们又全部都跑回到外婆舅舅的大家庭里来，各回各的母亲家。

问：是怕红卫兵吗？

答：是怕政策，不那样办（指不实行一夫一妻制）就不分口粮，娃娃养不活。强制性地去到男方家以后，红卫兵一撤，政策松一点又跑回到母亲家。我姨妈是半夜用马把娃娃驮回来的，全部偷偷跑回来。我妈妈带上我和姐姐也全部跑回来了。留下来的是因为没有办法，女方没有人，或男方没有人，就长期留下来，成为一夫一妻制家庭或双系家庭。

问：这样的家庭多不多？

答：我们的上一代有一夫一妻的家庭，我们下一代又全部走婚的情况也有；上一代全部走婚，下一代结婚的也有，走婚的也有。

问：你们家庭后面的人还走不走婚？

　　答：走婚嘛！走婚才好嘛！

　　问：参加工作了也走婚吗？

　　答：只要有这个大家庭背景的人都走婚呀！没有大家庭背景的人去到昆明，去到北京，怎么走婚呢？就没有条件没有办法走婚了。参加工作的人有的走婚有的不走，就看找个什么民族的人了，如果两个都是摩梭人，又都生活在大家庭，他们都是要走婚的。以后我的娃娃也要走婚的。

　　问：肯定走婚吗？

　　答：我想肯定是这样。以后我们这里条件变好一点了，娃娃学的知识在这里有用的话，我就把他留在这里，继承我们摩梭文化。如果他学的知识在这里用不上，肯定要出去，出去了我怕他跟外面的人接触就没有办法走婚了。

　　问：这就是现代文化对摩梭母系文化、摩梭婚姻家庭的影响，你反而担心，是吗？

　　答：是的嘛！

　　问：现在你们里格村走婚的占多大比例？

　　答：在农村的人是100%。只是没有条件、没有办法的人才不走婚。我童年时候的伙伴全部都是走婚的。

　　　　"我认为经济发展了，母系家庭更会存在
　　下去。"

　　问：有的人认为经济发展了母系家庭就不会存在下去了，你认为呢？

　　答：怎么会啊！我认为经济发展了，母系家庭更会存在下去。

问：什么原因呢?!

答：你看，比如说落水嘛（泸沽湖边上的村子），他们是丽江市的十大富裕村之一，家家都富裕，不用花心思搞别的，不用到外面去挣钱，就靠这个（旅游经济）收入就行了。兄弟姐妹大家和和睦睦地住在一起。如果是以前穷得没有办法，这个舅舅去找收入，那个姑娘为了找收入也就出去了，肯定找外族人，就肯定不习惯这种大家庭生活。

问：现在也有摩梭姑娘出去打工呀!

答：是有。像我们这个家庭，经济收入有了，合伙住在一起，够吃够穿，不用想别的事情。我们几个姊妹一辈子这样血缘相亲地住在一起多好啊! 吃不愁穿不愁，姊妹之间没有猜忌，这种感情才是最牢固和最无私的了!

问：这是一种亲情!

答：对呀! 亲情才是最主要的! 像我们这样的家庭，找到点收入赶快交给妈妈，她不会独吞掉，哪个姊妹也不会占为己有，妈妈会把这个家安排得好好的，把房子修好，提高全家人的生活水平，娃娃们也高高兴兴地上学，齐心合力抚养这些娃娃，这多好呀! 何必去搞什么小家庭呢?

"我的婚姻家庭、工作和希望。"

问：谈谈您个人的婚姻家庭，好吗?

答：我是走婚家庭，已经有阿夏。

问：你的阿夏是谁? 在干什么工作?

答：我的走婚阿夏叫雅瑟·××××，是永宁达坡村雅瑟家的。他原来是宁蒗县××分局的工人，现在已停薪留职，在里格经营私人客栈。

问：他的家庭怎样？

答：他的母亲已去世，有个姨妈当家，60多岁。他家共有八个人，五女三男。哥哥在县城工作，已结婚；妹妹也在工作，与一个白族结婚；其余的人都走婚。他们家是双系家庭。

问：你的妇女主任工作干得怎样？

答：我已做了五年的妇女工作。比起其他地方、其他单位的妇女工作来，我的工作轻松多了！每次开会汇报工作，别的人有说不完的事，我的很少。

问：为什么？

答：我们摩梭地方没有那么多事情，五年来婚姻纠纷、家庭暴力、妇女受虐待、遗弃老人小孩、杀婴儿等等，摩梭人一件也没有发生；养老院里、孤儿院里没有一个摩梭人打架斗殴，偷盗也没有。处理的案件几乎都是别的民族的。我们这个民族害羞得很，要孝敬老人，特别是残疾老人更要好好对待，更不能遗弃。什么重男轻女、杀女婴，我们认为是最不道德的，是罪过。如果在永宁街上发现外面进来做生意的人虐待女娃娃，或遗弃女婴，我们都要干涉，不允许他们这样的行为，或者把他们赶走。

问：我再谈一个敏感的话题，就是性病、艾滋病的治疗预防问题，这是我们国家也是全世界都关注的问题，你们如何看这个问题？

答：我们也在考虑这个问题。艾滋病的潜伏期长，我们这里的妇女又不懂，自己得没得这种病又不知道。

问：您认为该如何办呢？这是个重要问题。

答：对，应该预防，我们希望上面为我们配备检查艾滋病的医疗器械，现在我们没有。

问：对保护母系文化你有什么建议？

答：我希望保护摩梭语言，因为我们没有文字，在外来文化的冲击下，再不采取措施保护我们的语言，母系文化、摩梭传统文化就传不下去了。要保护母系家庭，现在家庭的人口比过去少，人口是负增长。出去打工的多了，家庭人口就少了。

问：母系家庭是母系文化的基础，基础不在了，母系文化就不能生存了。您还有什么建议？

答：希望政府在教育上多给我们一点优惠政策。现在竞争太激烈，我们的教育本来就比不上别的地方，争不过人家，国家应该多扶持我们一点。对妇女的生育、健康要加大扶持力度，这方面比过去好多了，但还很不够，医疗卫生条件还很差，经济发展了，这些方面要跟上。

此部分选自拙著《守护夕阳暖青山——中国摩梭母系文化》，黑龙江人民出版社 2007 年出版。本书系中国民间口头与非物质文化遗产推介丛书之一。

第三部分　纳西族东巴神话研究

纳西族的象形文东巴经卷记载着数量可观的神话，这些神话构成了自成体系、独具民族特色的东巴神话。东巴神话是我国神话宝库中的珍品，因其用世界唯一活着的象形文记载以及丰富的内容而成为纳西族传统文化的宝贵精神财富，更因其珍贵的古文化价值特别为中外学者所瞩目。东巴神话的价值不仅在于神话本身，它也是纳西古文化东巴文化诸种文化因素的复合体，除了纳西族自身固有的文化基因外，还涉及藏族古老的苯教（苯波教）文化、藏传佛教文化，还与古印度文化乃至古埃及、古波斯文化有关系，在世界文化发展史上，东巴文化以神话和诗歌为载体，甚至参与了东西方文化的大交流大融合而对世界文化作出过自己的贡献。东巴文化如此辉煌的历史和悠远神秘的源头多年来吸引着笔者，笔者总想通过东巴神话对它进行一番探索，进行一番大胆的较为深刻系统的剖析，以便更清楚地认识东巴文化珍贵的价值。东巴神话和东巴文化是纳西族也是全人类的智慧结晶，让世人了解它、认识它是东巴文化研究者们的职责，怀着这样的心情，笔者进行了一系列研究，望大方之家不吝赐教。

东巴神话的分类及其民族神祇体系

东巴神话不仅数量可观，种类繁杂，具有难以数计的神与鬼，形成了两个鲜明的神祇体系：一个是外来神祇体系，一个是本民族固有的民族神祇体系。两个神祇体系在东巴神话中有分有合，有时是合二为一的。为了论述方便，下面将其分开来讨论。

一

东巴教是纳西族古老的原始民族宗教，这就使东巴神话具有原始古朴、蛮荒的气息，内容奇特丰富。在历史上与纳西族有着同宗同源关系的摩梭人及其达巴教中的神话，使东巴神话的内容更加丰富完整，因而摩梭神话应该是其中的一个组成部分。对于东巴神话，"通观其早期诸发展阶段，神话大多流于原始、短小、简陋，尚乏连贯的情节。嗣后，当阶级社会行将到来之时，较为繁复的神话始渐形成，滥觞各异的神话形象和情节浑融交织；神话演化为枝蔓丛生的叙事创作，并交相联络，从而形成所谓'系统'"①。东巴神话的发展也经历了这样的过程，或具有这样的特点。东巴神话大致可以分为以下几类。

---

① 《民间文学理论译丛》，北京，中国民间文艺出版社，1986。

（一）创世神话

这是东巴神话中内容最丰富、价值最珍贵的一类神话，它构成了东巴神话的主体，表现了东巴神话体系的完整性，这类神话包括开天辟地，宇宙万物、人类世界及鬼神起源，洪水（或人类再生）和人兽同体同源等神话，特别是散见于大量东巴经中的卵生神话很有特色。东巴经《祭天古歌·查班绍》（汉译为《人类繁衍篇》）、《崇搬图》（汉译为《创世纪》）、《祭天口诵经·洒奠祭酒》、《查热丽恩解秽经》、《丁巴什罗传略》等，摩梭达巴口诵经和摩梭民间流传的《创世歌》等，都是优秀的创世神话。

（二）图腾神话

这是有关动植物的神话，生动地表现了人类远古神话思维及图腾崇拜观念，这是东巴神话中最古老的一类神话，除了讲述动植物本身的来历（神话化）外，还表现了人类源出于动植物而与之有血缘关系的图腾观念。故事讲述了人类与动植物同宗共祖，祖先是人又是动物，或人兽通婚等，有的故事情节虽不完整、不连贯，但正好表现出东巴神话发展初始阶段的特点，而且这些短小的故事都是人类原始思维、原始宇宙观的真实写照，反映出远古人类对自身生命现象和人类繁衍的心理和生理因素的探索。还有男性和女性生殖器崇拜观念的神话，性崇拜观念是东巴神话乃至东巴文化的重要内容之一。东巴经《白蝙蝠取经记》、《超荐能人·虎的来历》、《超荐死者·马的来历》、《休曲术埃》（汉译为《神鹏斗恶龙》）、《祭天经·祭含英巴达神树》、《祭天古歌》中的祭天神木黄栎青枫木、柏木、白蒿的来历等，《创世纪》中有关神鸡、神牛的故事以及摩梭地区关于神鹰、神蛙的故事，还有关于龙、狮、猴、牦牛、杜鹃等动植物的图腾神话，在东巴经、达巴经或有专章专节记载，或散见于其他神话中。这类神话往往与创世类神话交织在一起，有的已演化为有完整情节的故事，有的则将历史的与现实的生活内容杂糅在一体，随社会的发展"滚雪球"，故内容越来越丰富，枝枝蔓蔓色彩纷呈。虽然如此，其主干仍不失远古人类思维的特征和人类童年时代蛮荒古朴的生活气息。

（三）女神崇拜的母系血缘婚姻神话

这类神话具体描述了远古纳西社会的原始婚姻形态，有人类洪荒时代的母系血缘群婚，有比洪荒时代更远古的人兽婚传说遗迹以及人神通婚的故事，等等。典型的兄妹血缘婚姻神话东巴经《俄英都奴杀猛厄和结对偶记》，含有群婚生活内容的长诗《鲁搬鲁绕》，为群婚制唱挽歌的民间流传《游悲》均是研究群婚的不可多得的优秀神话传说故事。这些作品虽不是专门描写群婚生活，但有明显的远古群婚遗迹，有的还保留有较完整的内容。摩梭人民间流传的格姆女神广交阿夏（情人）的传说神话故事以及东巴经和达巴经讲述的众多女神、天女、天母的故事，都反映了母权观念和母系氏族社会生活以及远古群婚生活的遗迹。

（四）创造神话

这类神话主要讲述古代英雄创造物质文化和精神文化的业绩，有关于药物、圣油、祭酒、祭典的来历，劳动工具的创造发明和使用，动植物的驯养栽培，农作物、家畜家禽的演化故事，弓箭武器的发明，冶炼耕作术的发明，火的使用，天文历法和东巴象形文字的发明等，凡原始农业文化的诸多内容几乎应有尽有，牧、猎、耕、织的原始生产生活内容极其丰富，多散见于各类东巴经和口传神话中，也有专门的记叙。东巴经《崇仁潘迪寻找神药》（《祭天古歌·考赤绍》，汉译为《索取长生不老药》)、《祭天古歌·鲍麻鲍》（汉译为《点圣油》）和摩梭达巴经《母鲁阿巴都造福人类》、《智慧勇敢的阿土那佳若》等都记载了史前期的祖先创造的文化业绩，反映了人神共创世界的神话时代和人神的丰功伟绩。

（五）英雄神话

这类神话主要是歌颂祖先艰苦创业、奠定民族基业的功勋和英雄精神，是原始英雄史观的生动写照。这些创世英雄神话的内容，是史前期人类英雄业绩的记载。阶级社会行将到来的时代——英雄时代，也是民族形成、崛起的时代，是民族特性、民族精神孕育的时代。在这多事之秋的历史舞台上，在民族历史的脚步行将跨入文明的门槛之时，民族英雄正好大显英雄本色。这时的神话有的已成为名副其实的"故事"，情节较完整，且盘根错节枝蔓繁生；人物或神格形象变得错综复杂，有的英雄形象就是全民族的理想的化身。这类神话往往是神性和世俗性相杂糅，且将历史神话化，想象和拟人是其创作的主要特色，充分展示了原始神话思维的特征。"古代艺术的土壤和宝库是人们对于现实的神话态度，是自然对人的威力不在实践上，而是在朴素的拟人观方面。"[1] 东巴神话在"拟人观方面"表现得极为突出，这与东巴教的原始自然崇拜有直接关系，不仅创世史诗，英雄史诗也多有这类神话，其他有关降妖除魔的打斗故事和神祇救人类于水火灾难的故事亦属此类。神话所描写的人与神（鬼）、神与妖魔的斗争故事具体表现了古纳西人的追求、爱憎感情、判断能力、思辨能力以及他们的原始道德伦理观念和善恶观念，原始审美力量的发生发展也蕴藏其中，有的优秀之作还描绘了古纳西社会的

---

[1] 《外国文学参考资料》（古代至 18 世纪部分），北京，高等教育出版社，1959。

生活图景，具有较高的原始审美价值。东巴经《董埃术埃》（又名《东埃术埃》，汉译为《黑白战争》）、《哈斯战争》、《高来秋和山神龙王家的斗争》、《普池阿鲁传略》、《古都生丁传略》、《丁巴什罗除魔记》及摩梭达巴经《歌颂玛补子汝神》等，都是英雄神话的优秀篇章，内容多涉及英雄神祇造福人类、降服妖魔、救世济难和英雄祖先（多为半人半神的形象）的丰功伟绩。

（六）东巴经师神话

这是古代纳西族东巴中杰出者的故事，或可称为巫神话。东巴教由古代巫教发展而来，东巴的前身为巫师。东巴经里记载着大量有关东巴巫师行巫、作法、从教、施药行医治病、撵鬼驱邪、占卜算命等行事内容。东巴教由原始巫教发展而来，巫师的行事自然占着重要地位。他们行巫中的仪式、咒语祝词、法术等在故事中被夸大渲染得比一般神话更神乎其神，巫师们都有一套一套的耸人听闻的神话传说。这些神话传说总是与巫术行为紧密联系在一起，而巫术行为又直接与人们的现实生活联系在一起，人们不仅可以耳闻目睹，而且可以身受，可以触及自己的肌肤，指导自己的行为。巫师中或有凭法术战胜妖魔、驱除鬼邪的超凡技能者，或有能医治疾病的奇功者，或有凭咒语能呼风唤雨的神奇者，他们之中还有能歌善舞者，或是能工巧匠，等等。有关这些内容的神话传说总是力图在解说、渲染巫术行为的力量及其根源，力图使人相信它的真实性和威力以及原始巫教术士们超群出众、不同凡响的法术，在科学不为人真正掌握的远古乃至近现代居于偏荒之地信息闭塞、交通阻隔的地区，更能使人相信巫教的神威。于是巫师的行事便成为神话，行巫的人就是"神"，而且是现实生活中的"神"。这样的巫神话在东巴经和摩梭达巴经中不少。不仅记载有古代巫师的神话传说，就是现在活着的东巴和达巴老人也能讲述他们前辈的神话，有的能讲两三代之前的轶闻奇事,有的能讲五六代之前的,大多是颂扬前辈在学习巫术、继承巫教过程中的高超技巧和他们的荒古奇才。他们中有的能与鬼神打交道,有的能用手从滚沸的开水中捞取东西不觉痛,有的能用舌头舔烧红的镰刀,有的可以把烧红的铧口套在脚上行走,等等,神乎其神。这些神奇的故事为巫术神话增添了神奇色彩,使人们不得不敬畏笃信。有的巫神话随着社会时代的步伐不断杂糅进去一些神奇、罕见、怪异的现象或事件,不断为它输送血液,让它"滚雪球"。随着时间的推移,巫神话中还融入了神话时代的故事,且常与神话时代的故事相混同,因而神话时代的故事中出现的神、鬼、半人半神的故事情节、形象、文化英雄等也往往出现在巫神话中。这些神祇与人们曾经生活在一起,或与人们关系密切,或有血缘关系,人们在其信仰中自然地融入一种亲情,这就是崇祖、恋祖情结,在观念中认为这些神祇更可信、可靠,从而使巫神话色彩纷呈。摩梭人的达巴口诵经则有上千行的经文(用汉语记录)完整地叙述描写某个大神的神迹,巫神话丰富而且颇具民族特色。正因为东巴教有如此多姿多彩的巫神话,才使得东巴神话更显古朴,为东巴文化增添了神秘奇异、荒古粗犷的特色。

二

东巴神话有如此丰富的内容和繁多的种类,与之相应便产生了庞大的神祇大军,种类繁杂的各类神祇将神话世界渲染得热闹非凡,他们各尽其所能,竞相表演,且都各有宗脉,自成体系。东巴教和东巴神话的神祇,据不完全统计共有2300多个,其中大神220个,一般神100多个,善神60多个,恶神60多个,半人半神290多个,女神20多个,胜利神(王)120多个,雷神50多个,山神150多个,护法神66个,被神化的东巴经师(前身为巫师）250多个。这些数量可观的神祇其功能性质可分为以下9类。

（一）自然神祇

主要有天神、地神、雷神、电神、风神、火神、中央土神、天地间的神、东方大神、南方大神、西方大神、东南西北各方龙王神、山神、村寨神、家畜神、猪的保护神、灶神、胜利神或战神、鹰神、药神等。

（二）图腾神祇

主要为动植物神祇，大多与人类万物的来源有密切关系，或与人类创世活动分不开。主要有蝙蝠神、大鹏鸟神、牛神、鸡神、犬神、身上有使人类长生不老药的神兽、白狮子龙王神、金蛙龙王神、金色虎龙王神、金猴龙王神、长脚类龙王神、五谷神、猪神、禽兽神、丰收神、石神、形状似牛的创世神等。

（三）创世神祇

这类神祇主要与人类万物的诞生、来源关系密切，或直接参与主宰创世造物，一般都是善神。主要有开天大神、辟地大神、辟地女神、造物神、工匠神等。

（四）东巴经师神祇

为古代被神化的东巴经师，故可称其为东巴经师神祇。这类神祇极多，共有250多个，可直接称其为神。主要有太阳神、月神、云神、星神、风神东巴等，形成了一个庞大的体系，后面将论及。

（五）女 神

东巴经神祇中的女神众多，分布于各类神祇队伍中，特别在摩梭达巴经中女神的地位、数量更为突出重要。主要有善于卜算星辰之女神、占卜女神、生育护法神、药神、白海螺女神、生翅女神。有些女神系某一神族之始祖，例如劳构余梭女神是精汝神之母，古爪构姆女神是其祖母。此外还有播种万物之女神、喂养神牛的女神、造物女神、生育女神、摩梭人地区的格姆女神等。值得一提的是东巴教中的妖魔鬼怪多为女性，我们将其归为恶神类。

（六）祖先神祇

这是构成东巴神话民族神祇体系的主要神族，主要有第一代祖先神美利董阿普，第二代祖先神查热丽恩，第三代祖先神俄高勒，第四代祖先神高勒秋及其四子"麦"、"禾"、"束"、"尤"，女祖先翠红葆白天女，家神素，女祖先俄英都奴命，摩梭人的男始祖曹治鲁依若和女始祖目米年照美天女，东巴教的本土教祖阿明什罗。各代祖先神祇均有独立的谱系，又相互交错，使得整个民族神祇体系庞杂纷呈。

（七）英雄神祇

这类神祇是整个东巴神话中的"主力军"，他们或降妖除魔救世济难，或创造奇迹造福于人类，或与鬼蜮恶神争战护佑人类生灵等等，都是大智大勇的超人、神人。主要有东巴教的第一大祖师丁巴什罗，第二大祖师阿明什罗，帮助人类战胜恶魔米利术主的优玛神族的多格神族、战神或胜利神汁神、戛神和萨英威登、朗玖敬玖大神，战胜恶魔的抓什恒丁、英什恒丁、明居恒丁，东巴教之保护神格空神族，民族保护神三多神，英雄祖先神米利东主，为人类解除苦难的精汝天神，战胜恶神美汝柯西柯洛的蒙布汝若大神，战胜恶龙的多萨吐欧，战胜恶魔猛妖的俄英都奴命，战胜恶龙的普尺阿鲁、古生都丁和恒命素受玛，四头护法神孟施优玛，摩梭达巴口诵经记载的达巴教创始大神母鲁阿巴都，专司人类生死和魔鬼命运之职的玛补子汝大神，飞翔于云端观察人世间是非善恶的智慧大神阿土那佳若，等等。

（八）鬼魔与恶神

这是东巴神话中与人和神敌对的一类妖魔鬼怪和各种恶神，数量极多，几乎所有善神都有一个与之对应的恶神或妖魔鬼怪，再加上民间敬畏的各种鬼，鬼魔队伍极为庞大，不能细举，择其要者列举之：恶魔之总源、居首要地位的依古丁那，自从它出世之后，人类、神界便不安宁，产生善与恶、美与丑、真与假、光明与黑暗、正义与邪恶之争；与人类作对，降下各种自然灾害的美汝柯西柯洛；邪恶与黑暗的象征者，为人类制造灾祸的米利术主及其子女和黑暗世界的众鬼蜮；引诱男女情死的男情死鬼构土西刮和女情死鬼游祖阿祖；女魔王司命麻左固松麻（又称为"星命没登空思玛"，系丁巴什罗大神的第一百个妻子，貌美，她将丁巴什罗大神害死在"毒亨那海"中）；口舌是非鬼米克；恶龙苏主尼玛和苏美那布，秽鬼兴久特阮章等。摩梭达巴经中的鬼也极多，且成鬼族系统，主要有五个鬼族，即让人生病死亡的秋斯秋都楚垮（"楚垮"意为"鬼"），让人争斗残杀的莫斯莫都楚垮，让家畜害瘟疫的莫都更尼楚垮，让孕妇流产、难产、生病的笔体那体楚垮，让儿童夭折、生病、畸形、聋哑痴呆的傻体那补楚垮。在摩梭民间，这是令人最恐惧的鬼，它直接威胁着人丁兴旺。其他还有使人家庭破裂、邻里不和睦、使人遭厄运的鬼，使庄稼遭虫害使人挨饿的鬼。达巴经中还有一个与人类为敌的女恶神目眯吉增米，因不能与人祖曹治鲁依若成亲而仇视人类，其神话故事在民间广为流传。

（九）其他神祇

除以上各类神祇，还有不少其他的神祇。主要有降魔杵大神萨巴，金刚杵大神都支，头顶天脚立地之沙英威登大神，大力神纠果那卜，印度板铃大神交阿兹朗，万智之神斯大神，退口舌是非的主神枚崩汝荣，主人类生育的仲神，观音大神（男性），蛙头护法神巴乌搓热，九头神格空督支。此类神祇多为东巴教神祇。

三

以上种类神话和神祇是构成东巴神话神祇体系的基础，形成了两个明显的系统：一个是以丁巴什罗祖师为核心的外来神祇体系；一个是以祖先神查热丽恩为核心的本民族神祇体系。这两支神祇大军有时各尽其责互不干扰，有时则又组成"盟军"协同作战，共同对付妖魔鬼怪而造福于人类。东巴及民间俗众对他们的态度礼仪也是主客有异、内外有别，在有的祭典中只邀请本民族的神祇来享用香火祭酬。例如纳西族最盛大的祭天仪典，就只能让本民族的神祇参加，即使是第一大祖师丁巴什罗大神也无席位。众多的神祇应该属于哪一支队伍、属于哪一支宗脉也是一清二楚的。这一有趣的文化现象在神祇体系的具体组成中反映得很明显。现先将民族神祇体系清理出来，便可看清其脉络，具体由以下主要几支神族组成。

（一）以查热丽恩为核心的祖先神祇代谱

查热丽恩的传承代谱：亨矢亨热、亨热拉热、拉热美热、美热楚楚、楚楚楚尤、楚尤楚居、楚居津塞、津塞查热、查热丽恩、恩恒诺、诺本普、本普俄、俄高勒、高勒趣。

查热丽恩的家谱：遮劳阿普（又称美利董阿普，天神、至上神，其岳父）、翠恒翠兹（又称勒琴生阿祖，地神，其岳母）、翠红葆白（天神之女，其妻）、美汝柯西柯洛（天神，其舅父）、查热丽恩、丽恩高古、丽恩夸古、丽恩金古、丽恩扎古、丽恩卑古。传说查热丽恩还有 6 个姊妹，她们的名字东巴经里尚无记载。

高勒趣的家谱：俄高勒（其父）、高勒趣、金命金兹（其妻）及麦、禾、束、尤（其四子）。

（二）东巴神祇体系，择其要者列出以下

太阳神东巴端玛端兹、月亮神东巴金道金游、云神东巴金劳巴堆、星神东巴饶松金普、风神东巴海达海许、天神东巴那布所果、地神东巴沙布沙劳、天地中央神东巴朔羽敬吉、东方大神东巴格泽泽卜、西方大神东巴那生崇鲁、南方大神东巴色日明公、北方大神东巴古色卡巴、家神东巴施松雄端、董家族的神东巴依什吾佐、查热丽恩家族的神东巴久布吐知、高勒趣家族的神东巴泽亨什莱、尤氏族神东巴尤波拉吐、藏族神东巴堆松赤卜、白族神东巴胜卜胜鲁、开山大神东巴夸么扭给、五谷神东巴尤登赤普。

此谱系所称"太阳神"、"天神"、"查热丽恩家族的神"等，意为"祭祀太阳神的东巴端玛端兹"、"祭祀天神的东巴那布所果"、"祭祀查热丽恩家族神的东巴久布吐知"，其余皆同此。这里将被神化的古代的东巴经师直接称为"神"，诸如"太阳神"、"天神"、"查热丽恩家族的神"，其余与此相同。

（三）东巴代谱①

纳西族各地的东巴均有各自的传承代谱，有家传的，也有师承的。各地的东巴代谱不在此——列出，这里以东巴文化圣地中甸县白地乡的东巴代谱为例，以示一般，列谱如下：

苏肯苏久吾你布（由苏肯苏久吾当祭司）、苏补古迪汁（在苏补古迪这一代）、尤贝尤拉汝你布（由尤贝尤拉当祭司）、尤拉班督汝你布（由尤拉班督当祭司）、班督班泽汝你布（由班督班泽当祭司）、寿套梭共汝你布（由寿套梭共当祭司）、阿普久兹吾你布（由阿普久兹吾当祭司）、东巴明套汝你布（由明套东巴当祭司）、普布纳兹套你布（由普布纳兹套当祭司）及居米勒补迪你布（由居米勒补迪当祭司）、勒补季你布（由勒补季当祭司）、那布阿里吐你布（由那布阿里吐当祭司）、阿普枸特兹你布（由阿普枸特兹当祭司）、拉玛吉你布（由拉玛吉当祭司）、阿明督日茨你布（由阿明督日茨当祭司）、阿明羽勒汝你布（由阿明羽勒当祭司）、阿明茨塔汝你布（由阿明茨塔当祭司）、阿明肯塔汝你布（由阿明肯塔当祭司）、肯久吾勒亨你布（由肯久吾勒亨当祭司）、纳高布许套你布（由纳高布许套当祭司）、勒白东夏、东芝汝你布（由东夏、东芝当祭司）。

此谱系中的东巴们都是纳西族东巴教中当时的一代风流。在教业上有突出成就者，可称之为"什罗"，即"智者"、"圣者"、"导师"，其中的阿明羽勒和阿明茨塔两兄弟就被誉为"阿明什罗"，在神坛和世俗民间被奉为智者、圣者，有神话传说颂扬之。传说阿明羽勒会飞，被木土司害死，在丽江留有阿明什罗灵洞。阿明茨塔的业绩更辉煌，他通鸟语，在白地一个洞中修行，与鸟兽为伴，学会象形文和鸟语，开始用象形文编写东巴经

---

① 此代谱参阅了戈阿干著《滇川藏纳西族东巴文化及源流考察》一文。

书，成为第一个用象形文书写经书的智慧大师，也是东巴教第二大祖师，故白地成为东巴教和东巴文化的圣地。此谱系有的是父子联名，有的则不是，这是因为有的东巴不是同一个家族，而视其教业的成就排列。其中的"汝"是"代"、"辈"的意思，为传颂押韵，有的地方加"汝"字，有的则不加。

（四）其他神祇系统

东巴经中的神祇几乎都是一组一组地出现的。例如大神，有中央、东、南、西、北五方大神；情死鬼，有中央、东、南、西、北五方情死鬼；龙王，有五方龙王；等等。有的神祇又是以一个一个的神族出现，还有"血缘"关系。例如战神的神族优玛天神共有 360 个，择其要者列出：萨英威登（天神，其父）、乌者合姆（其母）、宝威优玛（主帅，由日月孵化神蛋而出）、龙头优玛（天将，由天上的青龙孵化神蛋而出）、狮头优玛（天将，由白狮子孵化神蛋而出）、虎头优玛（天将，由森林中的老虎孵化神蛋而出）、鹏翅优玛（天将，由神鹏孵化神蛋而出）、鳌鱼头优玛（天将，由神海中的鳌鱼孵化神蛋而出）等保护神神族，他们均有 9 个头，右边 3 个红色，专吃肉喝血；左边 3 个头白色，专啃骨头；中间 3 个头绿色，因与魔鬼搏斗故，他们只吃生肉，所以妖魔最怕他们，他们是：亨依格空、纳日格空、泊兹格空、丹迪格空、格兹格空。辨明是非善恶的善神多格神族有：司巴吉布（其父）、司巴吉姆（其母）、尼巴兴命多格（由太阳光芒变化而来）、尼巴纳所多格（由月亮光变化而来）、尼召母命多格（由风和云变化而来）、尼听若吾多格（由水和火变化而来）。司巴吉布和司巴吉姆神一个睡岩头一个睡岩尾，共生出 9 个儿子，即多格男神；他们还生出 9 个女儿，即多格女神。类似的神族在东巴经中不少，在此不一一列出。

四

以上是纳西族东巴神话民族神祇体系的基本内容。这个神祇体系，不仅内容丰富，神祇阵容可观，更显示出整个东巴神话乃至东巴文化的深层内涵，尤其是其中的民族祖先神祇代谱可视为整个东巴神话和东巴文化的支柱，它作为一种民族的精神支撑着整个纳西民族。剖析一番这个神祇的具体内容，便可了解它与整个纳西民族、纳西文化的血缘关系。

此神谱中的天神遮劳阿普是整个东巴神话中的至上神、主神，仅次于他的是人祖神查热丽恩，他们均有杰出光辉的神迹；俄高勒、高勒趣的神迹与民族历史联得最近，在纳西古文化东巴文化的形成过程中具有划时代的意义。传说俄高勒的姐姐俄英都奴命要与他行兄妹婚，被他拒绝，姐姐羞愧而死。说明纳西族古代曾有过兄妹血缘婚，这个传说故事又正是这种婚姻制度的挽歌，证明它的结束，更表明纳西社会正迈向文明时代，它是新时代的一抹曙光。高勒趣的四个儿子"麦""禾""束""尤"传说后来成为纳西族四个氏族支系的标志，"束"与"尤"居住地为现今的丽江一带；"麦"与"禾"居住地为现今金沙江沿岸。这四个氏族支系在东巴经象形文中分别书写为：

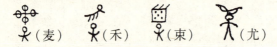

（麦）　（禾）　（束）　（尤）

台湾学者李霖灿编著的《麽些象形文字字典》分别解释为："最长一支，今永宁及'若喀'地域内多有之，如洛吉河一带自称姓习者，皆为此一支也，画一五倍子注其音"；"此其为二支也，今北地（今中甸县白地乡）一带多有之"；第三支"束"，丽江一带和、木二姓最多，"姓和者多即本支也"；第四支

"尤","今丽江木姓一系皆此一支也。……此四支即木氏历代宗谱碑所谓麦、禾、素、尤四支是也"。这表明凭此神祇谱系可以在现今纳西族中去寻根问古,它直接联系着民族历史民族文化之源头。

此神祇谱系中的核心神祇查热丽恩是纳西族确认的民族祖先神,台湾学者李霖灿先生所著《麼些象形文字字典》记载曰:"彼等兄弟五人与其姊妹六人乱婚,遂致洪水冲天,人皆毁灭,唯㺇(即查热丽恩,略写为㺇)有恩于神,依神指示,得脱此难,遂为洪水后人类之始祖。后上天娶天女㺇(即翠红葆白),遂有一切人类。"对这一始祖神㺇又解释道:"长鼻之装表示为象,注第一音,头上长双角,云其为牛,注其名之末一音也。"可见这一神祇产生的历史之悠远。但其神迹在纳西族民间却追述得十分清楚,东巴经亦多有记载,民间广为流传,有口皆碑。除了上述有关此神格在洪水时代繁衍人类的故事外,他还有几项重要的神迹:其一,为繁衍人类求助于善神美利董阿普天神,天神叫他与好心的横眼天女婚配,他却与貌美而心坏的竖眼天女婚配,生下的后代不是人类而是妖怪;他又曾与名叫余美的母猴交配生下一群妖魔;后与天女翠红葆白婚配生下三个儿子,老大是藏族,老二是纳西族,老三是白族。其二,从他这一代开始祭祀天地,用黄栎青枫木象征天神地祇,从其岳父遮劳阿普天神处得到繁衍人类、造化万物的秘诀。其三,他出身神界,出自天神造化人类的神蛋。地神孵化神蛋变成一个气团,气团变成三滴露珠。第三滴露珠落进大海,人类的第一代先祖出世,到查热丽恩已经传了九代。东巴经又说他之前的六代阿普(男性祖先)居住在天上,娶六代阿祖(女性祖先)为妻。从他这一代开始居住在大地上,其五兄弟六姊妹群婚,同时从事开天辟地大业。洪灾之后上天与天神之女翠红葆白婚配,从天上来到人间,带来了生育神华神、牲畜和畜神、粮种和五谷神，教会人们农耕牧猎、建立村寨；寻找长生不老神药，发明祭酒等。此神格形象是东巴神话体系众多文化特征之渊薮，融合了前神话时代和神话时代所有的内容。他是古代纳西族社会史、民族史、文化史深层积淀的产物，是纳西族物灵崇拜和祖先崇拜的原始宗教信仰的产物。在此神格身上聚合着人类万物起源的多种观念，有卵生说、气运说、人神通婚说、人兽通婚说、神造万物说，有对人与自然的关系、对自身生命现象、人类繁衍的心理和生理因素的探索；有对人类洪荒时代母系社会的群婚描述，有比洪荒时代更远古的人与动物同体同源和人兽婚传说遗迹；有原始农业文化的发生发展，有开一代先河的宗教祭典和物质文明的创造等，因而查热丽恩这一神格形象是纳西族文化史上重要的典型的文化英雄。同时，这一神格将古代纳西先民原始神话思维和原始宗教观念的两条主线——自然崇拜和祖先崇拜凝结为一体，"'自然崇拜'是宗教的发轫，任何原始民族都有此共同的俗尚。按照宗教发展的过程说，崇拜自然界的动植物是比较原始的，由'地母'崇拜到'天父'，到祖先的鬼魂也成为神灵之时，宗教的思想便告完全"[1]。这一神格正好包容了这所有的内容，他是纳西族思想体系和民族精神的总源，故能将别的神祇，诸如自然神、创世神、图腾神、英雄神、善神、恶神都统统组织到以查热丽恩为核心的民族神祇队伍中来，从而形成庞大完整的民族神祇体系。这个神祇体系在东巴神话里占有绝对重要的地位，甚至渗透到整个民族的精神生活和物质生活中，对民族传统文化、民族精神的形成发展都起到了重要的潜在作用。诚然，这个神祇体系也蕴含着外来文化因素，诸如藏族苯教文化及藏传佛教、汉地道教等文化因素，即反映出东巴文化在形成发展过程中与其他民族文化的相互融合。

---

① 丁山：《中国古代宗教与神话考》，上海，上海文艺出版社。

东巴神话的外来神祇体系
及其与藏文化的关系

  纳西族东巴神话除了有一个庞大的民族神祇体系外，还有一个与之相对应的外来神祇体系。这一神系具体如何构成？怎样形成？它对以东巴教为核心的东巴文化之形成、发展有何影响？与藏文化的关系有何深层联系？下文拟对以上几个问题进行探讨，以求对东巴神话有一个较全面深刻的认识。

一

  纳西族东巴教和东巴神话的核心神祇是其教祖丁巴什罗。其家谱为：以其为核心形成一个规模数量不亚于民族神祇体系的外来神祇体系，具体由以下几组神谱构成。

  （1）丁巴什罗之家谱。其家谱为：拉布吐格（其父）、萨兹莱兹金姆（其母）、丁巴什罗、丁松赤布（其长子）、吕史玛达（其次子）、羽鲁升金（其幼子）。传说丁巴什罗的母亲前边还有七代人；其父之前还有九代人，丁巴什罗是其家族第十代之嗣。他的前辈之名纳西族东巴老人尚能背诵。

  （2）丁巴什罗的转世代谱。据纳西族东巴口传，丁巴什罗曾经在人世接连投生了八代，据此列出这八代转世代谱：吉泽贡布（投生东南方）、督智贡布（投生东方）、吐世贡布（投生南方，做了喇嘛）、本玛贡布（投生西方）、牛扭贡布（投生西北方）、尤坚贡布（投生北方）、那扭贡布（投生西南方）、格土格罗（投生北方，做了喇嘛）。据纳西族东巴们传，东巴教的"什罗务"大道场超荐的正是丁巴什罗的第三代转世，被妖魔沉入"毒亨那"毒海中的亡魂也正是这一代，因而专为其设置"什罗务"大道场超荐亡魂。

（3）丁巴什罗的弟子谱系。其弟子谱系为：

①三大弟子。这三大弟子为：塔布塔、如布塔、纳布塔，传说正是这三个大弟子将丁巴什罗从"毒亨那"毒海中拯救出来，立下大功而成为东巴神话中重要的神格。

②五方大东巴（神）。这是丁巴什罗派往五方镇压鬼邪的五位大神，也是东巴神话中重要之神格，分别为：格泽泽卜（东方大神）、色日明公（南方大神）、纳色东鲁（西方大神）、古色卡巴（北方大神）、索羽净古（中央大神）。

③称为智者的弟子。此实为古代被神化的东巴经师，值得注意的是这里的"东巴"却变成了"苯波"，而"苯波"系藏族原始宗教苯波教教徒之称呼，此现象在后面将论及。这里列出一批东巴教称为丁巴什罗智者的弟子：美格苯波（主天体的苯波）那布所果、勒格苯波（主大地的苯波）沙布沙劳、业美苯波（主太阳的苯波）丹玛丹追、亨美苯波（主月亮的苯波）吉达吉尤、根格苯波（主星辰的苯波）洛巴蕊然、吉格苯波（主云彩的苯波）季拉巴堆、海格苯波（主风的苯波）海达海许、亨格苯波（主神的苯波）劳补土构、董格苯波（董家族的苯波）依什吾佐、查热苯波（查热丽恩家族的苯波）久布吐知、趣格苯波（高勒趣家族的苯波）泽亨什莱、束格苯波（束家族的苯波）束博瓦本、尤业金公、叶格苯波（叶家族的苯波）尤都拉土、禾格苯波（禾家族的苯波）和布蕊津、麦格苯波（麦家族的苯

波）梅布古拉、束格苯波吉里吉所、失所霞若。此谱系中所谓
"主天体的苯波"、"主大地的苯波"、"主太阳的苯波"、"主月
亮的苯波"，实为古代纳西族主持祭祀天、地、日、月的东巴祭
司；后面所谓"董家族的苯波"、"查热丽恩家族的苯波"，实为
古代纳西族社会的专司董家族祭祀活动的东巴祭司、专司查热丽
恩家族的祭祀活动的东巴祭司。而"董"系纳西族祖先神，"查
热丽恩"系纳西族确认的第二代民族先祖；其中的"束"、
"叶"、"禾"、"麦"系"趣"之四子，是纳西族后来的四个不
同氏族的祖先；"束"是纳西族共祭的家神。

④丁巴什罗的四大护法神（武将）。这是画在东巴教法器
"五佛冠"上的四大神像，丁巴什罗的画像居中，左右各四员大
将，他们分别是：蒙崩津月，系丁巴什罗的将官之一，他不会念
东巴经，专司调解人世间的口角是非；达拉米玛，原是藏传佛教
僧人，精通典籍，武艺略逊于丁巴什罗；杜盘仙曲，是丁巴什罗
派去征服"米利达吉海"中的恶龙苏美那布的大将，早年被人
译为"金翅大鹏"，此神格在纳西族民间和东巴教中影响深且
广，其神迹被广泛传颂；优玛，是一长着翅膀的飞将，其形象为
狮头人身，或牦牛头人身，或鹰鹫等。

二

从以上这个神祇谱系的结构来看，纳西族的东巴神祇体系与
藏文化有密切联系。东巴教在纳西族的民族文化历史发展过程中
已成为本民族的原始民族宗教，它随着纳西族社会历史的发展而
有自己的发展过程，在其形成、发展过程中势必要与其他地区、
其他民族的宗教、文化相互产生影响、渗透，这个外来神祇体系
正是这种文化融合、渗透的结果。从中可以看出，不仅有藏传佛
教文化因素，还有藏族原始本土宗教苯波教的文化因素。前面所

列出的神谱表明，纳西族最初对自己的祭司或巫师不称"东巴"而称"苯波"。"苯波"是藏族原始民族宗教苯波教的教徒之称呼，而纳西族早期称主持天地、日、月、星辰、云彩、风等祭仪的祭司或巫师为苯波，这一名称与藏族历史上苯波教的称呼基本一致。藏族早期信仰苯波教（在佛教传入之前），苯波教的活动由其巫师苯波主持进行；主持祭祀天、地、日、月等的苯波被直接称为"天苯波"、"地苯波"、"神苯波"等，远古代的纳西族也如此行事，这种将祭司或巫师按其职能来分类的方法与早期的藏族也是一致的。将祭司或巫师称为"苯波"的称谓在纳西族远古代的第一、二代民族祖先确认的时代就出现了，又将其祖先崇拜糅进宗教信仰之中，这样的原始信仰崇拜与早期的藏族苯波教思想也是相同的。

纳西族东巴教东巴文化与藏族苯波教文化的关系，还可从其他方面找到实证。二者所信奉的三尊大神"盘"、"禅"、"戛"，可视为这两种原始民族宗教信仰的核心。前两尊为苯波教和藏传佛教的神名。这三尊大神汉译为"阳神"、"阴神"、"战神"，它们是古代藏族苯波教中附在人体内的保护神，至今在纳西族的宗教观念中也是如此。关于"阳神"、"阴神"的神迹在纳西族著名的史诗《崇搬图》（汉译为《创世纪》）中有详细记载。还有不少佛名、神名和护法神名东巴教与苯波教是相同的，例如护法神中之首要者"龙"、"鹏"、"狮"的读音为苯波教的藏语音，读为"苏"（或"鲁"）、"休曲"、"斯格"。东巴教的象形文经书里有些内容与苯波教经书相类似，例如纳西族的《创世纪》中关于人类万物来源的卵生说内容也同样在苯波教经书中出现，这一宇宙观很可能东巴经是从苯波教中吸收而来。

东巴经里还有用象形文书写的苯波教经书《阿明依多绍》，此经书许多东巴读不懂，而藏族的苯波教经师却能读、能翻译。在历史上苯波教有杀生甚至杀人献祭神灵的仪俗，在祭祀活动中

占有很重要的地位。而纳西族象形文经书东巴经《董埃术埃》
（译为《黑白战争》）正好描述了杀人作牲祭祀战神（或胜利
神）的宗教祭典，其中讲到米利东主在黑白两个部落的血族复
仇战争中大获全胜之后，将战败的术部落首领米利术主杀掉，诗
曰："把米利术主的心也挖了，肝也挖了，肺也挖了，胆也挖
了，脾也挖了，用头颅为胜利神（或战神）烧天香，用术主的
血为胜利神解秽气，用术主的骨作胜利神的号角，用术主的皮作
优玛护法的垫褥。"对人祭的仪式也有详尽描述。其中讲到的战
神又是苯波教的重要的神族之一，东巴教亦是如此。东巴教本身
诸多祭仪里并无杀人献祭的记载和实践，《黑白战争》所记载的
人祭仪俗很可能是苯波教的遗留而保存于东巴经。

古代藏族苯波教的信仰核心是万物有灵，崇信天、地、日、
月、山川、草木、禽兽等自然万物，特别对天地、崇山峻岭、巨
石崇拜尤甚。而纳西族自古以来崇拜天地虔敬笃诚，有专门的祭
天氏族群体，有规模宏大而隆重的程序、复杂而完备的祭天仪
典，有上百卷的东巴象形文祭天经书。纳西族民间自古以来有这
样的俗语："纳西美布迪，纳西美布若。"即纳西人最大的事是
祭天，纳西人是祭天的子民。对天体的崇拜，纳西族与苯波教有
着同样古老的习俗观念，而纳西族又加以发展和创造，融进了本
民族诸多的文化因素，才发展形成具有本民族特色的、丰富的祭
天文化，使之成为东巴文化中最具光彩的部分。直到现在，居住
偏远的纳西人保存的这一珍贵民族文化，从形式到内容都与东巴
经的记载无多大差异，古朴而完整，在其他民族中实属罕见。对
大山巨石的崇拜在苯波教和藏传佛教的典籍、祭仪里是极为重要
的内容，苯波教和藏传佛教有无以数计的山神，西藏境内人称有
多少山就有多少山神，就有多少神话传说。苯波教最大的神山是
西藏境内阿里地区的岗仁波齐峰，又称"苯日山"，在历史上很
早就是圣祖丁巴什罗在吐蕃传教的发祥圣地。东巴教也有一座众

神之山，称为"居那若罗山"，也是祖师丁巴什罗的所居圣地。藏民居住地均有转山、转湖的宗教习俗，从苯波教时期一直沿袭到现在。受藏文化渗透颇深的纳西族支系摩梭人至今要过转山节，朝拜狮子山，转泸沽湖，其观念、形式与藏族相同。摩梭人信奉的达巴教用汉文记录的达巴口诵经里有无数的山神，有专门的《祭山神》口诵经和祭祀仪礼；在摩梭人的所居之地有山者必有关于这些山的神话传说，这与西藏一带极相似。对石的崇拜信仰在整个纳西族地区都极为普遍，民俗事象丰富多彩。纳西族的创世史诗和民间信仰中的两尊大神董神（阳神）和塞神（阴神），是创造万物的造物神，又是纳西人心目中极为神圣的两尊守护神，其象征为两块白石头，祭坛上必不可少；纳西人的家院大门两边也必须安放这两块石头，称其为"董鲁神石"，人们相信它有避邪免灾之功。对此神石，纳西人的观念还认为神界所有的神祇、世上所有的人类万物都必须先有自己的"董鲁"（即最初的公母、男女之意），视其为人类万物之根本。过去纳西人的婚礼中有一祭男精的仪式，用一块"董鲁神石"象征男性生殖力，用九颗石头象征男性后代，在每一颗石头上拴上一根松枝象征女性后代，将这些石头、松枝装进一个竹编的神篓里，一齐从房顶上吊下来，表示上天将赐后代给新婚夫妇。摩梭人地区还有以石象征男根的石祖崇拜习尚。如此等等的石崇拜赋予了石头深厚的文化内涵，甚至含有深层的哲学思考。类似的大山、巨石崇拜不仅古老的苯波教里有，而且一直到现代，在藏族的观念中也是根深蒂固的，活的民俗事象也极丰富。在原始的自然崇拜方面，从表层的文化现象到深层的文化内蕴，纳西族与藏族何其相似，而且从苯波教时期就开始，一直延续不断，并且由不少东巴神话演绎、诠释各种自然崇拜的故事，各类神祇大军形成各自的体系，外来神祇体系是其中之一。

东巴教和苯波教还有一特殊的文化现象出现于东巴神话的神

祇体系中，就是"卐"符号，纳西语意为"吉神"、"永恒"，与藏族相同，系后期苯波教从古代梵文中吸收而来，东巴教便直接从古代藏文化将其吸收而原样照搬进来。东巴经里常出现梵文和印度人、神名，还出现不少藏语音的咒语，纳西东巴只会念这些梵语和咒语，并不解其义。东巴神话中纳西族的始祖神查热丽恩与"卐"分不开。东巴经象形文描绘该神格为："𓀀"，略写为"𓀁"。台湾学者李霖灿在其所著《麽些象形文字字典》解释说："［tsó˩ze－lrɯ˩ɯ－˩］人名也。为洪水后人类第一代之始祖。以象头𓀀注其第一音，卐字注其第末一音，有时于人名之后加读－Zo－l字，表明其为男性也。有时连写两卐字，𓀂读［tsó˩ze－ɛ－˩ɯ˩ɯ－˩］，指明为好心之一人。"以上东巴教与苯波教的一系列文化现象有其深刻、幽远的根源，这些现象绝非无端产生。

三

藏族古老的苯波教对东巴神话乃至整个东巴文化产生过深刻影响，后来的藏传佛教的这种影响渗透也是表现在诸多方面。据史所载，自唐初以来，纳西族和古代藏族吐蕃的接触交往就很频繁，不仅毗邻而居，在政治、军事、经济、文化诸方面的交流亦不少。纳西族木氏土司的势力很早就涉足毗邻的中甸、维西、德钦藏区，后延伸到四川巴塘、里塘等藏区，与这些地区的藏传佛教各派都有来往。距今三百多年前，木氏土司曾赠送给西藏一部完整的藏文大藏经，即《甘珠尔》，共102卷，包括了佛教显宗和密宗的内容，这部经典至今还完好地珍藏在拉萨的大昭寺。从明代开始，木氏土司在纳西族提倡信奉藏传佛教，遍筑寺庙；西藏不少喇嘛大师到纳西族中传教讲学，纳西族也不断派人到拉萨学习。民间也流传着很多关于木天王进藏的传说以及他弘扬佛学的故事。由于木氏土司积极推崇藏文化，藏传佛教在纳西族中得到普遍传播，至今丽江还有七大藏传佛教寺庙，构成丽江地区重要的人文景观。这些寺均有藏族名称，著名的例如丽江城郊玉龙山下的玉峰寺藏名叫"特拉西卓飞林"，指云寺的藏名叫"吉东峰卓林"，等等，寺内法事多由藏族喇嘛主持。丽江的文峰寺在滇西北亦享有盛名，是一著名佛寺，藏名称为"桑纳迦卓林"，每年西藏、四川、迪庆的藏族僧俗民众到滇西朝拜鸡足山（在大理宾川境内，云南著名佛教圣地）时，首先要朝拜文峰寺。这里还是纳西族、藏族青年僧人的坐禅要地，凡出家为僧者须在此寺庙坐禅学经三年三月三日三时三刻，方可结业取得"都巴"学位，获得主持法事的资格。纳西族分布的其他地区，例如云南的中甸县、维西县、德钦县，四川的巴塘、里塘以及宁蒗摩梭人地区，均有藏传佛教寺庙。新中国成立前，纳西族出家为僧的不少，宁蒗摩梭人更甚，以出家为僧为荣。不仅如此，纳西族的民间文学、音乐、舞蹈、绘画、建筑等也都受藏传佛教的影响，其中也有苯波教文化的遗迹。而且摩梭的日常生活、习俗等诸多方面也受到藏传佛教的影响渗透，他们的民间文学、日常用语往往夹杂着藏语；服饰与藏装颇相同，男子穿的"楚巴衣"实为藏袍，脚上也穿长统藏靴；饮食有酥油茶、糌粑，喝牛羊奶，食用青稞面、牛羊肉等；待人接物的礼俗与藏族相似之处颇多，孩子生下来也多取藏名；其音乐、舞蹈亦颇具藏风；民居建筑、起居习俗与藏族亦相似。重要的丧葬习俗也受到藏传佛教影响，僧人要参与主持葬仪，要念诵大量超度经以引荐亡灵升天。宁蒗随处可见藏文经幡飘扬在沿途野外和摩梭人的建筑物上；庭院大门几乎都贴有求吉祥、避邪气的黄色经文纸；野外有"玛尼堆"，彩色经幡迎风飘扬其上；时常可见身披袈裟的僧人们来来往往忙于法事活动。

　　更为重要的是藏传佛教的思想信条对东巴教的基本思想和东巴神话的思想内容也有直接影响。藏传佛教的主要思想是"三界"观念，宣扬因果报应、轮回转世、劝善惩恶等信条。东巴教的基本思想也认为宇宙分为三层，天为上层即上界，地上为中层即中界，地下还有一层即下界。上界有天神地祇与地上的人为善，下界地狱的鬼蜮妖魔作祟危害人类。东巴教的核心虽然是自然崇拜，但在其发展过程中吸收了诸如上述的藏传佛教的思想，而且通过大量的神话故事形象生动地表现出来，使人们更容易理解接受，影响也就更为深广。东巴教超荐亡灵的大道场所使用的巨型卷轴画《神路图》（纳西语称《亨日屏》），是东巴教重要思想的生动写照，其中以大量的神话故事展示灵魂不灭、因果报应、生死轮回等宗教信条，用连续性和富有戏剧性的神话故事描述人死后灵魂不灭，且要经过九座黑山和六大地狱，之后才能到达佛地（天堂）。亡灵要顺利到达佛地，只有依靠东巴念经超度为其引路才能实现，而后返回祖先发祥地与祖先团聚，最后转生人世间，完成轮回转世。摩梭人的丧葬习俗也明显地保留着以上的观念，从尸体的处理、悼念活动的内容、僧人念的超度经直到葬场火化，无不是对藏传佛教"三界"观念的演绎诠释。摩梭人信奉的原始宗教达巴教吸收了藏传佛教的"三界"基本思想作为自己的信仰宗旨。藏传佛教在宁蒗摩梭地区传延历史悠久，其黄教派自元代以来就流行于该地区，至今势力亦很强大，对摩梭人的物质生活、精神生活影响渗透颇深广，达巴教的基本思想及其鬼神体系、祭仪等也受到藏传佛教的渗透。达巴教的基本思想虽是以灵魂观念、鬼神观念、自然崇拜、祖灵崇拜、女神崇拜为其信仰基础，但却保存着完整的"三界"观念。

　　综上所述种种内容可作为藏文化对东巴教和东巴文化产生深刻影响的佐证，这种种文化因素又不可避免地要带进东巴神话中去。

主神丁巴什罗和东西方文化的交融

　　纳西族的东巴教和东巴神话的主神是丁巴什罗，被纳西族奉为东巴教创始鼻祖，称之为"祖师"。而丁巴什罗并不是纳西族固有的人或神，同时，这一神格又是藏族原始民族宗教苯波教的至圣始祖，这一文化现象似乎有些不可思议。要弄清这一有趣的文化现象，必须对丁巴什罗的来龙去脉作一番探索。他于何时来到纳西族地区？又是怎样被纳西族东巴教和藏族苯教共同奉为至圣教祖？对东巴神话有何影响？对这几个问题进行探讨，就可以进一步了解纳西文化和藏文化的历史渊源关系，以及东巴神话幽深的源头，从中更可帮助我们认识东西方文化大交流、大融合的辉煌历史，古纳西文化、古藏文化乃至整个中华古文化对世界文化的伟大贡献，而在这一过程中，丁巴什罗这一特殊的神格起着举足轻重的作用。

一

　　"丁巴"，藏话意为"智慧"；"什罗"，意为"圣人"。藏族称丁巴什罗为"胆巴·辛饶"、"东巴·先饶"。纳西族又称其为"东巴绍勒"、"丁巴绍勒"、"益史丁巴沙尔"等。有的外国学者称其为"敦巴·辛饶"、"辛饶米保"、"辛饶"等。这一神话传说人物（或神祇）的神迹、故事以及他的生平事迹在纳西族

东巴教和世俗民间都有流传，纳西族的象形文经书东巴经和藏文
苯波教经书以及其他典籍亦有大量记载。东巴教有专门超荐他的
"什罗务"道场，单是这个道场需念的东巴经书就多达 150 多
卷，时间长达七天七夜，东巴经《什罗祖师传略》，《拯救什罗
祖师》、《丁巴什罗除魔记》、《拉姆务》等，对他的身世、家谱、
经历、弟子的事迹以及他对教业的传承贡献等等均有详细记述。
根据东巴经记载的神话故事和民间口传，丁巴什罗的来历在纳西
族中总归起来有两种：一说他来自西藏，可能是藏族喇嘛，东巴
经书由他带到纳西族地区；还认为"丁巴什罗原住拉萨附近，
在同喇嘛一块学经时，因与红教大喇嘛斗法失败，遂创立东巴
教"①。另一说认为丁巴什罗来自印度。以上两种说法都不无道
理。将其神格形象与古印度的《梨俱吠陀》神话中的主神帝释
（或因陀罗）相比较，不难发现相同的文化因素。相传帝释从其
母肋间生出，并在母腹里与兄弟发生争吵；丁巴什罗也出自母
肋，在母腹里就与母亲对话，问从什么地方出生，母亲回答说：
"人类早已有出世门径，你就从这里出生！"可他认为这门径不
干净，便要求从母亲的左肋出世了。帝释出生后被兽魔偷走，后
又由该兽魔送回，最后帝释战胜兽魔，成为顶天立地之大神；丁
巴什罗的出生也引起众恶魔的恐慌，被妖魔抓去惩治，最后降服
了妖魔，成为主世之大神。帝释在古波斯神话里是一尊恶神，而
在古印度神话里却是一尊至善至美的守护神；丁巴什罗是苯教和
东巴教的至圣祖师，而在佛门弟子（指藏传佛教）眼里则是一
尊恶神。二者的境遇何其相似，均由宗教之争产生这一互相视如
水火的现象。在超荐丁巴什罗的大道场里有一条特别的送魂路
线，先将其亡魂由西南送往西北纳西族祖先发祥地"米利戛迪
崩"（意为大雁起飞的地方，相传在青海湖边），之后还要再送

---

① 《纳西族简史》，124 页，昆明，云南人民出版社，1984。

到一个叫"久阿堆"的地方，此地纳西人通常称是印度。这条
送魂路线是丁巴什罗及其弟子们魂归西天绝对不能更改的路线，
"久阿堆"是其亡灵的终极点。纳西族东巴超荐祖师要使用《神
路图》（纳西语称《亨日屏》），其最后一幅画叫《亨迪俄盘》，
藏语称为《尼玛俄蕊》，这即是"佛"，而"佛"在印度。东巴
教的众神之山居那若罗神山是丁巴什罗大神的居住地，据传此神
山也在印度。丁巴什罗的遇难地毒亨那海，纳西人也指是在印
度，历史上云南其他民族也称印度为"毒"或"身毒"。而印
度、尼泊尔历来是苯教的盛行之地，苯教先于佛教传入西藏，又
从西藏传入纳西族地区，所以纳西人说丁巴什罗来自印度和西藏
有一定根据，并非虚妄之言。

二

　　苯教的传播、丁巴什罗的踪迹不仅仅停留在印度和西藏，据
西藏苯教人士和国内外学者的研究表明，这一古老的宗教和神格
还有更深的文化背景和传播的隐秘渊源，它们是随古代东西方欧
亚大陆的经济大潮和文化交流而进行传播的。我国滇、川、藏的
苯教研究人士和国内外学者认为丁巴什罗不是藏族本土的人或
神，即他不是"藏族人"。将苯教和丁巴什罗的遗迹推测到伊朗
高原、克什米尔、西藏与新疆接壤的地区，甚至与西亚、埃及、
地中海文化有联系，特别尼泊尔、印度还有丰富的苯教文献，印
度至今还有活着的苯教文化，为苯教文化的研究提供了广阔的思
路。苏联学者库兹涅佐夫认为，古代中国西北部的月氏族是起源
于伊朗（古称波斯）的游牧民族，苯教是由他们带进中国来的，
与波斯太阳神教是"一个宗教的两支"。[①]

---

① 　参阅冯蒸：《国外西藏研究概况》，北京，中国社会科学出版社，1979。

纳西族东巴教接受苯教思想，那么，苯教、东巴教与伊朗高原的太阳神教（即古波斯文化）是否有联系？笔者从最近几年的研究、考察中发现，中国西北地区的藏文化、滇西北高原的东巴文化与伊朗高原的古波斯文化确有共同或共生的文化因素。古代伊朗的宗教称呼不一：或称玛兹达教，玛兹达系其主神；或称琐罗亚斯特教，琐罗亚斯特（德）系其创始鼻祖，故以其名为教名；或称拜火教、太阳神教。其圣典称为《阿维斯陀》，宣扬宇宙起源论的核心是善神和恶神共同创世，同时并存，曰："混沌初开，即有二神，其行径迥然不同，一善一恶，及于思、言、行。"其主旨"在于确认世间光明与黑暗两种本源针锋相对的二元论。前者的化身为光明、善之神——众阿胡拉；后者的化身为黑暗、恶之神——众提婆"①。光明神之首者称为阿胡拉·玛兹达，善神、主神；与其对立的黑暗神之首叫安格拉·曼纽，恶神。苯教的创世神话认为：宇宙间有一创世神发出了"嘘嘘"两个音节，世界形成，接着一个行善之父（实为神）从一枚白蛋诞生，一作恶之父（神）从一枚黑蛋诞生；前者为生灵（有）之王，善之本源；后者为生灵（无）之王，黑暗邪恶之渊薮。其后诞生了善神的九男九女，恶神亦如斯。由是产生了黑、白、善、恶两大阵营的神祇队伍，从此世间充满了光明与黑暗、善与恶的斗争。苯教的这一创世观念存有古印度湿婆教的影响，这样的基本思想对后来的印度教、佛教必然要产生影响。以上苯教的创世内容在纳西族东巴教的象形文经典也有完整的记载，著名东巴经典《崇搬图》（汉译为《创世纪》）叙述道：混沌之初，创世的董神和塞神（二神为未分性别的阴神和阳神）安排万物，万物有"真"和"假"，有"虚"和"实"，两两配合产生太阳

---

① 参阅〔苏〕谢·亚·托卡列夫：《世界各民族历史上的宗教》，魏庆征译，北京，中国社会科学出版社，1985。

和月亮。太阳变化产生绿松石、白气、美妙的声音，之后善神依
古窝格诞生，为光明、美善之本源；月亮变化产生黑宝石、黑
气、噪音，恶神依古丁那诞生，为黑暗邪恶之根源。善神依古窝
格产下一枚白蛋，孵出白神鸡，产出善神的九男七女；恶神依古
丁那产下一枚黑蛋，孵出黑神鸡，产出九种妖魔、九种鬼怪。从
此有了善神与恶神的庞大神系，光明与黑暗、善与恶尖锐对立。
表现这一主题最鲜明者莫过于东巴经英雄神话史诗《董埃术埃》
（汉译为《黑白战争》），一切光明、真、善、美之象征是善神米
利董（东）祖，一切黑暗、邪恶之象征是恶神米利术主，两位
大神各率善恶神祇大军为争夺白日月即争夺光明而发生了一场大
战，即黑白战争。黑白、善恶尖锐对立的二元论哲学思想可说是
整个东巴教和东巴经的宗旨，而且有神话故事形象生动的叙述。
这是与太阳神教、苯教在本质上的相同之处。如果说这是挖掘到
的文化积淀——"化石"的话，那么还有存活于世的活的、第
一生命形态的文化因素，可以让人触摸到东巴文化与苯教文化
"脉搏"的跳动，实在令人兴奋。挪威学者、苯教研究专家帕·
克瓦尔耐于 1981 年在印度的藏人苯教社区考察了苯教的葬仪，
著有《西藏苯教徒的丧葬仪式》[1] 一文。笔者也于 1987 年 4 月
赴云南宁蒗县永宁考察了纳西族摩梭人的丧葬习俗，参加了仪式
的全过程活动，并搜集了丧葬歌。与苯教的丧葬仪式相比较，这
些仪式的内容、过程、基本观念等有惊人的相似之处！藏人苯教
的葬仪由苯波主持，摩梭的则由达巴（摩梭人信仰的达巴教之
巫师）主持，时间均为三天；达巴教人死时要念《指路经》，苯
教要念《中阴救度经》，名称虽不同，作用都是为亡灵作引导，
使之顺利归祖升天；有丧乐、丧舞为亡魂驱鬼邪，扫除归祖升天

---

① 参见［挪］帕·克瓦尔耐：《西藏苯教徒的丧葬仪式》，褚俊杰译，见《国
外藏学研究译文集》，第 5 辑，拉萨，西藏人民出版社，1989。

途中的障碍。其观念认为灵魂与肉体在人死时便分开，肉体消亡
而灵魂不灭。尸体用麻线捆成胎儿状，再以白布包裹，装进一木
箱即木棺内，将装有尸体的木箱寄葬于家中土坑里，此土坑称为
"地笼"。或用灵帐或竹篮罩尸，置于灵堂右上方的小房子内
（摩梭人称此小房子为"耳房"）。灵堂设于家中正房，正中设灵
牌（即国外人士称之为"木主"的木牌），为死者灵魂之象征。
值得研究的是，还要用一人形面偶代死者躯体，在其面前设祭
案、供祭品、点长明灯、燃香火等，一切繁复的悼念活动均在此
案前举行，大量的丧葬歌也在此唱出，而真正停尸的小房子
（耳房）或埋尸的"地笼"前只点长明灯、祭供品，其他悼念活
动并不在此举行。一般悼念活动进行三天，三天后的清晨，太阳
刚露出山顶时，须举行火化尸体的仪式。事先选好火葬地，架上
松木条，到时将寄葬于家中土坑（"地笼"）内的尸体连同木箱
取出架于松木柴堆上，经喇嘛念经之后才能点燃木柴火化尸体，
之后捡遗骨埋于山中。还值得一提的内容是，苯教葬仪中使用了
一种纸牌画，上面画有各种神像，称此纸牌画为"扎里"，而在
纳西族的葬仪中也要使用类似"扎里"的纸牌画或木牌画，其
内容与作用与苯教的"扎里"相同。东巴教超度情死者的"祭
风"大道场要使用上百块类似"扎里"的木牌画，纳西人称之
为"科标"。苯教经典记载马在葬仪中的作用是护送亡魂顺利涉
远归阴；东巴经里有专门的《献冥马》经书；现在的摩梭人要
象征性地牵上一匹马送葬，马驮着死者的随葬物到火葬地，也是
让亡灵骑马归祖升天的意思。在古代，要将送葬的马用麦面呛
死，让其成为亡魂的坐骑，现在不同，到了火葬地之后将马放跑
任其自由行动，此马如果没有回家，其他任何人也不能偷、不能
打杀。纳西族葬仪的基本观念是轮回、转世、投胎，悼念唱的丧
葬歌、所念的经文主要是表达生离死别的伤痛之情和祝愿死者顺
利归祖升天、早日转回人世，整个葬仪都是"三界"观念的演

绎，而"三界"的宇宙观是苯教、藏传佛教、东巴教思想的共同的核心。古波斯的太阳神教也有因果报应、天堂、地狱的观念，所不同的是不行火葬而行天葬，这一点又与藏传佛教相同。如果苯教与古波斯的太阳神教是"一个宗教的两支"一说能成立的话，那么，以上几种文化何以有如此相同相似的因素就不难理解了。东巴文化不仅承袭了从西藏传来的苯教、藏传佛教思想，而且还与古波斯太阳神教有幽深神秘的联系，它与藏文化有着共同的深远、神奇的源头，东巴神话也如此。

三

进一步追溯苯教的历史和传到中国的路线，以上问题将更加明朗化，可更深一步认识纳西文化、东巴神话的历史渊源。古代苯教不但在伊朗高原广大地区传播（它是太阳神教的一支），还传播到地中海沿岸和古印度等印巴次大陆的广大地区。代表古印度文化的吠陀神话并不是印度土著居民创造，而是由雅利安人创造。史学界通常认为雅利安人是从中亚或欧洲迁徙到印度的，时间约在公元前 2500 年或公元前 2000 年；还认为雅利安人与伊朗人同种，多少世纪以来，在地理上属于大伊朗高原的阿富汗和卑路支，从历史和政治观点看是和印度有着密切联系的。孔雀王朝的帝王们统治过这个国家的某些部分。大夏的希腊人、安息人、塞种人和贵霜人把西北印度的某些部分和阿富汗的广大地区联系在一起。[①] 关于古印度文化与西亚、地中海文化的联系，在 19 世纪初日本学者早有记述，把雅利安与古印度文化的交融分为两个时期，第一个时期为印度、欧罗巴共住时代，简称为"印欧

---

① ［印］恩·克·辛哈、阿·克·班纳：《印度通史》，张若达等译，北京，商务印书馆，1973。

时代"；第二个时期为印度、伊朗共住时代，简称"印伊时代"。① 我国学者王治来对中亚文化研究的成果，可提供前面论述的几种文化传播、交融的佐证，他认为这个地区（指中亚）在历史上同中国、伊朗、印度、西亚、希腊、罗马、西欧以及欧亚草原的各民族，都有着密切的联系。在海路开通以前，中亚是东西交通和商路必经之地，也是东西方文化接触之地和传播的渠道，有人称之为"文明的十字路口。"而在公元前 1000 年至公元 500 年之间，中国文明和印度文明的影响，导致了中印半岛上的一种多少类似于文化共生的现象，这些广大的文化区域不仅为商业提供了媒介，而且也为思想、技术和制度的传播，首先为各个大的世界性宗教的传播提供了媒介。从佛教开始，后来接着就是琐罗亚斯特教、犹太教……宗教变成了欧亚世界的一种强有力的统一纽带，既在宗教上，也在政治和文化上起了重要的影响。② 这里必然使人联想到我国汉代北方陆上丝绸之路，以及比这条商路早开通 200 年的南方陆上丝绸之路在世界经济文化交流传播中所起的作用和作出的伟大贡献，南方陆上丝绸之路这条商道大约在我国春秋战国时期开通，主要途经云南。我国这两条古商道通过各自的途径最终抵达印度、波斯、尼泊尔，乃至伸向西亚、欧洲。这与苯教传入中国的路线巧妙神奇地相吻合，这绝非偶然，因为经济与文化的交融从来就是同步的，宗教"重要的影响"与东西方"文明的十字路口"分不开。这时，带着古波斯太阳神教文化基因的苯教文化、佛教文化、东巴文化在这一世界经济文化大背景下互相交融或发生共生现象完全有可能，苯教全智全能的圣祖丁巴什罗（或胆巴·辛饶）在世界经济文化大

---

① ［日］高楠顺次郎、木村泰贤：《印度哲学宗教史》，高观庐译，台北，台湾商务印书馆，1983。

② ［英］杰弗里·巴勒克拉夫主编：《泰晤士世界历史地图集》，邓蜀生中文版编辑，北京，读书·生活·新知三联书店，1982。

交流、大融合的潮流中来到中国，也应该有可能。基于此探索纳西族东巴文化和藏族苯教文化幽深神秘的源头及二者的关系就更有依据，也就能认识纳西文化和藏文化有那么多相同的表层文化现象产生的根本原因。

苯教作为一种确认的宗教，时间约在 9—11 世纪，它经历了自身的形成、发展各个历史阶段，到了胆巴·辛饶（即丁巴什罗）成为确认的苯教教理体系的创始人时代，已是苯教兴盛时期。在他之前还有很多智慧全能的前辈从事教业，传播苯教思想，有的外国学者认为苯教传遍了世界。根据前面一些外国学者的论述推测，虽不一定传遍全世界，作为当时的一种重要的哲学思想，传遍欧亚广大地区及印巴次大陆是完全可能的。苯教发展到胆巴·辛饶时代，他将前人的业绩发扬光大，在前人的基础上将苯教的理论、教规、仪典系统化，正式创立了一整套教理，被后人看作是卷帙浩繁的苯教经典文献的作者，这些文献的大部分被编入专门的苯教经典《甘珠尔》和《丹珠尔》。他在苯教中的地位，完全如同释迦牟尼在佛教中的地位。苯教在其发展过程中有很多派别，现在人们一般所熟悉的是以胆巴·辛饶的教理为核心的雍仲苯，这也是传入藏族地区的苯教，直到现在西藏地区还有雍仲苯的势力范围（主要指西藏的阿里地区）。胆巴·辛饶教理的象征是"塞缚俄底迦符号"，即雍仲，用"卐"符号代表，藏语意为"永恒"、"吉祥"。在纳西族东巴经里也有此符号，含意与藏族相同。

苯教传入西藏进而传入纳西族，与胆巴·辛饶的教业活动分不开。中外学术界一般认为，胆巴·辛饶氏生于大食的俄茂隆仁，他生活的年代比释迦牟尼要早得多，生活的地域在大食，大致是西藏以西的某个地方。胆巴·辛饶据说已把苯教传遍了世界，后来产生了苯教教义。苯教徒说，苯教教义就这样通过称作象雄的国度传到了西藏。① 西藏苯教研究人士则认为胆巴·辛饶的出生地在丹珠乌默洛（与"俄茂隆仁"读音相近似——笔者），20 岁时才从伊朗或印度到西藏的林芝，之后到吐蕃传教，创立了吐蕃苯教仪典，成为西藏苯教（即指"雍仲苯"）的创始人。英国学者卡尔曼·桑木丹认为苯教"最初是在辛饶在世的时候传入西藏，那时他从大食的俄茂隆仁来"；还有学者认为苯教的教义是从大食的俄茂隆仁传到印度、象雄、汉地，再从这三个地方传到西藏。大食，在中外史学界并不陌生，在藏文文献中一般指伊朗和操伊兰语的地区；丹珠乌默洛，西藏苯教人士也指是伊朗或印度某地；象雄，意大利学者图齐解释说："象雄这一地理名词，一般是指吐蕃西部，但同样也用作指以从该地区由西向北和东方延伸的一块其宽度极不均匀的地区的名称。"而丹珠乌默洛，或俄茂隆仁（又称"魏摩隆仁"）在西藏苯教人士眼里是胆巴·辛饶的出生地，是苯教圣地，在苯教典籍中亦有记载，即为今西藏境内的神山冈仁波齐峰。还有学者论及俄茂隆仁的地理位置：中原汉地在其东，印度在其南，乌仗（莲花生诞生地，在今巴基斯坦特瓦河谷一带）在其西，而和田在其北；又有学者认为是指居鲁士大帝时代的古波斯（即今伊朗，约在公元前 6世纪）及中东地区。从以上论述看，丁巴什罗的出生地及其早期从事教业活动的地区实际上是我国古代史上称之为西域的广大地区，大食、象雄、俄茂隆仁均在这一地区。在世界古代时期这是一个多国家、多民族、多商道、多宗教种类派别的复杂地区，也是一个具有多元性、复杂性文化的地区，连接欧亚"文明的十字路口"也在这一地区。象雄，是藏文化形成发展的重要区域，有人称之为古藏文化的"象雄时代"。这里又是我国苯教传

---

　　① 参阅［挪］帕·克瓦尔耐：《西藏苯教徒的丧葬仪式》，褚俊杰译，见《国外藏学研究译文集》，第 5 辑，拉萨，西藏人民出版社，1989。

播的中心地带，各地纷纷派人学习取经，苯教的无量光以这里为
辐射点而普照着中国西北部广大地区，我国四大藏区（甘青、
西藏、川、滇）都是苯教的思想领域。其后，苯教与新兴的藏
王朝政权（藏族于公元 600 年左右形成统一王国）相结合，对
藏族实行政教合一的统治，外国学者卡尔梅这样描写道："那时
候，西藏王国是苯教的地方，国王是伟大的，僧侣是高贵的，臣
民是欢乐的。在象雄和西藏，由于国王是神，因此人类得到了妥
善的保护。"① 诚然，这是带有理想色彩的苯教盛行之时的藏王
朝，它只不过是一片理想的"乐土"。这样的"乐土"在纳西族
象形文经书里所记载的各种东巴神话里俯拾皆是，是为着歌颂圣
祖丁巴什罗救世济难、给人类带来的光明幸福和无量功德。但这
被美化的理想"乐土"也传递了苯教在与其他宗教（主要指早
期传入西藏的佛教势力）势力较量中的优势。西藏苯教的盛世
一直延续到赤松德赞王朝时期（755—797 年），之后佛教传入藏
地，势力渐渐强盛，因历史的种种原因，曾一度强大而左右王权
的苯教势力被削弱，被迫退出藏地中心区，向与藏地毗邻的滇、
川纳西族地区传播。自古与藏族杂居的纳西族在本土原始巫教还
没有完全发育成熟而成为民族宗教之时，接受适合于本民族的苯
教文化和藏传佛教文化，受其影响、渗透，丁巴什罗成为发展起
来的东巴教的祖师也就顺理成章，从此这一圣人就成为藏族苯教
和纳西族东巴教两个民族宗教的鼻祖，这是世界文化历史造就的
特殊而有趣的文化现象。随着丁巴什罗的足迹和苯教的传入，一
大群苯教的天神地祇也随之来到纳西族中，再有后来的藏传佛教
神祇加入，而成为东巴教的庞大神祇大军，再有纳西族的本民族
神祇体系，几路神祇大军共同形成了纳西族古老神奇的东巴神

---

① 参见［法］卡尔梅：《〈苯教史〉选译》，王尧、陈观胜译，见《国外藏学
研究译文集》，第 1 辑，拉萨，西藏人民出版社，1985。

话。从丁巴什罗的来龙去脉及苯教传入我国的踪迹，可以为其清
理一下路线，共有两条：一条的顺序为：希腊、罗马→埃及
（为地中海沿岸和南欧地区）→伊朗（古波斯）→阿富汗（古大
夏国）→印度→克什米尔（中亚地区）→中国西部（古月氏国、
古大食国地区）→象雄（古称"俄茂隆仁"在此地，苯教人士
称其为伊朗或印度某地，苯教圣地）→西藏→滇西北高原→丽
江（纳西族聚承地）；另一条路线为：希腊、罗马→埃及→伊朗
（古波斯）→阿富汗（古大夏国）→印度→尼泊尔→西藏→滇西
北高原→丽江（纳西族聚居区）。这样东西方文化的交融传播路
线以及丁巴什罗的踪迹似乎更清晰。

四

随着以丁巴什罗为核心的外域文化进入古代滇西北高原的同
时，商业文化也同步繁荣起来。丁巴什罗从遥远的地中海沿岸途
经古波斯、印度、克什米尔（中亚细亚地区）进入中国西北部
广大地区，这条路线明显地和我国古代通向西方的两条陆上丝绸
之路巧妙神奇地相吻合。公元前 2 世纪，我国北方通向古波斯和
中亚广大地区的汉代陆上丝绸之路众所周知，而比这条商道早
200 多年开通的南方陆上丝绸之路却鲜为人知。南方陆上丝绸之
路，是古滇大地联结整个中国西南大地的商道之总称。早在公元
前 4 世纪（相当于我国春秋战国时期），这条商道便在蜀中大地
萌发，从成都出发，经川西南地区，过今四川雅安、西昌，进入
今云南大理、腾冲，出云南境抵印度。其后，这条商道扩展为三
条，即为古滇著名的灵关道、五尺道和永昌道。灵关道始于成
都，历史最长，是主干道；五尺道始于四川宜宾，经昭通、曲
靖、昆明、楚雄、大理、保山，出腾冲到缅甸，再抵印度等地；
永昌道始于大理，出境路线与前两条商路相同。可看出这三条商

路均须途经滇西北高原，其指向目的地均为印度，尔后便是古波斯、中亚乃至欧洲，这与我国北方丝绸之路的终极点是相同的，而且都必然要参与世界经济文化的大交流、大融合，都途经了前面所说的欧亚"文明的十字路口"。我国北方、南方的这两条陆上丝绸路就是如此巧妙神奇地相结合，这种结合并不见经传史册，而在中国西南大地、古代滇西北高原民间却早就在悄悄进行着；纳西族东巴教之始祖神丁巴什罗从外域来到中国西藏和古代滇西北高原的路线与这两条陆上丝绸路也是相吻合的，他虽明里不从中国南方这条通道直接进入纳西族地区，但实际上是有联系的，因为我国的两条陆上丝绸路连着古印度、古波斯、中亚、欧洲和印巴次大陆地区，丁巴什罗的足迹也连着这些地区。

当南方丝绸之路伸向印巴次大陆和欧亚地区时，古代的滇西北经济贸易活跃起来，出现了不少商贸集镇，其中的大理（白族），就起到了东西、南北交汇的作用，是内地进入丽江纳西族、迪庆藏族地区乃至延伸到西藏拉萨出域外的交通据点和商贸重镇；当时的保山、腾冲等都是直接与外域进行经贸活动的要冲之地；与东南亚各国接壤的边境线上的集镇，其商业文化的繁荣更不用细说了。可见当时的滇西北高原各民族不仅与域外进行着频繁的文化方面的接触、交流，经济上也早跨入了世界行列，并且为文化的交融创造了物质基础，这才使得苯教文化、丁巴什罗这一苯教文化的使者有可能进入中国，进入古代滇西北高原的纳西族地区。并且，这种交流融合不断发展，渠道也在增加。

到了唐初，又开通了贯穿滇西北高原的另一条重要商道，这就是以马帮为主要运输工具的对外交流的"茶马古道"，到宋代，滇西北的茶马互市就极为频繁。其路线有两条：一是从普洱出发，经大理、丽江、中甸、德钦、察隅、拉萨、日喀则、亚东到缅甸、尼泊尔、印度；再一条是从四川雅安出发，经康定、昌都，最后也到印度、尼泊尔。这条通向域外、贯穿滇西北高原的商道，有 20 多个民族活跃在它周围，其中滇西北的白族、纳西族、藏族商人最多，除了盐、茶是大宗商品外，还经营药材、皮毛、布匹、铁器、玛瑙、宝石等，"从丽江经景东到思茅一带，马帮结队，每年贸易额仅茶叶一项即达 50000 斤之多。汉族、白族、纳西族商人，也常参与藏商的行列，贩茶到藏区"①，又从藏区通向域外。这样的经济文化交流活动在民间从来也不曾中断过，犹如一条暗河，沉沉一线穿古今，一直延续到近现代。到了 20 世纪 30 年代，滇西北重镇丽江已成为川、康、藏、滇各地贸易集散的中心，商业路线延伸到北京、上海、广州、武汉、西安、香港等地，全国各地的国内商人和外商往返于丽江、大理、思茅、腾冲和东南亚各国，再转印度、尼泊尔等地，沿着先人开辟的古商道进行经贸活动。四川成都的丝绸、砖茶、铁器等货物运销滇西北各地；滇西北的名贵中药材、皮革、各种山珍等货物运销全国各地乃至域外，中外商人们还经营黄金、白银、鸦片、枪支弹药等。抗日战争到新中国成立前夕，滇西北高原尤其是丽江，处于商贸业发展的黄金时代，因特殊的历史原因给这片自古开放的地区带来了机遇。抗日战争爆发后，日寇封锁我海上通商口岸，东南亚各国被其占领，切断了我国大西南的域外交通，致使我国的国际交通、商业贸易完全中断。唯一的一条国际路线是从内地经过丽江到拉萨，再转印度突破封锁，这样方能争取国际援助，组织物资，通过滇缅公路大动脉将物资运送到内地各省支援抗战。这时的丽江、大理、维西、中甸成为政治、经济、文化、国际贸易的中心地带，商号林立，万商云集，单是丽江当时就有大小商号 100 多家，且分帮立派；维西保和镇有商号 20 多家。国民党的"四大银行"也纷纷到丽江经商，纳西族中出现

---

① 马金：《略论历史上汉藏民族间的茶马互市》，见《中国民族关系史论文集》（上），北京，民族出版社，1982。

了资本上百万（以银元半开计）、拥有几百匹骡马商队的大资本家，成为富甲滇西的巨贾。他们的马帮商队活跃在滇西北各条商道上。有的专门从事进出口贸易，其马帮商队经由西藏拉萨转印度、尼泊尔、不丹等国。在印度的加尔各答、葛伦堡、孟买等地也设有纳西族商人的商号。当时的丽江及滇西北各地的集镇上，国际、国内的货物源源不断地运进来，印度的珠宝，尼泊尔的玛瑙，英国的呢料、毛线，美国、日本的百货等等充斥在滇西北市场。抗战结束，国际国内形势变化，滇西北的经济贸易盛况空前的形势也发生变化。其后，滇西北高原的对外经济文化交流虽不如过去那样火热，不少商道已由公路代替，但是民间直至如今也没有舍去马帮运输，马帮铃声伴着赶马人的歌声响彻于幽幽古道。特别值得一提的是大理（白族），在各个历史时期、各条商道上的对外经济文化的交流中都起到了重要的连接作用，因其在滇西北所处的特殊地理位置决定了它是联结各方向商道的必经之地，将它称为古代滇西北经济文化交流的"十字路口"应该是恰当的。

将前面论述的文化方面的交流联系起来，就能清楚地看到，经济与文化的交流从来就是不可分的。从纳西族东巴教始祖神丁巴什罗从域外进入藏族、纳西族地区的时间、路线来看，与古代滇西北开通的几条商道基本一致；而丁巴什罗正好与我国孔子是同时代的人，在这个时代，即春秋战国时代，贯穿滇西北高原的南方丝绸之路上的经贸活动正是十分的活跃。可想而知，当时滇西北的经济文化是何等辉煌！而且参与了东西方经济文化的大交流、大融合。现在敞开国门，云南现在的对外经济文化交流实际上正是走的先人之路，历史与现实衔接得如此自然合理，我们今天应该创造出比任何历史时期都辉煌的篇章。

通过以上论述可以认识这样几个问题：

第一，东巴教及其东巴神话乃至整个东巴文化，是世界东西方文化大交流、大融合的产物，纳西族古老的民族文化东巴文化正是在这一世界文化潮流中不断自我更新而获得生存发展，进而为世界文化作出自己的贡献。故而，东巴文化在世界人类文化中具有弥足珍贵的价值，东巴神话也应当是世界神话宝库的瑰宝。

第二，东巴文化与东巴神话因其幽深神秘的源头，对于苯教文化、佛教文化的研究提供了一份不可多得的活材料，是一座人类精神财富的宝藏，进而可以对东巴教、东巴神话形成、发展的广阔深厚的历史文化背景和复杂的文化因素有所了解。

第三，纳西文化和藏文化在漫长的历史过程中结下了如此幽深、神秘、复杂的渊源关系，两个民族文化的关系也可以说有一种隐秘、神奇、悠远而又亲密的血脉关系，有着共同的深远、神秘的源头，只不过这种关系被历史的风风雨雨所湮没而不易被后人所认识罢了。但它确实存在，如一件深埋地下的历史文物，拭去历史的尘埃，它仍有迷人的光彩。

往事如烟，琐罗亚斯特、释迦牟尼、丁巴什罗已离我们而去，遥远又遥远，但人类的一批又一批智者、贤人、"圣人"所创造的精神财富永存，人类的智慧之光永不泯灭！

本文连同前面的两篇文章原载《民族艺术研究》（昆明）1996 年第 6 期，2002 年获第三届云南省文艺创作奖三等奖。

东巴神话原始审美意识的多重结构

　　我国纳西族的象形文东巴经记载着数量可观的神话，堪称神话宝库。这些用当今世界上尚活着的象形文保存的神话自成一体，独具特色，形成独具一格的东巴神话。笔者认为东巴神话的真正价值，除了它丰富的内容、繁多的种类以及具有一般神话的属性外，主要还在于它特有的原始神话思维，具有复杂、多重结构的原始审美意识，从而显示出丰富的原始文化内涵，又因其多重结构的审美意识而产生一种特殊的原始审美艺术效果。本文就东巴神话的原始审美意识的结构问题发表一点粗浅的意见，以就教于大家。

一

　　东巴神话均用自由体宗教诗歌表现，多数颂之于祭坛，民间也广有流传。其内容丰富、繁多，思想深沉宏大，文化历史积淀厚重。其主要内容有：①开天辟地和人类万物、民族起源的神话。如《崇搬图》（汉译为《创世纪》）、《蒙增·查班绍》（汉译为《人类繁衍篇》），其中也有洪水神话和人类再生神话，特别是其中的卵生神话很具民族特色。②众神来历及其神迹的神话。大量的东巴经卷中都记载了众多神祇的起源、出世及其神格形象，例如长诗《丁巴什罗固蒙吐贝》（汉译为《丁巴什罗传》），"固蒙"即"身子"，"吐贝"即"来历"、"出处"，这首长诗详细记载了东巴教创世大神丁巴什罗的一生，在纳西文化的东部方言区永宁摩梭人中的达巴口诵经及民间也有这位大神的神迹，东巴经《什罗绍》（汉译为《祭丁巴什罗》）也歌颂了他的神迹。③母权的神话。在东巴经和永宁的达巴口诵经中都有，永宁摩梭人的格姆女神广交阿夏（情人、情夫）的故事，东巴经《素库》（汉译为《招迎家神》）中天神的男儿安排世间万物、驯养天牛的故事，女神翠红葆白教人们农耕、畜养牲畜的故事，等等，关于众多天女、天母的故事，都是母系氏族社会的遗留物。④创造神话。主要讲药物、圣油、祭酒的来历和应用，劳动工具的制造、使用，动物的驯养，弓箭的发明，东巴文（即象形文）的创造，火的发明使用等。⑤道德神话。这是将原始的道德伦理观念寓于神话故事之中，直接表现古纳西人的追求和爱憎，例如《创世纪》、永宁摩梭人的《创世歌》以及众多的善神恶神的行迹神话，都表现了原始的道德和善恶观。⑥英雄神话。其核心内容是歌颂祖先神战天斗地，奠定民族基业的功绩和英雄精神。不仅英雄史诗中有这类神话，例如《黑白战争》、《哈斯战争》，在其他有关降妖除魔的内容中也有。这类神话在东巴经中不少，是最有积极思想意义和价值的部分。

从历史发展顺序而论，纵观东巴神话，既有原生（或原始）神话，也有次生（或文明）神话，或者以原生神话为其主要内容而间以其他类神话内容。这是东巴神话中的珍品，它所反映的内容不仅仅限于神话时代，还有前神话时代的遗留，这里有作为人的绝对主宰的大自然，有作为人的血亲和依靠的诸多神祇，有人兽同体同源的神迹和观念，有母系血缘婚及其道德观念，例如《蒙增·查班绍》中就有关于人类来源、繁衍及自身生命现象的心理因素和生理因素的探索，有比洪荒时代更远古的人兽婚遗迹以及洪荒时代母系群婚的内容，以上内容也散见于其他东巴经卷中。以英雄神话为主干的次生神话笔者将其称为文明神话，或为发现"人"的神话。因其无论是各种神祇，还是半人半神，社会属性多于自然属性，突出表现的是人的自我觉醒，充满了斗争与创造精神，展示了人努力创造自我的崭新世界，真正的人——"文化的人"主宰着自己的历史，将这类神话称为文明神话似乎更妥。东巴经中的神祇据统计，天神有 600 多个，地祇有 600 多个，恶神 600 多个，被神化了的东巴经师有 250 多个，这真是一个热闹的神祇世界。以系统而论，东巴神话中的神祇又主要分为两大体系，以丁巴什罗为主的外来神为一体系，以美利董阿普、查热丽恩为主的本土神（或祖先神）为一体系。这两支神祇大军各有谱系，且脉络清楚不乱，有"史"可查，有时两大体系的神祇各行其是、各尽其责，有时又混杂交错。还有一大群动植物神，他们也是不可忽略的一支神界大军。

二

以上粗略理了一下东巴神话的脉络，意在说明，正由于东巴神话有一条纵贯下来的发展线索和庞大的神祇阵容，必然造成其原始神话思维、原始审美意识的复杂性、多重性，具体陈述如下：

首先，东巴神话蕴含着的纳西先民的审美趣味主要表现为生命一体化的原始思维，这种生命一体化的观念是东巴神话多重结构的审美意识的基因。根据普列汉诺夫的观点，原始部族的审美趣味是受到其社会生活的状况和关系的影响的，而审美趣味是由心理规律产生的，这个心理规律就是联想，这种联想把受到肯定估价的实物同一定社会生活条件下产生的这种或那种实际价值联

结起来，于是产生审美趣味（或审美意识）。① 这就说明，审美
这一心灵的、感情的也包括理性的精神活动，是由周围客观条件
与主观感知相结合而产生的，而"人的感性的丰富性"又占着
主导性。"人的感性的丰富性"首先是人的感觉器管（耳、眼、
鼻等）对生命的感知，是对各个物质世界生命的感知，"我"有
生命，"物"也有生命。这种生命一体化、一元化的观念乃是产
生联想之源，亦即"心理规律"之基点。原始人对"实物"作
肯定估价的过程，其实是对其生命的估价，这种估价在"个人
情感和社会情感中都充满了这种信念：人的生命在空间和时间中
根本没有确定的界限，它扩展于自然的全部领域和人的全部历
史②。这就是说，在对宇宙万物的生命估价时，人与物的生命
是要发生交感、互渗的，这种生命一体化的观点又沟通了世间形
形色色的个别生命形式，人和物的生命相通、相融，所以，包括
人在内的一切个别生命形式便都有了亲族血缘关系。这在东巴象
形文中有反映，例如"人"
这一概念就反映出人与物的
关系。右边三个象形文字表
示了人类原始各代的形象：第一个字读"美蕊楚楚"，指的是
"人类祖先一代之名"；第二个读"精蕊"，系"人类远古世系一
代之名"；第三个读"崇蕊"，也是"人类始祖之名"，这是纳西
族确认的第一代先祖，在《蒙增·查班绍》中有详细的记载，
有美妙之神迹。这位祖先神就是屡次出现在各种东巴神话中的查
热丽恩，他的形象在东巴经中还写做 。这三个象形文字共同的
特点是"人"以鸟的双翅为臂，就象形字的本身来说是一种同

① ［俄］普列汉诺夫：《普列汉诺夫美学论文集·没有地址的信》，曹葆华译，北京，人民出版社，1983。

② ［德］恩斯特·卡西尔：《人论》，甘阳译，108页，上海，上海译文出版社，1985。

音假借字，但是，可以看出，造字者将"人"的形象融入字中的极少，几乎难以看出，再插上一对鸟的翅膀，这个"人"的动物性就更突出了。第四个字为牛首人身，不长翅膀而生牛角，也与动物密切相关。这是远古人类审美联想中人兽同源、物我同根的生命一体化观念的真实写照。东巴神话中关于人与动物同出于神蛋的卵生神话也证实了这一观念。在生命一体化的观念中，整个大自然在纳西先民心目中都是一个充满生命力的巨大社会。在他们原始的审美心理——联想中，与自己的生命、生活相关的大自然启发着他们的灵感。首先是天空、大地的"生命"运动，使他们创造出天神遮劳阿普、地祇翠恒翠兹的形象，在纯粹原始的自然崇拜中两个神祇的神格实体极接近自然，突出的是天、地本身的属性，是自然界的生命力、自然现象的美丽、庄严激发着纳西先民的幻想，启示着他们的虔诚的情感，这便是萌发于天启观中的审美意识、审美联想。又由于对客观的自然规律及其自身的生命现象不可知而产生的神秘感把对于一种自然力的猜测、联想结合在同一情感里，结合在自身生命现象里，于是将人性、人的生命注入到自然中去。把地视为一位伟大慈祥的母亲，称她为"乳房丰满而充实"、"善于生儿育女"的母亲，能让"牛羊成群在她身上爬行"；而天空则是一位给人以光明温暖的父亲。不仅如此，天、地、人还是相通的，龚自珍说古代传说时代的人的天道观是："人之初，天下通，人上通；旦上天，夕上天。天与人，旦有语，夕有语。"[①] 在纳西先民的审美态度里就有了依靠天意、感谢天意、信托天意的联想，在"忘我"又"忘物"的痴迷原始意象中看到了天、地诸神"醉迷"、"饱腹"、"心情愉快"、心满意足的样子，似乎听见了从天、地诸神"有福分的嘴里"发出了"让我们生儿育女"的吉祥之音，"让

---

① 转引自徐旭生：《中国古史的传说时代》，北京，文物出版社，1985。

我们繁衍后代"的福泽之声，于是子孙后代"像天上的星群一样繁衍"，"像芳草一般增殖，又像骏马的鬃毛一样增生，又像肯兹（一种野草）的籽粒一样密密麻麻"。而且在幻想的心理状态中天地诸神与人类社会一样有血缘亲族关系，"在天神与地神中央，许神同时出现在天地间。岩头上白根的翠柏，是天神的舅父，生长在大地上的阔叶黄栎青枫，是希饶堆的地神的祖母"。①在这里，天地与人不仅仅是"旦有语"、"夕有语"，简直亲如一家了。纳西先民思想的活泼、热情与大自然的灵性就这样相互交融、息息相通，人神一体，天人一统。这便是人当初的审美意识中的生命之美。生命之美，就是原始初发的审美活动的最高尺度。

在审美活动的最早阶段，"当整个认识和审美艺术还不曾发展到应有的高度时，人们不可避免地把美感（或美感对象）与快感（或快感对象）连在一起……在认识上审美对象包括于'物'之中，审美享受包括于'欲'之中"②。这样的审美意识充溢于整个大自然。为着生存和繁衍以及对自然力的控制欲、占有欲中又糅合着如前所述的物灵观念，在其审美想象中纳西先民勃发出强烈的求生欲望。另外，一切大自然中的"实物"又都是按美的机械法则（或自然规律）、生命运动规律制造出来，"接着人们又从地理、生产和伦理方面的联想出发，从在这种基础上产生的审美趣味出发，学会了进一步美化这些实物，使其形式更加谐调，更加符合自己的要求"③。那些与生存关系特别密切、价值大的实物都打上了这种"要求"的烙印，在幻想王国

---

①　以上引文均见东巴经《东巴文学集成·祭天古歌》之《蒙增·查班绍》，北京，中国民间文艺出版社，1988。

②　于民：《春秋前审美观念的发展》，111页，北京，中华书局，1984。

③　［苏］格·尼·波斯彼洛夫：《论美和艺术》，刘宾雁译，81页，上海，上海译文出版社，1981。

里得到的或是"物"的满足，或是"欲"的快感。而自然的强大生命力又更能激起他们的审美联想，植物的枯荣、动物的生死在冥想中均与自己的生命有内在联系，植物的"茂密"、"粗壮"、"硕大"，动物的"勇猛"、"矫捷"、"繁殖"都与自己的"福泽"、寿命之长短相连。特别是动植物中的"强者"，当大地上其他植物枯死时，这些植物却生机盎然；当弱小动物在凶禽猛兽面前毙命时，人们就更能选择于己之生命有益的东西，而这些东西因其强大的生命力不仅是美的，更是神圣的，于是在想象中"一棵翠柏生千个枝丫，我们的福泽连贯千年；一棵银柏生百个枝桠，我们的福泽贯纵百年"，进而按自己的要求和实用目的为众神塑像，众神就具备了这样或那样的功能，应该尽这样或那样的"职责"，于是天、地、雷、电、风、星、月、阴、阳、四方、中央诸神以及胜利神、丰收神、生育神、村寨神、五谷神、猎神、威力神、开天神、辟地神、战神、将帅神、禽兽神和一大群恶神，① 都如古罗马、希腊神话中的诸神那样按人们的安排而各尽其责。神们的行事也好，品性也好，形象性格也好，都符合人们的生存要求和心理要求，于是星神瑞的犄角能够"开天辟地"，他的眼睛"使星斗辍满天"，他的耳朵"使人听闻吉祥的声音"，他的脖颈"让人声音洪亮"，等等；天女堪勒力久命应该"每天都在挤天牛的奶"，"都在捏奶油饼"，而董神和塞神的女儿又应该这样为人类造福：

> 董神和塞神的女儿，亨古拉勒命神女，把白银的天梯搭在居那若罗神山上，沿着银梯走下来。她撒一把星种在天上，蓝天瞬间变得空阔透亮，晶莹的星索缀满天空；她撒一把草籽给大地，大地顿时变得无比宽广，碧

---

① 以上众神祇均系东巴神话中的神祇。

绿的青草把大地铺满；她向群山撒一把树种，茂密的森
林把群山覆盖；她撒一把水种到山谷，深深的山谷被大
水注满；她撒一把人种到村头，千村万寨住满人户。①

这是多么美的神话境界！在这些和天空、泥土、流水、云
彩、风雨、花草树木、高山大河、飞禽走兽混为一体的世界里，
人们牧猎、农耕，生息繁衍。与其说这是纳西先民的物灵崇拜，
不如说是对生命的热情赞美。

三

然而，在这生命一体化的大一统观念中，纳西先民对世界的
认识不仅仅是祈求"物质上帝"的恩赐，对生活的审美认识也
不仅仅停留在对客观环境的满足，大自然不再是绝对的主宰，人
的自我意识、新的价值观逐渐渗入到审美意识中，在与自然、与
社会的斗争实践中新的人性成长起来，这是原始审美意识结构中
又一重要内容。历史的进程、社会的发展、生活环境的改变等因
素都促使着人们思想的变化和审美力量的变化。从本质上讲，人
们"对生活的审美认识，乃是对生活的一种社会性认识……这
种认识一方面改造自然，同时也改变着自己的性质，审美认识的
主观方面，并不是对生活消极观望的意识，而是以积极实现某种
客观任务与理想，以改变现实为目的的意识"②。东巴神话除了
前面所述的在其审美联想中创造了无数人格因素少而自然属性居
多的神祇外，在审美意识发展过程中还创造了一大群人格因素突

---

① 见纳西族《祭天古歌·素库》（《招迎家神篇》）。
② ［苏］格·尼·波斯彼洛夫：《论美和艺术》，刘宾雁译，上海，上海译文出
版社，1981。

出的半人半神的祖先神和人格化的其他神祇，这些神祇多数为英雄神，查热丽恩就是这一类神祇的代表。投射到这一神格实体中去的审美意识不仅是与生命现象相关，更是萌发着的自觉的社会属性，是古代纳西人的社会理想。这时的审美意识较之初始阶段"忘我"又"忘物"的情绪欲念的幻想具有更多的社会内容，更深刻的文化内涵。人们在创造世界的实践中相信自己可以用智力和体力来控制自然力，审美意识中自我意识才真正第一次生长出来。《蒙增·查班绍》中对祖先神查热丽恩功绩的歌颂，对他为着"改变现实"、实现自己的"任务与理想"而进行的斗争精神的歌颂，对他努力不懈追求理想的行为的颂扬，就正是这种自我意识的袒露。这位祖先神的主要功绩是上天娶天女翠红葆白为妻繁衍后代，探索了人类生育的"秘诀"，突出表现他如何克服种种困难和智斗天神；他与翠红葆白及天舅美汝柯西柯洛之间不平凡的故事又构成了富于人情味的人神关系，表现出古代纳西人的审美情趣。他上下寻求灵药的神绩更表现出新的审美意识，热情赞颂他的形象美、行动美。还歌颂了查热丽恩前后若干代祖先开拓疆土、奠定民族基业的功绩，塑造了古代纳西先民创世的英雄群体。英雄史诗《黑白战争》中的米利东主，为驱逐黑暗造了日、月，打败了偷日月、偷光明的术主，给子孙带来兴旺发达；《神鹏斗恶龙》中的鹰神汁池嘎尔惩治了恶龙，解除人间的旱灾；而多格、优玛天神则专为人类判明是非，抑恶扬善；丁巴什罗大神更有不同凡响的一生经历，智斗恶魔为纳西人创造了东巴教和东巴经。这些不同种类的神和被神化了的人尽管各有不同的行事和活动，但都共同显示着真正的人——"文化的人"之成长，为审美意识输送着更深的文化内涵。虽也有对神力的歌颂，但明显的有人的积极主动的创造、奋斗和追求精神，这才是审美活动中成长着的新的价值观。

四

　　能表明纳西民族审美的更深层次和思想趋于成熟的是审美意识中哲学思想的萌生，这使东巴神话的审美意识在总体结构上更见其复杂性、多重性。主要体现在天神美利董阿普、雷神科督班兹、中央许神美汝柯西柯洛几个有代表性的神祗。这类神格形象的幻想领域更加扩展，人们思索的问题更深远，审美活动中不仅有生的快乐，也不仅有拜物的狂热和对祖先的思慕之情，更有对宇宙、人生的探索，乃至对整个人类命运的思考。这是因为社会的发展不再允许人们只停留在现世的满足与乐天主义，人们的活动不仅有与自然的冲突，人与人的关系也复杂起来。为争生存的斗争冲破了"伊甸园"的和平安宁，登上了社会历史的大舞台，用作牧猎农耕的武器、工具也用来对付自己的敌人，人类自身的仇恨、残杀增加了生存的艰难。这里既有对新的自由、新的理想的追求，解放着的人性中的美好东西成长起来，同时，人性中那些不光彩的东西也滋生起来，私欲、掠夺、残杀、欺骗、偷盗、压榨等人与人的关系也渗入到神界，这一切犹如枷锁一般成为人们精神的重压。这时，审美意识中的乐天主义大为失色，而涂上了一层悲与暗的色彩，东巴神话中的英雄就是这样。虽然这类神话也闪耀着英雄主义和理想主义的光辉，但这只是一面。另一面，人与自然的关系、人与自身心灵的关系也复杂起来，这就是自然灾害对人们的威胁，人们对自然带来的灾难也有了进一步认识，这使审美联想的翅膀更加沉重起来。有时大自然以完全不同的面貌出现在先民的眼前，例如雷神科督班兹是那么威严不可侵犯，他乘着白尾巨龙，披着能放射火光的衣服，穿着能喷吐火焰的鞋子，他能把"青枝纷纷劈下"，"把地上的土层连连翻掀"，于是人们"不敢轻易触动雷神那神圣的石头"，"不敢错砍雷神的树"、"错喜雷神的水",大自然的威力造成人们心理上的畏惧、恐惧。但是雷神又有"摧毁九十九座敌人的村落"、"扫荡七十七座仇者的营寨"的正义的一面。许神美汝柯西柯洛也是富于戏剧性的神格形象,是天和地之间的人鬼,他因天女翠红葆白与人祖神查热丽恩结良缘而仇恨人类,降灾祸于人间;可他又是"天神和人类的舅父","没有许神就没有空间的高度","没有许神就没有幅员的宽度",这是他善的一面,善与恶都同时存在于一神身上,人们就产生了既敬且畏的心理。这实则是将自然的恩威、祸福合二而一的思想在审美活动中的反映,是对立统一的自然规律在审美联想中得以形象化反映而已。这种对立统一的自然规律教会了纳西先民正反两方面的生活经验,凡是于生存有利的都是善的,反之则是恶的,这不仅萌发了审美活动的哲学因素,也萌发了伦理道德因素,从而产生了原始的善恶观,雷神、许神正是这种审美意识的产物。这时的审美意识,有神性与人性的互相渗透和互相排斥。这种二元性的审美意识是审美心理活动丰富的表现,也是一个民族思想趋于成熟的表现。

对于天神美利董阿普,纳西先民所寄托的感情要复杂得多,认识也深刻得多,不能简单地一言以蔽之曰善或恶。他的神绩主要是为人类和万物分配岁寿,是命运之神,"他用三个早晨的时光,为天下的万物分配年龄;他又用三个晚上的时光,为地上的生灵分配岁寿。……他发出第一句呼唤:'谁愿意在天地间存活一亿年?'只因人类睡得太酣沉,并不曾听见董神的呼唤声,只有那江水冲击的石头,整夜都不曾安眠,只有它们最早发出回应声,那一亿年的岁寿便由石头获得"①。还有那奔腾不息的流水获得了一万年的岁寿,被大风吹醒的树木获得了一千年的岁寿,"飞翔在蓝天的白鹤"、"大海里的黄鸭"、"白海螺"、"天上的

———————
① 见《祭天古歌·素库》(《招迎家神篇》)。

巨龙"、"高山那银白的雄狮",分别获得了一千年、一万年的岁寿,"居住在天宫里的美利董阿普自己,在天上获得了一千九百年的岁寿",先祖查热丽恩"获得一百二十年的岁寿"。只有人类终究免不了衰老与死亡,这是人类"从追求上帝的虚幻变成欣赏上帝创造的自然的宏伟和崇高,探求宇宙的无限和奥秘"①。不老的山河、奔腾不息的江河、无限广袤的大地、苍茫的森林、沉默的太空、永恒的宇宙引起他们更加复杂的思考,更能掀起他们的感情波澜。虽然他们坚信灵魂不灭,但生命有限,人生短暂,肉体的毁灭是一个不可回避的事实,使他们不得不思考自己与宇宙万物的关系,终究认识到天人并不能一统无限,物我生命并不能同流永存。这个"新发现"使开初的生命一体化的大一统观念发生了裂变,使他们从"伊甸园"的梦幻中清醒过来,沉入痛苦的思索之中,感到"童年"时代梦幻的毁灭,神离自己越来越远,成为高高在上的大主宰,人们认清了一个实实在在的"自我",清醒而痛苦地感受到的是:人生交织着令人向往的神秘——活一亿年、一万年、一千年终于不可得,以及令人畏惧的神秘——人的衰老、死亡终不可免,上下寻求不老神药也不可得。幻想破灭,理想不能实现,精神套上沉重的枷锁,不无悲伤、惆怅、迷茫之感,心灵的苦斗、灵魂的重压伴随着人生沉重的步履。但是,得不到的、失败了的又使人更希望得到,更努力追求,生的渴望、死的威胁、对幸福的向往、对苦难的悲叹、灵魂的重压与挣扎都同时交织在纳西先民的心中。这里不仅有对命运之神的恩惠的虔诚感激之情,对生活的欢乐的讴歌,也有对命运之神的恐惧,更有因没有听见天神呼唤而生的悔恨和懊恼。如果说前面抒发的是对"物质上帝"的快乐之情,先祖查热丽恩的"战天斗地"是一曲凯歌,抒发的是胜利豪情,那么,这里

---

① 李平晔:《人的发现》,成都,四川人民出版社,1984。

抒写的就是痛苦艰难的求索，抒发的是对命运的不可抗拒的哀伤之情，是对人类命运的悲叹之情。但是，人类的步伐从来也不会停滞，也从来没有失去前进的精神武器。所以，于悲叹之中的同时又总是蕴蓄着希望与理想。不可企及的目标更能激发心驰神往的追求，这种追求"即使不能达到意欲的实际目的，即使它不能实现人的希求，它也教会了人相信他自己的力量——把他自己看成是这样一个存在物：人不必只是服从于自然的力量，而是能够凭着精神的力量去调节和控制自然力"。同时，人们还有一个坚固的信念，就是生命力的顽强和不可征服、不可毁灭。这是贯穿于整个人类历史的信念。于是向获得永生的石头、流水、天神地祇祈求"长命百岁"和"福泽"，靠着与祖先在感情上、精神上根相连而获取力量去"调节和控制自然力"，不投降于死亡与毁灭，与神祇分享着神性，心灵乃得安慰，精神乃得充实，人生乃得完整。靠着这种心理战胜恐惧、失望，同时，靠着智力与体力和大自然进行不屈的、不懈的斗争，与命运奋力抗争，显示出人在自然、社会中的积极主动地位。这就是纳西族反思自己走过的人生之路对宇宙命运的回答，这就是东巴神话的思想深度和审美意识中的哲学因素，从而造就出东巴神话雄伟、深厚、深沉的气势及悲壮、严峻的格调和深刻的哲理性。

本文原载《民间文艺季刊》（上海）1989 年第 4 期。

第四部分

纳西族英雄史诗《黑白战争》研究

《黑白战争》主题思想的形成

　　《黑白战争》是纳西族东巴经中的一部重要的经典,纳西语称《董埃术埃》,是东巴经三大台柱作品中的英雄史诗,在纳西族和学术界都颇有影响。这部英雄史诗用纳西族象形文字东巴文写成,韵文体,共4000多行。它有完整曲折的故事情节,有个性鲜明、血肉丰满的人物形象,有极富哲理的主题思想。史诗主要的故事内容是:首先叙述了天地、人类、万物的形成,黑白两个部落的来历,接着描绘了白部落东部落和黑部落术部落之间的一场血族复仇的英雄战争,具有浓郁的神话色彩。

　　故事说东部落的首领米利东主从神界来到人界,他是天神盘神的儿子,生下九男九女,建立村寨,创建了东部落,居住在白天、白地、白太阳、白月亮、白星宿、白山川、白牛马的地方,东部落一片光明。术部落首领米利术主也来自神界(恶神),生下九男九女,建立村寨,创建术部落,居住在黑天、黑地、黑太阳、黑月亮、黑木、黑牛马的地方,术部落一片黑暗。黑白两个部落在黑白交界处设防线,各自守着自己的地盘。黑部落首领米利术主艳羡东部落的白日月而唆使儿子偷盗,儿子偷盗不成,陷在黑白交界处的铜铁架上身亡。米利术主为报亲子之仇大举进攻东部落,并叫女儿用女色诱捕米利东主之子阿路,阿路被米利术主残杀在黑海边。为子替儿子报仇、为保卫东部落免遭术部落侵犯,米利东主靠天神的帮助彻底打败了术部落,保卫了白日月。

战争以代表光明、正义的东部落战胜代表黑暗邪恶的术部落而告
终。战争的根本原因是东、术两个部落争夺白日月，争夺白日月
也是作品的主题思想，其积极意义在于表现了英雄时代的核心精
神，即阶级社会产生前夜的英雄主义和理想主义。作品通过为日
月而战的英雄故事，表现古代纳西先民不畏艰难险阻与黑暗邪恶
作斗争的精神以及民族崛起、形成的苦难历程，颂扬祖先奠定民
族基业造福子孙的丰功伟绩和创世立业的英雄主义以及民族发展
的政治理想。为太阳而战的主题思想的核心是"黑"与"白"
的观念，黑白观念赋予作品深刻的象征意义，象征着光明与黑暗
的大搏斗。

　　为太阳而战，是作品独具的光辉点，其他国家和其他民族的
英雄史诗几乎看不到这样完整的主题。其他英雄史诗所写的不外
乎是直接为土地、为财产、为女人（其实英雄时代的妇女也只
不过是隶属于男权社会的财产之一种）而发动战争。芬兰英雄
史诗《卡列瓦拉》中也有为日月而械斗的情节，但并没有构成
贯穿全文的主题，而《黑白战争》却是把争夺太阳作为贯穿全
文的主题来写人写事的。诚然，争夺太阳的实质仍然是争夺财
产，因为英雄时代的私有观念已迅速发展起来，但作品并不直接
写成争夺土地、山林、草场、牛羊等，而写成为太阳而战，这是
很值得探索的问题。如何理解认识这部英雄史诗？它的主题思想
如何形成？太阳如何成为征战双方的争夺对象？黑白观念及其象
征性如何产生？笔者认为这些与纳西先民的原始宇宙观、原始哲
学思想以及神话思维和英雄时代的社会现实生活诸方面有密切关
系，这一主题思想有着复杂的文化因素。

　　为日月而战，这本身就具有奇妙幻想性和神话色彩，这不是
凭空而来的，它首先来自纳西先民的原始宇宙观和神话思维。
"人类精神是绝不能凭空创造什么的，它只能从经验与冥想那里

受了精之后才能有所孕育。"① 原始时代的人们的经验是什么呢？
不仅要依赖大自然，有着物质的需要，更有精神的需要，需要不
断认识、支配大自然，去认识有利和有害于自己的各种自然力，
在精神世界里将自身锻造成推动人类文明向前发展的人。古纳西
人从他们的生活生产的实践经验中已领悟、体验到太阳是生命之
源、生活之本，"关于自然生活的知识，关于现实的自然规律的
知识……还在社会生活的最早阶段，这种知识就在人们中间产生
了"②。但是，这时"人们在弄清自然生活中外表上明显可见、
不断反复的有规律的过程和关系时，还不能弄清、检验和理解其
更深一层的因果关系"③，所以这些知识往往同谬误联系在一起。
《黑白战争》开头关于人类万物，东、术（即白、黑）两个部落
的起源的神话传说就包含着这样的思想认识。传说中说：世界混
沌之初，在有太阳的上方（天空）"出了佳音，在下方（大地）
出了佳气，佳音佳气结合起变化"，才出现了一滴白露，而后白
露变白蛋，而后变五种彩云，五种彩云实为太阳光的色彩；而后
才有各族之神，而后才有人类始祖米利东主及其东部落的白天白
地，东部落沐浴在白太阳的光明世界里，人们生活、劳动，守护
着自己的白天白地和天神赐予的神山、神海、神树，白太阳光辉
照耀下的东部落欣欣向荣，呈现出一派美好景象。同时，与东部
落对立的是黑暗的术部落，那里黑天黑地，山川、河流、草地、
牛羊全是黑暗之物，首领米利术主是黑暗邪恶之魁，术部落是罪
恶之总源。这是神创观与生殖观合二而一的原始宇宙观，其中含
有物质的观点，变化发展的观点，这实际含有世界宇宙本原论思
想。孙中山先生在其著作《心理建设》中论述世界本原时说：

---

① ［法］布封：《布封文钞》，任典译，北京，人民文学出版社，1958。
②③ ［苏］格·尼·波斯彼洛夫：《论美和艺术》，刘宾雁译，上海，上海译文
出版社，1981。

世界"进化之时期有三，其一为物质进化之时期，其二为物种进化之时期，其三为人类进化之时期"①。所谓物质进化时期就是物质（我国道家哲学所称的"道"，孙中山称"以太"）自身运动、演化而形成地球（宇宙）的时期；所谓物种进化时期，即指地球形成后产生细胞，而后进化为有机体的动植物，再由动物进化为人的时期；人类进化时期，即指人类出现到人类社会形成的时期。古代纳西先民的古朴宇宙观明显地包含着这样的唯物主义观点，然而也有神创说掺杂其间，融入了人类童年时代的原始神话思维成分，由虔敬笃诚的自然崇拜体现出来。在先民的原始意识（思维）中，大自然与人类共同组成一个对立统一的整体，把对现实萌生的价值观作为判断自然力的标准，判断其于我有害或有利；再加上认识上的虚幻性（或神话化），将大自然神化，将自己的希望、理想寄托于臆想中的神，特别是自然神上，将人的悲欢苦乐感情乃至生命与之融为一体，不能把指向人的行为与指向物的行为区分开，大自然的真正科学性不被认识；没有能力把"'有生命的和无生命的'、人类的和非人类的、'主观的和客观的'严格地对立起来"②、区分开来，于是出现了人的思想与神力（自然力）、人的生命与自然的"生命"互渗的"奇迹"。于是，纳西先民在实际的体验中认为得到了太阳的恩惠，有了它才有了宇宙万物及人类，便热情歌颂它带来的光明幸福，对其崇拜之至。可是，宇宙除了有白昼还有黑夜，太阳除了造福人类也给人类带来灾祸，黑暗、干旱、水涝、洪水、冰雪等自然灾害给人类带来灾难、恐怖。人们既得到了大自然的恩惠，又受到了它的惩罚，对太阳这一自然实体产生了既崇拜又恐惧的心

---

① 转引自肖万源：《中国近代思想家的宗教和鬼神观》，合肥，安徽人民出版社，1991。

② ［美］约翰·杜威：《人的问题》，傅统先、邱椿译，上海，上海人民出版社，1965。

理。大自然给予人类的正反两面的经验迫使纳西先民积极思索，但他们揭不开自然界的"奥秘"，在物我一统、人与自然的生命互渗的原始神话世界里，先民在想象中即"冥想"中便产生了白太阳、黑太阳的观念，白昼属于白太阳，黑夜属于黑太阳。求生的欲望又使人们产生战胜自然灾害、战胜黑暗罪恶世界的愿望。于我有利的是美的、善的，于我有害的是丑的、恶的，以其特有的善恶观念把白太阳人格化、神格化为善神，反之，黑太阳便成为恶神，白太阳神和黑太阳神便如此诞生。这极生动地表明："古代艺术的土壤和宝库是人们对于现实的神话态度，是自然对人的威力不在实践上，而是在素朴的拟人观方面。"[①]《黑白战争》这一纳西族的"古代艺术"生动地表现了纳西先民对于自然的神话态度，这是人类对于客体的思考。另一方面，古纳西人对人类社会现实也采取了神话态度，将人神格化，将历史神话化。英雄时代多战争的社会现实促使人们具有创造世界、主宰世界的社会理想，在民族崛起形成的时代潮流中努力求得民族的生存发展，这一政治理想是人类对本体的思考。将人类的本体思考和客体思考投射到英雄史诗中去，在原始神话思维和古朴的宇宙观中将原始意识和现实意识相结合，塑造出米利东主这一艺术形象，将其神格化为至上之善神，是美善、光明之象征；米利术主是万恶之恶神，是邪恶、黑暗之象征。他们各自为着自己的社会理想而斗争，进而有了象征社会集团的东部落、术部落，各代表两种社会利益，便有了"黑"、"白"两个部落的血族复仇战争，为争夺白太阳进行血战。作品表现了"黑"与"白"、恶与善的尖锐对立，热情歌颂白太阳神及其化身米利东主善神造福人类、光明永驻人间；鞭挞诅咒黑太阳神及其化身米利术主恶神给人类

---

① 《马克思、恩格斯的美学与西欧文学》，见《外国文学参考资料》（上），北京，高等教育出版社，1959。

带来的灾难祸患，使人看到古纳西人的聪明活泼的头脑怎样把对于某一个神的崇拜和对于一种自然力的猜测结合在同一情感里。在这同一情感里，"白"与"黑"、善与恶、光明与黑暗尖锐对立，便产生了英雄史诗为太阳而战的主题。

这一主题思想的产生还可以推测为远古代纳西族太阳神话的遗留和原始哲学思想的产物。英雄时代前原始社会的精神领域是"神们"的世界即神话世界观的时代，上面已阐述。那时的原始初民的意识中有两个太阳并不奇怪，其他各民族也有十个、八个、十二个太阳的神话传说。纳西族关于黑、白太阳神的观念并不只限于《黑白战争》中才有，民间就有砍杀九个太阳、十个月亮的口传神话故事。在东巴教消灾道场念的《迎请日月·引水》经书里记载了一个古老的日月神话故事。传说远古时代有九个太阳、十个月亮，大地干旱、严寒，生灵无法活下去。至高无上的天神盘神的九个儿子砍下了八个太阳九个月亮，只留下一个太阳、一个月亮，解除了人间灾难。可是太阳月亮都只从黑天黑地的鬼王勒启司普的地方升起，人间没有了光明，分不清昼与夜。人们派了许多动物神去迎请日月都不成功。阳神米利陆阿普抓起三把白土变成三只白犬，让它们去请来了太阳；阴神米利塞阿祖抓起三把黑土，变成三只鸡，由它们分清了昼与夜，请来了月亮。于是盘神的九个儿子留在人间，他们繁衍的后代就是纳西族。这个故事说明"黑"与"白"的观念很早就在纳西族中产生。按他们的文化观念，"白"是阳神，"黑"是阴神。这里又有了阴阳观念，造物神也分阳神阴神。阴阳二元论哲学观念最早见于春秋时代的《易经》，后来与战国时期的五行说相结合，被道家学派接受，阴阳五行又成为道教的思想基础。这一思想最初是用来解释宇宙的起源、变化的，阴阳二气是万物生成和变化的本源和规律。世间凡属光明、美善、热烈、正直、积极等性质的事物均属阳气，反之则属阴气。可是春秋战国时期纳西族尚未形成一个统一的民族，还属于我国西北高原古氐羌族群中的部族或氏族，后来东巴经中出现的阴阳、黑白观念很可能承袭于道家之说，随民族迁徙从西北高原带到滇西北高原。其实黑白观念还有很幽远神秘的渊源，它与藏族原始宗教苯教的哲学思想有关，甚至与古伊朗高原的太阳神教有关，因篇幅所限不展开论述，前面神话部分有详论。从上面所举东巴经记载的迎请日月的神话故事看，黑白观念在纳西族中早已存在，显然要比《黑白战争》原始得多，将此观念作为史诗主题的核心贯穿全文，且有如此错综复杂、完整的故事情节，只有发展到后期的神话才有可能。以后纳西族在形成统一民族之际与中原蜀汉文化相交融，受道教思想影响实属必然。这一影响在东巴教中比比皆是，在《黑白战争》中就很明显。米利东主是善神、白太阳神，是阳刚之气光明美善之象征；米利术主是恶神、黑太阳神，是阴气秽气、黑暗邪恶之象征，这与道教的观念相同，与东巴经《迎请日月》的观念相吻合。至于"金木水火土"五行观念在《黑白战争》中的双方争战中也有具体运用，"五行"的五种物质相生相克以双方的攻守来代替。由此可见，英雄史诗《黑白战争》主题思想的核心黑白观念的形成有深远的历史根源和思想根源，它是古纳西族日月神话的遗留、原始哲学思想的积淀以及与古汉文化的交融之产物，由此才产生了史诗为太阳而战的既富于神话色彩又富于哲理的主题思想。这一主题思想形成的过程是纳西先民"用认识的活动去了解事物，用实践的活动去改变事物，用前者去掌握宇宙，用后者去创造宇宙"[①]，既有物质文化的创造又有精神文化的创造，才使英雄史诗反照出一个民族崛起之时勇于进取、奋斗不止、自强不息的精神及其民族生存发展的艰苦历程。

---

① ［意］克罗齐：《美学原理美学纲要》，朱光潜等译，北京，外国文学出版社，1983。

　　《黑白战争》所描绘的毕竟是一场人世间的英雄战争，不管它如何具有幻想性和神话特征，仍然离不开人类社会，社会现实生活仍是它扎根的土壤，所以为太阳而战的主题思想的形成除了前面阐述的诸种文化因素外，英雄时代的社会现实亦是其产生形成的又一重要根源。这个问题在前面的论述中已有所涉及，这里再作集中讨论。

　　《黑白战争》所描绘的是古代纳西族英雄时代的社会现实生活，通过一场血族复仇的部落战争表现了英雄时代的主要特征。英雄时代的主要特征表现在这样几方面：首先由于原始社会末期部落社会产生与繁盛促使人与人之间的关系发生变化，社会性质、组织结构发生了质的根本变化，从大一统的、原始的、低级的原始自然社会进入动乱、分裂、械斗的由人类思想意识为主宰的政治社会，"人民力求摆脱他们自远古以来即生存于其中的氏族社会，而转入以地域和财产为基础的政治社会，这是进入文明领域所不可少的一个步骤"①。其二是财产和私有观念的勃发。三是民族意识的觉醒，崇尚武功，崇拜力，一切人力、物力、财力、神力、自然力等等，一切力量都是崇拜的对象，人们利用一切于我有利的力量改造世界、创造世界，去达到自己的政治目的。在此过程中萌发着原始的英雄史观和伦理道德观。同时，在英雄时代的精神领域内充满着狂热的宗教信仰，并残留着原始时代的神话思维和朴素的哲学思考。《黑白战争》描绘的正是这样的古代纳西族社会。据史所载，早在汉末，"雅砻江流域定筰地区的摩沙夷（居住在今四川盐源、盐边一带的古纳西族之称谓）……仍保持着部落繁盛状态"，而且出现了"拥有一定势力的地方'帅豪'"；到了唐代的南诏时期，建立了六诏之一的越

_____

① ［美］路易斯·亨利·摩尔根：《古代社会》，杨东莼等译，北京，商务印书馆，1977。

析诏，后为南诏所灭。唐汉时期是古纳西族煊赫而又坎坷的民族形成时期。到了元代，纳西族在丽江繁盛起来，丽江巨甸一带是"摩西大酋世居之地"；"明代是丽江土知府木氏势力最为强盛的时期"，[①] 这是纳西族发展的黄金时代。以上各个历史时期，纳西族几经衰落、几经中兴，是其民族祖先奠定民族基业、大显英雄本色的时代，《黑白战争》是其艺术的再现，历代的社会现实生活是它产生及其主题思想提炼的土壤。史诗所具有的历史真实性不同于有据可查的信史，它的真实性在于它所描写的生活合于社会历史发展的总趋势，能折射出一个民族（或国家）某一历史阶段的社会生活的真实性。但它又是文学作品，必遵循文学创作的规律，必在想象或幻想中诞生，"因为真实历史中的行动和事迹见不出能使人满足的那种宏伟，诗就虚构出一些较伟大、较富于英雄气概的行动和事迹"[②]。作为民间文学的英雄史诗代代口耳相传，为众人"虚构"、加工创造就更必要、更突出。古代纳西人用他们特有的善恶观和原始英雄史观来衡量一切人和事，塑造自己的英雄形象，在飞驰的想象中将原始神话观，对于世界宇宙的哲学思考（如前所述）融入这种精神创造的过程中，把东部落及其米利东主作为光明、正义的一方而热情歌颂之；将术部落及其米利术主作为黑暗、邪恶的一方而极力鞭挞之。作品集中塑造了米利东主这一英雄形象（或神格形象），在他身上凝聚着英雄时代的特征，觉醒的民族意识使他具有造福子孙、创立民族伟业的政治理想。为了扩大地域和财产，达到建功立业的政治目的，他利用一切力量、不惜一切手段去奋斗、去夺取，不仅将术部落彻底荡平，并且"把米利术主的心也挖了、肝也挖了，肺也挖了，胆也挖了，脾也挖了，用术主的头颅为胜利神烧天

---

① 参阅《纳西族简史》，昆明，云南人民出版社，1984。
② 朱光潜：《西方美学史》，北京，人民文学出版社，1985。

香，用术主的血为胜利神解秽气，用术主的骨作胜利神的号角，用术主的皮作优玛护法神的垫褥"。在黑与白、善与恶的大搏斗中表现了米利东主刚烈如火、正直勇猛、崇尚武功、渴望建立英雄业绩的品性和奋斗精神。无论他身上所具有的本性是残忍也罢，善良也罢，刚毅也罢，暴戾也罢，统统都是美德，只要他具有一切征服世界的力量，只要是为部落集体利益，全都是合情合理的。在力崇拜的英雄时代，谁有力量谁就是时代的骄子，人类的青年时代就是如此充满着活力又充满着血与火的时代。所以，米利东主身上文明社会萌发着的道德与野蛮社会遗留下的野蛮性都统统值得讴歌，这就是原始英雄史观的具体写照。米利东主就是按这样的英雄史观、价值观塑造的英雄形象。他虽不是历史人物，但纳西族在形成统一民族的过程中确曾出现过许多先驱者，他身上闪烁着先驱者的崇高精神，折射着历史英雄的身影，他的追求和理想同样代表着这个民族的希望和奋斗精神。古代纳西人不仅将自己的偶像置于历史的长河，还将他推上神的圣殿。宗教信仰是英雄时代古纳西族社会的精神支柱，对自己的英雄祖先必然涂上神的奇异色彩，将其神格化。在原始神话思维和宗教信仰的精神世界里把他夸张、渲染得如此不同凡响，他是天神之子，出身不凡，神武超人，大智大勇，在天上人间、仙界俗地纵横驰骋，具有神明一般无所不备的力量和美德，他是至善至美的完人。在私有观念勃发的英雄时代，米利东主及其东部落所拥有的一切都是私有财产，白天白地、白牛羊以及天神赐予的居那若罗神山、含英巴达神树、米利达吉神海等都是关系部落存亡的私有财产，恶魔米利术主砍伐神树、侵犯东部落、偷盗白日月，米利东主及东部落成员为保卫自己的财产而奋力拼搏，便发生一场"黑"与"白"两个部落的大战，私有观念是导致这场战争和构成作品主题思想的基本观念，这是作品现实生活的影射，只不过将其神话化罢了，故作品具有纳西族古代现实生活的风貌，又有奇幻的神话色彩。米利东主这一典型形象既富有神的本质，又富有人的智慧和情感，他是原始英雄史观与英雄时代道德规范相化合成的半人半神的艺术形象；他既是为民族利益而奋斗的、民族历史造就的豪杰，又是为日月而战的神界英雄，是幻想世界中的拜神主义和现实世界中的人文主义对立统一的产物，是人神合一的历史巨人。这一艺术形象具体地表现着作品为日月而战的光辉主题思想。

　　以上诸因素便是纳西族著名英雄史诗《黑白战争》主题思想形成的基础。总括而言，就是远古的神话思维、古朴原始的哲学观念、社会现实生活都是作品主题思想形成缺一不可的重要因素，唯其如此才使得作品的主题思想具有深刻的哲理性，也才使作品具有较高的审美价值和深厚的文化积淀。

　　　　本文原载《民族文学研究》（北京）1998 年第 2 期。

神坛祭献英雄歌

——《黑白战争》与宗教的关系

居住在我国滇西北高原的纳西族，信奉着一种原始宗教，称东巴教，其经书东巴经用该民族的象形文字东巴文书写而成。这些经书囊括了政治、经济，哲学、史学、宗教、文学、天文、地理、医药、民族学、民俗学等等方面的科学知识，形成了自成一体的东巴文化，为国内外学者、专家所瞩目。对东巴经的分类，争议颇多，至今尚无定论。有的主张分为 18 个大类，有的则根据东巴教的法事道场（即祭祀仪式，祭典）主张分为 25 大类。后一种分类法也不无道理，本文依此种分类法，将《黑白战争》（经书中称《东埃术埃》①）归于"米克普"大类，意为消灾攘邪。

《黑白战争》是用韵文体写成的叙事长诗，4000 行左右。它叙述了纳西族远古时代东部落和术部落的一场血族复仇的英雄故事。这一讴歌民族命运的英雄史诗如何以宗教的形式表现出来、包含着什么样的原始宗教意识和其他的文化因素？本文试作一些探讨，以便探寻它与宗教的内在联系。

---

① 即《董埃术埃》。编辑注。

一

前面已说明《黑白战争》属消灾经大类，又属其中的"垛肯"小类。"垛"，纳西语，有厄年、厄运、鬼魂之意；"肯"，纳西语，为消除，禳除之意。"垛肯"即为禳除鬼魂、邪魔之意。念诵这类消灾经的时间一般在农历十二月。是受何种思想意识支配进行这一宗教活动的呢？在古代，由于频繁的部落战争和晚后期的打冤家，敌对双方都有胜负，胜利一方认为对方的阴魂不散，会来纠缠作祟；后来又认为凡是一切非正常死亡者，如暴病而亡或战死、夭折等，其死者灵魂以及冤家仇人的阴魂都会在人间作祟，甚至认为危害人类的阴物都属妖魔鬼怪，自己与人斗殴、争吵也是鬼怪作祟所致。念这类经书的一个重要目的是为了自我反省，认为自己在过去的一年里做了好事、善事，也难免做一些错事、恶事以及是是非非搅扰人们安宁的事，这一切都是由于鬼魂、阴物作祟造成的。为求神灵谅解，赎自己的罪过，为了把引起人们作恶、引起是非的阴魂驱赶出去，就得借助神灵的威力。在这种求吉利和对鬼魂的恐惧心理支配下，便设此祭坛念消灾经，以达降妖镇魔驱邪之目的。

消灾经的道场"米克普"（纳西语之称谓）一般设在家里，祭司由东巴教徒东巴或懂行的长者担任。此类道场比较复杂，具体布置是：在大门前挖筑一个深尺余的四方形"土城"，在城四周安置四个有姓名的象征性守护者，他们的名字叫达卡鲁鲁、绍芳普兹、古名崩英、沙居帕固，每人身上都套上"金刚钻"。另一个用松木砍削成的有手的"人"，叫班督阿美，专司管束仇人的职务。再用松木和树根削九个有嘴脸的木偶人，涂上黑色，抹上血，都是有姓名的仇人，置于土城中央，呈被包围状。在土城里再插上一个有手、有嘴脸的木偶人，象征神灵，在其下边安上一块"董鲁"神石，以作镇妖之用。在大门两边安上"董"和"塞"两尊守护神，在土城前边再安置"五大将军"模型，大门前和土城周围都要插上彩色纸旗幡。道场经过这番布置俨然是一战场，"作战"双方一方是城内的仇人，即妖魔鬼怪，另一方是善神。祭祀程序是：先用酒、面、茶、油等在家里进行禳邪，或"打醋汤"驱邪、净身。所谓"打醋汤"，是把一块石头烧得滚烫后，用黑蒿叶盖其上，立即泼上冷水，使升起一股股蒸气，此气熏了人体或空气便有除秽、净身之效。接着在大门外"烧天香"。这不是一般的焚香化纸，而是焚烧杜鹃枝，让其黄烟驱散秽气，净化空气。此节目完毕才开始诵经、跳神的活动。在烟雾缭绕的道场中，首先设果品、酒肉，把全部的神灵迎接到土城前，向他们表示敬意、膜拜，以求他们佑助自己战胜城内的仇人。同时，把全部仇人也请来，同样用酒肉饭食招待他们一番。之后，善神们就把这些仇人（恶神）围困于土城内。接着身着法衣、手执法器的东巴开始念消灾经《东埃术埃》或别的消灾经。经文配有一定的曲调，再配上鼓、锣、铜铃等乐器伴奏；同时东巴开始跳舞，即跳神，作出吓鬼、戏鬼、媚鬼、撵鬼、与鬼搏斗状，紧摇手中法铃、法鼓，舞动法杖，怒目圆睁，口中不断喊"杀！冲！"做出挥刀砍劈状，要把土城内的仇人直杀得一个个脑袋掉地方休，似乎鬼魂被杀尽而死伤累累。其所以如是者，因要仰仗善神之威降服、镇压妖魔鬼怪，所以跳得神乎其神，煞有介事。跳完之后，让专司管束仇人的善神班督阿美压住被砍下的恶神脑袋，再由东巴将酒糟、碎骨撒于其上，以示人和善神彻底取胜。这时主祭者便回家里，过一会儿，又到土城边上为善神招魂，因在砍杀、交战中即善神、恶神交锋时，祖先的灵魂（善神中的祖灵为主）也有可能"吃败仗"，被埋到土城里，所以必须将其灵魂招回来。这之后便把"仇人"用土埋起来，一场"恶战"便告胜利结束。最后用一根鸡肠子横布于大门前，

以便击退仇人的黑咒，意为截断仇人的反扑之路。此时整个祭祀
仪式便告结束。由上可见，整个仪式十分庄严、肃穆，那缭绕弥
漫的烟雾、昏暗闪忽的香火、法器的碰击声、东巴念经的奇特古
怪的腔调及杀气腾腾的舞蹈动作，这一切便制造出一种恐怖、神
秘而又神圣的氛围，宗教在这里充分显示了它的神威。这种祭祀
活动在古代纳西社会里规模宏大，要由十几个或几十个东巴做法
事，念诵长篇巨制的经文，时间可达几天几夜，要杀猪、宰羊乃
至杀牛做牺牲。《黑白战争》和东巴经中其他不少的优秀诗篇就
是在这种特定的场合中念诵，在神坛上表现表演的；它还可以在
迎家神的祭祀仪式中念诵。

二

仅仅通过以上的祭仪理解《黑白战争》与宗教的关系，特
别是其本质的因素和内在联系是不够的，虽然这是重要的一方
面。普列汉诺夫曾阐述过宗教仪式的真正意义，在于"这种活
动不是由人们的相互关系所引起，而是由人们对神或神们的关系
所引起，宗教仪式就是这些活动的总和"①，消灾经的道场法事
正是说明人神关系"总和"的活材料。宗教活动的另一方面是
"把一定的社会制度基础上生长起来的道德规范加以神圣化"②，
这是说宗教本身的全部含义不仅仅是举行祭仪，还应该通过祭仪
看到宗教信仰（或观念）和神圣化了的道德规范之社会功能。
而"宗教之本旨，即在所谓神人交涉之意识。若无此意识而单
说各神之事绩，则只一种故事，无所谓宗教也"③，这进而说明

①② 转引自《云南民族民间文学通讯》，第5期。
③ ［日］高楠顺次郎、木村泰贤：《印度哲学宗教史》，高观庐译，105页，台
北，台湾商务印书馆，1983。

宗教信仰的内涵应该包括人的意识（或精神）和由人幻化出来的神性实体的意识这样两组信息系统，这两组信息系统又是相互交错、相互融合的，这才是宗教的内核，抓住这一点才能理解《黑白战争》与宗教的个中奥妙，才能从仪式这一表层的宗教形态结构理解《黑白战争》所包容的深层的宗教内涵。

　　《黑白战争》是一曲歌颂祖德的英雄诗歌，富于文学的现实主义和浪漫主义，又是祷词兼咒语，还有巫术，充满着宗教的虔诚、神圣、神秘，因而又是东巴教的圣经。这一方面可以从祭仪中得到印证，另一方面从它的内容中更能找到依据。故事的主要内容是，东部落的首领善神米利东主和他的九男九女建立村寨，居住在白天白地、白太阳、白月亮、白星宿、白山川、白牛白马的地方，是一片光明的世界。术部落的首领恶神米利术主和他的九男九女建立村寨，居住在黑天黑地、黑太阳、黑月亮、黑星宿的地方。黑白两个部落各自守着自己的地盘。米利术主唆使其子偷盗东部落的白日月，其子偷盗不成，反被插在两地交界处的钢铁架上身亡。术主为报亲子之仇向东部落大举进攻，且叫女儿给饶茨姆诱骗东主之子阿路就擒，术主在黑海子边上残杀了阿路。东主为报杀子之仇，靠天神的力量铲平了术部落，战争以代表光明正义的东部落战胜代表黑暗邪恶的术部落而告终。得胜的天神永远镇住了各种各样的妖魔鬼怪，从此东部落发达兴旺，光明幸福。《黑白战争》的法事道场不正好是经文内容的具体化吗？内容与道场内祭司的表演虽不能一一对应，但主线则是同一条——血族复仇；意识是同一个——光明战胜黑暗、正义战胜邪恶妖魔。经书上作为民间文学描写的战争也好，道场中表演的象征性战争也好，二者都是神与神、人与神的"交战"，都把"神人交涉之意识"这一宗教的本质表现得很明白。这个战争故事的内容既有物质的上帝，也有精神的上帝，表现了原始时代人类的观念中现实生活的烙印，也挤满了神的影子，二者难解难分，形成一种原始宗教观念，这种观念伸向原始社会中的一切领域。

首先，这种原始宗教观念伸向了当时人们赖以生存的大自然，与物质的上帝亲密无间。原始时代的人本来与大自然混为一体，人们的思维更具纯粹的物质性，诚如恩格斯说的那样，"一个部落或民族生活于其中的特定自然条件和自然产物，都被搬进了它的宗教里"①。阿路和给饶茨姆这一对恋人心目中的大自然何其神奇美丽，他们的爱情也富有浓烈的原始宗教色彩，为原始宗教的初始形式——巫术所支配，他们因神力而互相变幻成各种动物，"东若阿路灵魂作变化，变成一只白鹰，给饶茨姆灵魂作变化，变成一只黑鹰，白鹰和黑鹰在天空中游玩"，又变成黑白两只老虎在"高山上游玩"，变成黑白两只牦牛在"高山草原游玩"。这实际上是对具有魔幻性的巫术活动的描绘，将自然和人神格化，这都是因美好爱情而由人的心灵创造出来的奇思妙想。远古时代纳西人居住的特定自然环境，如居那若罗山、米利达吉海、含英巴达树、空中的彩云、水中畅游的彩色鱼儿、百鸟啼鸣的树林、开着金花银花的神树、蹦跳欢叫的小狗，这一切当然是奇思妙想中的"乐土"，这片"乐土"正是因了神化的意念而蒙上了一层神奇瑰丽的色彩。气象万千、神秘莫测的大自然在古代纳西人的精神世界里会激起多少热情！犹如古希腊诸神居住的奥林匹斯山一样，居那若罗山会引起他们多少思索和联想。在这些和天空、泥土、流水、云彩相混合的思想里，他们赖以牧猎、农耕、生存、繁衍的草地、动植物、飞泉瀑流，乃至流云、空气、阳光、雨露等等，都是他们创造神的"题材"。现实生活的因素、地理环境因素、人的精神因素，形成了天然的化合物，构成了一个奇妙的世界，在这个世界里，人与神不分彼此，童年时代的人类本来就人神不分，二者才这般水乳相融。

---

① 《马克思恩格斯全集》第 27 卷，63 页，北京，人民出版社，1972。

神又是如何支配战争这一功利目的呢？即在决定部落、民族生死存亡的社会现实生活中，神又是如何渗透到人的心灵中的呢？黑白两个部落的这场战争传递了纳西族社会发展、民族形成的信息。作品表明当时的纳西族已进入原始社会末期，阶级社会的前夜。"人民力求摆脱他们自远古以来即生存于其中的氏族社会，而转入以地域和财产为基础的政治社会，这是进入文明领域所不可少的一个步骤。"① 地域和财产的因素是构成英雄时代政治社会的基础，也成为人们创造人祖神的基地。人们为了"吃和喝"（或为生存），为了扩大部落势力范围，在私有观念支配下都企图把别部落的财产归为己有，不惜一切手段扫清自己前进的阻力。这些阻力，有来自自然界的阻力，更有来自敌对社会集团的威胁。所以米利东主和米利术主要实现建立霸业、称雄于世的英雄理想，只有靠力量，靠物质的和精神的力量去征服一切异己的、敌对的自然力量和社会力量，于是黑白两个部落才发生了如此频繁、规模如此宏大的战争。历史决定了英雄时代的人们崇拜一切力——人力、武力、自然力、神力，这是一个充满力和力崇拜的时代。而宗教是这个时代的精神武器，神是武器的精神。在新的社会结构、社会组织中，神有他们新的职能，他们也打上了英雄时代的烙印，时代的英雄们需要他们的帮助去获得新的、主宰自己和世界命运的力量。黑白两个部落都为了打败对方而借助神兵神将进行较量，出征前，都举行了隆重的祭祀仪式，祈求神灵佑助打胜仗；双方在交战过程中，祭祀更频繁，当东部落攻破术部落第七道防线时，便为优玛天神烧天香膜拜之，祈求"天上的锋利铁锯法宝降下来"；东主大获全胜时，用术主的头、胆、肝、鲜血祭奠胜利神；术主残杀阿路为其子报仇，用他的

---

① ［美］路易斯·亨利·摩尔根：《古代社会》，杨东莼等译，217 页，北京，商务印书馆，1977。

头、血、肉祭献天神。杀人献牲的祭坛充满血腥，祭坛显得何等威严、神圣！原来前面所说的消灾经道场竟是一场恶战的缩影，是英雄时代人神关系的"总和"的历史的真实写照！二者绝非巧合，因为宗教与人类社会的历史总是糅合在一起的，特别是到了英雄时代，神已渗透到社会的心脏。其原因是部落社会的宗教与社会道德规范完全结合为一体，形成英雄时代的道德戒律。这种道德戒律或可称为纯粹的宗教信条，社会用它来调整经济关系和氏族内部关系，增强民族、社会的聚合力、向心力、战斗力。"推行这种戒律，不仅需要依靠氏族集体的力量，还需要某种更高的力量。发展人们对于'魔鬼'、'精灵'和神的信仰的另一个、也许是主要的推动力，就在于此。"① 以力量和勇敢为其核心的部落道德与神力都要求部落政治社会的每个成员必须维护部落的集体利益，视其为至上至大，为它竭力效忠，人们的一切只能为"吃和喝"，服从血族复仇的斗争目的，谁为它献身出力、流血牺牲，谁就是英雄；凡有利于部落民族兴旺发达的行为，在伦理道德上就是善的、美的、崇高的，反之则是大逆不道，乃至遭杀身之祸，阿路和给饶茨姆的婚姻触犯了部落的最高利益，不是酿成悲剧了吗？这就是当时的政治伦理、道德伦理对人们的思想、行为所起的规范作用。在战场上，部落英雄们在神明的召唤下，在神的旨意下去冲锋陷阵，掀起了不可抑制的内心风暴和虔诚的、神圣不可动摇的宗教信仰，人们的正义、刚强、勇敢、激愤、狂怒、仇恨，个人的尊严、自尊自信、自我牺牲，为部落集体利益而战的民族意识等等美德和性格，都在神圣化了的道德规范的光照之下勃发出来，那野蛮时代残留下来的野蛮性、残暴性也像岩浆般喷射着，只要是为部落利益的行为全部都是美德，人

---

① ［苏］格·尼·波斯彼洛夫：《论美和艺术》，刘宾雁译，285 页，上海，上海译文出版社，1981。

的血肉之躯成为神的上乘牲礼。只要是为着战争这一功利目的，也视为当然，还要为神祭献一片笃诚虔敬的赤胆忠心，为之歌功颂德。这一切在现代人看来多么不可思议，但在那个时代却是一曲曲时代的英雄颂歌。人们歌颂神灵，实则歌颂自己。宗教和实际道德的联系何等生动具体啊！战斗中，人们因了不可动摇的宗教信仰和炽烈的复仇心理，那"严杀尽兮弃原野"的战斗精神、牺牲精神也在为民族崛起而战的血与火中、在神界中得到升华，使人看到一个正在成长的纳西民族。于是他们根据自己的需要创造出各种各样的神性实体，如优玛天神、东格天神、战神、死神、胜利神，等等，在诸神那里吸取社会、民族生存的"养料"。这充分显示出精神宗教在人们心灵中、社会中的作用，"这种信仰对于信仰者的行为发生着最不容置疑的而且有时是非常强有力的影响。在这个意义下，原始宗教是社会发展的无可争辩的'因素'，但是这个因素的全部实际意义，是以和万物有灵论概念相联系的那些实践理智的规则所规定的行为为转移，而这一点又完全取决于一定经济基础上所产生的社会关系"①。这是说神的职能是随一定社会的道德规范之需要而产生的，作为经书的《黑白战争》证实了这一点。反之，在"研究这些宗教形态时，我们就会重新发现许多自然现象和社会现象，并且可以想见是其中的哪些部分在创造宗教形式时起过作用"②。

以上从宗教观念中由表及里地剖析了《黑白战争》的内涵，窥探到了人与神相互融合的意识，从而理解宗教的本旨。还可看到原始宗教观念的发展变化，初始阶段的特点是表现出更多的物质性。或可称这阶段的宗教为物质宗教；晚后期则表现出更多的

---

① [俄] 普列汉诺夫：《普列汉诺夫美学论文集·没有地址的信》，曹葆华译，北京，人民出版社，1983。

② [法] 拉法格：《母权制》，刘魁立译，见《民间文艺集刊》第6集，212页。

精神性，或可称之为精神宗教。宗教观念中的《黑白战争》正好有着这样多层次的文化层结构。

三

英雄时代由人神关系构成的宗教观念中，人的思想是否永远处于被动地位呢？神是否永远是君临上界的大主宰呢？这不能臆断，仍需事实材料来回答。

英雄时代新的部落社会把人们组成了一个有地域、财产、家庭、宗教、政治理想、战争、仇杀诸因素的错综复杂的社会关系网，人们在这种关系网中生活着，斗争着，互相制约着，人的智慧、才能也成长起来，开始把眼光、心灵从天上移向地下，从彼岸移向此岸，从追求神界的虚幻变成追求现实生活的理想，从探索超自然的事物转到探索自然物，从神祇转向人。但是，神并没有退出历史舞台，要做到这一步，人类还得走过何其漫长的道路！正相反，人们的观念中仍有神的地位，仍有虔诚的甚至是狂热的宗教感情。所以，《黑白战争》既有血族复仇的部落战争的全部世俗内容，又有神坛上的对祖先的追忆、赞颂和祈祷等神界的内容；既有虔诚的拜神主义，又有为求生存而惨烈厮杀的功利目的；既有媚神而杀人献牲的血腥祭仪，又有亲子之爱、异性之爱的人类生活；既有神道给予人的枷锁，又有人性的自我意识的觉醒。这些内容都说明"神人交涉之意识"的复杂性，既对立又统一的矛盾性。这便是人类社会告别野蛮期，进入文明社会前夕的大变革时期——英雄时代。历史再不是神灵独创的历史，而成为人或人神共同创造的历史。作为文学作品、英雄诗歌的《黑白战争》正好抒写了这样的历史，纳西人借它歌颂创造自己民族历史的英雄祖先。

《黑白战争》虽不是历史的真实记录，而是一部诵之于神坛的经书，但它却是纳西民族形成崛起的缩影，不完全是虚幻缥缈的神界事绩，也不是阴曹地府的鬼魅行事，而是有是非观念、有思想感情的人类社会的历史回音。例如这场战争的起因就有着真实的历史根源，为争夺作为私有财产的白日月而发生残酷的战争，为永不满足的复仇渴念才如此疯狂厮杀，为扩大势力、争当盖世英雄才不惜一切残暴的手段企图血洗对方，整个作战过程都具有世俗性质。战争的结尾则抒写了当时的社会理想，希望光明永驻人间。还有社会和家庭的结构、社会关系、婚姻形态、爱情悲剧都是世俗社会的真实写照。人物的悲欢哀乐的情感，东、术两家的恩怨、仇杀以至两个部落集团的称雄争霸，都散发着那个时代的英雄气息，显示着人类社会所具有的属性。

重要的是作品不仅如此描写了整个战争，而且对事件、人物都有褒贬、有评判，显示出那个时代的思想水平，所以虽是经文，也必然地要融入古代纳西人的情感与政治理念，这就是用英雄史观来衡量一切人和事。由于英雄时代还是一个从远古的神的王国中脱胎而来的"新生儿"，所以这个时代还有浓厚的神味，如前所述，宗教的力量非但没有削弱，反而强化了，"宗教观念同实际道德的联系已经更加牢固得无比，并且伸展到更加广泛得多的领域"①，因而纳西先民在评判东、术部落战争时，既带有当时社会的善恶观点，又带着宗教观念与宗教情感。对这场战争的总的观点是把东部落作为光明正义的一方，米利东主是光明正义的象征，歌颂东部落众勇士及众神的战斗精神、对武功的崇尚、对创世立业政治理想的追求，缅怀他们创立民族基业的开拓精神和造福子孙的牺牲精神；把米利术主作为黑暗、邪恶的象征，鞭挞术部落妖魔鬼怪的奸狂、凶顽、垂死抗争。在对待米利

---

① ［俄］普列汉诺夫：《普列汉诺夫美学论文集·没有地址的信》，曹葆华译，北京，人民出版社，1983。

东主、米利术主两个人物时，观点、感情就更鲜明。米利东主是
天神之子，传说他是纳西族的第一代祖先，把他写得大智大勇，
天上人间驰骋纵横，具有无所不备的威力。当米利术主带领千千
万万"会飞的，会跳的妖魔鬼怪"，动员所有的"冤枉鬼的兵、
当兵、侥兵、毒兵、仄兵"、"妖怪兵"、"水怪兵"向东部落大
举进攻时，米利东主上天请来三百六十个东格天神和优玛天神，
"天上的盘神和禅神都来帮助，胜利神、吾神、俄神、恒神也来
帮助，男神女神来帮助"，还有千万只神鹏、白鹰、凤凰、白鹤
在天空侦察，会飞的、会跳的天兵在前面开路，在东主的统率下
攻破了术主的九十九道防线和九十九个火寨、九十九个水寨，经
过无数回合东主彻底胜利。东主有何等广大的神通，有何等威严
的神力，复仇之心何其烈，复仇的手段何其残忍！然而又赋予他
人的思想和感情，他有家庭儿女妻子，有一部落之长的权威、势
力，有造福子孙、为民族兴旺发达而献身的自我牺牲精神和自强
不息的奋斗精神，有创造世界、改造世界的热烈愿望和政治理
想，还有超群的组织才能和军事才干，这一切又分明是人类社会
的美德和追求。在纳西族的英雄史诗中产生这样一个人间天上的
英雄形象绝非偶然。在他身上潜藏着一个崛起民族的历史丰富的
"矿藏"，大概他可以称得上是纳西族崛起、形成阶段的"活"
的见证人，他身上凝聚着英雄时代的总体特征。

据史书所载，纳西族在东汉末年时"出现了拥有一定势力
的地方'帅豪'，摩沙夷（古代纳西族之称谓）的'帅豪'狼
岑就是其中之一"。他们"到唐代被称为'摩沙蛮'，仍保持着
部落繁盛状态"，后来"建立了六诏之一的越析诏"，但是不久
越析诏诏主波冲被害，地为南诏所并之时，于赠回返双射地，招
集摩西部落以图恢复诏境，可是"于赠失败，投金沙江而死"。
后来，摩西在丽江一带繁盛起来。到了元代，丽江巨甸一带是
"摩西大酋世居之地"。"明代是丽江土知府木氏势力最为强盛的

时期。"① 以上只是纳西族历史的浮光掠影，却也足见其创业之艰辛、道路之坎坷，一个至今人口还不到 30 万的民族要与世力争、种族不亡、繁衍发展、成长起来何其不易！足见其生命力之顽强。这正是纳西族祖先奠定民族基业，打"江山"而大显英雄本色的时代。米利东主虽不像狼岑、波冲、于赠一样是历史人物，但他身上却闪耀着先驱者们的伟大身影和崇高精神。米利东主也好，历史上的英雄也好，都共同反照出一个民族的苦难历程，他们的追求和理想代表着这个民族的希望和历史发展的必然趋势。因而，米利东主是民族精神的化身，是纳西人历史命运的象征，是民族感情的寄托。他已不是专指某一个人，在英雄史诗中，"这个主人公已失去了个人的特点，而是代表某个具有乡土、习惯、社会地位、生活方式、风习、理想、情感、志趣的共同性的集体"②。在原始英雄史观中，他是至善至美的完人，也是一尊善神，对他的神力、人性的美德以至野蛮社会遗留下来的残暴、野蛮性都统统加以歌颂之，既把他神格化，又把他人格化，这是英雄史观和英雄时代的道德观（或宗教观）化合成的半神半人的英雄，是拜神主义和人文主义对立统一的、人神合一的产物。这里我们又看到了人神关系的另一面：人自我意识的觉醒，人神互位的现实。"这种宗教文化世俗文化的对立，不仅是意识形态或哲学的问题，而且还是历史的和文化的问题。"③ 实际上，米利东主已远远跨越了产生他的那个时代，因为他身上不仅熔铸着神的威力和人的美德，而且历史还赋予他永不磨灭的光彩，他的精神已渗透到民族的心灵、子孙的血液中，乃至形成这个民族固有的精神素质。他早已成为一尊"神"活在民族的心

① 以上参见《纳西族简史》，昆明，云南人民出版社，1984。
②③ ［罗］亚·泰纳谢：《文化与宗教》，张伟达等译，22 页，北京，中国社会科学出版社，1981。

灵里，活在历史中，成为整个民族的保护神，尊奉为民族的第一代祖先，将他载之于经典、颂之于神坛，向他奉献一曲曲英雄赞歌，用这不朽的英雄诗篇将他的丰功伟绩传之千秋万代，用本民族特殊的历史——东巴经卷追怀祖先、召唤神灵。在祭仪这一特定的环境中，人们特别能"认为这些作品乃是真实的人物与事件的再见，对其中描绘的一切都信以为真，确信这一切都是正在发生或确实发生过"①。那虔敬笃诚的宗教感情把人引向那归真返璞的境界，去与心灵中的"神"会合，那已消失上千年、上万年的神祇会一下子奔来眼底，时空观念顿然消失，世俗的、宗教的、人的、神的意念全都融会在神圣化了的感情中。此时，人和神这两组系统发生的信息辐射都是那么强烈！难怪，在念诵这类英雄史诗时，会令人低头沉思、冥想，仰天慎终追远，甚而且歌且泣，声泪俱下，怀古之情，怀祖之情，难平难收！其感情之复杂笔墨实难极尽，只有理解了一个民族的历史、命运，理解了一个民族的文化的内涵，才能理解神坛上那似乎不可思议的感情和那一曲曲感人肺腑的、祭献祖灵的英雄歌。

注：凡引文未加注释者，均引自东巴经译文《黑白战争》（《东埃术埃》），以 1963 年 11 月丽江县文化馆石印本为准，和正才讲述，李即善翻译。

本文选自《云南民间文艺源流新探》，云南民族出版社 1986 年出版。

---

① ［苏］格·尼·波斯彼洛夫：《论美和艺术》，刘宾雁译，284 页，上海，上海译文出版社，1981。

《黑白战争》的历史真实性与文学价值

　　《黑白战争》是记载在纳西族东巴经卷中的一部长诗，纳西语叫《东埃术埃》，译成汉语为《东部落和术部落的结仇战争》，也称为《黑白战争》，共 4000 行左右，至今仍有口传活在民间。① 对这部英雄史诗的看法，一直存在着争议，特别它的历史真实性往往被人忽略或被否定。本文就其历史真实性和文学性问题发表一点粗浅的看法，就教于史诗研究界的大方之家。

一

　　从《黑白战争》的内容来看，它确实反映了纳西族原始社会末期部落战争时代的真实社会面貌和人们在这一特定历史时期的社会生活。第一，它揭示了原始部落时代战争频繁的真实历史根源。作品中说大地上有了人类万物就"有了争执吃喝的械斗"，换言之，械斗双方都在竭尽全力为生存而斗争，这种斗争又是以血族复仇表现出来的，这都是符合人类原始部落时期的社会规律的。第二，战争双方在作战过程中的组织形式反映了部落时期社会组织形态的特征。战争中，双方作战计划的制订、兵力

---

　　① 　其散文体文本曾译成汉文，载《民间文学》，1981（5）。

的部署及调遣、行为的统一、队伍的阵容、声势之浩大，都表现出纳西先民思想的成熟和组织军事方面的才能，这说明当时的纳西社会较之原始群体时代的社会形态是一个大的飞跃，有组织、有领导的集体社会结构已形成；而且有中心的指挥官在部落战争中起核心作用，民事与军事的处理已经由部落首领决定一切、指挥一切，人们只能服从，不得违抗。人们的行动、生活及思想在一定社会组织中受着制约，而且统一起来了，这表明民族意识正在形成。第三，从双方使用的武器也使我们能看到当时社会生产水平的高低。据考证，"摩沙夷分布的定筰在东汉末年盛产盐铁及漆"①，这证明当时战场上出现的矛、戈、弓、箭、盔、刀等武器是完全可信的，而东汉末年时期的纳西族社会正好处于原始部落的繁盛社会时期，说明当时纳西族社会已进入了以铁器为标志的英雄时代。

再据史料记载，纳西族是由我国西北高原陕、甘、青一带的古羌部落在秦朝时期向南迁徙而来的，古称"摩西"、"摩沙"等。它的迁徙史有两个重要时期。第一个繁盛时期，是在唐代和唐代以前的两汉时期。"摩西"人这时居住在雅砻江流域的盐源、盐边（古称定筰地区）一带，"雅砻江流域定筰地区的'摩沙夷'，到唐代被称为'摩西蛮'，仍保持着部落繁盛状态"，而且汉末时期……出现了拥有一定势力的地方"帅豪"，狼岑就是其中之一。可是后来定筰地区的摩沙夷有一部分分化出来西渡金沙江进入云南洱海以东地区，建立了六诏之一的越析诏，分散了定筰地区的摩沙夷的力量，致使这一地区的摩西势力中落，"约自唐以后彝族入其地并发展起来，摩西首领势力衰落，已无统治全境的实力"，"但盐源以西金沙江流域一带的摩西族则逐渐在

---

① 《纳西族简史》，27 页，昆明，云南人民出版社，1984。

丽江地区集中和繁盛起来".① 到了明代，成为纳西族历史上的第二个繁盛时期。以上文字意在说明：第一，这些史料可以作为《黑白战争》具有科学性的佐证。纳西族在两个繁盛时期几经衰落几经中兴，所以这两个时期又是其多事之秋，是其先祖奠定民族根基而大显英雄本色的英雄时代。作品中描写的部落战争这一事件，正是反映纳西族先辈为民族生存发展、开创民族基业而作的斗争。对当时社会的组织形态——部落社会中的活动，作品作了具体化的描述，部落首领米利东主、米利术主行使的职权实际就是"帅豪"的职权。因而可以大胆地推测，作品反映的战争说不定就是哪一次未上史书又确实发生过的战争，即或不是这样，它也真实地留下了纳西族形成的足迹，它所反映的内容和历史的记载是完全可以互相印证的，完全可以把它看成是部落社会生活的缩影。第二，这些史料可以使我们粗略纵观纳西族最后定居丽江的迁徙史和它兴衰的原因。这个至今人口约 30 万的民族，地处滇西北高原，北边是藏族，南边是白族，东边是四川各族，无论对内对外，它要战胜无数强敌、作出无数牺牲才能生存。有关纳西族和白族、藏族、彝族在历史上发生战争的传说至今还可以从纳西长者口中听到，甚至如何与藏族争夺中甸、维西的具体情况和打了多少次都讲得一清二楚。据史家认为，《格萨尔王传》中的"羌岭大战"就是写的纳西族与藏族为了争夺中甸、维西一带的盐井而发生的争战，而古代的中甸、维西确实产盐，有盐井。所以史学家认为格萨尔与羌人（藏族对古代纳西人的称谓——笔者）为了盐池而打仗是有道理的，这可能是纳西族与藏族在古代多争战的另一重要原因。这是《黑白战争》真实性的又一依据。

总括以上，作为民间创作的英雄史诗《黑白战争》虽不是

---

① 以上参见《纳西族简史》，昆明，云南人民出版社，1984。

史书，但它具有历史的真实性，所包括的历史内容有可歌可泣的
改造自然、改造人类社会、求得民族生存的斗争，有民族苦难悲
壮的历程和自强不息的奋斗精神、牺牲精神，有民族的追求和理
想，所以才如此震撼纳西人的心灵，将它记入自己的历史——东
巴经卷中，成为不朽经典。这样的作品实际已成为这个民族的历
史而具有科学价值，这便是它伴随历史的"独特"性。另一方
面，《黑白战争》毕竟是文学作品，它必然按着文学作品情节的
真实性、人物形象塑造的丰富性和复杂性以及崇高、悲壮、雄伟
的气势和格调，这一切便是《黑白战争》显示出的文学艺术上
的特征，从而具有很高的文学价值。

二

《黑白战争》不仅以它广阔、深刻的社会内容，完整曲折的
情节记录了一个民族的崛起，而且通过众多的、血肉丰满的人物
形象的命运来反映民族充满痛苦、曲折、失败、牺牲、斗争、胜
利、奋进的苦难历程，从而赋予作品雄伟、崇高、悲壮的格调。

贯穿于全篇始终的人物形象是米利东主、米利术主、阿路、
给饶茨姆。这些人物虽然都有神的色彩，但作为现实生活中的人
又都各有特征。这个时代的人们不仅与大自然、与原始宗教有密
切的关系，更主要的是由于新的社会组织部落社会的出现、繁
盛，促使人与人之间组成了一个错综复杂的精神生活的关系网，
有社会的、家庭的，还有财产、宗教信仰、战争等诸方面的情
况，这就构成了英雄时代特定的人物社会环境。当时社会的头等
大事就是战争，它与家庭、部落共同体生死攸关。所以，作品在
东、术双方残酷的战争中，在血与火的悲壮气氛中描写了米利东
主的英雄本色和他多方面的性格，使这一人物的思想行动与民族
的成长血肉相连。一方面他是一位慈祥的父亲，为儿子的惨死他

日夜悲痛不宁；另一方面，他又是一部落之长，是威严的权力行使者，是部落利益的保卫者。造福人类的含英巴达神树、白日月等都是不可侵犯的部落财产，米利术主砍神树、偷白日月、侵犯东部落、残杀米利东主儿子阿路等一系列不义之举激起了东主的愤怒，使他心中燃烧起复仇的火焰。"原始部落之间屡屡重演敌对冲突，引起了他们的互相仇恨和不能满足的复仇心理，这些反过来又成了新的冲突的导因。"① 为报杀子之仇，为部落的安全、发展，米利东主动员了全部落，上下同心协力，积极准备反攻；又向东格天神、优玛天神借兵求援，亲自统率千军万马力战凶顽。在战场上他发挥了卓越的组织、军事才能，热血沸扬的复仇心理驱使他像一头狂怒的猛虎，非荡平术部落不可！对敌人凶狠，用仇人术主的头颅、鲜血、心、肝、胆祭胜利神，将其皮也剥下来给天神做垫褥，复仇之心何其强烈！他心里交织着爱和恨，在他身上美德和强暴并存，慈爱与刚烈并存，善良与凶恶并存，人的智慧和神的力量并存。这一切看起来似乎那么矛盾，但是正是这种矛盾的统一才构成了他丰富的内心世界，才显示出他性格的特殊性、完整性，标志着他就是那个现实生活中的一个活生生的人。米利东主的性格虽是多方面的，但是正直勇敢、刚烈如火、崇尚武功、渴求英雄业绩的大丈夫气概才是他性格的主要方面，他为部落集体利益贡献力量和勇于开拓、牺牲的精神才是他的英雄本色。在纳西族形成的历史上确有这样的先驱者，据史籍记载，当被称为"摩西诏"的越析诏的诏主波冲被害，地为南诏所并之时，于赠回返双射地，招集摩西部落以图恢复诏境。后来，"于赠率家众北奔，东北渡过金沙江"，"于赠失败，投金

---

① ［俄］《普列汉诺夫美学论文集》，403 页，曹葆华译，北京，人民出版社，1983。

· 346 · 陈烈纳西学论集

沙江而死"。① 米利东主虽不是狼岑、波冲、于赠等纳西先民的
"帅豪"、"大酋",但是他的身上有这些人的活动和精神。这一
人物形象是古代纳西人理想化了的英雄,他是光明,是太阳,是
月亮,是民族精神的支柱,是民族的希望。他的身上寄托着人类
永驻光明幸福的理想,表现出当时人们企图用自己的双手改造社
会、推动社会前进的渴望,他已成为一尊神活在纳西人心中。这
一人物形象的艺术生命力远远超过了他所产生的那个时代,只要
这个民族还存在,他就不会"死亡",歌颂他的英雄诗歌也不会
泯灭,因为"那种作品是历史的摘要,用生动形象表现一个历
史时期的主要性格,或者一个民族的原始的本能与才具"②,所
以这一人物形象是英雄主义和理想主义的颂歌,从而使作品具有
崇高、雄伟的格调。

　　作品另一重要人物是米利术主,他是黑暗邪恶、妖魔鬼怪的
化身,是作为米利东主的对立面出现的,主要通过写他对东部落
的侵犯和对女儿给饶茨姆与阿路的恋爱、婚姻的破坏来表现他邪
恶的本性。写他侵犯东部落是为了衬托东主的正直伟大,写他摧
残青年人的爱情是为了说明爱情追求者的不幸。他为了满足自己
的复仇心理而杀了女儿的情人阿路,并吃了阿路的骨头,用他的
头祭神,叫术鬼吃了他的肉、喝了他的血。这一系列行动都表现
了术主的残暴、凶狠,作品对他进行了无情揭露和有力鞭挞。但
是,作品写这一人物并不简单化,也写了他超人的军事才能,在
战争中显示了他的组织才能和强大、凶顽的战斗力,特别是他布
下的八十一座寨,九十九道防线和九十九座水寨、火寨,更显示
了他与东主较量的决心和强大的战斗力,东主打败他并非易事。

---

　　① 见《纳西族简史》,33 页,昆明,云南人民出版社,1984。
　　② [法]丹纳:《艺术哲学》,傅雷译,362 页,北京,人民文学出版社,
1983。

作品的用意在于用他的强大来衬托出东主的威力，用他的不义衬托东主的正义，用他的凶顽衬托东主的神勇，用邪恶的失败衬托出光明的胜利。用这样一正一反的对比方法使"黑白"更分明了，把东主衬托得更光明伟大，说明纳西祖先开拓基业之艰难困苦，一个民族成长、崛起之不易。用两个迥然不同的人物形象表现了纳西先民对社会，对历史人物、历史事件的态度和对生活的洞察力以及是非判断能力。

　　另外两个人物形象是阿路和给饶茨姆，他们的爱情故事是战争这一主要情节的插曲，作品用他们的爱情悲剧揭示了他们的性格和不幸命运。阿路是一个理想的青年英雄，他聪明，能干，"东儿有九个，没有一个像阿路一样美丽"，"他的脸好像太阳和月亮，眼好像明亮的星辰一样"。他单纯，淳朴忠厚，真心爱给饶茨姆。他被抓到术地后，仍不背叛东部落，还时刻系念着家乡的"白太阳，白月亮"，一心想"要住在白天白地的地方，要在白天白地的地方做活放牧"。① 他忠于部落又忠于爱情，作品对他的高尚品格是颂扬的，对他的不幸遭遇怀着深切同情，在他身上寄托了纳西祖先崇高美好的情操和对生活的审美观。

　　给饶茨姆这一人物形象具有特殊意义，在史诗画廊里是不可多得的悲剧形象。在代表黑暗邪恶的术部落中塑造出这样一个美丽、善良，烂漫无邪的少女形象与术部落群魔鬼怪相对照，不能不使人惊服于古代纳西族口头文学创作者们的高超技巧和认识能力；在邪恶中能看到善的幼芽，在黑暗中能看到美的闪光，这又不能不使人惊服于古代纳西人把生活的辩证法运用得多么巧妙、灵活。给饶茨姆是一个内心充满矛盾、感情复杂的人物形象，作品把她放到现实的精神生活的关系网里去刻画，让她在变化多端的关系里表现内心的矛盾性、复杂性和她的不幸。她在与父母、

---

　　① 参见 1963 年丽江县文化馆石印本原文。

兄弟、部落、孩子、爱人的关系中担负和忍受多方面的矛盾痛苦。在家里她一切得听从父命，社会条件决定了她不能离开、不能背弃部落集体，弟弟被杀她悲伤，本来她是站在父亲一边的，要报杀亲之仇。可是与善良英武的阿路一见钟情，两人都暂时忘了各自的使命，"他的灵魂作变化，变成一只白老虎，给饶茨姆的灵魂作变化，变成一只黑虎，白老虎和黑老虎两个在高山上游玩"，他们在高山、草原、海边自由自在，流连忘返，迟迟不归家。这时给饶茨姆的思想和行动都是十分矛盾的，一方面她真诚爱阿路，可又确实不敢也不能违抗父命；她对美好的生活、幸福的爱情热烈向往，再三对阿路说要到"天是绿宝石做，地是金子做，树上开银花，有银色小鸟的叫声，石上开金花，有金黄色小狗叫声的地方"去生活，可又摆脱不了父亲的罗网，只好违心地将阿路引到术地，回家后仍与阿路成夫妻，生了两个孩子。当阿路遭父亲杀害时，她极其悲痛，要求术兵杀阿路时，"不要让鲜血染污了他的脸"。① 给饶茨姆虽生活在多种感情里，与父母有骨肉之情等等，但渗透到她性格中去的主要是爱情，这正好与她现实处境水火不相容！她与阿路一样不能享有它。当时的社会条件促使人们为"吃喝"而产生"争执"，决定了人们的一切（包括爱情）必须服从为生存、为复仇的斗争目的，最高的道德原则便是以部落利益为上，顺之者昌，逆之者亡，在求生的斗争中谁为它打仗、献身，谁就是英雄；更何况，父权政治当时是组织管理社会的核心，谁违反了它就触犯了全体社会成员共同遵守的原始法规，就是大逆不道；再则，英雄时代的妇女地位不如母权制时代，不能享有比她们的"黄金时代"更多的自由和受人尊敬，甚至无权享受爱情，这时的妇女只不过是以一种财产的形式而存在的奴隶罢了。茨姆爱上仇人的儿子，不仅触犯了父权，

---

① 参见 1963 年丽江县文化馆石印本原文。

也触犯了部落利益——集体主义的最高原则，这便是酿成悲剧的根本原因。给饶茨姆所经受的痛苦、悲伤，她的极端矛盾的处境和心理状态，在其他英雄史诗中是没有的，而且个性鲜明，对爱情、幸福的向往和追求不仅大胆，而且执着热烈。这一爱情悲剧不仅增加了作品的思想深度，给英雄诗篇增添了悲剧美的色彩，还可以使人们从另一个侧面窥视到古代纳西社会的婚姻、家庭状况，人与人之间的关系以及道德伦理观念，折射出了当时纳西社会的另一个领域内的精神生活。

就给饶茨姆这一人物形象，人们往往把她看成是一个妖魔而加以否定。笔者以为这未免太简单化，不应该把她与术主等同看待，而应把她放到她所处的特定社会环境中去考察，不能用今人的道德观去苛求责备她。固然她的品格不如阿路完美、高尚，她的性格有弱点，如软弱性、妥协性，对父亲的幻想、屈从，斗争不如阿路那样坚决彻底等，但不能因她性格上的矛盾性和感情上的复杂性而否定她，至少也应当同情她。作品对她的纯贞爱情是赞颂的，对她性格的弱点是批判的，阿路的死一方面是揭露、鞭挞术主，另一方面也是从客观上对她的有力批判。总之，要看到这一人物形象的两面性才合于作品的实际，作品对这一人物有褒有贬，我们也不能走极端。

综上所述，英雄史诗《黑白战争》以其丰富的内容和科学性，不失为一部研究古代纳西族社会的"百科全书"，又因其很高的文学价值而不失为我国文学艺术宝库中的珍品，值得引起学术界重视。

本文原载《民间文学》（北京）1986 年第 4 期。

《黑白战争》的美学价值

　　《黑白战争》记载于纳西族的象形文经典东巴经中，是东巴经的台柱作品之一，是纳西族著名的英雄史诗。纳西语称为《东埃术埃》，曾有不少作家诗人翻译整理过它。这部史诗能让人从中认识一个民族的一代雄风和阳刚之气，也能反照出纳西民族的心灵及其历史足迹。《黑白战争》所具有的艺术美即美学价值何在？认识价值如何？谈谈笔者的认识和感受。

一、壮阔的历史画卷——意境美

　　《黑白战争》提供给我们的是英雄时代的全部内容，即全面展现了那个时代的生活图景，是一幅壮阔的历史画卷。作品的核心内容是一场血族复仇的部落战争，这是英雄时代人们的主要社会生活，贯穿于其中的是人们的宗教信仰、宗教感情、政治目的、伦理道德观念等等，此即为那个时代的主要精神生活。这一切在这场血与火的拼搏中得到生动具体的表现，展示出那个特定的社会时代风貌及人们的思想感情、风俗习惯、心理特征、价值观念、行为模式、战斗精神以及构成血族复仇事件的诸因素，附丽于英雄时代这一特定历史背景，便产生了反映这一时代的史诗之艺术意境。

　　作品的主线是写战争，战争的始末原委、经过都交代得很清楚，事件脉络、故事情节清楚完整。战争的根本原因是为了"吃和喝"，即为了生存竞争，这是氏族部落战争频繁的根本原因。直接的导火线是代表邪恶黑暗一方的术部落首领米利术主艳羡代表正义光明一方的东部落的白天白地、白太阳白月亮，于是唆使儿子安生米温去东地偷盗白日月。东部落首领米利东主及其子阿路为了保卫白日月、白天地，在黑白两个部落交界处的铜铁山上安上铜铁架，术部落的安生米温偷盗掠夺白日月不成，反而丧生于铜铁架，一场战事酿成。米利术主不甘失败，为给儿子报仇，向东部落大举进攻，并将东部落首领之子阿路残杀于黑海边。于是东部落首领米利东主借来天兵天将大举反攻，经过激战彻底获胜。这便是作品的故事情节梗概。这场血族复仇战争描写得壮阔、激烈，充分表现了英雄时代的时代气息，它囊括了当时社会生活的丰富内容，堪称为当时纳西社会生活的总和，为我们提供了多方面的认识价值和审美内涵。

第一，这场战争反映了部落时期社会组织形态的特征。当时的古纳西社会已是军事、民事与宗教的结合体。激战的双方，其攻、守、退、避都有一定的组织，作战计划的制定与实施，谋略得当，兵力的部署与调遣，行动的配合统一、队伍的阵容、声势之浩大、场面之壮观，等等，都表现出纳西先民军事和组织方面的才能及军事思想的成熟。而且双方都有核心的指挥官，说明军事与民事的处理是由首领指挥一切决定一切，人们只能服从，不得违抗，人们的行动、生活、思想都在一定社会组织中受着规范、制约而得以统协，表明这时的纳西社会已有一定的向心力、聚合力，家庭、私有观念、原始伦理道德观念、民族意识已形成，原始民族也在孕育之时，再也不是原始群体的乌合之众，作战拼杀有明确的政治目的，或为了保卫自己的利益白日月，或为了争夺别人的财产白日月和白天白地，这里将财产、私利象征化了，此问题随后即阐述。所以当时的古纳西社会的组织形式

（或结构方式）和管理方式正向着文明社会飞跃。在这场战争画面中，不仅有双方残酷惨烈的厮杀及熊熊燃烧的怒火，不仅有血与火的较量，更重要的是精神较量，是正义与非正义、光明与黑暗的大搏斗，可以听见英雄之师壮怀激烈的正义怒吼，罪恶的术部落的"八十一座寨子"、"九十九道防线"、"九十九座水寨"、"九十九座火寨"都被正义的东部落众英雄摧毁夷平，众英雄浴血奋战、英勇牺牲而终获全胜。这场物质的精神的较量所包含的历史内容，有可歌可泣的为求得民族生存发展、改造人类社会、捍卫光明正义的斗争，有民族苦难悲壮的历程和自强不息的奋斗精神，有民族的追求和理想，"构成艺术主要因素的美，简直曾经是这民族生活中的主导因素"①，而这里的"主要因素的美"，正是为正义光明、为民族而战的英勇斗争，也正是当时纳西民族生活中的主导因素。显示出来的历史境界，即是为生存而斗争的功利境界，这样的境界无疑是最壮美的艺术境界。

第二，描绘了纳西先民充满奇幻色彩的古代生活画面。英雄时代人们的社会活动比我们想象的复杂得多，即有相当的文明程度。除了打仗以外，人们赖以生存的牧猎、农耕、纺织、建造等生产实践和劳动实践也是构成社会现实生活的重要内容。英雄时代是一个力崇拜的时代，人力、物力、财力、自然力（或神力）统统是人们崇拜的对象，也是人们审美的感知对象。在一切物质活动中力显得意义重大，人们靠一切力量，即自身的或外界的力量向自然界和社会索取更多的利益，所以无论物质活动也好，精神活动也好，都呈现出一派蓬勃的生机，努力创造着人类文明，作品所描绘和歌颂的正是这种创造力。因人类自身的伟力和智慧，大自然变得更加美好，生活幸福美满。东部落一片光明，人

---

① ［苏］别林斯基：《一八四七年俄国文学之一瞥》，见《别林斯基论文学》，上海，新文艺出版社，1958。

们辛勤劳作，安居乐业，生息繁衍，部落祥和、民族兴旺，还有神赐的含英巴达神树、居那若罗神山、米利达吉神海，高山、牧场、草原，绿水幽幽、青山绵绵，牛羊遍地，一派和平、宁静、美好的生活景象。在这光明幸福的人间天堂，人们感恩于米利东主，也感恩于神灵的赐予。米利术主的女儿给饶茨姆也被东部落的美好景象所迷醉，流连忘返，憧憬着未来。她与米利东主的儿子阿路正畅饮着爱情的甘露，他们在海子边、树林里、草滩上谈情说爱，互相变幻成各种动物嬉戏、追逐，试探情感，"东若阿路灵魂作变化，变成一只白鹰，给饶茨姆灵魂作变化，变成一只黑鹰，白鹰和黑鹰在天空中游玩"。他们还变成黑白两只老虎"在高山上游玩"；变成黑白两只牦牛"在高山草原游玩"，美好的爱情洋溢在大自然中，空中的彩云、水中的彩色鱼儿在畅游，树林百鸟鸣唱，神树开着金花银花，金色的小狗在欢叫。这一切自然景物都因了美好的爱情而蒙上了一层神奇瑰丽的色彩，气象万千的大自然在人们富于创造性的精神世界里似乎也富于生命而"活"了起来，人的生命与自然的"生命"、人的"情"与自然的"景"、社会现实生活与人的精神世界融为一体，才构成了如此奇幻的生活景象。作品通过古代纳西先民主观与客观的审美感知歌颂人类自身创造力的美和自然力的美，"人们在精神上、感情上和智力上越是发达，审美经验越丰富，他们所感知的自然现象的美越是能够在他们意识中唤起各种联想，从而他们的审美认识就会更丰富和更深刻，而他们的审美感也会更精细"①，甚至人们赖以生存、牧猎、农耕的高山、草场、流水、动植物、空气、流云、阳光、星月等，都成为精神创造、审美意识的"原料"，甚至成为培育民族性格、民族文化心态，熏陶人们美好情

---

① ［苏］格·尼·波斯彼洛夫：《论美和艺术》，刘宾雁译，上海，上海译文出版社，1981。

怀的重要因素。因这些和天空、泥土，高山、河流、云彩、飞禽走兽结合在一起的审美意识，才使作品散发着浓郁古朴的原始时代的生活气息，构成了令人神往的、返璞归真的原始自然境界和艺术境界。

第三，这场战争表现了纳西先民虔诚而神圣的宗教感情。宗教是古代社会重要的思想武器，史诗自始至终都洋溢着狂热的宗教激情和虔敬笃诚的宗教信仰，而且与一定的政治目的结合在一起。英雄时代的人们除了崇拜自身的伟力和智慧外，对神力的崇拜是其主要内容，其观念渗透到社会生活的各个领域，而且宗教观念与实际道德牢固地结合在一起。一种"精神的宗教，取代物质的、外在的多神教，并潜入古代社会的心脏"[①]。人们的生老病死、劳动生产、日常生活、思想行为以至整个人生、部落的重大决策、社会的重要活动等，无不被神支配，物质的、精神的领域都被赋予了神性。东部落的光明幸福是因为白太阳神降福的结果；米利东主英明聪慧是因他是天神的后代；米利达吉海、含英巴达树、居那若罗山都是天神恩赐的圣物；神树生病也须用神药"如意药"才能治好，这是自然崇拜的忠实记录。宗教与社会生活、政治、道德的结合更为突出。东部落与术部落交战前，双方都举行了隆重的宗教仪式祭祀神灵，祈求神灵保佑打胜仗，双方都借助于神的威力作战；双方在交战时祭祀更频繁，东部落攻下术部落的防线时，再次为优玛天神烧天香膜拜之，祈求"天上的锋利铁锯法宝降下来"；术主为报亲子之仇杀了阿路，用他的头和肉祭献神灵；东主大获全胜时用术主的头、肝、胆、鲜血祭奠胜利神（或战神），充分展示了原始宗教在古代社会摄人心魄的神威。

在古战场上，宗教的威力更强大，感情更狂热，在双方的拼

[①] ［法］雨果：《雨果论文学》，柳鸣九译，上海，上海译文出版社，1980。

死搏斗中，"群众的感情唯一是由宗教'食粮'来滋养的，所以，为了引起暴风雨般的运动，就必须使这些群众的自身利益穿上宗教的外衣"①。此时神灵是战场上勇士们唯一的精神力量，东部落的众英雄们在神灵的召唤下，在神的旨意下为部落利益（即自身的利益）去冲锋陷阵，内心充溢着神圣的宗教感情，人们的正义、刚强、勇敢、激愤、狂怒、仇恨，个人的尊严、自我牺牲、进取奋斗、民族意识的觉醒等等美德和品格，都因了神力而像火山般迸发出来。同时，那野蛮时代（或史前时期）残留下来的野蛮性也喷射出来，在人们狂放的宗教感情里铸成的精神力量可以创造一切，也可以摧毁一切、破坏一切。东部落所向披靡，术部落邪恶嚣张，双方都来自神的武装，才使这场正义与邪恶、光明与黑暗的较量气势磅礴、宏伟悲壮，使一切美德焕发出高尚壮美的异彩，使人看到一个民族崛起、诞生之时，"欲望如此热烈，本质如此特别地能够受苦，这种民族如果不在诸神当中发现他们自己的生存是被更高的光辉所笼罩，他们将有什么旁的办法能够生存得下去呢？"②唯其如此，将政治道德、政治利益与宗教紧密结合，才能在为民族崛起、生存、发展的斗争中获得精神力量，这是历史的必然，这便是作品展示的宗教境界，即为英雄时代的精神境界。

以上就是构成作品意境美的诸因素，也是作品所展示的英雄时代的社会生活图景。"这儿有着思想和感情的方式，有着只属于某一民族所有的无数风俗、迷信和习惯。"③用宗白华先生的话来说，这儿还可以"研寻其意境底特构，以窥探中国心灵底

---

① 恩格斯：《费尔巴哈与德国古典哲学的终结》。

② ［德］尼采：《悲剧的诞生》，见《西方文论选》（下），上海，上海译文出版社，1979。

③ ［苏］普希金：《短枪抄·文学的战斗传统》，上海，新文艺出版社，1958。

幽情壮采"①。《黑白战争》的意境不也使我们窥探到了古代纳西民族"心灵底幽情壮采"吗？

二、英雄主义和理想主义的颂歌——时代精神美

每个时代都有自己的精神，这种精神是推动社会向前发展的力量，它是进步的、革命的，在审美上是最壮美的，理想主义和英雄主义是审美价值的核心。《黑白战争》是一曲古代纳西社会英雄主义和理想主义的颂歌，它蕴涵着英雄时代的时代精神美。作品所表现的英雄时代的特征是什么？具体如何表现？此问题前面已涉及，这里再从对理想的人物形象和作品的主题思想两方面来进一步阐述。

对人力和神力的崇拜歌颂、崇尚武功、创立民族基业、充满创造世界的开拓精神和牺牲精神，也有着民族意识的觉醒而在生存竞争中充满互相残杀的血与火，这就是前面所阐述的英雄时代的主要特征。《黑白战争》反映的时代正是古纳西族从原始社会末期到阶级社会（或奴隶社会）产生的过渡阶段，也是纳西民族孕育、形成的重要时期。在此时期，无数英雄人物登上历史舞台肩负起民族的使命，米利东主这一英雄祖先形象的塑造是风流人物竞相建立功业的生动写照。由于原始社会末期新的部落社会的产生、繁盛，促使人与人之间组成了错综复杂的关系网，除了战争本身外，还有社会的、家庭的、政治的、经济的、宗教的等等关系，人们在这关系网罗中生活着、斗争着，互相制约着，进而使社会越来越复杂化，人与人的关系也越来越尖锐化。米利东主是这个社会关系网的代表人物，是社会剧烈变革中的理想的英雄，是光明与正义的象征，作品对他热情歌功颂德。他出身不

---

① 宗白华：《中国艺术意境之诞生》，上海，上海古籍出版社，1981。

凡，是天神之子，从天界来到人间繁衍后代，有九男九女，分别
建立村寨，创建了东部落，是东部落首领，尽忠职守，实行着民
事与军事职权，保卫着造福人类的白日月和神树、神海、神山，
占据治理着东部落白天白地一方疆土，有建立霸业、奠定民族基
业的政治理想。在私有观念的支配下，白天白地的部落江山以及
他所拥有的一切，都属于不可侵犯的私有财产，所以当米利术主
偷盗白日月、砍伐含英巴达神树，侵犯东部落，又杀了其儿子阿
路等，一系列不义之举必然激起他的愤怒，尤其儿子的惨死更使
他产生不可遏止的复仇心理。为报亲子之仇，为保卫部落疆土，
他上天向东格天神、优玛天神借兵，又动员全部落成员同心协力
浴血奋战。经过几场恶战，最终打败了术部落。这场战争关系着
东主及其部落的命运，在生死大搏斗的战场上，米利东主发挥了
他卓越的组织才能和军事才干，他的正直勇敢、刚烈如火、勇猛
顽强、崇尚武功、渴望建立功业的性格和理想，都在血与火中得
以升华，一位顶天立地的创世英雄形象光彩照人，闪耀着英雄主
义的时代精神美，为光明正义而斗争的英雄业绩在审美力量发展
过程中当然是最壮美的。然而米利东主毕竟是脱胎于野蛮社会的
原始英雄，作品又赋予他性格、品性的另一面。一位古典英雄形
象跃然纸上。纳西先民对此人物寄托着崇高的敬意和祖先崇拜的
虔诚宗教感情，对他在文明社会萌发的美德和野蛮社会遗留下的
野蛮、残忍都统统加以歌颂赞扬之，这是原始英雄史观真实生动
的写照。这种原始英雄史观的感召使纳西先民在原始的美学理想
王国里把自己的创世英雄夸张得如此大智大勇、神武超人，他能
在天上人间、凡尘神界纵横驰骋，赋予他神的威力、人的七情六
欲，使他具有无所不备的力量和美德。

　　但是世界毕竟是人（包括神化的人）创造的，"人所固有的
本质比臆想出来的各种各样的神的本质要伟大得多、高尚得多，

因为神祇是人本身的相当模糊和歪曲了的反映"①。究其根本，米利东主这一典型形象是按英雄时代的审美观念和最高道德规范塑造出来的理想英雄人物，这一创造过程是艺术加工和审美力发展的过程，正如培根所说，"因为真实历史中的行动和事迹见不出能使人满足的那种宏伟，诗就虚构出一些较伟大、较富于英雄气概的行动和事迹"②。属于民间诗歌的史诗《黑白战争》的产生也经过了这一"虚构"的过程，这是将生活的、历史的真实与艺术的真实融为一体。所以米利东主这一形象在现实本身中、在现实的社会特性中有其客观存在的"原型"，"它是艺术地再现实际生活的这种特性的结果"③，可以在历史上"寻根"，找"原型"。据史所载，纳西族在形成时有两个重要的时期，第一个时期在汉唐时期，纳西族"保持着部落繁盛状态"，而在汉末已出现拥有一定势力的地方"帅豪"，摩沙夷（唐汉时期纳西族之古称谓）帅豪狼岑就是其中之一。唐代是纳西族煊赫而又坎坷的民族形成时期，建立了地方政权六诏之一的"越析诏"。其后越析诏诏主被南诏所害，地为南诏所吞并，另一诏主于赠力图东山再起，但失败投金沙江而死。④第二个繁盛时期在元、明时期。到了元代纳西族在丽江发展起来，丽江巨甸一带是"摩西（纳西族古称谓）大酋世居之地"，"明代是丽江土知府木氏势力最为强盛的时期"，⑤这是纳西族历史的黄金时代。纳西族在各个历史时期几经衰落，几经中兴，英雄史诗《黑白战争》有其历史的投射，是其艺术的再现；米利东主、米利术主等虽不是历

① ［德］恩格斯：《英国现状——评托马斯·卡莱尔的过去和现在》，见《马克思恩格斯全集》，第1卷，650～652页。

② 朱光潜：《西方美学史》，北京，人民文学出版社，1985。

③ ［苏］格·尼·波斯彼洛夫：《论美和艺术》，刘宾雁译，上海，上海译文出版社，1981。

④⑤ 见《纳西族简史》，昆明，云南人民出版社，1984。

史人物，但他们身上反射着狼岑、波冲、于赠等英雄祖先托起民族命运的身影，狼岑也好，波冲也好，米利东主也好，他们的奋斗、牺牲、理想、命运同样反照出民族充满痛苦、艰难、曲折、胜利、失败、成功、教训、奋进、悲壮的历程，"凡是代表历史的必然要求，有益于推动历史前进的社会力量，在伦理上便是善的，在审美上便是崇高的"①。米利东主正是放射着善与美的美学光彩的古典英雄形象，他的英雄主义、理想主义已成为熔炼民族性格、催人奋发、不畏强暴、促人图强的时代精神和民族精神。所以他才成为一尊神活在纳西人心中，将他载入民族特殊的史册——东巴经卷，颂之于神坛而追念祖先、召唤神明、激励子孙后代。这一半人半神的英雄形象是英雄主义和理想主义的颂歌，从而使作品具有积极深刻的主题和崇高宏伟的审美格调，其审美意义正在于此。

作品的另一重要人物是米利术主，是作为米利东主的对立面出现的。作品用他对东部落的侵犯给人类带来的灾难、对女儿给饶茨姆婚姻的破坏和残杀阿路，揭示他罪恶的本质。他虽是邪恶的象征，作品也写了他得逞于一时的胜利；战场上他也有卓越的组织能力和强大的战斗力，以此衬托米利东主的顽强英勇，用他的不义凶顽衬托正义神威，最后用邪恶的彻底失败衬托出光明的伟大胜利。这一正一反的艺术手法使美丑善恶、光明黑暗、正义邪恶在对立统一的艺术效果中产生了强烈的对比感，从反面揭示主题，这一形象具有反面意义的审美价值。极端对立的两个艺术形象的塑造，表现了纳西先民把社会生活中固有的矛盾对立统一律运用得多么恰当（当然不是自觉意识中的哲学观念）！又是如此艺术地进行创造，足见思想的深刻、审美意识的成熟。作品这两个迥异的艺术形象的褒贬扬弃又表现出纳西先民对人物、事件

---

① 刘叔成、夏之放等：《美学基本原理》，上海，上海人民出版社，1984。

的鲜明立场，对社会的洞察力和对是非的判断力以及伦理道德观念，从反面增添了作品的悲壮色彩和思想的深刻性。

作品为日月而战的主题更好地体现了英雄时代的核心精神——英雄主义和理想主义。为日月而战是贯穿全文的主题思想，这是作品的光辉点。其他民族或其他国家的史诗，不外乎是为土地、财产、女人（其实这时代的妇女也是隶属于男权社会的财产之一）而发动战争，而《黑白战争》将争夺太阳作为全文的主线（或主题）实属罕见。英雄史诗写战争，题材本身就是重大的，再写为太阳而战就更富浪漫色彩，更能勾起人的联想与思考，使人感受到辉煌、宏大的气势，深刻的哲理蕴藏于其中，更发人深思。这一主题思想具有很强的象征性，它反映了人与自然的关系，即反映了人们通过对自身生活环境的认识，产生了为日月而战这一奇妙的幻想。这一幻想不是凭空产生的，"人类精神是绝不能凭空创造什么的，它只有从经验与冥想那里受了精之后才能有所孕育"。英雄时代的人们不仅要依赖大自然，有着物质的需要，更有精神的需要，需要认识支配大自然，去认识对自己有利和有害的各种自然力量，而后用自己的力量去改造、创造世界，改变生存环境。纳西先民从自己的生活生产实践中领悟到太阳是生命之源、万物之本，史诗开头关于人类万物起源的神话传说就包含着这样的原始宇宙观（或认识论）。传说中说：在有太阳的上方（天空）"出了佳音，在下方（大地）出了佳气，佳音佳气结合起变化"，才出现了一滴白露，白露变白蛋，而后变五种云彩。五种云彩实际上是阳光的色彩。而后才有各族之神，而后才有米利东主受天神之命降于人间生下九男九女，建立村寨，东部落产生，在白太阳沐浴下东部落一派光明幸福的美好景象，融入了古纳西人感恩于大自然的虔诚感情。可是，宇宙除了有白昼还有黑夜，太阳除了造福于人类也要降灾祸于人类。生产生活的正反经验迫使人们积极思索，"古代艺术的土壤和宝库是人们对于现实的神话态度，是自然对人的威力不在实践上，而是在素朴的拟人观方面"①。于是将自然现象人格化、神格化，在冥想中便产生了白太阳善神和黑太阳恶神，以其特有的善恶观念、美丑观念塑造出善神米利东主和恶神米利术主各自统辖一方之地而又尖锐对立，热情歌颂象征光明的米利东主的丰功伟绩，诅咒象征黑暗的米利术主的邪恶。我们看到了纳西先民"聪明活泼的头脑怎样把对于某一个神的崇拜和对于一种自然力的猜测结合在同一情感里"②，又将这种对于自然力的猜测投射到史诗中去，赋予史诗主题的现实性和象征意义。这是认识能力与想象能力的结合、朴素善恶观和朴素辩证宇宙观的结合，证明"人类用认识的活动去了解事物，用实践的活动去改变事物，用前者去掌握宇宙，用后者去创造宇宙"③，奏响了一曲古代英雄主义和理想主义的颂歌，从而歌颂英雄时代壮美的时代精神。

三、美好爱情的追求与毁灭——悲剧美

《黑白战争》除了描绘古纳西族英雄时代的主干战争而外，还深入到人的感情世界，围绕战争描写了一对青年男女的罗密欧与朱丽叶模式的爱情故事。米利东主之子阿路与米利术主之女给饶茨姆的爱情悲剧使英雄史诗具有"悲"与"壮"的美学格调，这是作品最具光彩的部分。其悲剧艺术效果是由两组伦理道德上的矛盾冲突来实现的，一组是阿路与米利术主的矛盾，一组是给饶茨姆与米利术主的矛盾，这两组矛盾冲突中还夹杂着其他复杂

① 参见《外国文学参考资料》（古代至18世纪部分），北京，高等教育出版社，1959。
② ［法］丹纳：《艺术哲学》，傅雷译，北京，人民文学出版社，1983。
③ ［意］克罗齐：《美学原理美学纲要》，朱光潜等译，北京，外国文学出版社，1983。

的社会关系，使悲剧效果更加突出。

阿路是东部落最有才华的青年，东主说："我有九个能干的男儿，没有一个像阿路那样能干；我有九个聪明的女儿，没有一个像阿路那样聪明。他的心灵像日月光辉，他的眼睛像星辰明亮。"阿路是理想化了的青年英雄，是英雄时代新生力量的代表，与其父东主具有同样的品德，他聪明、能干、善良、刚直，英姿勃发，为维护本部落利益和美好爱情不惜牺牲生命而保持人格的完整性及其崇高的美德。他既有为本部落集体利益而献身的群体价值观和价值取向，又有向往幸福、追求美好爱情的个人欲望，爱上了部落仇敌术主的女儿给饶茨姆，在根本利益上与术主尖锐对立。术主侵犯东部落、偷盗白日月、砍神树，且唆使女儿给饶茨姆诱捕阿路。但给饶茨姆在受父命施美人计的过程中，被阿路的坦诚、豪爽英姿所吸引，而阿路则被她的女色所倾倒，二人假戏真做，真诚相爱，这完全违背了术部落的利益，暗伏悲剧危机。阿路虽与给饶茨姆相爱，但仍然视本部落利益为至上至大，他被抓到黑暗的术地仍不背叛部落利益，拒绝为术主开辟天地而系念家乡的"白太阳，白天白地的地方，要在白天白地的地方做活放牧"。对爱情的追求是他美好人性所使然，而且当他被囚禁在术地时仍与给饶茨姆做夫妻，生下一男一女两个孩子。对爱情的忠贞更不为术主邪恶的本性所容，术主依然坚决残杀了阿路。这样，对立的人物各自代表一种伦理力量，各自坚持自己的理想和所代表的普遍力量，于是互相冲突，尖锐对立。这种矛盾冲突越激烈，就越能表现阿路品德的高尚、内心感情的激荡，越能展示阿路的人格力量，也越能暴露术主的残忍和他所代表的社会伦理道德的普遍力量。美与丑、善与恶以及两种伦理道德政治力量的对立达到你死我活的地步，最后以术主的得逞于一时、以阿路的备受折磨摧残以致惨遭杀害而使矛盾得到"解决"，造成悲剧结局。用这种正直无辜者的不可避免的失败和不可挽回的灭亡命运创造出阿路这一青年英雄的悲剧形象，使这一形象具有认识上的理性力量和伦理上的激励作用，表现出纳西先民对美好生活的向往和爱憎分明的是非观、伦理观以及富于哲理的思辨能力。

给饶茨姆是一个具有感情上的复杂性、性格上的矛盾性的悲剧形象。她在这场激烈悲壮的战争中的特殊地位、特殊使命以及个人感情的纠葛，决定了她的悲剧命运，就是说，她的悲剧性格既有客观方面的必然性，又有主观方面的不可克制性。作品始终让她生活在各种矛盾的漩涡中，展示刻画她充满矛盾的内心世界和复杂的感情。开初她受父命引诱阿路，也曾坚决帮助父亲为弟弟安生米温报仇而要捕杀阿路。但是，她在执行这一特殊使命的过程中感情发生质的变化，她爱上了仇敌的儿子阿路，爱情压倒了一切，"可以那样超过他的一切别的行为或力量，致使他为这个情感所束缚住"①，双方都暂时忘了各自的使命。可是，爱父亲仇敌的儿子在伦理上是大逆不道的，背叛父亲就是对术部落的背叛，是为政治道德所不容的。在民族意识形成的父权社会里，最高的道德原则就是维护部落社会利益，社会成员只能为它尽力、效忠、战斗、牺牲，这是早已形成的原始法规。而给饶茨姆的行为、思想感情正好违背了这一法规，她的爱情一萌发便是一颗不幸的种子。再则，英雄时代的古纳西社会已处于阶级社会前夜，妇女已失掉了母权制时代的至高地位，恩格斯称之为"伟大的失败"。英雄时代成为男人统治的时代，妇女没有享受更多自由和受人尊敬的权利，也无权享受爱情，她们只不过是以一种财产的方式存在于社会罢了。所以，给饶茨姆虽然让爱情占据着她整个的心灵，但她却不能主宰自己的命运，挣脱不了社会的、家庭的、感情的、伦理道德的罗网。她爱阿路，父亲却要杀害

① ［荷］斯宾诺莎：《伦理学》，贺麟译，北京，商务印书馆，1983。

他；她迷恋东部落的白天白地，父亲却要摧毁之。她的感情和追求在她是合理的，而对术主术部落却是有罪的；术主维护本部落利益、代表术部落力量在他也是合理的；他杀阿路以报亲子之仇，完全不顾骨肉之情而残酷无道在他还是合理的，但对于给饶茨姆和阿路却是罪恶的行径。这一切矛盾冲突都使给饶茨姆陷入极度的痛苦熬煎之中，一方是情人，一方是父亲；一方是爱情，一方是家庭部落，二者不可兼而得之，两难全！最后她不得不低头，内心感情发生裂变，牺牲爱情，舍弃情人。当术兵砍杀阿路时，她悲痛欲绝，凄怆地喊道："不要让鲜血染污了他的脸！"因为阿路的脸像日月一样洁白光辉。这一悲剧情节为作品增添了壮美的悲剧色彩。

　　这一悲剧不仅仅是古纳西社会一对青年男女爱情生活的不幸，它还有深刻的审美意义。自人类社会产生以来，爱情也随之产生。对爱情的追求是社会理想不可分割的部分，只不过是以爱情的方式来表现这一社会理想罢了。作品反映的当时战争中的纳西社会的婚姻家庭形态是多元化的，既有母系群婚部落家庭的遗存，又有对偶婚的盛行；既有母权制的遗迹，又有父权制的确立巩固，这便是英雄时代古纳西社会婚姻家庭的特征，真正的一夫一妻制和由爱情来维系的婚姻家庭形态还处于萌芽状态，而这是历史发展的必然趋势。阿路和给饶茨姆追求的正是这种婚姻生活，却又正是为当时的特殊社会环境所不容，必遭不幸，正如恩格斯所说，"这就构成了历史的必然要求和这个要求的实际上不可能实现之间的悲剧性冲突"①。作品又将这一"悲剧性冲突"置于战争之中，一方面歌颂在战争中创立伟业的英雄祖先，一方面又为在战争中惨遭不幸的人们唱挽歌。这种既自我肯定又自我否定的思想正是纳西先民对人类社会的进一步探索，这种探索表

---

① 董学文：《马克思与美学问题》，北京，北京大学出版社，1983。

明一种新的审美意识、新的哲学思想的萌动。而且作品安排了仇
敌的后代相爱，让他们化敌人为情人，化仇恨为友谊爱情。这绝
非偶然之笔，这标示着一个民族的新的理想和愿望。这部英雄史
诗是纳西民族对自己所走过的道路的追忆、反思，历史地、艺术
地记录了古代纳西族从原始社会跨入阶级社会的生活，新的伦理
道德和新的政治道德观念在血与火中萌生，新的社会理想正在实
现。一旦新时代的曙光到来，人类的生存、发展必然要寻求新的
道路，必然要冲破原来的观念与文化模式，"因为这个历史运
动，这个生产力的发展，任何特定的社会制度或早或晚都会变成
不满意的，过时的、要求彻底改造的制度，也许简直变成只值得
加以摧毁的东西"①。当然这样的社会变革有一个漫长的历史过
程，要付出高昂的代价，只有少数先驱者才能担此重任。阿路和
给饶茨姆的思想行为正好否定了现存社会成员共同遵循的某些生
活准则，这种否定虽不是自觉的，也正好是新的社会形态（或
经济基础）——与原始社会比较而言——产生之时的精神世界
待放的蓓蕾，这是未来社会新的伦理道德观念、审美力量乃至整
个文化观念的新芽，他们战胜不了现存社会政治的力量和道德的
桎梏，只好作出悲壮的牺牲。人类自己把自己的希望、理想毁灭
了，这才是真正的、最大的悲剧，这是时代与民族的悲剧！

　　本文原载上海民间文艺家协会编《中国民间文化》，上海学
林出版社 1996 年出版。

---

　　① ［苏］普列汉诺夫：《论一元论历史观之发展》，博古译，北京，读书·生
活·新知三联书店，1961。

后　记

　　我是一内地学子，大学毕业后来云南边疆，在丽江纳西族地区生活工作多年，后调到云南省文联从事民族文化工作。纳西文化是一座采之不绝的富矿，我被深深吸引。既然从事这项事业，走在这条路上，就只能向前，不能后退，有所作为。回忆 40 余载的治学道路，有不少值得回忆的人和事。

　　20 世纪 80 年代，我参与主编纳西族东巴文学集成《祭天古歌》，得到北京和省民协的大力支持，时任中国民协党组书记的刘锡诚先生极其重视该书的出版，亲审稿件并任责编；东巴老人和开祥、和即贵以及纳西学者戈阿干付出了大量心血，《祭天古歌》获得全国一等奖，是众人心血浇灌的成果。编辑该书的过程中是我认识研究纳西族祭天文化的绝好机会，我发现该文化与中国古代夏商周的祭天文化有不少同质文化因素及某些"契合点"，具有珍贵的学术价值。我的这一研究得到钟敬文大师的热情鼓励与赞赏，他说纳西族的祭天古歌、祭天文化在中华古文化史上也占有一席之地。这对我是莫大的鼓舞，决心继续深入研究。其后得到云南人民出版社副总编杨世光先生的大力帮助，出版了关于纳西族祭天文化的学术专著。东巴经中的神话、史诗也凸显出在纳西文化中的重要价值，它们是民族文化因素的复合体，不仅可以由此探寻古老东巴文化幽深的源头，还可探寻它与藏文化、苯教文化的渊源关系，所以这也是我感兴趣的课题。

　　摩梭母系文化是纳西文化不可分割的组成部分。20世纪80年代中期，为完成主编《云南摩梭人民间文学集成》一书，我多次深入到摩梭地区调查搜集资料、组织稿件。时隔20年，我再次来到面貌一新的摩梭母系文化的摇篮永宁，受白庚胜博士之嘱完成《中国摩梭母系文化》一书的写作任务，我进一步认识到，在世界文化领域内，摩梭母系文化以其独特的个性和"一枝独秀"的风采而具有特殊的学术价值，在新时期必须以新的视角和新的思想观念认识研究这种世界"唯一"存活的文化，更应该理解和尊重摩梭人对本民族传统文化的情感。

　　一路走来，直至这本文集面世之际，感慨颇多，心中涌现的"感恩"二字分量沉甸，有多少朋友、同仁、师长给予我帮助、扶持、关爱，钟敬文大师，张紫晨和徐钰教授，和开祥、和即贵老东巴，秦振新同志等都已离世，故人西去，功业永存！对他们深怀缅怀之情。这套丛书的主编白庚胜博士胸怀宽广、视野高远，不分国内国外，族内族外，凡有志于、有利于纳西学崛起之创建者，均团结之、尊重之，我作为一名汉族学人实感钦佩！和自兴书记为民族文化事业的繁荣鼎力相助实为有识之举，后世定当铭记。

　　纳西学海纳百川，定成洋洋大观磅礴之势！

2012年12月28日

于昆明

图书在版编目（ＣＩＰ）数据

陈烈纳西学论集/陈烈著. —北京:民族出版社,2013.5
（纳西学丛书/白庚胜，和自兴，和良辉主编）
ISBN 978 – 7 – 105 – 12790 – 0

Ⅰ.①陈… Ⅱ.①陈… Ⅲ.①纳西族—民族文化—
中国—文集 Ⅳ.①K285.7 – 53

中国版本图书馆 CIP 数据核字（2013）第 127762 号

策划编辑：罗　焰
责任编辑：冯　敏
出版发行：民族出版社出版发行
地　　址：北京市和平里北街 14 号
邮　　编：100013
网　　址：http://www.e56.com.cn
印　　刷：北京彩云龙印刷有限公司
经　　销：各地新华书店经销
版　　次：2013 年 5 月第 1 版　2013 年 6 月北京第 1 次印刷
开　　本：880 毫米×1230 毫米　1/32
字　　数：308 千字
印　　张：11.75
定　　价：32.00 元
ISBN　978 – 7 – 105 – 12790 – 0/K·2227（汉 1239）